La cucina per tutti di
chef **Stefano Barbato**

Stefano Barbato

La cucina per tutti di
chef Stefano Barbato

IL CASTELLO

Stefano Barbato nasce con la passione per la cucina. Dopo aver frequentato la scuola alberghiera a Milano, ha fatto una proficua gavetta in diversi ristoranti tra Lombardia ed Emilia Romagna, dove ha accumulato mille preziose esperienze. Trasferitosi in Ecuador, vi ha aperto un ristorante italiano di grande fortuna. Al ritorno in Italia, il successo sui social è venuto quasi per gioco ma si è consolidato con enorme velocità a partire dal 2015 e lo ha portato anche a diversi passaggi televisivi. Partecipa regolarmente a "Il calcio è servito", talk show del circuito ITA TV, dove tutti i venerdì vengono messe in onda le sue videoricette. Inoltre è stato ospite del programma "Tempo & denaro", condotto da Elisa Isoardi su Ra1, e ha partecipato a "Mi manda Rai 3", dove nel 2017 e 2018 ha spiegato in diretta le sue ricette. I suoi canali YouTube vantano a oggi oltre 700.000 iscritti e oltre 100 milioni di visualizzazioni.
www.chefstefanobarbato.com

A Lucy Velasco, mia moglie, va il mio più sentito ringraziamento: insostituibile collaboratrice nella scelta delle ricette e nella registrazione dei video, ha sempre creduto in me e mi ha spronato ad andare avanti.

© 2020 Il Castello srl
Via Milano 73/75 – 20010 Cornaredo (MI)
Tel. 02 99762433
info@ilcastelloeditore.it – www.ilcastelloeditore.it

Si ringrazia Caterina Perrino per l'elaborazione dei testi delle ricette
https://www.facebook.com/caterina.perrino.3

Fotografie: Giorgio Uccellini
Disegni: Shutterstock
Icone: Noun Project/icon 54 e devadesign
Stampa: Grafica Veneta, Trebaseleghe (Pd)

Tutti i diritti sono riservati. La riproduzione, anche parziale, di testi, fotografie e disegni, sotto qualsiasi forma, per qualsiasi uso e con qualsiasi mezzo, compresa la fotocopiatura sostitutiva dell'acquisto del libro, è rigorosamente vietata. Ogni inadempienza e trasgressione saranno perseguite ai sensi di legge.

Sommario

Introduzione	6
Ricette base	9
Antipasti	41
Primi piatti	67
Secondi piatti e contorni	167
Dessert	253
Indice delle ricette	331

Introduzione

Se hai comprato questo libro probabilmente conosci già la mia storia, e se non la conosci spero che proprio grazie a questo libro diventeremo presto amici.

Non sono certo uno che intende la cucina come una disciplina austera, severa o cupa, per me la cucina è amore e gioia, quindi passione, dono e condivisone.

Ho sempre cucinato cercando di appagare in primo luogo il mio palato, ma ancora oggi, quando cucino per qualcuno, mi immedesimo in lui e preparo quel piatto come se fosse destinato a me, come se a quel tavolo ci fossi seduto io. Solo così riesco a dare il meglio di me stesso, e quando poi vedo il piacere nel volto del mio ospite, allora la soddisfazione prende forma in un sorriso.

La cucina per me è innovazione strettamente legata alla tradizione.

Ricordo che da bambino, quando mia mamma cucinava, mettevo la sedia vicino ai fornelli e lei mi faceva mescolare le pietanze. Io sognavo di ricreare la pozione magica fatta dal buon Panoramix, il druido stregone del fumetto di Asterix, e vicino ai fornelli ho affinato il fiuto: riuscivo a sentire dal profumo se una pietanza era buona o no, se aveva la giusta sapidità o se era insipida. Col tempo zampe di pipistrello, occhio di elefante, naso di lumaca... gli ingredienti di fantasia che immaginavo di aggiungere a certi piatti divennero un pizzico di sale dell'Himalaya, un cucchiaino di zucchero di canna, aromi, spezie...

Sin da bambino ho vissuto la cucina come un gioco, amavo la mamma e le nonne che stendevano la pasta, facevano gli gnocchi, facevano il pane o le torte, e volevo stare lì vicino a loro, sporcarmi e imbrattarmi, assaggiare e gustare. E anche quando sono diventato grande ho sempre avuto profondo rispetto per la cucina casalinga, perché solo la cucina casalinga, quella fatta con amore, ci permette di viaggiare con la mente e di sentire quei profumi che ci riportano all'infanzia e ai suoi ricordi.

Oggi sono io che cucino per i miei cari e voglio abbracciarli con squisiti sapori e profumi, lasciando loro un ricordo indelebile di gioia e famiglia.

La storia di questo libro parte da lontano, da quando ho cominciato a filmare le mie ricette.

Tutto ebbe inizio quando una società pubblicitaria mi contattò per girare un video in cui dovevo semplicemente tagliare dei pomodori. Una volta terminata la registrazione, mi ritrovai ad avere una telecamera accesa e i pomodori affettati davanti, al che dissi a mia moglie: "E adesso che ci facciamo con 'sti pomodori tagliati sul tavolo? Facciamoci uno spaghettino tutto intorno…". Fu così che registrammo la nostra prima videoricetta per YouTube.

Il video divenne presto virale e decisi di cogliere quell'occasione per provare a trasmettere a quanti mi seguivano tutto l'amore, la gioia e la passione che provo stando in cucina. Era l'esatto opposto di quanto percepivo osservando i programmi televisivi di cucina dove la competizione e l'arroganza la fanno da padrone; il mio desiderio era quello di trasmettere un messaggio positivo: il cibo è prima di tutto nutrimento, ma anche condivisione e piacere. Col passare del tempo sono stato ancora più incoraggiato dall'entusiasmo e dalle testimonianze di affetto degli spettatori. Un pubblico sempre più vasto e vario, dalla casalinga che voleva migliorare le sue ricette fino ai giovani, che nei miei video trovavano ispirazione per seguire la loro passione culinaria o un vero e proprio percorso lavorativo.

I primi video non erano girati in modo professionale, eppure riuscivano a raggiungere l'obiettivo che mi ero posto inizialmente, ovvero non quello di mostrare le mie capacità, ma prendere per mano le persone e aiutarle a scoprire un mondo che amavo. Il mio mondo. Il mondo della cucina.

Così venne un impegno sempre maggiore, premiato con un successo crescente su YouTube e con un gran numero di follower, ma io preferisco dire di amici, che mi seguono sul mio canale.

Questo libro nasce come ideale completamento del mio percorso on line. È come se fosse la mia memoria storica diventata tangibile. Per me sfogliarlo significa far affiorare tanti ricordi di questi ultimi anni, tante esperienze culinarie condivise con voi.

Nel libro ho raccolto il meglio di quello che ho mostrato in video, ma con gli innumerevoli vantaggi della carta stampata. In più ho mantenuto il legame con le "origini": un QR code per ogni ricetta permette di risalire direttamente, senza navigare tra centinaia di proposte, al video che ne mostra l'esecuzione e chiarisce ogni eventuale dubbio rimasto.

Spero che il libro diventi anche per voi un riferimento per i vostri esperimenti in cucina, non solo un ricettario, ma un manuale su cui appuntare i vostri risultati e anche un po' un corso di cucina.

Chi già mi conosce sa che tutte le mie ricette sono autentiche, veramente replicabili nel vostra cucina di casa, fatte per essere mangiate e soprattutto condivise!

Legenda dei simboli delle ricette

 veloce: fino a 30 minuti   facile

 media: fino a 1 ora   media

 lunga: oltre 1 ora  difficile

Le durate delle ricette sono indicative, in alcuni casi non considerano i tempi di attesa per ammollo o preparazioni preliminari di certi ingredienti disponibili anche già pronti.

Pasta sfoglia

2 sfoglie

Per la parte grassa (burro):
- 500 g di burro
- 150 g di farina 00

Per la parte magra (pastella):
- 250 g di farina 00
- 100 g di farina manitoba
- 10 g di sale
- 5 g di zucchero
- 220 g di acqua ghiacciata (tenerla in freezer per 10 minuti prima di utilizzarla)

Preparazione del panetto di burro o parte grassa

Prima di lavorare il burro mettetelo nel freezer per 5 o 6 minuti, dopodiché tagliatelo in quattro parti e mettetelo tra due fogli di carta oleata.

Con un matterello picchiettate con forza il burro ben freddo in modo che acquisisca elasticità.

Spezzettate il burro e mettetelo nella planetaria insieme alla farina e impastate per 5 minuti utilizzando la frusta a foglia fino a quando i due ingredienti non saranno ben legati.

Togliete l'impasto dalla planetaria, sistematelo tra due fogli di carta oleata e con l'aiuto di un matterello stendetelo fino a ottenere un rettangolo, quindi mettetelo a riposare in frigorifero per un'ora.

Preparazione della pastella o parte magra

All'interno della planetaria inserite la farina 00, la farina manitoba, lo zucchero e il sale e azionate la macchina utilizzando il gancio.

Versate poco alla volta l'acqua ghiacciata e impastate per 5 minuti fino a ottenere un composto omogeneo. Mettete l'impasto sulla spianatoia e lavoratelo manualmente girandolo su se stesso per dargli forza.

Dopodiché posizionatelo all'interno di un foglio di carta oleata e stendetelo fino a formare un rettangolo di circa 20 x 25 cm, poi fatelo riposare in frigorifero per un'oretta.

Nel frattempo, passato il tempo di riposo del burro, spezzettatelo nuovamente e rimettetelo nella planetaria, quindi lavoratelo per un paio di minuti utilizzando la foglia fino a ottenere un composto morbido, freddo ed elastico.

Rimettete il burro tra due fogli di carta oleata e stendetelo con il matterello fino a ottenere un panetto rettangolare di circa 25 x 20 cm. Dopodiché lasciatelo riposare in frigorifero per almeno 30 minuti.

Ora, prendete la pastella (parte magra) dal frigorifero e posizionatela sulla spianatoia leggermente infarinata, quindi con un matterello stendetela fino a ottenere un rettangolo che deve essere il doppio della larghezza del burro. Prendete anche il panetto di burro dal frigorifero e posizionatelo al centro della sfoglia. Piegate ora verso il centro le due parti laterali della sfoglia, prima una e poi l'altra, e chiudete interamente il panetto aiutandovi con il matterello.

Stendete bene il panetto con il matterello per togliere eventuali bolle d'aria.

Piegatelo prima in due e poi a libro per ottenere un fagotto (piega a 4) e stendete ancora con il matterello. Ripetete l'operazione per altre due volte.

Avvolgete il panetto in una carta oleata e mettetelo a riposare in frigorifero per almeno 30 minuti.

Il vostro panetto di sfoglia è pronto; se non si utilizza subito, può essere conservato in freezer, avvolto in carta oleata.

Lievito madre

- 50 g di farina di grano tenero tipo 1 (o farina 00 oppure manitoba)
- 25 g di acqua
- 5 g di miele

Per i rinfreschi:
- farina di grano tenero tipo 1 (o farina 00 oppure manitoba)
- acqua

Disponete farina, acqua e miele in una ciotola e amalgamateli con una spatola, quindi versate il composto su un tavolo da lavoro.

Impastate bene con le mani fino a ottenere un impasto dalla consistenza morbida ma non appiccicosa. Dategli la forma di una pallina, roteandolo su se stesso.

Ponetelo in un barattolo di vetro capiente, copritelo con una garza tenendola ferma con un elastico. Questo composto dovrà riposare in un ambiente caldo e umido per 48 ore: luogo ideale è la dispensa in cucina. Dopo 48 ore l'impasto avrà aumentato il suo volume e si presenterà umido e molle, dal colore biancastro e con un odore leggermente acido. Se dovesse presentare delle macchie di muffa in superficie, vuol dire che non è buono, quindi buttatelo via e riprovate.

Dopo 48 ore 1° rinfresco - Quando saranno passate 48 ore dal primo impasto fate il primo rinfresco, aggiungendo nel vostro barattolo 30 g di acqua e 30 g di farina. Il composto ha la forma di un panetto con una crosta giallina. Cominciate il rinfresco effettuando un buco nel centro del composto, tenendolo sempre all'interno del barattolo. Inserite dapprima l'acqua, agitate bene il barattolo con un movimento rotatorio, poi con l'aiuto di una spatola, assicuratevi che tutto il lievito sia completamente coperto dall'acqua, quindi fate riposare per 15 minuti, avendo l'accortezza di agitare il barattolo ogni 2 minuti in modo che il composto all'interno si sciolga come il latte.

Dopo 15 minuti il lievito si presenterà con la parte della crosta solida mentre il resto del composto risulterà spumoso. Aggiungete ora la farina. Mescolate con una spatola per legare bene gli ingredienti fino alla formazione di una trama glutinica abbastanza elastica. Coprite con la solita garza e fate riposare per altre 48 ore in dispensa.

Dopo 48 ore 2° rinfresco - Dopo 48 ore dal primo rinfresco, il vostro lievito sarà aumentato di volume e piano, piano, sta iniziando la fermentazione. Aggiungete quindi nel vostro barattolo 30 g di acqua, poi con un cucchiaio rompete la crosta dell'impasto per ammorbidirla e lasciate riposare per 10 minuti (in questi 10 minuti mescolate il composto ogni 2-3 minuti con un cucchiaio), dopodiché aggiungete 40 g di farina. Mescolate il tutto fino a che la farina non si sarà legata bene al composto. Amalgamate bene fino a che il composto comincerà a filare.

Con una spatola pulite bene il bordo del barattolo in modo che possiate controllare la crescita durante i successivi giorni. Quindi coprite il barattolo con la solita garza e fate riposare per altre 24 ore.

Dopo 24 ore 3° rinfresco - Passate 24 ore potete notare che l'impasto risulta morbido. Aggiungete prima 25 g di acqua e mescolate con un cucchiaio per addolcirlo, in questo

modo si toglierà la parte di acidità e si andrà a creare un ambiente migliore per i nostri lactobacilli. Una volta sciolto bene l'impasto, aggiungete 50 g di farina (non preoccupatevi se rimarranno dei grumi, questi si scioglieranno durante la fermentazione). Mescolate bene per amalgamare la farina all'impasto, fino a quando il composto risulterà elastico. Quindi fate riposare in dispensa per altre 24 ore.

Dopo 24 ore 4° rinfresco - Passate 24 ore, il vostro lievito avrà triplicato il suo volume e presenterà un odore alcolico. Aggiungete nel barattolo 20 g di acqua a temperatura ambiente e lasciate ammorbidire per 4-5 minuti. Dopodiché mescolate bene con una spatola. Quindi travasatelo in una ciotola, aggiungete 60 g di farina e mescolate con una spatola. Dopo aver amalgamato il tutto, versate il composto sopra un tavolo da lavoro e continuate a impastare manualmente, aiutandovi con una spatola e, una volta assorbita tutta la farina, formate una palla. Effettuate una X sulla superficie del lievito con un coltello, quindi mettete il composto in un barattolo di vetro più grande, copritelo con una garza tenendola ferma con un elastico e mettetelo in dispensa a riposare per altre 24 ore.

Dopo 24 ore 5° rinfresco - Noterete che la lievitazione naturale si sta formando perché oltre a raddoppiare di volume, nell'impasto si formeranno le bollicine tipiche del lievito madre. Quindi aggiungete nel barattolo del lievito 25 g di acqua. Con un cucchiaio immergete la crosta nell'acqua per farla ammorbidire. Dopodiché mescolate bene il tutto e ponetelo in una ciotola.

Aggiungete poi 65 g di farina e con un cucchiaio unite bene gli ingredienti. Versate l'impasto su un tavolo da lavoro e finite di impastare manualmente.

Quando la farina si sarà assorbita tutta, formate una palla e con un coltello effettuate la classica X in superficie. Quindi ponete il lievito nel barattolo coperto da una garza, chiusa con elastico e mettete a riposare in dispensa per altre 24 ore.

Dopo 24 ore 6° rinfresco - Il lievito ha iniziato a prendere corpo, presenta una bellissima alveolatura e il profumo è buono, ma si sente ancora una punta di acidità. Quindi versate il lievito direttamente in una ciotola, aggiungete 70 g di acqua e mescolate bene con una spatola (questo passaggio servirà non solo per scioglierlo ma anche per addolcirlo).

Aggiungete poi 55 g di farina e mescolate fino a quando non si sarà assorbita bene.

Dopodiché, dividete il composto in due barattoli di vetro e copriteli, non più con la garza ma con gli appositi coperchi, lasciandoli leggermente aperti. Fateli riposare in dispensa per 2 ore. Passate le 2 ore, sigillate i coperchi e conservate i barattoli in frigorifero, nella parte bassa, per tre giorni.

Utilizzo del lievito madre e rinfresco

Dopo 3 giorni, estraete il barattolo di lievito dal frigorifero e lasciatelo a temperatura ambiente per 3-4 ore. Dopodiché, aprite il coperchio e togliete solo la parte di lievito che vi servirà per la preparazione delle vostre ricette, mentre la parte che non utilizzate dovrà essere pesata e rinfrescata con una quantità di farina pari al peso del lievito madre e metà dose di acqua (es: per 100 g di lievito, 100 g di farina e 50 g di acqua). Quindi, aggiungete prima l'acqua nel barattolo con il lievito e mescolate bene con un cucchiaio fino a completo scioglimento.

Dopodiché aggiungete la farina, mescolate e riponetelo in dispensa per un paio d'ore con il coperchio semiaperto, prima di conservarlo in frigorifero fino al prossimo rinfresco.

Questa lavorazione bisognerà ripeterla ogni settimana per il primo mese, poi ogni 15 giorni per il resto dei mesi.

Consigli
Se volete, potete aumentare l'idratazione nell'ultimo passaggio, e cioè usare una dose di acqua pari al peso del lievito e della farina, in modo che possiate allungare i tempi del rinfresco successivo (es: per 100 g di lievito, 100 g di farina e 100 g di acqua). In questo modo, nel primo mese andrà rinfrescato ogni 15 giorni, nei mesi successivi una volta al mese.

Ricordatevi che dopo averlo rinfrescato, bisogna tenere il barattolo del lievito nella dispensa con il coperchio semiaperto per un paio d'ore e, dopo il riposo, chiudete bene il coperchio e conservatelo in frigorifero.

Inoltre, dovete sapere che quando il clima cambia, il lievito rallenta la sua crescita. Non vi preoccupate è normale: se riscontrate questo problema, quando lo rinfrescate lasciatelo 24 ore fuori dal frigorifero coperto con la garza. Il giorno successivo rinfrescate nuovamente e se risponde bene, allora mettetelo in frigorifero, altrimenti ripetete questo passaggio con un doppio rinfresco, cioè ogni 12 ore, dopodiché conservatelo in frigorifero.

Ricordatevi sempre che per panificare bene, dopo il rinfresco il lievito madre deve raddoppiare il suo volume in 4-5 ore: se ci mette di più, il vostro pane risulterà poco alveolato e compatto.

Annotazioni

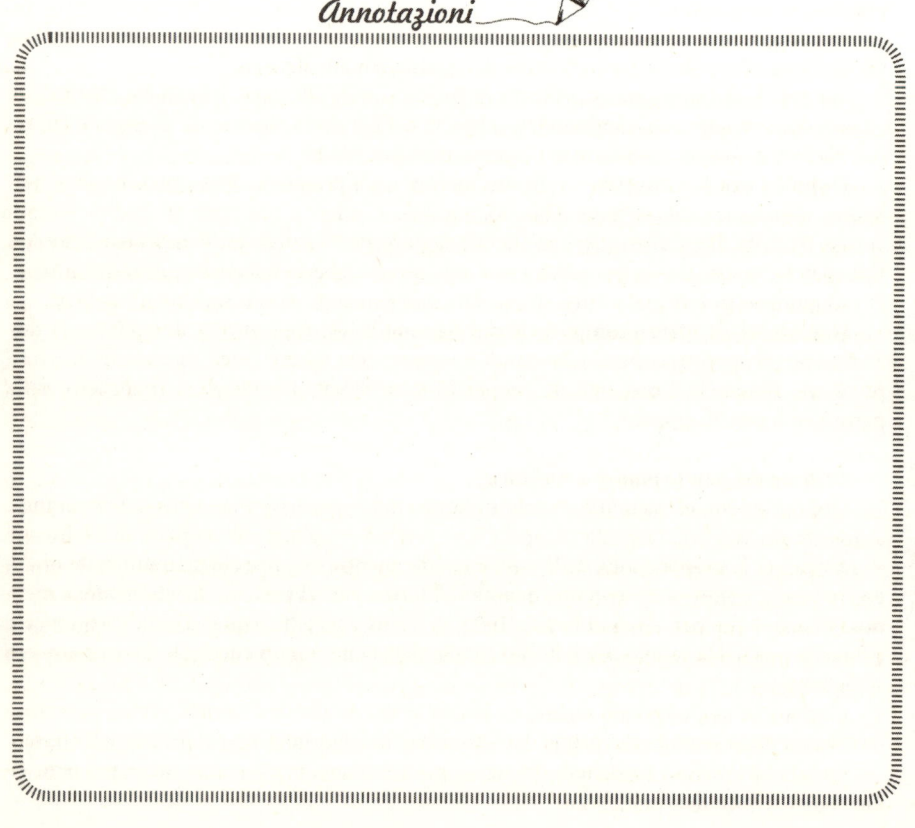

Ricette base

Pizza con lievito madre

4 porzioni

- 150 g di lievito madre rinfrescato
- 600 g di farina 0 (con livello di proteine di 10.3)
- 15 g di sale
- 420 ml di acqua

- 20 g di olio extravergine di oliva
- semola di grano duro rimacinata

Per il condimento:
- salsa di pomodoro

- mozzarella
- basilico
- altre farciture a piacere

Cominciate con il rinfresco del lievito madre il pomeriggio precedente con il 70% di idratazione.

Innanzitutto prendete il lievito madre dal frigorifero e fatelo riposare a temperatura ambiente per circa 2 ore, quindi procedete al rinfresco (per ogni ricetta c'è un'idratazione differente). In relazione alla ricetta della pizza ci vorrà un'idratazione del 70% (sulla quantità di lievito madre che avete a disposizione, dividete per 100 e moltiplicate il risultato per 70, per esempio se avete 250 g di lievito madre dovete calcolare così: 250 : 100 = 2,5 x 70 = 175 ml di acqua) e un'aggiunta del 100% di farina, quindi per 250 g di lievito madre dovrete aggiungere 175 g di acqua e 250 g di farina.

Procedete così: mettete il lievito madre in una ciotola, aggiungete prima l'acqua per farlo addolcire, mescolando bene con una spatola, quindi aggiungete anche la farina e continuate a mescolare finché il composto sarà omogeneo.

Prelevatene 150 g per questa ricetta e lasciatelo riposare per 4 ore a temperatura ambiente in un barattolo con il coperchio semiaperto poiché dovrà raddoppiare il suo volume. Il restante lievito mettetelo in barattolo e, dopo averlo fatto riposare per un paio d'ore a temperatura ambiente, riponetelo in frigorifero per le prossime ricette.

Dopo circa 4 ore cominciate la preparazione della pizza. All'interno di una planetaria inserite il lievito madre (150 g), 350 g di acqua e il sale, quindi con la foglia cominciate a impastare fino a ottenere un composto liquido come il latte.

A questo punto aggiungete tutta la farina e la restante acqua. Impastate per circa 10 minuti a una velocità minima e quando vedete che l'impasto si staccherà dalle pareti, aumentate la velocità a 3 o 4.

Dopo circa 10 minuti sostituite la foglia con il gancio e impastate per altri 6-7 minuti finché non si staccherà bene dalle pareti.

Quando l'impasto sarà perfettamente incordato, versatelo su un piano da lavoro e continuate a impastare manualmente, quindi sbattetelo sul tavolo e rigiratelo su se stesso formando una palla. Ripetere questa operazione per tante volte e velocemente sino a ottenere un impasto liscio e meno appiccicoso.

Ponete l'impasto in una ciotola, distribuite un filo d'olio extravergine d'oliva in superficie (circa 20 g), e dopo averlo oleato bene con le mani, copritelo con un canovaccio e fatelo riposare in frigorifero per 24 ore.

Trascorse le 24 ore, tirate l'impasto fuori dal frigorifero e fatelo riposare in forno spento per circa due ore, dopodiché disponetelo su un piano da lavoro infarinato con della farina di semola e piegate l'impasto su se stesso per dargli un po' di forza.
Ripetete questa operazione per altre due volte, quindi formate una palla.
Ora potete ricavare quattro pizze tonde classiche oppure due tonde e una più grande. Dividete l'impasto e ricavate delle palline da 240 g, disponetele su una teglia da forno e fatele lievitare in forno spento, coperte con un canovaccio pulito, per almeno 4 ore o finché non avranno raddoppiato il loro volume.

Ora formate le pizze. Infarinate un tavolo da lavoro con della semola e stendete ogni panetto in modo circolare, cominciando a schiacciare con le dita la parte esterna della pasta (il bordo) e, molto delicatamente, allargatela con le mani partendo dal centro e tirandola verso l'esterno.
Preriscaldate il forno in modalità ventilata alla massima temperatura. Infarinate una teglia da forno e adagiatevi la pizza. Conditela con la salsa di pomodoro, ricordando di lasciare il bordo bianco, e infornatela per la prima fase di cottura, 5-6 minuti circa, dopodiché tiratela fuori dal forno e conditela con la mozzarella e altri gusti a piacere.
Infornatela per la seconda cottura e quando vedete che la mozzarella si sarà fusa, sfornatela e guarnitela con il basilico. La vostra pizza è pronta!

Annotazioni

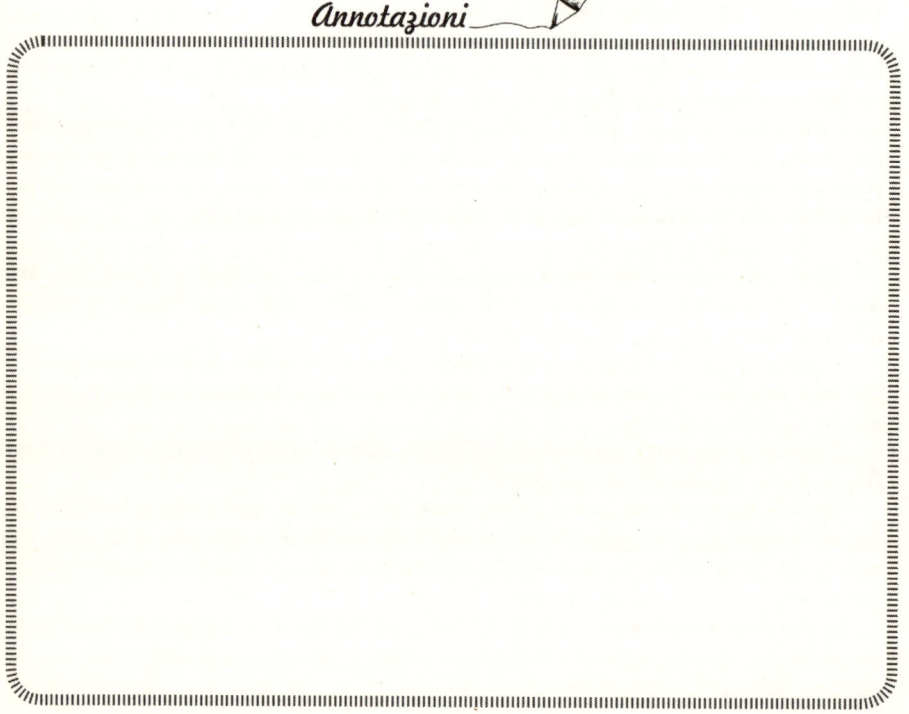

Pizza con lievito di birra

 4 porzioni

- 1 kg di farina W260 (o 900 g di farina 00 e 100 g di farina manitoba)
- 400 ml di acqua
- 100 ml di latte
- 12 g (in inverno) o 7 g (in estate) di lievito di birra
- 25 g di sale
- 20 g di olio extravergine di oliva

Per il condimento:
- salsa di pomodoro
- mozzarella
- 1 spicchio d'aglio
- foglie di basilico
- origano
- peperoncino
- sale e pepe
- olio extravergine di oliva

Questo impasto può essere utilizzato sia per la pista al trancio, in teglia rettangolare, sia per la pizza rotonda.

In un contenitore versate l'acqua, il latte e il lievito e con un cucchiaio di legno cominciate a mescolare. Aggiungete, un cucchiaio alla volta, tutta la farina; potete utilizzare anche una planetaria. Se impastate manualmente e vedete che l'impasto diventa troppo duro, appoggiatelo su un tavolo da lavoro e continuate a impastare in modo che diventi liscio ed elastico. Aggiungete l'olio e con i polpastrelli schiacciate l'impasto per fare assorbire l'olio. Versate il sale sul tavolo da lavoro e continuate a impastare finché l'impasto della pizza non lo assorbe tutto. Dopodiché dategli la forma di una palla, copritelo con un panno e fatelo riposare per 15 minuti. L'impasto ha iniziato la prima fase di lievitazione.

Passato questo tempo, adagiate di nuovo l'impasto sul tavolo da lavoro e rimpastatelo. Dopodiché formate nuovamente una palla e adagiatela su una teglia da forno coprendola con un panno umido. Mettete l'impasto nel forno spento per un paio d'ore. Una volta che l'impasto è lievitato, per le pizze rotonde, create delle palline di circa 240-250 g, e andate a fare l'ultima lievitazione per circa 1 ora e mezza, sempre tenendole coperte con un canovaccio. Invece per la pizza al trancio, mettete dell'olio in una teglia da forno e adagiatevi l'impasto, schiacciatelo con i polpastrelli in modo da allargarlo bene e con un pennello spennellatelo con l'olio extravergine d'oliva. Dopodiché ricopritelo con il panno e mettetelo nel forno spento per circa 45 minuti per ultimare la lievitazione.

A questo punto condite le pizze: in un contenitore mettete la salsa di pomodoro, del basilico, uno spicchio d'aglio in camicia, il sale, un po' di pepe, l'origano e olio extravergine d'oliva. Preriscaldate il forno a 250 °C e disponete la salsa sulla pizza rettangolare, fatela cuocere per 15 minuti, dopodiché toglietela dal forno e aggiungete la mozzarella e altri condimenti a piacere. Rimettete nel forno e fate cuocere per altri 10 minuti circa. E la pizza al trancio è pronta.

Ora stendete la pizza rotonda su un tavolo da lavoro infarinato, allargatela un po', datele una forma rotonda e, girandola e rigirandola e schiacciandola con i polpastrelli, allargate bene l'impasto. Per la cottura della pizza rotonda, mettete della farina sulla teglia e adagiatevi la pizza, conditela con del pomodoro, ricordando di lasciare il bordo bianco. Fate una prima cottura di circa 7-8 minuti in forno ventilato alla massima temperatura, dopodiché tiratela fuori dal forno e finite di condirla con la mozzarella e gli altri gusti a piacere. Rimettetela nel forno e quando vedete che la mozzarella si è fusa, la pizza è pronta!

Piadina e cassone romagnolo

 10 porzioni

Per l'impasto:
- 1 kg di farina 00
- 500 ml di acqua
- 250 g di strutto (o margarina)
- 10 g di sale
- 1 pizzico di bicarbonato (facoltativo)

Per il condimento della piadina:
- mozzarella
- rucola
- prosciutto crudo

Per il condimento del cassone:
- salsa di pomodoro

- mozzarella
- basilico
- olio extravergine di oliva
- sale

Preparazione della piadina

Impasto a mano: versate la farina su un piano da lavoro e al centro mettete il sale, lo strutto e aggiungete, un po' alla volta, l'acqua. Amalgamate bene gli ingredienti fino a ottenere un panetto morbido e non appiccicoso.

Con planetaria: in una planetaria versate l'acqua, il sale e lo strutto e iniziate a mescolare. Aggiungete la farina un cucchiaio alla volta. Quando l'impasto avrà raggiunto la sua corposità, versatelo su un tavolo da lavoro e copritelo con un po' di farina extra in modo che non si appiccichi tanto e terminate di impastare manualmente.

Con una spatola, ricavate dieci palline da 170 g l'una, adagiatele su una teglia e fate riposare in frigorifero per circa 30-40 minuti.

Prendete una pallina alla volta e sul tavolo da lavoro cominciate ad appiattirla con il palmo della mano formando un disco e piano piano allargatela con l'aiuto di un matterello, finché sarà rotonda e sottile. Fate scaldare una padella antiaderente e prima di cuocere la piadina bucherellatela con una forchetta per evitare che si gonfi durante la cottura.

Quando la padella sarà ben calda, adagiatevi la piadina e fatela cuocere. Quando cominciano a formarsi le bolle in superficie, girate la piadina, prestando attenzione a non romperla, aiutandovi con una spatola. Quando la piadina è pronta e ben calda potete aggiungere mozzarella, rucola, prosciutto crudo, insomma tutti gli ingredienti per la farcitura a vostro piacimento.

Preparazione del cassone

Allargate l'impasto allo stesso modo della piadina, fino a quando non rimarrà rotondo e sottile.

Aggiungete della salsa di pomodoro, che avrete condito precedentemente con un po' di sale e olio, qualche foglia di basilico, un filo di olio extravergine d'oliva e la mozzarella.

Chiudete a mezzaluna il cassone ed esercitate una leggera pressione con i polpastrelli lungo tutto il bordo per fare fuoriuscire l'aria, formate un risvoltino e con i rebbi di una forchetta sigillate bene il bordo. Sempre con la forchetta create dei forellini per evitare che si gonfi durante la cottura.

Fate cuocere il cassone su entrambi i lati per circa 5 minuti, poi tenetelo in piedi per cuocere anche il dorso, quindi servite subito.

Pane pugliese

  **1,5** kg di pane

- 1 kg di farina di semola di grano duro rimacinata
- 666 g di acqua
- 20 g di lievito di birra
- 25 g di sale
- semi di sesamo (facoltativo)

In un recipiente o planetaria versate l'acqua e scioglietevi il lievito di birra, quindi, continuando a mescolare, inserite la farina, un cucchiaio alla volta.

Una volta formata una palla compatta, aggiungete il sale e continuate a impastare in modo che venga assorbito bene dall'impasto. Quando l'impasto è pronto copritelo con un panno e mettetelo a riposare in forno spento per 3 ore.

Una volta lievitato, mettete l'impasto su un tavolo da lavoro infarinato e, con l'aiuto di una spatola o con le mani, dovete farlo girare su se stesso in modo da formare una palla omogenea. Cospargete l'impasto con della farina, in modo da formare una crosticina croccante un volta cotto, dopodiché mettete l'impasto su una teglia, ricoperta con un foglio di carta oleata, e definite la forma del pane effettuando delle piccole incisioni con un coltello; aggiungete un altro pochino di farina sopra.

Mettete ancora una volta a lievitare l'impasto, coperto con un panno, in forno per altri 60-90 minuti, dopodiché toglietelo dal forno e preriscaldate il forno a 220 °C. Aggiungete i semi di sesamo sull'impasto e infornate.

Fate cuocere i primi 10 minuti a 220 °C, poi abbassate la temperatura del forno a 210 °C e fate cuocere per altri 25 minuti. Una volta cotto, sfornatelo e appoggiatelo su una griglia in modo da togliere l'umidità. Il pane è fatto!

Pane pugliese con lievito madre

 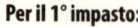 **1 kg di pane**

Per il 1° impasto:
- 150 g di semola di grano duro rimacinata
- 100 g di acqua a temperatura ambiente
- 200 g di lievito madre

Per il 2° impasto:
- 530 g di acqua a temperatura ambiente
- 800 g di semola di grano duro rimacinata
- 25 g di sale

Prima di iniziare la preparazione di questa ricetta, tirate fuori dal frigorifero la quantità di lievito madre che vi servirà e lasciatelo riposare a temperatura ambiente per almeno 2 ore prima di utilizzarlo. Vi consiglio di cominciare il primo procedimento la sera prima per dare modo all'impasto di lievitare tutta la notte (almeno 12 ore).

Aggiungete dapprima 100 g di acqua a temperatura ambiente all'interno del barattolo con 200 g di lievito madre e, con un cucchiaio, mescolate bene per fare sciogliere il tutto. Aggiungete, quindi, la farina di semola di grano duro.

Amalgamate tutti gli ingredienti fino a ottenere un composto liscio, elastico e omogeneo. Dopodiché, lasciate il coperchio semiaperto del barattolo e mettetelo in dispensa per 4 ore fino a che non raddoppierà il suo volume.

Quando il composto sarà lievitato, versatelo all'interno di una planetaria, dunque aggiungete 530 g di acqua e azionate la macchina.

Mescolate fino a che il composto non si sarà sciolto bene, quindi versatevi anche la farina, un cucchiaio alla volta, sempre mescolando e, per ultimo, il sale. Impastate per circa 10 minuti, fino a quando l'impasto si staccherà bene dalle pareti.

Quando l'impasto sarà ben incordato, versatelo su un tavolo da lavoro e con l'aiuto di una spatola rigiratelo su se stesso, senza impastarlo nella classica maniera, e sbattendolo sul tavolo cercate di formare una palla.

Questo procedimento servirà per ottenere i classici buchi all'interno del pane. Dopodiché per verificare se l'impasto è pronto, provate a schiacciarlo con le dita, se l'impasto tornerà indietro, cioè si gonfierà, è pronto, altrimenti impastatelo ancora un po'.

Quindi mettetelo in una ciotola, copritelo con un canovaccio e fate lievitare in frigorifero per 12 ore.

Trascorse le 12 ore, ponete l'impasto su un tavolo da lavoro precedentemente infarinato e, senza schiacciarlo, aggiungete altra farina sulla superficie, dopodiché prendetelo delicatamente con le mani e mettetelo su una teglia da forno infarinata. Coprite l'impasto con un canovaccio e ponetelo nel forno spento a lievitare per circa 3-4 ore.

Per poter fare crescere l'impasto non solo in larghezza ma anche in altezza, è necessario fare la piega di rinforzo: togliete l'impasto dalla teglia e ponetelo su un tavolo da lavoro, quindi prendete le due estremità dell'impasto tra le mani ed effettuate una piegatura verso il centro, poi ripetete una doppia piegatura da sopra e da sotto sempre verso il centro, fino a formare una palla.

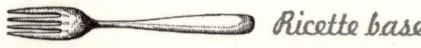

Quindi effettuate una sorta di pirlatura, cioè girate l'impasto su se stesso delicatamente con le mani, cercando di stirarlo ma senza compromettere l'impasto al suo interno. Dopodiché riponetelo sulla teglia, copritelo con un canovaccio e mettetelo al lievitare in forno per altre 3-4 ore.

Passato il tempo di lievitazione, ponetelo di nuovo su un tavolo da lavoro e dategli la forma desiderata, cercando di non schiacciarlo internamente, dopodiché spostatelo su una teglia ricoperta di carta da forno, copritelo con un canovaccio e fatelo lievitare ancora una volta in forno spento fino a che non raddoppierà il suo volume (circa 3-4 ore).

Una volta lievitato, tirate fuori l'impasto dal forno e preriscaldate il forno a 220 °C. Nel frattempo versate della farina sulla superficie del pane e, con un coltello ben affilato, effettuate i classici tagli per permettere al pane di distendersi durante la cottura. Quindi infornate e fate cuocere per i primi 10 minuti a 220 °C, dopodiché abbassate la temperatura a 200 °C e cuocete per altri 35-40 minuti.

Il pane è pronto! Sfornatelo. Per far sì che la crosta del pane rimanga più croccante, una volta cotto, bisognerà appoggiarlo sulla griglia del forno, senza carta oleata, e lasciarlo raffreddare nel forno semiaperto per 15 minuti affinché esca tutta l'umidità dal suo interno.

Annotazioni

Pasta fresca

 5 porzioni

- 500 g di farina di semola di grano duro rimacinata
- 5 uova (1 uovo ogni 100 g di farina)
- sale

Mettete la farina sulla spianatoia di legno, con le dita della mano create una cavità al centro e inserite le uova precedentemente sbattute e un pizzico di sale.

Impastate manualmente e, quando l'impasto sarà liscio e ben elastico, formate un panetto, avvolgetelo nella pellicola e lasciatelo riposare a temperatura ambiente per circa mezz'ora.

Passato il tempo di riposo, cominciate a stendere l'impasto con un mattarello, dopodiché, se avete una macchina per la pasta, ricavate delle strisce sottili, altrimenti continuate manualmente.

Adagiate le strisce sulla spianatoia e infarinatele con farina 00. Ora potete ricavarne lasagne, pappardelle, tagliatelle, maltagliati, tutto a vostro piacimento!

Se volete fare le tagliatelle a mano, infarinate, una alla volta, le strisce di impasto, chiudetele prima a metà, ricordando sempre di aggiungere un po' di farina per non farle appiccicare e, una volta piegate, con un coltello ritagliate le tagliatelle o le pappardelle.

La pasta è pronta per essere cotta! Conditela secondo i vostri gusti.

Annotazioni

Gnocchi di patate

8 porzioni

- 1 kg di patate
- 280 g di farina 00 (fino a 500 g in relazione al tipo di patate)
- 50 g di semola rimacinata
- 1 uovo
- noce moscata
- 1 pizzico di sale

Fate bollire le patate in una pentola e una volta cotte scolatele, sbucciatele ancora calde e riducetele in purè con un passaverdure.

Unite al purè di patate, un pizzico di sale, un po' di noce moscata, un uovo intero e la farina 00, quindi cominciate a mescolare l'impasto con una spatola fino a ottenere un composto morbido. Trasferite il composto su un tavolo da lavoro e continuate a impastare cercando di manipolarlo il meno possibile con le mani poiché, più viene lavorato, e più richiede l'utilizzo di farina extra.

Ora aggiungete la semola facendola assorbire bene all'impasto e una volta che l'impasto sarà leggermente elastico, ricavate dei filoncini del diametro di circa 1 cm.

Dopodiché, con un coltello o con una spatola, tagliate ogni filoncino a pezzetti di circa un centimetro e, una volta ricavati gli gnocchi, passateli su un apposito attrezzo o sui rebbi di una forchetta per ottenere le classiche righe in superficie e, con l'aiuto del pollice, fate scivolare lo gnocco dall'alto verso il basso. Disponete gli gnocchi su una teglia infarinata di semola per non farli attaccare.

Gli gnocchi sono pronti: possono essere utilizzati subito o potete congelarli, mettendo direttamente la teglia nel congelatore per un paio d'ore, per poi spostarli nei sacchetti.

Besciamella

1 kg di besciamella

- 1 l di latte
- 75 g di burro
- 75 g di farina 00
- noce moscata
- sale

Mettete il latte in un pentolino e iniziate a scaldarlo. In un altro pentolino sciogliete il burro e aggiungetevi la farina, quindi mescolate bene a fuoco basso, dopodiché unite il latte caldo, poco alla volta, e continuate a mescolare.

Quando il composto risulterà cremoso aggiungete due cucchiaini di sale e un po' di noce moscata. Mescolate bene e continuate la cottura per altri 7-8 minuti.

Spegnete il fuoco e lasciate riposare la besciamella, coperta con un coperchio, per una decina di minuti prima di utilizzarla.

Annotazioni

Salsa tonnata

400 g di salsa

- 300 g di maionese
- 100 g di tonno sott'olio
- 5 capperi dissalati
- 5 filetti di alici sott'olio
- 1/2 bicchiere di brodo di carne (preferibilmente di manzo, oppure brodo vegetale)
- 1/2 bicchiere di spumante secco

Preparate la maionese se avete optato per quella fatta in casa. Sciacquate i capperi sotto l'acqua corrente per eliminare il sale in eccesso e strizzateli bene. Sgocciolate bene il tonno per eliminare l'olio.

All'interno di un frullatore inserite il tonno sgocciolato, i filetti di acciughe, i capperi e un po' di brodo di carne (circa un quarto di bicchiere), quindi azionate il mixer e cominciate a frullare fino a ottenere un composto cremoso.

Aggiungete un quarto di bicchiere di spumante e frullate ancora fino a quando i capperi e le acciughe non si saranno completamente sciolte e si sarà formata una crema. La quantità di brodo o di spumante che bisogna inserire dipende dalla densità che si vuole ottenere. Si può utilizzare solo il brodo o solo lo spumante.

A questo punto aggiungere la maionese e frullare ancora per 30-40 secondi o comunque fino a quando non avrete ottenuto un composto omogeneo (se la salsa dovesse risultare troppo densa aggiungete ancora un pochino di brodo o di spumante).

La salsa tonnata si conserva in frigorifero per 2-3 giorni coperta con pellicola trasparente.

Ragù classico bolognese

  6 *porzioni*

- 600 g di polpa di manzo macinata grossa (cartella di manzo)
- 300 g di pancetta tesa
- 250 ml di salsa di pomodoro (fino a 400 ml di salsa a seconda dei gusti)
- 250 ml di brodo vegetale
- panna di cottura (ricavata da 1 l di latte intero)

- 1/2 l di latte intero tiepido
- 1 bicchiere di vino bianco secco
- 100 g di carote
- 100 g di sedano
- 60 g di cipolla
- sale e pepe

Per il brodo vegetale:
- 1 l di acqua

- 1 gambo di sedano
- 1 carota
- 1 cipolla
- 1 spicchio d'aglio
- 3-4 pomodorini
- 1 manciata di prezzemolo
- sale
- olio extravergine di oliva

Per il brodo vegetale, lavate e tagliate le verdure a pezzetti e mettetele in una pentola con 1 litro di acqua fredda. Aggiungete il sale e un filo d'olio extravergine d'oliva, quindi coprite con un coperchio e mettete sul fuoco. Fate cuocere per circa 15 minuti a fiamma medio alta. Il brodo vegetale è pronto. Prima di utilizzarlo filtratelo in modo da separare il liquido dalle verdure.

Per ricavare la panna di cottura dal latte: versate un litro di latte intero in un pentolino, portatelo fino al punto di ebollizione e quel leggero velo che si crea in superficie è la panna di cottura. Lasciate intiepidire il latte e poi con l'aiuto di un colino o con una pinza, recuperate la panna e tenetela da parte in una ciotola.

Dopo aver estratto la panna di cottura, recuperate mezzo litro di latte che vi servirà per la cottura del ragù (grazie alla sua dolcezza smorzerà l'acidità del vino e del pomodoro e conferirà al ragù il suo sapore caratteristico).

Tagliate la pancetta, prima a tocchetti e poi tritatela con un coltello o una mezzaluna fino a ottenere un composto pastoso e leggermente granuloso.

Tritate finemente un mix di sedano, carota e cipolla utilizzando la mezzaluna (consiglio di non usare il mixer in quanto pregiudicherebbe il sapore del ragù).

Mettete sul fuoco una pentola, preferibilmente di coccio, e fatela scaldare a fuoco medio basso, aggiungete la pancetta tritata e fatela sudare, mescolandola continuamente con un cucchiaio di legno, in modo che piano piano il grasso si sciolga e si distribuisca sul fondo della pentola. Quindi alzate la fiamma e fatela rosolare nel proprio grasso per circa 3-4 minuti. Dopodiché unite alla pancetta il mix di verdure (cipolla, sedano e carota).

Fate appassire bene le verdure per circa 7-8 minuti, quindi aggiungete la carne trita e sgranatela bene con un cucchiaio di legno affinché rilasci parte dei suoi liquidi che poi evaporeranno (ci vorranno all'incirca 20 minuti). Quando vedrete che i liquidi rilasciati dalla carne saranno stati assorbiti ed evaporati, aggiungete un bicchiere di vino bianco secco. Fate evaporare la parte alcolica del vino mantenendo la fiamma viva e, quando questo sarà stato assorbito, aggiungete anche la passata di pomodoro.

Mescolate e infine aggiungete 250 ml di brodo vegetale, coprite con un coperchio e portate a bollore a fiamma viva. Dopodiché abbassate la fiamma e cuocete a fuoco basso per circa 2 ore e mezza, sempre con il coperchio leggermente aperto, mescolando di tanto in tanto. Verso metà cottura aggiungete un po' di latte tiepido, circa 250 ml, e mescolate bene, quindi proseguite la cottura sempre con il coperchio semiaperto. Quando questo latte verrà assorbito, aggiungete gli altri 250 ml.

Mescolate, quindi regolate di sale e di pepe. Come ultimo ingrediente, aggiungete la panna ricavata dalla bollitura del latte fresco, mescolate bene quindi continuate la cottura per gli ultimi 15 minuti o comunque fino a quando la panna non sarà perfettamente assorbita.

Il ragù alla bolognese classico, ricetta originale depositata alla Camera di commercio, è pronto e può essere usato per condire lasagne al forno, tagliatelle o altra pasta.

Annotazioni

Pesto alla genovese

  4 *porzioni*

- 50-60 g di basilico fresco
- 20 g di pinoli
- 25 g di parmigiano
- 5 g di pecorino

- 1 spicchio d'aglio
- sale e pepe
- olio extravergine di oliva

Iniziate a tritare le foglie di basilico, precedentemente lavate e asciugate, con un mixer. Aggiungete i pinoli, il parmigiano e il pecorino, un cucchiaino di sale, un po' di pepe e lo spicchio d'aglio precedentemente tagliato a metà e a cui avrete tolto l'anima.

In ultimo aggiungete l'olio extravergine d'oliva, non tantissimo, giusto il necessario per amalgamare gli ingredienti, dopodiché azionate il mixer a intermittenza lavorando fino a ottenere una consistenza cremosa.

Se necessario aggiungete altro olio finché non si raggiungerà la giusta densità. Ora il pesto è pronto per condire la pasta. Se non lo utilizzate tutto, potete conservarlo in frigorifero per 2 o 3 giorni chiuso in un vasetto. In alternativa potete congelarlo e consumarlo entro tre mesi.

Annotazioni

Maionese

  600 g di salsa

- 1 uovo
- 1/4 di succo di 1 limone
- 3 cucchiai di aceto di vino bianco
- 1/2 l di olio di semi di girasole
- 1 cucchiaio di olio extravergine di oliva
- sale

Per preparare la maionese è fondamentale che tutti gli ingredienti siano a temperatura ambiente e non freddi di frigorifero. Nel bicchiere per il frullatore a immersione inserite un uovo intero, un pizzico di sale e 3 cucchiai di aceto.

Inserite anche un quarto di succo di un limone, un cucchiaio di olio extravergine d'oliva e l'olio di semi (la dose deve essere 3 volte il volume che ricopre l'uovo).

Con un frullatore a immersione cominciate a montare delicatamente la maionese, iniziando a frullare dal basso e, quando la salsa inizia a formarsi, fate dei piccoli movimenti, su e giù, con il mixer fino a quando la maionese è pronta.

Annotazioni

Salsa cocktail

300 g di salsa

- 200 g di maionese
- 10 g di senape
- 50 g di ketchup
- 1 cucchiaino di cognac o brandy
- 60 ml di panna fresca da montare
- poche gocce di salsa Worcester

In una ciotola versate la panna fresca e lavoratela con una frusta fino a farla addensare senza montarla a neve (praticamente dovrà raggiungere la densità della maionese), quindi copritela con pellicola trasparente e fatela riposare in freezer per non farle perdere la sua consistenza.

In un'altra ciotola unite la maionese, il ketchup e la senape, quindi mescolate bene con una spatola per legare tutti gli ingredienti. Aggiungete il cognac (o il brandy) e poche gocce di salsa Worcester, quindi continuate a mescolare sempre con una spatola per fare assorbire i liquidi.

A questo punto, tirate fuori la panna dal freezer e aggiungetela alla maionese, mescolate con una spatola dal basso verso l'alto, tenendo leggermente inclinata la ciotola, fino a quando non avrete ottenuto un composto liscio e omogeneo.

Dopodiché coprite con pellicola trasparente e mettete a riposare in frigorifero per un'ora. La vostra salsa cocktail è pronta per essere servita. Perfetta come condimento per il pesce e per il cocktail di gamberi!

Annotazioni

Salsa di pomodoro

- pomodori (preferibilmente San Marzano)
- basilico fresco
- sale

Attrezzatura:
- passaverdura
- barattoli o bottiglie (perfettamente puliti e sterilizzati)

Lavate bene i pomodori sotto l'acqua corrente e tagliateli a pezzetti, dopodiché versateli in una pentola e mettete sul fuoco. Aggiungete un pochino di acqua, circa due bicchieri, coprite con un coperchio e fate cuocere per circa 10 minuti.

Trascorso il tempo di cottura, scolate bene i pomodori in un colapasta e passateli in un passaverdura (se avete altri pomodori da cuocere potete utilizzare la stessa acqua dove avete fatto cuocere i pomodori precedenti).

Dopo averli passati e scartato la buccia, versate la polpa di pomodoro in una pentola pulita e portate a bollore, dopodiché spegnete il fuoco e, subito dopo, con un mestolo, riempite i barattoli che avrete precedentemente preparato.

Inserite alcune foglie di basilico prima e dopo aver inserito la salsa nei barattoli e chiudete bene con tappi appositi (controllate che siano perfettamente ermetici). Fate riposare i barattoli di salsa in una bacinella avvolti in teli e ben coperti per una notte intera. La salsa può essere conservata fino a 18 mesi.

Annotazioni

Latte di nocciole

  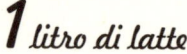

- 100 g di nocciole sgusciate
- 1 l di acqua
- 1 pizzico di sale

Mettete le nocciole in una ciotola e copritele con circa mezzo litro di acqua fredda. Lasciatele in ammollo a temperatura ambiente per circa 6 ore per renderle più morbide e facili da frullare, ricordandovi di cambiare l'acqua ogni 2 ore o, se preferite, potete lasciarle in ammollo per tutta la notte all'interno del frigorifero. Trascorso il tempo di ammollo, scolate le nocciole e mettetele in un frullatore, quindi aggiungete circa metà dose di acqua e cominciate a frullare.

Quando il composto comincerà a diventare denso e cremoso, aggiungete a filo la restante parte di acqua e un pizzico di sale e continuate a frullare per circa 4-5 minuti fino a quando non avrà assunto una colorazione biancastra e quando i piccoli pallini neri della pellicina delle nocciole diventeranno sempre più piccoli. A questo punto filtrate il composto attraverso un colino ricoperto da un canovaccio di cotone a maglia molto fine per separare la parte solida dalla parte liquida (latte di nocciole).

Strizzate bene il canovaccio per ricavare tutto quanto il latte di nocciole, dopodiché travasatelo all'interno di una bottiglia di vetro ben pulita e mettetelo in frigorifero. Il latte di nocciole si conserva in frigorifero per circa tre giorni.

Prima di servirlo agitatelo bene in quanto, essendo un prodotto naturale, potrebbe dividersi la parte liquida dalla parte densa durante il riposo in frigorifero. La bevanda può essere consumata al naturale o dolcificata con miele o zucchero, fredda o calda, adatta per la colazione, come dissetante da consumare durante la giornata o per la preparazione di dolci e gelati.

Latte di canapa

  1 litro di latte

- 100 g di semi di canapa decorticati
- 1 l di acqua
- 1 pizzico di sale

Mettete i semi di canapa in un recipiente, copriteli con circa mezzo litro di acqua fredda e lasciateli in ammollo per 20 minuti. Trascorso il tempo di riposo, mettete i semi di canapa ammorbiditi, insieme all'acqua di ammollo e il restante mezzo litro di acqua, in un frullatore a bicchiere e frullate per 4 o 5 minuti (se si rischia di fare fuoriuscire il latte dal frullatore potete eseguire la procedura in due volte).

Aggiungete anche un pizzico di sale. Preparate un colino capiente, foderatelo con un canovaccio pulito e collocatelo sopra a una ciotola, quindi versate la bevanda attraverso il canovaccio.

Strizzate bene il canovaccio con le mani per agevolare lo sgocciolamento del latte che verrà raccolto nella ciotola sottostante.

Il latte di canapa è pronto! Trasferitelo in una bottiglia di vetro e consumatelo come un qualsiasi altro latte vegetale. A piacere, si può aggiungere zucchero o miele.

Nel canovaccio si potrà raccogliere la parte solida, ricca di fibra, che può essere utilizzata per preparare pane, biscotti e dolci, o usata in sostituzione dei pinoli per la preparazione del pesto o semplicemente essere mangiata così come barretta energetica.

Annotazioni

Latte di mandorle

    1 litro di latte

- 200 g di mandorle
- 1 l di acqua
- 1 cucchiaio miele (o zucchero o dolcificanti a piacere)

Mettete in ammollo le mandorle in una ciotola con dell'acqua fredda, coprite con pellicola trasparente e lasciatele riposare nella parte bassa del frigorifero per 24 ore. Trascorso questo tempo, scolatele e versatele in un frullatore insieme a un litro di acqua fredda.

Preparazione con frullatore

Frullate il tutto per 2 o 3 minuti, finché il composto diventerà bianco, dopodiché filtratelo attraverso un colino a maglie strette. Il latte di mandorle è pronto. Versate il latte in una bottiglia di vetro e servitelo con un cucchiaio di miele o dolcificante a piacere. Il latte di mandorla si conserva in frigorifero per 3-4 giorni.

Preparazione con estrattore

Versate, poco per volta, 200 g di mandorle e un litro d'acqua nell'estrattore, alternando i due ingredienti, un po' di mandorle, un po' d'acqua, e così via fino a quando non li avrete terminati. Vedrete che da una parte uscirà la parte solida, che potete utilizzare per creare degli ottimi dolci, e dall'altra, il latte di mandorle. Versate il latte in una bottiglia di vetro e servite zuccherando a piacere.

Annotazioni

Latte d'avena

1 litro di latte

- 200 g di fiocchi di avena
- 1,5 l di acqua
- cannella (facoltativo)
- miele (facoltativo)

In un recipiente mettete un litro e mezzo di acqua e i fiocchi di avena, mescolate con un cucchiaio per un paio di minuti, dopodiché coprite il tutto e lasciate in ammollo a temperatura ambiente per circa 4 ore.

Preparazione con estrattore
Versate l'avena con la sua acqua di ammollo nell'estrattore dove, da una parte uscirà la granaglia e dall'altra il latte d'avena. Dopodiché trasferitelo in una bottiglia di vetro e il latte è pronto per essere gustato.

Preparazione con frullatore
Versate l'avena, insieme alla sua acqua di ammollo, in un frullatore e frullate a intermittenza fino a ottenere una poltiglia che filtrerete attraverso un colino a maglie strette. Il latte d'avena è pronto.
Per rendere il latte più gustoso, potete aromatizzarlo con miele e cannella. Quindi, una volta filtrato, rimettetelo nel frullatore insieme a un cucchiaio di miele e un pizzico di cannella, frullate il tutto per qualche secondo e servitelo. Il latte d'avena si conserva in frigorifero per 3-4 giorni.

Annotazioni

Ricette base

Burro

500 g di burro

- 1 l di panna da montare
- 3 pizzichi di sale

Sia la panna che il contenitore che si utilizzano devono essere ben freddi, quindi riponeteli per 15 minuti nel congelatore prima di procedere alla preparazione.

Iniziate a montare la panna fredda a neve ben ferma. Dopo 5 minuti aggiungete il sale e continuate a montare finché non inizia a smontarsi e a dividersi la parte grassa compatta, ovvero il burro, da quella liquida, il latticello. Quindi continuate a mescolare finché non saranno bene separate le due parti.

Setacciate il composto attraverso un colino a maglie strette posto all'interno di una ciotola e con l'aiuto di una spatola strizzatelo per eliminare tutto il latticello. Trasferite il burro in un contenitore e colate ancora la parte di liquido in eccesso.

Ed ecco pronto il nostro burro! Semplice, veloce e buonissimo. Si conserva in frigorifero, coperto da pellicola trasparente per circa un mese. È possibile utilizzare anche il latticello o siero per creare ricette dolci o salate.

Annotazioni

Yogurt senza yogurtiera

1 litro di yogurt

- 1 l di latte intero (o parzialmente scremato)
- 100 g di yogurt bianco intero

Attrezzatura:
- termometro per alimenti
- termos
- barattoli di vetro

Versate il latte in un pentolino e riscaldatelo sul fuoco fino a raggiungere una temperatura di 45 °C, avendo cura di mescolare continuamente con un cucchiaio di legno. Quindi togliete il latte dal fuoco e versatevi lo yogurt, mescolando delicatamente fino a ottenere un liquido omogeneo.

Dopodiché, rimettete il pentolino sul fuoco per altri 30 secondi per portarlo alla temperatura esatta di 45 °C. A questo punto trasferite il latte all'interno dei termos e, una volta riempiti, chiudete e fate maturare per almeno 12 ore in forno spento.

Passate le 12 ore tirate fuori i termos dal forno e, dopo averli agitati, fate due verifiche fondamentali: quella olfattiva, da cui si può sentire l'odore inconfondibile dello yogurt, e la verifica della densità (se rimane attaccato al cucchiaio vuol dire che avete raggiunto la giusta densità).

Quindi versate subito il composto nei vasetti puliti e asciutti e riponeteli in frigorifero per almeno 3-4 ore prima di consumarlo. Lo yogurt può essere conservato per 3-4 giorni in frigorifero.

Potrete aromatizzare il vostro yogurt con frutta fresca, miele, marmellata, caffè, cereali, scaglie di cioccolato... insomma come preferite!

Mascarpone

350 g di mascarpone

- 500 ml di panna da montare
- 7,5 ml di succo di limone o 1,5 g di acido citrico

Attrezzatura:
- 1 siringa
- 1 termometro per alimenti

Per riuscire a misurare il succo di limone è necessario utilizzare una siringa, avete bisogno di 7,5 ml di succo di limone per mezzo litro di panna: sarebbe meglio utilizzare l'acido citrico per non avere problemi!

Iniziate a scaldare la panna in un pentolino a fuoco basso e, con un termometro, controllate che non superi gli 85 °C. Nel frattempo spremete il limone e misurate con una siringa i 7,5 ml che vi serviranno.

Una volta raggiunti gli 80 °C, spegnete il fuoco e mescolate per 3 o 4 minuti facendo scendere la temperatura della panna a 60 °C, dopodiché spostate il pentolino sul fuoco e riportate nuovamente a 80-85 °C. Ripetete il processo ancora una volta per addensare il più possibile la panna e una volta raggiunti gli 85 °C, aggiungete il succo di limone, o l'acido citrico, e continuate a mescolare bene per qualche minuto finché la panna non si addensa.

Togliete la panna dal fuoco e, mescolando continuamente, cercate di raffreddarla lentamente portandola alla temperatura di 55-60 °C. A questo punto trasferite la panna in un recipiente di vetro, mettete un coperchio che non sia completamente ermetico e coprite ulteriormente con uno strofinaccio, quindi lasciatela riposare per almeno tre ore a temperatura ambiente.

Passato il tempo necessario, verificate che la panna si sia addensata, tipo uno yogurt, poi versatela in un canovaccio ben pulito posizionato in sospensione sopra un contenitore in modo che si filtri delicatamente e lasciatela scolare in frigorifero per 24 ore coperta con un panno: in questa maniera il composto perderà tutta la parte liquida.

Dopo 24 ore, rimuovete il mascarpone dal canovaccio e conservatelo in una ciotola coperta da pellicola trasparente. Il mascarpone è pronto per preparare un meraviglioso tiramisù o altri dolci che necessitano di questo ingrediente. Potete conservarlo in frigorifero per un massimo di tre giorni.

Burro di arachidi

200 g di burro

- 200 g di arachidi secche o tostate
- 2% di sale

Il primo metodo per preparare il burro di arachidi prevede di utilizzare le arachidi già tostate e salate, vendute sottovuoto, e di riscaldarle nel microonde per circa 30 secondi prima di metterle in un frullatore, poiché per ottenere un ottimo burro di arachidi devono essere ben calde.

Se utilizzate invece le arachidi secche, dovete disporle su una teglia e farle tostare in forno preriscaldato, meglio se ventilato, a 220 °C per 10 minuti circa.

Una volta tostate, ancora calde, le sgusciate e le private della loro pellicina.

Mettete le arachidi in un frullatore, aggiungete un pizzico di sale secondo i vostri gusti (quantità ideale 2% del peso) e frullate fino a quando non avranno raggiunto una consistenza liquida.

Durante il procedimento fate la prova di assaggio e regolate di sale.

Quando il burro avrà raggiunto la consistenza perfetta, ponetelo in un recipiente e fatelo raffreddare, dopodiché è pronto per essere impiegato.

Annotazioni

Antipasti

Guazzetto di mare tiepido

2 porzioni

- 1 kg di vongole veraci
- 1 kg di cozze
- 500 g di seppie, calamari o totani
- 500 g di gamberi
- 5-6 spicchi d'aglio
- 1 decina di pomodorini
- 1 mazzetto di prezzemolo fresco
- sale e pepe
- origano
- 1 cucchiaino di paprika dolce
- 1/4 di bicchiere di vino bianco secco
- olio extravergine di oliva

Spurgate dapprima le vongole per eliminare i granelli di sabbia e altre impurità mettendole in ammollo in acqua fredda salata per almeno tre ore, avendo cura di cambiare l'acqua ogni ora. Passato questo tempo, risciacquatele sotto l'acqua corrente.

Pulite le cozze: eliminate la barbetta che si trova nella parte laterale, chiamato bisso, dopodiché con un coltellino o una paglietta d'acciaio raschiate bene il guscio per eliminare tutte le impurità. Sciacquatele bene sotto l'acqua corrente fresca, sfregandole l'una contro l'altra, fino a quando l'acqua risulterà limpida.

Pulite le seppie, privandole delle interiora, dell'ossicino e della pelle, poi lavatele bene sotto l'acqua corrente fresca e tagliatele a listarelle.

Pulite i gamberi, eliminando la testa e il carapace lasciando l'estremità della coda a scopo decorativo. Quindi con un coltellino fate un incisione sulla parte dorsale del gambero per eliminare il filo nero, ovvero l'intestino.

Mettete sul fuoco una capace padella con un filo di olio extravergine di oliva e fatevi rosolare a fuoco basso un paio di spicchi d'aglio interi in camicia e leggermente schiacciati, insieme alla paprika. Intanto lavate 5 o 6 pomodorini, tagliateli in quattro parti, e quando l'aglio sarà dorato uniteli al soffritto e fateli saltare a fiamma alta.

Aggiungete quindi le seppie e fate cuocere a fuoco vivo, saltando e mescolando frequentemente, per circa 1 minuto e mezzo, dopodiché unite i gamberi e continuate la cottura per altri 2 minuti; insaporite con origano, eliminate gli spicchi di aglio, salate e pepate. Poi spegnete il fuoco e lasciate riposare il tutto per 10 minuti, coperto con un coperchio a temperatura ambiente.

Nel frattempo mettete le vongole in un tegame con un filo d'olio extravergine di oliva, un mazzettino di prezzemolo, due spicchi d'aglio in camicia e 1/4 di bicchiere di vino bianco secco. Coprite e fate cuocere a fuoco medio-alto fino a quando i gusci si apriranno.

Una volta aperte le vongole, prelevatele e mettetele da parte. Filtrate il loro liquido di cottura attraverso un colino a maglie strette e aggiungetelo al misto di seppie e gamberi.

Infine aprite le cozze: mettetele in una padella capiente con un filo d'olio, uno spicchio d'aglio spezzettato e un po' di pepe, poi coprite con un coperchio e lasciatele cuocere a fuoco dolce fino a quando non si saranno aperte, mescolandole frequentemente. Poi spegnete il fuoco, scolate le cozze dal loro liquido di cottura e mettetele in una ciotola.

Sgusciate le cozze e le vongole, tenendone da parte qualcuna con il guscio per la decorazione, aggiungetele alla preparazione e cospargete col prezzemolo tritato. Il guazzetto tiepido è pronto! Impiattate con fette di pane tostato, irrorate con un filo d'olio e servite.

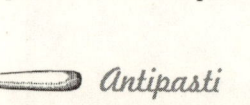

Sauté di cozze

4 porzioni

- 1,5 kg di cozze
- 3-4 rametti di prezzemolo fresco
- 1 spicchio d'aglio
- 1 o 2 peperoncini
- 7-8 pomodorini datterini
- olio extravergine di oliva

Lavate le cozze sotto acqua corrente e con un coltellino o una paglietta d'acciaio raschiate bene il guscio per eliminare tutte le impurità. Staccate manualmente anche il bisso, o la barbetta, che fuoriesce dalle valve. Mettete le cozze in una bacinella e, sempre sotto l'acqua fresca corrente, sciacquatele sfregandole una contro l'altra fino a quando l'acqua risulterà limpida.

Quando le cozze saranno pulite, prendete una padella capiente, quindi coprite il fondo con dell'olio extravergine di oliva, metteteci uno spicchio d'aglio ridotto in 4 pezzi, del peperoncino al gusto e fate soffriggere per qualche istante. Nel frattempo lavate e tagliate i pomodorini in 4 parti e quando l'olio comincerà a sfrigolare, aggiungeteli in padella.

Alzate la fiamma e fate rosolare i pomodorini per 2-3 minuti. Intanto lavate il prezzemolo, asciugatelo con un canovaccio pulito, poi dividete le foglie dai gambi. Tritate le foglioline di prezzemolo da tenere da parte e recuperate 2 o 3 gambetti da inserire in padella. Mescolate velocemente, quindi unite le cozze, saltatele o mescolatele con un cucchiaio di legno, coprite con un coperchio e a fuoco medio fatele aprire, mescolando di tanto in tanto.

Quando tutte le cozze saranno aperte, spegnete il fuoco e spolverizzate infine con il prezzemolo tritato. Mescolate e servite il sauté di cozze ben caldo.

Capitone in carpione

4 porzioni

- 1 kg circa di capitone
- 1 spicchio d'aglio
- 4-5 foglie di alloro
- 10 foglie di menta
- farina 00
- 1/2 l di olio extravergine di oliva
- 1 l di aceto di mele (o di aceto di vino)
- sale
- peperoncino

Eviscerate il capitone ed eliminate la testa, dopodiché lavatelo per bene sotto l'acqua corrente e tagliatelo in tranci di circa 10 centimetri, asciugateli bene con carta assorbente, quindi infarinateli sia dentro che fuori.

Infilzate i tranci di capitone negli spiedini. Intanto in una padella mettete a scaldare circa mezzo litro di olio extravergine di oliva e tenendo il fuoco basso, insaporitelo con uno spicchio d'aglio intero in camicia, 4 o 5 foglie di alloro e una decina di foglie di menta. Dopo circa un paio di minuti, o prima che lo spicchio d'aglio diventi troppo dorato, eliminate sia la menta, che le foglie di alloro e l'aglio dalla padella.

Scuotete bene i tranci di capitone per eliminare la farina in eccesso e metteteli a friggere in padella per un totale di circa 15 minuti. La cottura dev'essere fatta a fiamma bassa e con il coperchio. Ogni 2-3 minuti girate il capitone, ricordandovi di mettere sempre il coperchio dopo ogni volta. Vi accorgerete che i tranci sono cotti nel momento in cui la carne tende a staccarsi dalla lisca centrale.

Scolateli dall'olio, adagiateli su un piatto e fateli raffreddare completamente prima di estrarli dagli spiedini, questo per evitare che si possano sfaldare. Una volta raffreddati, rimuovete gli spiedini e salateli.

Inserite i tranci all'interno di un vaso per conserve, alternandoli con qualche foglia di alloro e foglie di menta. Infine copriteli completamente con aceto di mele e, se vi piace, aggiungete un po' di peperoncino. Lasciate riposare nell'aceto per almeno 24 ore prima di consumarli.

Capesante afrodisiache

4 porzioni

- 8 capesante
- 115 g di yogurt naturale greco intero
- 1 limone biologico
- 1 barattolino di uova di salmone

- (caviale di salmone)
- 1 cucchiaio raso di curry
- 1 cucchiaio raso di maggiorana
- qualche filo di erba cipollina fresca

- sale e pepe
- olio extravergine di oliva

Lavate e tritate finemente quattro fili di erba cipollina, quindi versatela nella ciotola insieme allo yogurt greco. Preparate le zeste di limone, ovvero grattugiate la scorza del limone biologico (mi raccomando, solo la parte gialla).

Metà delle zeste aggiungetele allo yogurt, mentre l'altra tenetela da parte. Ricavate il succo di mezzo limone (1 cucchiaio colmo) e unitelo allo yogurt, al quale aggiungerete anche un cucchiaio d'olio extravergine d'oliva, il sale, un cucchiaino raso di maggiorana, un cucchiaino di curry e infine il pepe. Con una frusta amalgamate tutti gli ingredienti fino a ottenere una crema omogenea.

Con la lama di un coltellino appuntito aprite le conchiglie e staccate i molluschi. Separate la noce (parte bianca) dal corallo (parte arancione o rossa) del frutto e rimuovete la pelle trasparente che li avvolge, la parte nera e tutte le impurità, quindi sciacquate entrambe sotto acqua corrente fredda e dividetele in due ciotole separate.

Aggiungete nella ciotola con le noci delle capesante l'altra metà di zeste e un cucchiaio di succo di limone, quindi mescolate bene e aggiungete un cucchiaio di olio extravergine d'oliva. Mescolate ancora, dopodiché aggiungere il sale e il pepe, mescolate bene e lasciate marinare per 2-3 minuti.

Intanto scaldate una piastra sul fuoco e quando sarà ben calda, abbassate la fiamma al minimo e adagiatevi le noci di capesante, quindi a fuoco medio-basso fate cuocere per 1 minuto, 1 minuto e mezzo, quindi giratele e continuate la cottura per altri 15 secondi. Dopodiché spegnete il fuoco e copritele con un coperchio, lasciandole così per altri 2 minuti, in questo modo termineranno la cottura mantenendo i loro preziosi liquidi. Al termine toglietele dalla piastra e trasferitele in un vassoio.

In un pentolino versate due dita di acqua e portate a ebollizione, quindi unitevi i coralli e fateli cuocere per 2 minuti. Dopodiché scolateli e lasciateli intiepidire sopra un tagliere o un piano da lavoro.

Tritate finemente i coralli con un coltello, aggiungeteli alla crema di yogurt e mescolate. Ora la crema di yogurt è perfetta, quindi potete assemblare questa meravigliosa ricetta.

Disponete in ogni conchiglia un cucchiaio di salsa allo yogurt, una noce di capesanta, un cucchiaio di uova di salmone e infine guarnite con un filo di erba cipollina.

Insalata di polpo

4 porzioni

- 1,2-1,3 kg di polpo
- 1 cipollotto
- 1 gambo di sedano
- 1 limone
- 2 pomodori da insalata
- 1 spicchio d'aglio

- 10 capperi dissalati
- 20 olive nere denocciolate
- sale e pepe
- origano
- la punta di un cucchiaino di senape

Per la cottura del polpo:
- 2 l di acqua
- 50 ml di aceto di mele
- 10 grani di pepe
- 15 g di sale grosso
- 1 cipolla

Cominciate dalla pulizia del polpo: eliminate il becco semplicemente estraendolo con il dito indice della mano. Poi rivoltate il cappuccio ed eliminate le viscere racchiuse nella sacca: nel caso si tratti di un polpo decongelato, quasi sicuramente è già eviscerato. Dopodiché sciacquatelo bene sotto l'acqua corrente fredda. Ponete sul fuoco una pentola capiente con 2 litri di acqua, aggiungete l'aceto, i grani di pepe, il sale, la cipolla (precedentemente sbucciata e tagliata a metà) e portate a bollore.

Una volta raggiunto il bollore, immergete nell'acqua bollente solo i tentacoli del polpo e risollevateli per 4 o 5 volte fino a quando non risulteranno ben arricciati. Dopodiché immergete nell'acqua l'intero polpo, coprite con un coperchio e una volta raggiunto il punto di ebollizione, cuocetelo a fuoco molto basso per 35 minuti.

Una volta cotto, spegnete il fuoco e lasciate il polpo all'interno della sua stessa acqua per altri 30 minuti, poi scolatelo, ponetelo in una ciotola e lasciatelo raffreddare a temperatura ambiente. Una volta freddo, copritelo con pellicola trasparente e fatelo riposare in frigorifero per 24 ore.

Dopo 24 ore condite il polpo. Spremete un limone, lavate e tagliate il gambo di sedano finemente in obliquo e fate lo stesso anche con il cipollotto. Lavate e tagliate i pomodori a spicchi.

Mettete il cipollotto all'interno di una ciotola e aggiungere la senape, il succo di limone, sale e pepe, mescolate e lasciate marinare a temperatura ambiente per circa 5 minuti.

Ponete il polpo sul tagliere e con un coltello separate la testa dai tentacoli. Dopo aver eliminato gli occhi, tagliate il cappuccio in striscioline. Separate i tentacoli l'uno dall'altro, poi tagliateli a cubotti di circa 1 cm.

Versate il polpo in un'insalatiera, unite il sedano, i pomodori, i capperi, le olive, poi condite con sale, pepe, origano, lo spicchio d'aglio ridotto in poltiglia (precedentemente sbucciato e privato dell'anima interna), il cipollotto ben scolato dalla marinatura e un filo d'olio extravergine di oliva.

Poi mescolate il tutto e servite la vostra insalata di polpo in un piatto da portata guarnendola con delle fettine di limone.

Polpo con patate

6 *porzioni*

- 1,5 kg di polpo
- prezzemolo tritato
- 3 patate di media grandezza
- 1 spicchio d'aglio
- sale fino
- sale grosso
- pepe
- olio extravergine di oliva

    Innanzitutto pulite il polpo: eliminate con le dita il becco, poi rivoltate il cappuccio ed eliminate le viscere racchiuse nella sacca (nel caso si tratti di un polpo decongelato, quasi sicuramente sarà già stato eviscerato). Lasciate gli occhi che eliminerete dopo la cottura. Dopodiché sciacquatelo bene sotto l'acqua corrente fredda.

    Ponete sul fuoco una pentola con abbondante acqua, salatela con sale grosso e una volta raggiunto il bollore, immergete all'interno della pentola solo i tentacoli del polpo e risollevate per 5 o 6 volte finché non si saranno arricciati. Dopodiché immergete nell'acqua l'intero polpo, se volete aggiungete anche un tappo di sughero secondo le antiche tradizioni, coprite con un coperchio e una volta raggiunto il punto di ebollizione, cuocetelo a fuoco molto basso per 35 minuti (ogni chilo di polpo dovrà cuocere per 25 minuti).

    Mentre il polpo cuoce, preparate le patate: sbucciatele e tagliatele a dadini, poi mettetele in un recipiente e sciacquatele sotto l'acqua corrente fresca, dopodiché cuocetele a vapore (il tempo di cottura delle patate dipende dalla loro grandezza).

    Una volta cotto il polpo lasciatelo all'interno della pentola, coperto e a fuoco spento, per circa 35 minuti (lo stesso tempo che ha impiegato a cuocere), dopodiché aggiungete del ghiaccio per raffreddarlo completamente.

    Quando le patate saranno cotte, lasciatele raffreddare. Nel frattempo tritate il prezzemolo e l'aglio. Togliete anche il polpo dalla pentola, ponetelo su un tagliere per ridurlo a pezzetti: dividetelo a metà, eliminate gli occhi, tagliate la testa, staccate i tentacoli dal corpo e tagliateli a pezzetti di circa 2-3 cm, più o meno la stessa grandezza delle patate.

    Ora che avete tutto pronto condite le patate e il polpo separatamente. Condite le patate in una ciotola con sale, olio extravergine di oliva, pepe, prezzemolo e aglio. Versate il polpo in un'altra ciotola e conditelo alla stessa maniera senza aggiungere il sale, poiché è stato fatto bollire nell'acqua già salata.

    A questo punto, unite le patate nel recipiente del polpo e rigirate i due ingredienti in un altro recipiente. Questo procedimento va fatto per tre o quattro volte in modo che si amalgamino bene gli ingredienti senza utilizzare il cucchiaio. Il polpo con le patate è pronto! Volendo potete aggiungere alcune olive.

Antipasti

Carpaccio di polpo

6 porzioni

- 1,2 kg di polpo
- 5-6 foglie di basilico
- 2 foglie di alloro
- 1 scalogno
- 4-5 grani di pepe

- 2 bacche di ginepro
- sale grosso
- 1 bicchiere di vino bianco
- **Per il condimento:**
- 4 pomodorini

- 2-3 foglie di basilico
- aceto balsamico di Modena
- sale e pepe
- olio extravergine di oliva

Pulite il polpo eliminando le viscere contenute nella sacca, gli occhi e il becco e lavatelo sotto l'acqua corrente fredda.

In una pentola capiente piena d'acqua, aggiungere un bicchiere di vino bianco, il sale, lo scalogno lavato e tagliato a metà.

Aggiungete anche le foglie di alloro, le bacche di ginepro, i grani di pepe, le foglie di basilico e, secondo la tradizione, un tappo di sughero. Quindi coprite con un coperchio e portate a ebollizione.

Quando l'acqua bolle, tenendo il polpo per la testa, immergete ed estraete i tentacoli per 6 o 7 volte consecutive finché non si saranno arricciati (questo sbalzo termico servirà a renderlo morbido). Dopodiché immergete completamente il polpo nell'acqua e fate cuocere a fuoco basso per 30 minuti con coperchio semiaperto.

Una volta cotto, spegnete il fuoco e lasciate intiepidire il polpo nel suo liquido di cottura per circa mezz'ora coprendo la pentola con un coperchio. Dopodiché aggiungete del ghiaccio per creare uno shock termico in maniera che la carne rimanga compatta.

Nel frattempo tagliate una bottiglia di plastica rotonda a metà circa della sua altezza.

Scolate il polpo dall'acqua e ponetelo su un tagliere. Dividetelo tagliando i singoli tentacoli e la testa a metà. Dopodiché riempite la bottiglia aggiungendo un pezzo di polpo alla volta e pressando bene ogni volta con un batticarne in modo da favorire la fuoriuscita dell'acqua in eccesso. Quando avrete inserito tutti i pezzi di polpo, tenete inclinata la bottiglia ed eliminate i liquidi in eccesso.

Con un coltello praticate dei tagli laterali su tutto il bordo della bottiglia per formare delle linguette da ripiegare sul polpo per sigillare la bottiglia. Quindi pressate i lembi verso l'interno e avvolgete nella pellicola trasparente, poi mettetelo in frigorifero per 12-24 ore.

Trascorso il tempo di riposo, estraete il polpo dalla bottiglia e tagliatelo a fette molto sottile. Disponete le fette di polpo su un piatto da portata.

Lavate e tagliate i pomodorini a rondelle sottili, metteteli in una ciotola con foglie di basilico spezzettate, sale, olio extravergine d'oliva e aceto balsamico. Mescolate il tutto.

Condite le fette di polpo con un filo d'olio extravergine d'oliva, un po' di pepe e aceto balsamico, disponete al centro i pomodorini conditi e decorate il piatto con qualche foglia di basilico.

Impepata di cozze

2 porzioni

- 1 kg di cozze
- prezzemolo tritato
- 1 spicchio d'aglio
- 1/2 bicchiere di vino bianco secco
- succo di mezzo limone
- peperoncino
- pepe
- olio extravergine di oliva

Per la preparazione dell'impepata di cozze, cominciate dalla pulizia delle cozze, assicurandovi che siano tutte chiuse: quelle aperte o rotte vanno scartate. Grattate via le impurità aiutandovi con una paglietta d'acciaio, poi staccate la barbetta. Una volta pulite sciacquatele accuratamente e cominciate la preparazione.

In una pentola capiente mettete un filo d'olio extravergine di oliva con uno spicchio d'aglio in camicia e un po' di peperoncino.

Aggiungete subito le cozze, il prezzemolo, un filo d'olio ancora, del pepe, mescolate e irrorate col vino bianco. Mettete la pentola sul fuoco, coprite con il coperchio e fate schiudere completamente le cozze a fuoco medio-alto per circa 5-6 minuti, rimestando di tanto in tanto.

Terminata la cottura, scolate le cozze dalla loro acqua di cottura e disponetele nei piatti guarnendo a piacere con del succo di limone, prezzemolo tritato e pepe. La vostra impepata di cozze è pronta!

Annotazioni

Antipasti

Cocktail di gamberi

2 porzioni

- 250 g di code di gambero
- 150 g di salsa cocktail, vedi ricetta a p. 30
- 3-4 foglie di basilico fresco
- pepe in grani (rosso, rosa o nero)
- 1 avocado (facoltativo)
- 1 lime (o limone)
- pepe nero (facoltativo)
- sale

Lavate i gamberi sotto l'acqua corrente, eliminate la testa e il carapace (tenetelo da parte per il brodo). Aiutandovi con un coltellino, eliminate anche l'intestino (il filo nero all'interno), tagliando per il lungo la parte superiore del gambero.

Prima di lessare le code di gambero, preparate un brodino di pesce concentrato: mettete 300 ml di acqua e il carapace dei gamberi in un pentolino, quindi insaporite con il succo di 1/4 di lime o limone (o vino bianco), 3 o 4 foglie di basilico, qualche grano di pepe e il sale.

Ponete il pentolino sul fuoco, coprite con un coperchio e fate bollire il tutto per circa 10 minuti a fuoco basso.

Trascorsi i dieci minuti, filtrate il brodino attraverso un colino quindi rimettetelo nel pentolino e regolate di sale, se necessario. Ponete il pentolino nuovamente sul fuoco e, quando giungerà a bollore, tuffatevi le code di gambero e fatele cuocere per 35-40 secondi (quando i gamberi diventeranno bianchi, sono pronti; se li lasciate cuocere per più tempo saranno duri e gommosi).

Quindi scolate le code e fatele raffreddare in una ciotola. Recuperate anche un mestolo di brodino e tenetelo da parte in una ciotola.

Tagliate un avocado a metà e tenetelo da parte. Foderate due coppe con le foglie di lattuga più grandi; tagliate invece a julienne le restanti foglie più piccole che disporrete anch'esse all'interno delle coppe.

Quando i gamberi si saranno raffreddati, aggiungete la salsa cocktail e mescolate bene.

Aggiungete anche un cucchiaino di brodino che avevate tenuto da parte e mescolate ancora fino a quando la parte liquida verrà assorbita dalla salsa. Mettete i gamberi nelle coppette sopra le foglie di lattuga e versateci sopra uno strato di salsa.

Tagliate l'avocado a fettine e decorate la coppa, quindi insaporite con un pochino di sale e succo di lime (o limone). Completate con pochissimo pepe o prezzemolo fresco tritato e una fettina di lime come decorazione. Il cocktail di gamberi è pronto da servire fresco!

Insalata di mare

4 porzioni

- 1 kg di cozze
- 600 g di anelli di calamaro
- 300 g di gamberi
- 400 g di totani
- 300 g di seppioline
- 500 g di moscardini
- 1 mazzetto di prezzemolo
- 1 costa di sedano
- 1 peperone
- 2 scalogni
- 2 spicchi d'aglio
- 3 foglie di alloro
- pepe rosso in grani
- aceto di mele o di vino bianco
- sale e pepe
- olio extravergine di oliva

Per preparare l'insalata di mare, cominciate con la pulizia dei gamberi: eliminate la testa e il carapace, poi tenendo con una mano la coda del gambero tra l'indice e il pollice, incidete il dorso ed estraete l'intestino (il filamento nero) tirandolo delicatamente con la punta di un coltellino. Una volta puliti, tenete da parte.

Sciacquate le cozze sotto l'acqua corrente e con il dorso della lama di un coltello eliminate tutte le incrostazioni. Staccate manualmente la barbetta (o bisso) che fuoriesce dalle valve. Dopodiché, sempre sotto l'acqua corrente e utilizzando una paglietta d'acciaio, sfregate le cozze per eliminare ogni impurità. Una volta pulite, mettete da parte.

Per quanto riguarda i moscardini eliminate la parte interna della testa, gli occhi e il becco, quindi lavateli e lasciateli interi.

Lavate le seppioline e lasciatele così come sono.

I totani tagliateli ad anelli, mentre i ciuffi se sono molto grossi tagliateli a metà.

Sciacquate sotto l'acqua corrente anche gli anelli di calamaro e tenete da parte.

Tagliare lo scalogno in tre o quattro parti (le dimensioni devono essere più o meno come le cipolline sott'aceto).

Tagliate il gambo del sedano a pezzi leggermente in diagonale e poi divideteli a metà per ottenere dei bastoncini.

Pulite anche il peperone: eliminate prima la parte del picciolo e poi tagliatelo a striscioline, un pochino più grosse del sedano.

In una padella fate soffriggere lo scalogno con un filo d'olio extravergine d'oliva. Quando lo scalogno inizia a colorirsi, inserite anche i peperoni. Fate saltare il tutto a fiamma media, quindi salate e pepate.

Dopodiché aggiungete anche le coste di sedano. Fate cuocere a fuoco vivo per circa 2 minuti, saltando bene le verdure. Quindi aggiungete ancora un filo d'olio extravergine d'oliva e continuate a saltare le verdure mantenendo sempre il fuoco vivo, in questo modo le ossigenerete e l'olio si legherà con il fondo di cottura formando una base cremosa.

Aggiungete poi un po' di aceto di mele e fatelo sfumare. Proseguite la cottura per altri 2 minuti a fiamma viva, fino a quando l'odore di aceto non si attenua un pochino e il fondo di cottura comincia a ritirarsi. Quindi spegnete il fuoco e mettete le verdure in un piatto.

Mettete le cozze in una pentola insieme a uno spicchio d'aglio intero, qualche foglia di prezzemolo, un pochino di pepe e un filo d'olio extravergine d'oliva, quindi fate cuocere con un coperchio a fuoco semivivo per 6-7 minuti fino a che non si saranno aperte.

Quando le cozze si saranno aperte, ponetele in una ciotola e fatele intiepidire, eliminando lo spicchio d'aglio e il prezzemolo, intanto recuperate la loro acqua in un altro recipiente, filtrandola attraverso un colino e lavate la pentola.

Nella stessa pentola mettete tre foglie di alloro, uno spicchio d'aglio intero in camicia e l'acqua filtrata delle cozze, quindi aggiungete un litro di acqua e 50 ml di aceto di mele.

Aggiungete anche 5 o 6 grani di pepe rosso, quindi mettete sul fuoco e portate a ebollizione. Salate con il sale grosso, quindi cominciate la cottura dei molluschi. Iniziate a cuocere i moscardini che farete tuffare 4 o 5 volte per fare arricciare i tentacoli, dopodiché immergeteli completamente nell'acqua.

Lasciate cuocere un paio di minuti e, non appena l'acqua giungerà a ebollizione, aggiungete anche le seppioline, i totani, gli anelli di calamaro e i ciuffetti. Mescolate il tutto, coprite con un coperchio e dal momento in cui ricomincerà a bollire, fate cuocere per 25 minuti.

Nel frattempo sgusciate le cozze ormai intiepidite, facendo attenzione a non perdere la loro acquetta che vi servirà per insaporire l'insalata di mare.

Passati i 25 minuti di cottura, inserite nella pentola del pesce i gamberi, quindi spegnete immediatamente il fuoco poiché la loro cottura è di massimo 30 secondi e il calore residuo all'interno della pentola è più che sufficiente per cuocerli (se prolungate la cottura diventeranno gommosi).

Mescolate il tutto, quindi scolate il pesce e trasferitelo all'interno di una teglia a raffreddare. Eliminate le foglie di alloro e lo spicchio d'aglio, lasciando solo i grani di pepe.

Tritate finemente il prezzemolo e iniziate ad assemblare la vostra insalata di mare. In un'ampia zuppiera disponete tutti i molluschi, le cozze sgusciate e i peperoni, quindi mescolate bene.

Per concludere, aggiungete una manciata di prezzemolo tritato, regolate di sale e di pepe, aggiungete un altro filo d'olio extravergine d'oliva. Trasferite l'insalata di mare su un piatto da portata e servite.

Insalata di baccalà con olive

4 porzioni

- 8 tranci di baccalà dissalato
- 10 cubetti di ghiaccio
- 2 foglie di alloro
- timo fresco o in polvere
- rosmarino
- origano
- 4-5 pomodorini pachino o datterini
- 2 spicchi d'aglio
- 1 limone
- prezzemolo tritato
- olive sott'olio
- sale e pepe
- olio extravergine di oliva

Se non disponete di baccalà già dissalato dovrete prima di tutto dissalarlo iniziando almeno tre giorni prima. Dopodiché potrete tagliarlo in tranci e procedere con la ricetta.

In una padella abbastanza capiente, mettete dell'acqua fredda, quindi inserite le foglie di alloro, 2 spicchi d'aglio intero e un po di aghi di rosmarino, dopodiché coprite con un coperchio e portate a ebollizione. Non appena il brodo aromatizzato giungerà a bollore, aggiungete i tranci di baccalà, coprite e portate nuovamente a bollore.

Proseguite la cottura per 10 minuti a fuoco dolce, poi spegnete il fuoco e con un mestolo eliminate metà acqua dalla padella, quindi aggiungete una decina di cubetti di ghiaccio per bloccare la cottura del baccalà, permettendogli di compattarsi.

Lasciate il baccalà all'interno della padella per 7- 8 minuti, dopodiché scolatelo e ponetelo su un tagliere, eliminando gli aghi di rosmarino, le foglie d'alloro e gli spicchi d'aglio. Pulitelo dalla pelle e dalle spine, e spezzettatelo a pezzi più o meno grossi, che metterete in un'insalatiera.

Condite il baccalà con delle foglioline di timo fresco, un po' di origano, i pomodorini tagliati a metà, delle olive sott'olio, quindi mescolate con cura tutti gli ingredienti.

Regolate di sale e di pepe, aggiungete un po' di prezzemolo tritato e un filo d'olio extravergine d'oliva. Prima di servire, decorate l'insalata di baccalà con le zeste di limone, pelando a piccoli filamenti solo la parte gialla della scorza di limone (servitevi dell'apposito attrezzo). Aggiungete, a piacere, del succo di limone.

Antipasti

Insalata con funghi, tonno e ostriche

2 porzioni

- insalata (mix di indivia riccia, valeriana, radicchio rosso)
- funghi (3 ovuli e 1 porcino)
- 2 ostriche
- 2 fette di tonno fresco
- formaggio grana
- succo di mezzo limone
- sale e pepe
- olio extravergine di oliva

Lavate le foglie d'insalata, asciugatele e mettetele in un'insalatiera. Pulite bene i funghi: eliminate la parte terrosa raschiandoli con delicatezza, quindi con un panno umido eliminate i residui di terra (nel caso siano molto sporchi, passateli rapidamente sotto un getto d'acqua corrente fredda senza metterli in ammollo, quindi asciugateli con un panno).

Lavate e asciugate le fette di tonno fresco e lasciatele da parte. Dopodiché con un coltello ben affilato tagliate il grana a scaglie.

Tagliate gli ovuli a fettine sottilissime nel senso della lunghezza; affettate allo stesso modo anche il porcino. Aprite le ostriche introducendo la lama di un coltellino in corrispondenza della cerniera, e ruotando la lama prima a destra, poi a sinistra, recidete il muscolo che tiene unite le due valve. Continuate ad allargare le conchiglie fino a staccare quella piatta che eliminerete.

Spremete il succo di mezzo limone. Stendete un letto di insalata su un piatto da portata e mettete le due ostriche ai bordi del piatto.

Poi, nella parte centrale del piatto, aggiungete altra insalata, salatela leggermente, quindi adagiatevi il tonno fresco tagliato a pezzetti e pepate.

Aggiungete anche i funghi a fettine e condite con sale, pepe, succo di limone, un filo d'olio extravergine d'oliva e scaglie di grana.

Prima di servire l'insalata fatela marinare per 5 minuti.

Salmone in crosta di sesamo e tartare

4 porzioni

- 800 g di filetto di salmone fresco
- 100 g di semi di sesamo (o di papavero)
- salsa tabasco
- sale e pepe

Per la decorazione:
- 4 pomodorini pachino
- foglie di lattuga

Prima di tutto lavate velocemente il salmone sotto l'acqua corrente e tamponatelo con la carta assorbente, quindi ponetelo su un piano da lavoro con la pelle rivolta verso il basso e procedete a togliere le spine che si trovano sulla superficie aiutandovi con una pinzetta o con un coltello (queste spine si trovano al centro di ogni filetto di salmone, sono grandi e facili da individuare passando il coltello sulla superficie).

Per togliere la pelle, dividete il salmone a metà nel senso della lunghezza, poi fate scorrere con attenzione la lama di un coltello ben affilato tra la pelle e la carne del primo filetto, mantenendo la lama del coltello quanto più possibile aderente alla pelle (potete aiutarvi a trattenere il filetto puntando le dita dell'altra mano sulla piccola porzione di pelle tagliata in precedenza) e ripetete questa operazione anche con il secondo filetto.

Tagliate un filetto di salmone a tranci di circa due dita di spessore, salate, pepate e passateli nei semi di sesamo, facendoli aderire bene e in maniera uniforme.

Adagiate i tranci di salmone su una piastra, precedentemente riscaldata, e fateli cuocere 25 secondi per lato. Quando il sesamo sarà ben dorato e si sarà formata una crosta, togliete i tranci di salmone dalla piastra.

Ora, con il secondo filetto, preparate la tartare: tagliate il salmone a dadini sottili, quindi salate, pepate e condite con la salsa tabasco. Mescolate e lasciate insaporire per qualche minuto.

Decorate i piatti con i pomodorini tagliati a metà e una foglia di lattuga, adagiatevi i tranci di salmone e la tartar di salmone al tabasco e servite in tavola!

Vitello tonnato

6 porzioni

- 1 kg di magatello di vitello
- 1 gambo di sedano
- 1 carota
- 1 Cipolla
- 1 spicchio d'aglio
- alloro
- rosmarino
- salvia
- sale grosso
- pepe in grani
- olio extravergine di oliva
- vino bianco frizzante
- aceto balsamico di Modena
- prezzemolo

Per la salsa tonnata:
- 300 g di maionese
- 100 g di tonno
- 4 filetti di alici sott'olio
- 5 capperi dissalati
- mezzo bicchiere di spumante secco

Pulite il pezzo di carne privandolo di eventuali cartilagini e del grasso, poi mettetelo in una pentola capiente, insaporitelo con dell'aceto balsamico di Modena, un pochino di olio extravergine di oliva e un po' di vino bianco. Aggiungete anche un po' di rosmarino, salvia e pepe in grani e salate con il sale grosso. Mettete la pentola sul fuoco e fate rosolare la carne su tutti i lati. Dopodiché aggiungete lo spicchio d'aglio in camicia, il sedano, la cipolla e la carota tagliate grossolanamente e qualche foglia di alloro. Coprite con un coperchio e continuate la cottura per un paio di minuti, poi versate l'acqua che dovrà coprire il pezzo di carne e, quando raggiungerà il bollore, abbassate la fiamma lasciando cuocere per circa un'ora e mezza col coperchio.

Una volta cotto il pezzo di carne, lasciatelo raffreddare nella sua acqua di cottura per circa 45 minuti e, quando avrà raggiunta la temperatura ambiente, scolatelo e mettetelo in frigorifero, quindi recuperate il brodo ottenuto.

Nel frattempo preparate la salsa tonnata. All'interno di un frullatore inserite il tonno sgocciolato, i capperi dissalati, le acciughe, lo spumante e iniziate a frullare; man mano unite un pezzettino di carota cotta nel brodo (opzionale), la maionese e infine del brodo di cottura filtrato, circa due cucchiai: frullate fino a ottenere una crema liscia e densa.

Quando la carne sarà completamente fredda, affettatela sottilmente con un coltello ben affilato, disponete le fettine su un vassoio e ricopritele con la salsa. Decorate con un pezzetto di carota cotta tagliata a rondelle, una spolverata di prezzemolo, un po' di pepe e un filo d'olio extravergine di oliva. Coprite con pellicola trasparente e lasciatelo riposare in frigorifero per circa 3-4 ore prima di servire. Il vostro vitello tonnato è pronto!

Arancini di riso

6 *porzioni*

Per la preparazione del riso:
- 400 g di riso Roma
- 800 ml di acqua (il doppio del riso)
- 1 bustina di zafferano
- 1 uovo
- 1 tuorlo d'uovo
- 40 g di parmigiano
- 20 g di burro
- sale

Per la pastella:
- 500 ml di acqua
- 400 g di farina 00
- 1 uovo (facoltativo)
- 1 pizzico di sale

Per il ripieno al ragù e piselli:
- 500 g di carne macinata mista maiale/manzo
- 150 g di piselli freschi o surgelati
- 150 ml di passata di pomodoro
- 50 ml di acqua
- 3-4 cucchiai di doppio concentrato di pomodoro
- mezza cipolla
- 1 carota
- 1 gambo di sedano
- 3 foglie di alloro
- timo
- olio extravergine di oliva
- 1 bicchiere di vino rosso
- 200 g di mozzarella

Per impanare e friggere:
- olio di semi di girasole
- pangrattato

Per preparare gli arancini di riso iniziate a preparare il ragù: mondate e tritate finemente la carota, il sedano e la cipolla e fate rosolare il tutto in un tegame con un filo d'olio extravergine di oliva. Poi unite la carne macinata insieme alle foglie di alloro e un po' di timo, regolate di sale, coprite con un coperchio e fate rosolare bene a fuoco alto, mescolando di tanto in tanto. Quindi aggiungete il vino e lasciatelo sfumare.

Dopodiché aggiungete la passata di pomodoro e 3 o 4 cucchiai di concentrato di pomodoro, mescolate bene e aggiustate con un po' di acqua se dovesse risultare molto asciutto.

Portate il ragù a ebollizione, poi fate cuocere per 30 minuti a fuoco basso con il coperchio. Quindi unite i piselli e continuate la cottura per altri 15 minuti (in totale la cottura del ragù è di 45 minuti). Nel frattempo preparate il riso.

Lessate il riso in acqua bollente salata, inserendo anche un cucchiaio di ragù per insaporirlo e fatelo cuocere per 20 minuti circa con il coperchio semiaperto, senza mai mescolarlo.

Quando l'acqua sarà completamente assorbita, il riso è cotto, quindi spegnete il fuoco e unite il burro a pezzetti e lo zafferano, mescolate bene, poi versatelo su un tavolo da lavoro, livellatelo con un cucchiaio di legno e spolverizzatelo con il parmigiano grattugiato. Amalgamatelo bene fino al completo assorbimento del formaggio, così facendo il riso si raffredderà, poi trasferitelo in una ciotola, aggiungete un uovo più un tuorlo e amalgamate bene il tutto.

Tagliate la mozzarella a cubetti e preparate la pastella.

Preparazione della pastella: in una ciotola versate la farina, un pizzico di sale e l'acqua a filo, quindi mescolate accuratamente con una frusta per evitare che si formino grumi. In ultimo aggiungete l'uovo precedentemente sbattuto e mescolate. L'impasto della pastella deve essere abbastanza liquido.

Ora potete realizzare i vostri arancini: tenetevi vicino una ciotola piena di acqua così da inumidirvi le mani, quindi prelevate una quantità di riso e con le mani bagnate formate una palla. Poi con le dita schiacciatela al centro formando una conca e versateci all'interno qualche cubetto di mozzarella, un cucchiaio di ragù, quindi modellatelo con le mani dal basso verso l'alto fino a richiuderlo dandogli una forma a punta. Ora che avete tutti gli arancini pronti, tuffateli nella pastella, uno a uno, e passateli nel pangrattato.

In una pentola scaldate l'olio di semi di girasole e portatelo a una temperatura di 170 °C (se non avete un termometro da cucina, mettete uno stuzzicadenti nell'olio e quando inizierà a fare delle bollicine, l'olio è pronto per friggere).

Friggete un arancino alla volta, o massimo due, per non abbassare la temperatura dell'olio. Per i primi due minuti fate cuocere l'arancino completamente immerso nell'olio, dopodiché con una schiumarola, lo alzate e lo immergete più volte nell'olio fino a quando sarà ben dorato.

Una volta cotti, ponete gli arancini su un vassoio foderato con carta assorbente e serviteli ben caldi!

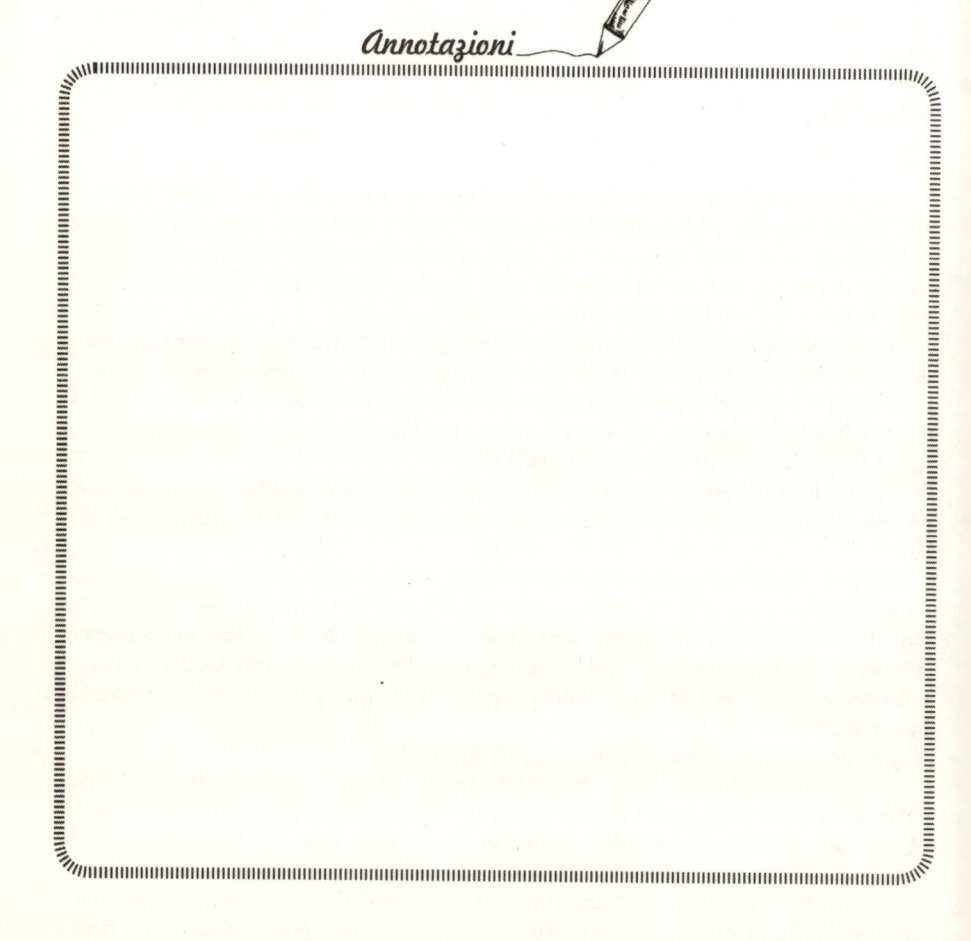

Annotazioni

Torta salata con spinaci, salsiccia e mozzarella

6 porzioni

- 1 rotolo di pasta sfoglia rotonda
- 1 kg di spinaci freschi
- 1/2 kg di salsiccia
- 1 bicchiere di vino bianco secco
- noce moscata
- 2 uova
- 50 g di pecorino
- 250 g di mozzarella
- sale e pepe

Prima di tutto pulite gli spinaci: eliminate le radici e le foglie sciupate, quindi lavate ripetutamente le foglie sotto l'acqua corrente fredda per eliminare tutti i residui di terra. Scolateli, e senza asciugarli, fateli cuocere in una padella capiente dai bordi alti e munita di un coperchio. Per cuocere gli spinaci è sufficiente utilizzare l'acqua rimasta sulle foglie dopo il lavaggio.

Una volta messe le foglie in padella, dovrete esercitare un po' di pressione con le mani in modo da poter riempire la padella con quanti più spinaci possibili. Man mano che le foglie si abbasseranno con il calore, aggiungerne altre.

Chiudete la padella con il coperchio e fate cuocere gli spinaci per 10 minuti a fuoco medio. Verso metà cottura, aggiungete un po' di sale e di tanto in tanto mescolateli con l'aiuto di un cucchiaio di legno.

A cottura ultimata scolate gli spinaci attraverso un colino (non serve strizzarli) e lasciateli da parte. Nel frattempo preparate la salsiccia.

Con un coltello tagliate la salsiccia a tocchetti di circa 2 cm, dopodiché mettetela in una padella antiaderente, coprite con un coperchio e a fuoco medio fatela sudare (se la private del budello potete mettere la salsiccia nella padella semplicemente sgranata, i tempi di cottura sono gli stessi).

Il calore all'interno della padella dopo pochi minuti scioglierà parte del suo grasso, quindi per far consumare i liquidi togliete il coperchio e alzate la fiamma, dopodiché sfumate con un bicchiere di vino bianco secco e continuate la cottura a fuoco vivo per circa 10 minuti o fino a quando la parte alcolica del vino sarà evaporata. Per dare un tocco particolare, negli ultimi 2-3 minuti di cottura spolverizzate la salsiccia con un pochino di noce moscata.

Bucherellate tutta la superficie della pasta sfoglia con i rebbi di una forchetta, quindi adagiatela in una tortiera del diametro di 24 cm rivestita di carta da forno.

Tagliate la mozzarella a cubetti e lasciatela scolare un po'.

In una ciotola mettete le uova e sbattetele con una forchetta, poi aggiungete il pecorino grattugiato e proseguite a mescolare fino a ottenere un composto cremoso.

Mettete gli spinaci sulla base della sfoglia e distribuiteli bene, quindi disponete la salsiccia tagliata a pezzetti (se l'avete sgranata create uno strato con la salsiccia), infine cospargete la superficie con la crema di uovo e pecorino.

Completate la torta con la mozzarella tagliata a cubetti, una macinata di pepe, un pochino di noce moscata e spolverizzate con altro pecorino. Fate cuocere la torta salata in forno statico preriscaldato a 220 °C per circa 35-40 minuti.

Il tempo di cottura dipende da due fattori: dalla forza del vostro forno e dal residuo liquido che hanno rilasciato i vari ingredienti. In ogni caso, verso metà cottura o, comunque quando vi accorgerete che la superficie risulterà bella dorata, bisognerà abbassare la temperatura del forno a 200 °C, dopodiché prendete un foglio di carta di alluminio e dopo averlo bucherellato con uno stuzzicadenti, coprite la torta e terminate la cottura.

Sfornate la torta e verificate che il fondo risulti ben cotto, altrimenti rimettetela in forno e continuate la cottura ancora qualche minuto, poi fatela riposare qualche minuto prima di servire.

Annotazioni

Torta salata ricotta e spinaci

6 porzioni

- 1 pasta sfoglia rotonda
- 1 pasta sfoglia rettangolare
- 1 kg di spinaci freschi
- 500 g di ricotta
- 4 uova
- 2 scalogni
- 60 g di pinoli
- 80 g di uvetta
- 160 g di parmigiano grattugiato
- noce moscata
- maggiorana
- 40 g di pangrattato
- sale e pepe
- olio extravergine di oliva

Prima di tutto pulite gli spinaci, eliminando tutti i gambi e lavandoli bene con acqua fresca corrente in modo da eliminare eventuali tracce di terreno, e scolateli.

Srotolate la pasta sfoglia rotonda e adagiatela in una tortiera da 26 cm di diametro, foderata con carta da forno (se avete acquistato la pasta sfoglia in rotoli già stesi, prima di utilizzarla ricordatevi di infarinarla e stenderla un pochino con il matterello così da renderla più rustica). Poi con i rebbi di una forchetta praticate dei fori sulla superficie.

Tritate finemente lo scalogno, mettetelo in una padella dai bordi alti con un filo d'olio extravergine di oliva, metà dose di uvetta, metà dose di pinoli e a fuoco basso cominciate a fare un soffritto molto delicato, mescolando con un cucchiaio di legno: lo scalogno dovrà diventare quasi trasparente, i pinoli si dovranno tostare e l'uvetta si dovrà gonfiare.

Poi, poco per volta, aggiungete gli spinaci al soffritto e fateli appassire, salate e pepate a piacere, coprite con un coperchio e proseguite la cottura per altri 10 minuti. Se negli ultimi due minuti di cottura gli spinaci avranno rilasciato molta acqua, alzate la fiamma e fate cuocere a fuoco medio-vivo, senza coperchio per fare evaporare i liquidi in eccesso. Negli ultimi 30-40 secondi di cottura aggiungete anche un pochino di maggiorana e mescolate.

Trasferite gli spinaci in una ciotola e mescolateli un po' per fare abbassare la temperatura, quindi aggiungete il pangrattato e metà del parmigiano grattugiato, circa 80 g, e amalgamate il tutto. Dopodiché incorporate due uova, una alla volta, e continuate a mescolare. Una volta pronti gli spinaci, teneteli da parte.

Mettete la ricotta in una ciotola e schiacciatela con una spatola, quindi unitevi le altre due uova e mescolate bene, dopodiché unite la restante parte di parmigiano grattugiato che fungerà da regolatore della densità. Aggiungete anche la noce moscata, la restante uvetta, un pochino di pepe e mescolate per amalgamare tutti gli ingredienti.

Versate un primo strato di spinaci sulla base della pasta sfoglia, poi adagiatevi un secondo strato di ricotta e con una spatola distribuitela bene su tutta la superficie. Infine aggiungete la restante parte di pinoli e un filo d'olio extravergine di oliva.

Quindi coprite con un altro strato di pasta sfoglia rettangolare e con un matterello o un coltellino, eliminate le eccedenze di pasta, quindi sigillate bene i bordi. Punzecchiate la superficie con uno stuzzicadenti e spennellate con un filo d'olio.

Infornate la torta nel forno statico preriscaldato a 175 °C per 55 minuti, poggiandola sopra una teglia nella parte più bassa del forno. Quando la torta salata di ricotta e spinaci sarà uniformemente dorata, estraetela dal forno e lasciatela intiepidire prima di servire.

Antipasti

Torta salata con funghi e patate

6 porzioni

- 1 rotolo di pasta brisée o di pasta sfoglia rotonda
- 800 g di patate
- 800 g di funghi (porcini, pioppini, champignon o quelli che desiderate)
- 120 g di parmigiano grattugiato
- 2 spicchi d'aglio
- 2 rametti di rosmarino
- 2 uova
- 1 cucchiaino di timo
- 1 bicchiere di vino bianco secco
- prezzemolo
- 250 ml di panna fresca
- sale e pepe
- olio extravergine di oliva

Srotolate la pasta brisée e bucherellate il fondo con i rebbi di una forchetta, quindi adagiatela in una tortiera del diametro di 24 cm foderata di carta da forno.

Sbucciate e lavate le patate, poi lasciatele in una ciotola con dell'acqua fredda per evitare che si anneriscano.

Pulite i funghi: raschiateli dapprima con un coltellino per eliminare ogni residuo di terra. Quindi, sciacquateli velocemente sotto un getto di acqua fredda, poi tamponateli con della carta assorbente e teneteli da parte. Lavate i rametti di rosmarino e tritate finemente una manciata di prezzemolo.

In una padella fate soffriggere uno spicchio d'aglio intero in camicia con un cucchiaino di timo e un filo d'olio extravergine d'oliva. Dopodiché aggiungete i funghi e mescolateli bene per circa 4-5 minuti a fuoco vivo, quindi coprite con il coperchio e fate in modo che rilasciano il loro liquido di vegetazione (la cottura varia in base alla qualità dei funghi da 10 a un massimo di 20 minuti).

Verso metà cottura salate e pepate (il sale aiuterà l'estrazione di altri liquidi di vegetazione dei funghi) e proseguite la cottura senza coperchio mantenendo il fuoco bello vivo in modo che evapori tutta l'acqua di vegetazione. Eliminate anche lo spicchio d'aglio dalla padella e mescolate di tanto in tanto.

Quando tutta l'acqua di vegetazione sarà evaporata, sfumate i funghi con un bicchiere di buon vino bianco secco. A cottura terminata spolverizzateli con un po' di prezzemolo tritato e teneteli in caldo.

Intanto preparate le patate: tagliatele a rondelle dello spessore di mezzo centimetro, quindi sciacquatele sotto l'acqua corrente fredda per eliminare l'amido fino a quando l'acqua non risulterà trasparente, poi asciugatele bene con un canovaccio.

In una padella inserite due giri d'olio extravergine di oliva, un rametto di rosmarino, uno spicchio d'aglio intero in camicia e le patate, regolate di sale, quindi fate cuocere a fuoco medio per circa 10 minuti con il coperchio. Nel frattempo preparate la crema.

In una terrina amalgamate le uova con la panna, sale, pepe e parmigiano grattugiato fino a ottenere un composto omogeneo (vi ricordo di rompere le uova, una a una, in una ciotola a parte per verificarne la freschezza e per evitare di trovare frammenti di guscio nella preparazione principale).

Ora che avete tutto pronto potete assemblare la torta.

Sulla pasta brisée formate un primo strato con metà delle patate (prima di inserirle scolatele bene per eliminare l'olio di cottura). Distribuite sopra i funghi e copriteli con le patate rimanenti (prima di aggiungere l'ultimo strato di patate, per rendere la torta più golosa, potete cospargerla con formaggio a piacere tagliato in cubetti: fontina, mozzarella, scamorza, brie ecc.).

Distribuite sulla superficie il composto di uova e panna, infine una bella spolverata di parmigiano grattugiato.

Infornate la torta salata in forno statico preriscaldato a 200 °C per 35-40 minuti. Se verso metà cottura vi accorgerete che la superficie risulterà bella dorata, coprite la torta con un foglio di alluminio e terminate la cottura.

A cottura ultimata sfornatela e lasciatela intiepidire per una decina di minuti prima di servire.

Annotazioni

Crocchette di patate e formaggio

8 porzioni

- 600 g di patate
- 1 uovo
- 100 g di parmigiano
- 80 g di gouda, fontina o altro formaggio a vostro gusto
- noce moscata
- sale

Per l'impanatura:
- 1 uovo
- farina
- pangrattato

Per la frittura:
- olio di semi di girasole

Lavate le patate e mettete in una pentola con abbondante acqua fredda e ponete sul fuoco. Quando giungeranno a bollore, fate cuocere le patate per 25-30 minuti. Una volta cotte, scolatele e fatele intiepidire sopra un piatto o un canovaccio.

Dopodiché sbucciatele e schiacciatele con l'apposito attrezzo per ricavarne una purea alla quale dovrete aggiungere la noce moscata, l'uovo intero e un pizzico di sale.

Inoltre, aggiungete il parmigiano grattugiato fine e il formaggio gouda grattugiato un po' più spesso.

Quindi mescolate il tutto fino a ottenere un composto ben malleabile e compatto (se il composto dovesse risultare troppo appiccicoso, aggiungete ancora un po' di parmigiano). A questo punto potete passare alla realizzazione delle crocchette.

Sporcatevi le mani con un po' di farina e prendete una manciata di impasto, formate una polpetta e fatela roteare un po' tra le mani per darle la forma allungata della classica crocchetta.

A questo punto passate la crocchetta nella farina, nell'uovo sbattuto e infine nel pangrattato. Continuate in questo modo fino a quando avrete ottenuto tutte le vostre crocchette, dopodiché ponetele per 30 minuti nel freezer (questo passaggio è fondamentale, perché se le friggessimo senza prima averle fatte congelare, durante la cottura si romperebbero e fuoriuscirebbe il formaggio filante. Fra l'altro congelate si conservano benissimo per circa un mese).

In una padella a bordi alti, riscaldate abbondante olio di semi di girasole, quindi friggete le crocchette, poche alla volta e ancora congelate, girandole delicatamente, e fatele cuocere per circa 4 minuti o fino a quando non assumono un colore dorato.

Scolatele con un mestolo forato e disponetele su un piatto ricoperto con carta assorbente così da assorbire l'olio in eccesso. Le crocchette di patate e formaggio sono pronte, croccanti fuori e morbidissime dentro! Servite quando sono ancora ben calde così da apprezzarne il ripieno filante!

Consigli: se volete cuocerle in forno, mettete le crocchette di patate in una teglia rivestita di carta da forno con un filo d'olio, quindi fatele cuocere in forno statico a 180 °C per circa 10 minuti.

Fiori di zucchine ripieni

2 porzioni

- 6 zucchine in fiore
- 250 g di ricotta
- 50 g di provolone (o pecorino oppure parmigiano)
- basilico fresco
- 1 spicchio d'aglio
- 5-6 olive taggiasche sott'olio
- 2-3 filetti di acciughe sott'olio
- timo
- noce moscata
- 1-2 uova
- farina
- sale e pepe
- olio extravergine di oliva
- olio di semi di girasole
- aceto balsamico di Modena (facoltativo)

Con una leggera torsione staccate il fiore dalla zucchina. Lavate e asciugate bene i fiori; eliminate con delicatezza il pistillo interno.

Lavate le zucchine e tagliatele a rondelle, quindi mettetele in una ciotola e tenetele da parte.

Mettete una padella sul fuoco e aggiungete un filo d'olio extravergine d'oliva, quindi fate soffriggere uno spicchio d'aglio in camicia, dopo averlo schiacciato leggermente con la parte piatta della lama del coltello.

Unite le acciughe, le olive taggiasche e il timo, mescolate e fate soffriggere ancora un po' a fuoco vivo, quindi aggiungete le zucchine e fatele saltare o mescolate bene. Regolate di sale e di pepe e fate cuocere per circa 3 minuti.

Quando le zucchine saranno cotte, spegnete il fuoco, eliminate lo spicchio d'aglio e trasferitele in un recipiente. Conditele con 5 o 6 foglie di basilico e mescolate.

In un altro recipiente mescolate la ricotta con 50 g di provolone, noce moscata, sale e qualche foglia di basilico spezzettata.

A questo punto aprite i fiori di zucchina delicatamente, prestando attenzione a non romperli, e riempiteli con il composto di ricotta, potete utilizzare un cucchiaio o una sac à poche, e pressate bene fino alla base del fiore, dove c'era il pistillo per intenderci, dopodiché richiudete il fiore attorcigliando le punte. Man mano che sono pronti, adagiate i fiori farciti sopra un piatto.

In una terrina sbattete le uova, quindi passate i fiori di zucca prima nell'uovo e poi nella farina e procedete con la frittura.

In un tegame fate scaldare abbondante olio di girasole e, quando arriverà a temperatura, tuffatevi i fiori. Friggeteli per circa 2 minuti fino a doratura, girandoli di tanto in tanto, dopodiché scolateli con una schiumarola e poneteli su carta assorbente per eliminare l'olio in eccesso.

Su un piatto da portata adagiate le rondelle di zucchine, quindi adagiatevi i fiori fritti e, se volete, irrorateli con un po' di aceto balsamico di Modena. Possono essere serviti in tavola sia caldi che freddi.

Primi piatti

Linguine risottate ai gamberi

2 porzioni

- 250 g di linguine o spaghetti
- 300-400 g di gamberi
- 10 pomodorini
- 1 manciata di prezzemolo fresco tritato
- 2 peperoncini freschi
- 2 spicchi d'aglio
- 1 bicchierino di brandy o cognac
- sale e pepe
- 3 cucchiaini di bottarga
- 1 bustina di zafferano

Pulite i gamberi, eliminando la testa e il carapace che terrete da parte per il fumetto di pesce. Quindi con un coltellino fate un incisione sul dorso della coda del gambero per eliminare il filo nero dell'intestino.

In una pentola inserire le teste e il carapace dei gamberi con 2 o 3 pomodorini tagliati a metà, uno spicchio d'aglio intero e una macinata di pepe, quindi aggiungete un litro e mezzo di acqua, coprite con un coperchio e quando raggiungerà il bollore, fate cuocere per 20 minuti a fuoco basso aggiungendo il sale solo negli ultimi 5 minuti di cottura. Spegnete il fuoco e tenetelo da parte.

In una padella capiente fate soffriggere a fuoco dolce lo spicchio d'aglio tagliato a metà assieme al peperoncino in abbondante olio extravergine di oliva, sufficiente a coprire il fondo della padella e, quando l'aglio sarà dorato, toglietelo dall'olio e aggiungete i gamberi. Fate cuocere i gamberi a fuoco vivo da ambo i lati per pochi secondi e quando saranno diventati quasi rosa aggiungete il brandy e con un accendino date fuoco per fare il flambé (se la fiamma dovesse essere troppo forte, basta mettere il coperchio e si spegne immediatamente).

Quando il fuoco si sarà spento, salate e pepate i gamberi, saltate o mescolate, e dopo un paio di minuti toglieteli dalla padella e teneteli da parte.

Mettete al loro posto i pomodorini tagliati in quattro parti. Fateli cuocere per una decina di minuti a fuoco moderato senza farli bruciare, mescolandoli di tanto in tanto, poi aggiungete il fumetto di pesce filtrandolo attraverso un colino, coprite con un coperchio e quando giungerà a bollore mettete a cuocere le linguine direttamente in padella con il coperchio, mescolandole di tanto in tanto come fossero un risotto.

Unite i gamberi negli ultimi 30 secondi di cottura, saltate e spegnete il fuoco. Aggiungete il prezzemolo tritato, lo zafferano, la bottarga e un filo d'olio extravergine di oliva, saltate bene il tutto. Impiattate e servite.

Consigli: tenete da parte una pentola con dell'acqua calda non salata poiché potrebbe esservi utile nel caso in cui il brodo di pesce non fosse sufficiente per terminare la cottura della pasta.

Spaghetti di zucchine con gamberi e pistacchi

2 porzioni

- 2 o 3 zucchine
- 1 manciata di pistacchi
- 7-8 pomodorini
- 1 spicchio d'aglio
- 6-7 foglie di basilico fresco
- 300 g di gamberetti
- sale e pepe
- olio extravergine di oliva

Attrezzatura:
- macchina affettaverdure

Per ottenere la granella di pistacchio, mettete i pistacchi in un mixer e frullate a intermittenza fino ad avere una granella sottile.

Pulite i gamberi, eliminando la testa e il carapace, poi con un coltellino fate un incisione sulla parte dorsale del gambero per eliminare il filo nero, ovvero l'intestino. Lavate le zucchine, eliminate le estremità e sistematele nell'apposita macchinetta affettaverdure a spirale, quindi girate la manovella per ottenere gli spaghetti.

Lavate i pomodorini e tagliateli in quattro parti. Mondate l'aglio e fatelo soffriggere in padella con abbondante olio extravergine di oliva. Aggiungete anche qualche foglia di basilico e continuate a soffriggere a fuoco basso fino a quando il basilico non sarà bello croccante e l'aglio risulterà dorato.

Eliminate l'aglio dalla padella, quindi unite gli spaghetti di zucchine al soffritto e fate saltare per circa un minuto, poi aggiungete i pomodorini e il pepe e continuate la cottura per altri 8-10 minuti a fuoco medio, mescolando e saltando continuamente le verdure, fino a quando gli spaghetti tenderanno quasi ad attaccarsi alla padella. Quindi unite i gamberi.

Regolate di sale e fate cuocere per altri 2 minuti a fuoco medio, mescolando delicatamente con una spatola.

A cottura ultimata, togliete la padella dal fuoco e aggiungete del basilico fresco spezzettato manualmente, irrorate con un filo di olio extravergine di oliva e regolate di sale.

Coprite la padella con un coperchio e fate riposare 5 minuti prima di servirli nei piatti con una spolverata di granella di pistacchio.

Pasta alla puttanesca arrabbiata

2 porzioni

- 200 g di pasta (occhi di lupo, spaghetti o penne)
- 10 sarde fresche
- 400 g di pomodori pelati
- 20 capperi dissalati
- 2 filetti di acciughe sott'olio
- 20 olive nere denocciolate
- 1 mazzetto di prezzemolo fresco
- 2 spicchi d'aglio
- 1 punta di cucchiaino di bicarbonato
- 1 peperoncino
- sale
- olio extravergine di oliva

Sciacquate le sarde sotto acqua corrente, privatele della testa ed evisceratele. Poi apritele a libro facendo scorrere il dito lungo la feritoia corrispondente alla testa, quindi rimuovete la lisca centrale che verrà via molto facilmente. Dopodiché tagliate i filetti a tocchetti grossolani.

Mondate i due spicchi d'aglio e fateli soffriggere a fuoco basso in una padella capiente, lasciandoli a pezzi grossi, assieme al peperoncino in abbondante olio extravergine di oliva. Unite anche i filetti di acciuga. Nel frattempo, con un coltello e una forchetta, tagliuzzate i pelati.

Quando i filetti di acciuga si saranno sciolti e l'aglio sarà dorato, unite i pelati e alzate la fiamma. Aggiungete quindi i capperi e le olive e proseguite la cottura fino a far evaporare l'acqua di vegetazione dei pomodori.

Intanto mettete sul fuoco una pentola d'acqua per la pasta e quando giungerà a bollore prelevate un mestolo d'acqua prima di salarla e tenetelo da parte.

Dopo 5 minuti di cottura del sugo, aggiungete la punta di un cucchiaino di bicarbonato che permetterà di bilanciare il livello di acidità. Mescolate con un cucchiaio di legno e quando il sugo si sarà ristretto, rimuovete l'aglio, quindi unite il mestolo di acqua di cottura della pasta bollente e continuate la cottura a fuoco basso per altri 15 minuti.

Intanto salate l'acqua di cottura e lessate la pasta al dente. Lavate e asciugate il prezzemolo, poi tritatelo finemente. Negli ultimi 3 o 4 minuti della cottura della pasta, aggiungete le sarde nel sugo, mescolate e regolate di sale.

Quando la pasta sarà giunta a cottura, scolatela direttamente in padella e saltatela per mezzo minuto per fare amalgamare bene tutti gli ingredienti. Poi spegnete il fuoco e aromatizzate con il prezzemolo fresco tritato e un filo d'olio extravergine di oliva a crudo. Servite la pasta ben calda.

Primi piatti

Spaghetti al ragù di moscardini

2 porzioni

- 250 g di spaghetti o altra pasta
- 1,2 kg di moscardini
- timo (facoltativo)
- maggiorana (facoltativo)
- 20 olive nere denocciolate
- 20 capperi dissalati
- 4-5 filetti di acciughe sott'olio
- 2 ciuffi di prezzemolo fresco
- 1 o 2 spicchi d'aglio
- peperoncino
- 750 ml di salsa di pomodoro
- 1 bicchiere di vino bianco secco
- sale e pepe
- olio extravergine di oliva

Prima di tutto procedete con la pulizia dei moscardini: se hanno le interiora, capovolgete il cappuccio ed eliminatele. Dopodiché rivoltate il cappuccio ed eliminate il becco posto tra i tentacoli, estraendolo semplicemente con un dito, e gli occhi.

Sciacquate i moscardini sotto acqua corrente, poi passateli in una ciotola con acqua fredda e sale grosso e massaggiateli bene per eliminare la sabbia e tutte le impurità (con l'attrito dei granelli di sale, tutte le impurità verranno eliminate). Risciacquateli bene sotto l'acqua corrente e scolateli. Poi tagliateli a pezzetti per questa preparazione.

Pelate l'aglio, privatelo del germoglio centrale e tritatelo finemente. In una casseruola dai bordi alti versate un giro d'olio extravergine di oliva, aggiungete l'aglio tritato e il peperoncino, e cominciate a far soffriggere a fuoco basso. Tritate un gambo di prezzemolo e aggiungetelo al soffritto insieme ai filetti di acciughe e ai capperi.

Quando l'aglio sarà leggermente dorato e le acciughe si saranno sciolte, alzate la fiamma, e aggiungete i moscardini. Fateli cuocere per circa 1 minuto, mescolandoli con un cucchiaio di legno, dopodiché sfumate con il vino bianco secco e lasciate evaporare. Poi regolate di sale e di pepe, aggiungete anche le olive e, a piacere, spolverizzate con un po' di timo e maggiorana. Coprite con un coperchio e fate cuocere per circa 10 minuti a fuoco medio.

Trascorsi 10 minuti, unite la salsa di pomodoro e alzate la fiamma per riportare a bollore. Mescolate e coprite con il coperchio. Una volta ripreso il bollore, proseguite la cottura per altri 45 minuti a fuoco basso, mescolando di tanto in tanto.

A cottura ultimata, spegnete il fuoco e lasciate riposare il ragù di moscardini nella pentola per circa 30 minuti. Prima di utilizzare il ragù di moscardini, spolverizzatelo con il prezzemolo tritato e riscaldatelo in un tegame. Intanto cuocete gli spaghetti in abbondante acqua salata.

Scolate gli spaghetti al dente e fateli saltare in padella con il ragù. Servite i vostri spaghetti ben caldi.

Consigli: se volete realizzare un secondo piatto a base di moscardini, potete seguire questa ricetta lasciando i polipetti interi, anziché spezzettarli, ottimi da gustare accompagnati con delle verdure saltate in padella, come degli spinaci o delle bietole.

Spaghetti con trota salmonata

2 porzioni

- 200 g di spaghetti
- 1 trota salmonata
- 1 zucchina
- timo fresco
- peperoncino

- 1 scalogno
- 1 ciuffo di prezzemolo fresco
- 2 acciughe sotto sale (o 4 filetti di acciughe sott'olio)
- 1 bustina di zafferano

- aceto di vino bianco o aceto di mele
- 1/2 bicchiere di vino bianco secco
- 1 limone (facoltativo)
- sale e pepe
- olio extravergine di oliva

Pulite e dissalate le acciughe, mettetele in un piatto, copritele con l'aceto e lasciatele riposare per 5 minuti circa. Nel frattempo sfilettate la trota salmonata: ponete la trota su un tagliere e con un coltello incidete la testa, all'altezza della fessura della prima pinna laterale, per arrivare alla lisca centrale. Poi, con una mano tenete ferma la testa del pesce e con la lama del coltello, tenendovi appena sopra la spina dorsale, tagliate orizzontalmente per tutta la lunghezza del pesce, partendo dalla testa fino ad arrivare alla coda, per ricavare il primo filetto.

Una volta separate le due metà del pesce, capovolgete la trota e procedete a ricavare il secondo filetto allo stesso modo staccando la carne dalla lisca. Ora con un coltello eliminate la parte vicino al ventre, quella contenente il maggior numero di spine e con una pinzetta rimuovete le lische rimanenti.

Poi eliminate anche la pelle facendo scorrere la lama del coltello, partendo dalla coda e proseguendo fino all'altro capo. Tagliate i filetti a cubetti di circa 1 cm.

Dissalate le acciughe che avevate lasciato nell'aceto per 5 minuti e tenetele da parte.

Lavate e tagliate la zucchina a julienne. Tritate lo scalogno molto finemente. Tagliate il peperoncino a dadini.

Mettete una padella abbastanza capiente sul fuoco e aggiungete un filo d'olio extravergine di oliva, lo scalogno tritato, le foglie di timo fresco, il peperoncino e le acciughe, quindi fate rosolare a fuoco basso. Quando i filetti di acciughe si saranno sciolti, unite i cubetti di trota salmonata.

Proseguite la cottura a fuoco alto, regolate di sale e di pepe e mescolate. Poi sfumate con il vino bianco secco e, quando la parte alcolica sarà evaporata, aggiungete in padella le zucchine, amalgamate il tutto, coprite con un coperchio e proseguite la cottura a fuoco lento.

Intanto salate l'acqua di cottura della pasta e mettete a cuocere gli spaghetti. Negli ultimi 2 minuti di cottura della pasta, rimettete la padella sul fuoco più alto, quindi scolate gli spaghetti, versateli nella padella con le zucchine e la trota salmonata e saltateli.

Aggiungete lo zafferano insieme a un mestolo di acqua di cottura della pasta e mescolate. Spolverizzate con prezzemolo fresco tritato e un po' di pepe e servite i vostri spaghetti ben caldi. A piacere, guarnite con zeste di limone.

Calamarata con pesce spada e melanzane

4 porzioni

- 250-300 g di pasta calamarata (mezzi paccheri)
- 500 g di pesce spada
- 250 g di pomodorini maturi
- 1 melanzana
- 5-6 foglie di basilico fresco
- 1 spicchio d'aglio
- 6-7 foglie di menta fresca
- 10 capperi dissalati
- 1/2 bicchiere di vino bianco secco
- sale e pepe
- olio extravergine di oliva

Lavate la melanzana, poi mondatela e tagliatela a cubetti.

Lavate e tagliate i pomodorini a metà. Pulite il pesce spada: eliminate la lisca centrale, eventuali spine e la pelle. Quindi tagliatelo a strisce e poi a cubetti.

In un'ampia padella antiaderente mettete l'olio extravergine di oliva con le foglie di menta fresca e cominciate a far soffriggere a fuoco dolce. Unite poi i cubetti di melanzane, salate e pepate, quindi coprite con un coperchio e fate cuocere per 4-5 minuti a fuoco medio, mescolando di tanto in tanto.

Quando le melanzane risulteranno leggermente appassite, spegnete il fuoco e trasferitele all'interno di un recipiente. Intanto, nella stessa padella, scaldate un filo d'olio extravergine di oliva con uno spicchio d'aglio intero in camicia, quindi versatevi i pomodorini.

Appena i pomodorini cominceranno a rilasciare la loro acqua di vegetazione, aggiungere i cubetti di pesce spada e mantenendo il fuoco vivo, portate a temperatura. Rimuovete l'aglio con una pinza, aggiustate di pepe e di sale, mescolate, poi coprite con un coperchio e proseguite la cottura per 2 o 3 minuti.

Sfumate con il vino bianco secco e, a fuoco vivo, fate evaporare la parte alcolica del vino senza coperchio (ci vorranno 2 o 3 minuti). Poi coprite e continuate la cottura a fuoco basso. Nel frattempo mettete a cuocere la pasta in abbondante acqua salata (per una buona cottura della pasta, vi ricordo che per ogni 100 g si utilizza 1 litro d'acqua e 8 g di sale grosso).

Negli ultimi 2 minuti di cottura della pasta, aggiungete i capperi nel sugo, scolate la pasta al dente, tenendo da parte un po' d'acqua di cottura, trasferitela nella padella, aggiungete anche le melanzane, mescolate e ultimate la cottura aggiungendo un mestolo d'acqua di cottura.

Spegnete il fuoco, aromatizzate con delle foglie di basilico spezzettate a mano, un filo d'olio a crudo e servite.

Primi piatti

Spaghetti risottati agli scampi

4 porzioni

- 300 g di spaghetti trafilati al bronzo (o linguine)
- 500 g di scampi freschi o decongelati
- 400 g di pomodorini pachino o datterini
- 1 piccola carota
- 1 gambo di sedano
- 2 spicchi d'aglio
- 1 scalogno
- 10 foglie di basilico fresco
- 10 grani di pepe
- 1/2 l di acqua
- 1/2 bicchiere di vino bianco secco
- sale e pepe
- olio extravergine di oliva

Partite dalla pulizia degli scampi: staccate le code dalla testa e schiacciate la corazza con le dita per rimuovere facilmente il carapace dalla coda. Poi estraete delicatamente l'intestino, ovvero il filamento nero posto sul dorso della coda. Tenete da parte gli scampi puliti, lasciandone 4 interi per la decorazione del piatto, mentre con i loro scarti (teste e carapace) preparate il fumetto.

In un tegame mettete le teste e i carapaci degli scampi, aggiungete i grani di pepe, qualche foglia di basilico spezzettata a mano, lo scalogno sbucciato e tagliato a metà, il gambo di sedano, la carota pelata e tagliata a metà e 3 o 4 pomodorini tagliati a metà. Versate il vino bianco e ricoprite gli scarti con mezzo litro di acqua, coprite e fate cuocere a fuoco medio per 20 minuti. Negli ultimi 5 minuti di cottura salate.

A cottura ultimata filtrate il fumetto attraverso un colino e tenetelo da parte. Intanto in un tegame fate soffriggere uno spicchio d'aglio intero sbucciato e privato dell'anima e il peperoncino con un filo d'olio extravergine di oliva, poi incorporate i pomodorini lavati e tagliati a metà. Mescolate il tutto, eliminate lo spicchio d'aglio, salate poco e pepate.

Dopo un minuto di cottura, aggiungete il fumetto di pesce, coprite e quando giungerà a bollore mettetevi a cuocere gli spaghetti, mescolando di tanto in tanto.

Se il fumetto dovesse evaporare troppo durante la cottura della pasta, aggiungete qualche mestolo di acqua calda. Negli ultimi 2 minuti di cottura della pasta, aggiungete le code di scampo e gli scampi interi, mescolate bene, coprite e terminate la cottura. Spegnete il fuoco, quindi aggiungete delle foglie di basilico spezzettate, una leggera macinata di pepe e mescolate il tutto.

Servite ben caldi guarnendo con foglie di basilico e un filo d'olio extravergine di oliva a crudo.

Spaghetti con cozze e pomodorini

3 porzioni

- 300 g di spaghetti
- 1 kg di cozze
- 450-500 g di pomodorini pachino
- 2 spicchi d'aglio
- 2 gambi di prezzemolo fresco
- 1 bicchiere di vino bianco secco
- peperoncino
- sale e pepe
- olio extravergine di oliva

Per prima cosa pulite bene le cozze: eliminate il filamento che si trova nella parte laterale delle cozze, chiamato bisso, dopodiché sciacquatele bene sotto l'acqua corrente fresca, sfregandole l'una contro l'altra, in modo che si andranno a eliminare tutte le impurità esterne. Una volta pulite le cozze, mettetele in un tegame con uno spicchio d'aglio in camicia leggermente schiacciato, un filo d'olio extravergine di oliva, peperoncino al gusto, un po' di pepe, i gambi del prezzemolo e il vino bianco secco. Ponete il tegame coperto sul fuoco alto e fatele aprire, mescolando di tanto in tanto.

Nel frattempo lavate e tagliate in quattro parti i pomodorini. Quando tutte le cozze saranno aperte, trasferitele in una ciotola e filtrate l'acqua di cottura.

Sgusciate le cozze, lasciandone qualcuna intera per la guarnizione del piatto. Fate cuocere gli spaghetti in abbondante acqua salata. Sbucciate uno spicchio d'aglio, privatelo del germoglio centrale e tritatelo finemente.

In una padella fate soffriggere l'aglio con un filo d'olio extravergine di oliva, poi aggiungete i pomodorini, salate poco e lasciate cuocere a fuoco moderato per 2 o 3 minuti, girandoli di tanto in tanto. Aggiungete poi l'acqua filtrata delle cozze e portate a temperatura.

Scolate gli spaghetti molto al dente, tenendo da parte un po' d'acqua di cottura, e aggiungeteli nella padella insieme ai pomodorini. Saltateli a fiamma vivace, poi coprite e terminate la cottura a fuoco lento, mescolando di tanto in tanto. Se durante la cottura gli spaghetti dovessero asciugarsi troppo aggiungete un po' d'acqua di cottura della pasta.

Spegnete il fuoco e unite le cozze, spolverizzate con del prezzemolo tritato e saltateli per qualche minuto. Servite gli spaghetti ben caldi.

Risotto alle capesante

4 porzioni

- 320-330 g di riso carnaroli (o vialone nano)
- 12-14 capesante
- 40 g di burro o olio extravergine di oliva
- 1 scalogno
- 1 pugno di prezzemolo fresco tritato
- 1 bicchierino di brandy o cognac
- 1/2 bicchiere di vino bianco secco
- 1 bustina di zafferano
- 2 litri di brodo di pesce
- pistilli di zafferano (facoltativo)
- sale e pepe

Se non l'avete già a disposizione, bisogna preparare innanzitutto il brodo di pesce e tenerlo in caldo (vedi ricetta del Risotto alla pescatora a p. 89).

La pulizia delle capesante è molto semplice: con un coltello staccate la noce (la parte rotonda) e il corallo (la parte arancione) dalla conchiglia.

Quindi dividete il corallo dalla noce e rimuovete la pelle trasparente che li avvolge, la parte nera e tutte le impurità, quindi sciacquate entrambe sotto acqua corrente fredda e dividetele in due ciotole separate.

Fate tostare il riso all'interno di una padella per 3 o 4 minuti, mescolando continuamente e, una volta tostato tenetelo da parte.

Mettete una padella sul fuoco e fate sciogliere a fuoco dolce una piccola quantità di burro, all'incirca 10 g, unite le noci delle capesante, salate, pepate e mantenendo il fuoco vivo, aggiungete un bicchierino di brandy, quindi date fuoco con un accendino per fare il flambé.

Quando il fuoco si sarà spento, mettete il coperchio e fate cuocere le noci ancora per 2 minuti. Dopodiché trasferitele su un piatto, copritele e tenetele da parte per una seconda cottura. Mentre il fondo di cottura che hanno rilasciato mettetelo in una ciotola per poi utilizzarlo in seguito.

Tritate finemente lo scalogno e sminuzzate anche i coralli delle capesante. Mettete dunque una padella sul fuoco e fate sciogliere un pezzetto di burro, circa 10 g, insieme allo scalogno e ai coralli per 2 o 3 minuti a fuoco dolce, mescolando con un cucchiaio di legno, fino a ottenere un composto cremoso.

Quindi aggiungete il fondo di cottura delle noci di capesante e il riso precedentemente tostato e mescolate per 30-40 secondi o fino a che il riso non avrà assorbito il fondo di cottura.

Sfumate con il vino bianco secco e, a fuoco vivo, mescolate lasciando evaporare la parte alcolica prima di aggiungere il brodo di pesce caldo a mestolate (versate un mestolo di brodo non appena si sarà asciugato il precedente) e continuate così, mantenendo il fuoco dolce, fino al tempo di cottura indicato sulla confezione del riso. Regolate di sale.

Nel frattempo che il riso cuoce, occupatevi della seconda cottura delle noci di capesante. Mettete sul fuoco una padella antiaderente e, non appena calda, disponetevi le capesante. Scottatele 1-2 minuti per lato, facendo attenzione a non farle colorire troppo. Terminata la cottura, spegnere il fuoco e lasciatele in padella coperte.

Negli ultimi 3 minuti di cottura del riso, aggiungete una bustina di zafferano, mescolate e versate del brodo se necessario. Dopodiché spegnete il fuoco e unite le noci di capesante.

Mantecate bene il risotto a fuoco spento aggiungendo la restante parte di burro, il pepe e il prezzemolo tritato. Copritelo e lasciate riposare per un paio di minuti prima di servire. Servite guarnendo con qualche noce di capesante, pistilli di zafferano e pepe.

Consigli: quando fate il flambé, se vi accorgete che la fiamma è troppo forte, basta semplicemente coprire con un coperchio, in modo che togliendo l'ossigeno la fiamma si spenga immediatamente.

Annotazioni

Penne al salmone

2 porzioni

- 230 g di penne trafilate al bronzo
- 150 g di salmone affumicato
- 8-9 pomodorini
- 1 presa di prezzemolo fresco tritato
- 1/2 cipolla rossa
- scorza di cedro o di limone
- 1 rametto di timo fresco (o barba di finocchio)
- 1/2 bicchiere di vino bianco secco o spumante
- sale e pepe
- olio extravergine di oliva

Tritate finemente la cipolla e mettetela in una padella capiente insieme a un filo d'olio extravergine di oliva. Fate imbiondire la cipolla a fuoco bassissimo per circa 2 minuti. Intanto con un coltello tagliate grossolanamente il salmone.

Dopodiché prelevate una piccola quantità di salmone e aggiungetela al soffritto (il salmone durante la cottura rilascerà una modesta quantità di sale che sarà sufficiente a insaporire la cipolla) e mescolate il tutto. Non appena l'acqua per la cottura della pasta giungerà a bollore, salatela e calate le penne.

Sfumate il condimento con mezzo bicchiere di vino bianco e alzate la fiamma per far evaporare la parte alcolica. Intanto tagliate i pomodorini a metà e uniteli al condimento, salate e lasciate cuocere per 2 o 3 minuti, mescolando di tanto in tanto fino a ottenere un composto cremoso e acidulo. Aggiungete anche il timo fresco e un po' di pepe, quindi spegnete il fuoco.

Quando mancano 2 minuti alla fine della cottura della pasta, riscaldate il condimento. Scolate la pasta al dente e versatela direttamente nella padella. Fatela saltare bene o mescolatela con un cucchiaio di legno. Poi unite la restante parte di salmone e continuate a mantecare, aggiungendo, se necessario, un po' d'acqua di cottura della pasta.

Spolverizzate con un po' di pepe, quindi spegnete il fuoco e aggiungete un pochino di prezzemolo fresco tritato. Servite guarnendo il piatto con zeste di cedro o limone.

Paccheri al ragù di polpo

4 porzioni

- 350 g di paccheri
- 1 kg circa di polpo
- 2 scalogni
- 1 cucchiaino colmo di maggiorana
- 700 ml di salsa di pomodoro
- 1/2 bicchiere di vino bianco secco
- peperoncino al gusto
- 1 manciata di prezzemolo fresco tritato
- sale e pepe
- olio extravergine di oliva

Lavate bene il polpo sotto l'acqua corrente, eliminate il becco semplicemente estraendolo con il dito indice della mano. Poi rivoltate il cappuccio ed eliminate le viscere racchiuse nella sacca, nel caso si tratti di un polpo decongelato, quasi sicuramente è già eviscerato.

Trasferite il polpo su un tagliere e, dopo averlo messo a pancia all'aria, con un coltello dividete i tentacoli dal cappuccio. Quindi separate i tentacoli l'uno dall'altro e riduceteli a pezzetti di circa 2 cm. Con un coltello incidete poco sotto gli occhi per eliminarli, quindi tagliate il cappuccio a striscioline.

Tritate finemente i due scalogni, quindi metteteli in una pentola, possibilmente di coccio, con anche un po' di peperoncino al gusto e un filo d'olio extravergine di oliva. Accendete quindi il fuoco e soffriggete per qualche minuto a fuoco vivace, girando di tanto in tanto, fino a quando lo scalogno non diventa trasparente.

Dopodiché aggiungete il polpo al soffritto, mescolate e fate rosolare per 30 secondi. Prima che il polpo rilasci i suoi liquidi, sfumate con il vino bianco secco e lasciatelo evaporare mantenendo il fuoco vivo. Aggiungete poi un cucchiaino abbondante di maggiorana, mescolate e continuate la cottura per altri 4-5 minuti senza coperchio.

Quindi spostate la pentola sul fuoco più basso e fate cuocere con coperchio a fuoco medio per altri 30 minuti circa. Dopodiché riportate la pentola sul fuoco più alto e versate la salsa di pomodoro. Aggiungete il sale negli ultimi 10 minuti di cottura. Spegnete il fuoco e spolverizzate con prezzemolo fresco tritato. Il vostro ragù di polpo è pronto! Potete utilizzarlo subito o anche il giorno dopo.

Preparate la pasta: mettete sul fuoco una pentola con abbondante acqua e non appena giungerà a bollore, salatela con una presa di sale grosso e mettete a cuocere i paccheri. Nel frattempo fate riscaldare il ragù di polpo in una padella e, se necessario, aggiungete un pochino di acqua di cottura della pasta.

Scolate i paccheri al dente (circa 2-3 minuti prima del tempo di cottura consigliato sulla confezione) e versateli nel tegame con il ragù. Terminate la cottura della pasta all'interno della padella, amalgamando continuamente.

Quindi servite i paccheri al ragù di polpo ben caldi e insaporiteli direttamente nei piatti con una spolverata di prezzemolo tritato, un pochino di pepe e un filo di olio extravergine di oliva a crudo.

Primi piatti

Calamarata alla partenopea

4 porzioni

- 1/2 kg di calamari
- 300 g di pasta calamarata (mezzi paccheri)
- 250 g di pomodorini datterini o pachino
- 1 cucchiaio di doppio concentrato di pomodoro
- 1 spicchio d'aglio
- peperoncino fresco o secco
- 1/2 bicchiere di vino bianco secco
- 1 manciata di prezzemolo fresco
- sale
- pepe (facoltativo)
- olio extravergine di oliva

Lavate e pulite i calamari sotto acqua corrente fredda. Poi sfilate via la cartilagine e, molto delicatamente, estraete anche la testa, i tentacoli e le interiora e recuperate la parte bianca che è buonissima.

Pulite i ciuffi dei calamari: togliete il becco posto al centro, eliminate gli occhi effettuando un incisione con un coltello in modo che vengono via facilmente ed eliminate la cartilagine che si trova dietro agli occhi. Eliminate anche i dentini all'interno delle ventose dei due tentacoli lunghi.

In ultimo, eliminate la pelle che ricopre la sacca e sciacquate nuovamente prima di tagliarli. Ora, staccate le alette e tagliatele a listarelle. Mentre il corpo del calamaro tagliatelo ad anelli, più o meno dello spessore della pasta. Il ciuffo e la parte bianca che avete recuperato, tritateli semplicemente a coltello.

Tagliate i pomodorini in quattro parti. Sbucciate lo spicchio d'aglio, eliminate il germoglio interno, poi tritatelo finemente.

In una padella fate soffriggere l'aglio e il peperoncino in un filo d'olio extravergine di oliva e, quando l'aglio risulterà dorato, unite i calamari, fate saltare e salate. Quando i calamari si saranno sigillati e avranno cambiato colore, sfumate con mezzo bicchiere di vino bianco secco e a fuoco alto continuate la cottura fino a quando la parte alcolica del vino sarà completamente evaporata.

Quindi aggiungete il pepe, i pomodorini e il doppio concentrato di pomodoro. Mescolate e regolate di sale. Poi coprite con un coperchio e fate cuocere per altri 20 minuti a fuoco lento, mescolando di tanto in tanto. Se il condimento dovesse asciugarsi troppo durante questa fase di cottura, potete aggiungere un mestolo di acqua di cottura della pasta.

Intanto lavate e asciugate bene una manciata di prezzemolo e tritatelo finemente. Mettete a lessare la pasta in abbondante acqua salata.

Scolate la calamarata al dente, con due minuti di anticipo, e versatela nella padella con il condimento. Amalgamate bene a fiamma alta e terminate la cottura. Spegnete il fuoco e spolverizzate la calamarata con una generosa manciata di prezzemolo tritato, amalgamate pochi istanti e servite in tavola ben calda.

Spaghetti all'astice in bella vista

2 porzioni

- 250 g di spaghetti trafilati al bronzo
- 1 astice (circa 700 g)
- 20 pomodorini datterini
- 1 scalogno
- 1 spicchio d'aglio
- 1 manciata di prezzemolo fresco
- 1 o 2 filetti di acciughe sott'olio
- sale e pepe
- olio extravergine di oliva
- 1 bicchierino di brandy o cognac

Prima di procedere con la ricetta vi consiglio di mettere l'astice in freezer per 40 minuti per evitare di lavorarlo a vivo. Dopodiché, con un paio di forbici o con un coltello tagliate l'astice per il lungo (praticate un incisione con la punta del coltello sulla parte superiore della corazza, all'incirca da sotto la testa, e cominciate a tagliare usando un po' di forza fino alla coda. Quindi giratelo e completate l'operazione incidendo anche la testa). Una volta diviso a metà, eliminate la sacca nera che si trova nella testa del crostaceo, più o meno all'altezza della bocca, poiché può contenere dei residui di sabbia, e rimuovete anche l'intestino. A questo punto potete lavarlo sotto l'acqua corrente fredda.

Frullate i pomodorini con un mixer per 2-3 minuti fino a ottenere un composto cremoso. Quindi filtrate il succo di pomodoro attraverso un colino a maglia fine per rimuovere i semi e i pezzetti di buccia.

Tritate molto finemente uno scalogno e mettetelo in una padella abbastanza capiente insieme a uno spicchio d'aglio intero in camicia, precedente schiacciato, e un filo d'olio extravergine d'oliva.

Aggiungete anche 1 o 2 filetti di acciughe sott'olio, accendete il fuoco e fate soffriggere dolcemente a fuoco basso.

Nel frattempo, con uno schiaccianoci rompete le chele dell'astice (la rottura delle chele è importantissima in quanto permetterà ai preziosi liquidi in essa contenuti di venire fuori durante la cottura e insaporire il tutto).

Quando le acciughe si saranno sciolte, eliminate l'aglio dalla padella e inserite l'astice. Coprite con un coperchio e fate cuocere a fuoco basso per circa 1 minuto.

Dopodiché giratelo dall'altro lato, rimettete il coperchio e continuate la cottura, sempre a fuoco basso, per altri 30 secondi.

Intanto preparate un bicchierino di brandy o cognac per fare il flambé.

Prima di inserire il liquore, alzate la fiamma mantenendo il fuoco bello vivo e, quando l'astice sfrigolerà bene, potete aggiungere il brandy. Generalmente per far partire il flambé basterà solo inclinare la padella, ma potete usare anche un accendino o un fiammifero. Se vi accorgete che la fiamma è troppo alta significa che avete messo troppo liquore. Tenete sempre il coperchio a portata di mano in modo da poter regolare la fiamma e se volete spegnerla basterà che tappiate la padella. Tuttavia, per fare il flambé in modo corretto, la fiamma si dovrebbe estinguere da sola.

A questo punto aggiungere un pochino di pepe, la salsa di pomodorini e poco sale, quindi coprite e continuate la cottura a fuoco medio per circa 3 minuti per lato.

Nel frattempo ponete sul fuoco una pentola d'acqua per la cottura della pasta e quando giungerà a bollore, salatela e fate cuocere gli spaghetti al dente.

Quando l'astice sarà pronto, toglietelo dalla padella, adagiatelo su un vassoio e copritelo con un foglio di alluminio. Intanto prolungate la cottura del sugo di pomodorini per altri 10 minuti a fuoco bassissimo.

Lavate e asciugate molto bene il prezzemolo, quindi tritatelo finemente.

Quando gli spaghetti saranno quasi al dente, spostate il condimento sul fuoco medio e, se si dovesse asciugare troppo aggiungete un po' di acqua di cottura della pasta. Scolate gli spaghetti al dente e aggiungeteli al condimento.

Fate saltare la pasta o mescolate bene, quindi spegnete il fuoco e rimettete l'astice in padella al caldo.

Coprite con coperchio e fate riposare per 30 secondi prima di servire completando con prezzemolo tritato e una macinata di pepe.

Annotazioni

Spaghetti con cozze, vongole e cime di rapa

3 porzioni

- 300 g di spaghetti trafilati al bronzo
- 250 g di cime di rapa
- 1 kg di cozze e vongole
- 2 spicchi d'aglio
- 5-6 pomodorini
- peperoncino (facoltativo)
- 1 bicchiere di vino bianco secco
- sale
- pepe (facoltativo)
- olio extravergine di oliva
- 18 g di sale grosso (per la cottura della pasta)
- 2 l di acqua (per la cottura della pasta)

Cominciate a pulire le cime di rapa: prendete le foglie e le parti più tenere, perché i gambi sono troppo duri per questa preparazione, quindi mondatele e lavatele bene, dopodiché sgocciolatele e tenetele da parte.

Pulite le cozze e le vongole: spurgate dapprima le vongole per eliminare i granelli di sabbia e altre impurità mettendole in ammollo in acqua fredda e sale per un totale di 6 ore, avendo cura di cambiare l'acqua ogni due ore (per ogni litro di acqua ci vorranno 25 g di sale). Passato il tempo, risciacquate bene i frutti di mare sotto l'acqua corrente.

Pulite bene le cozze: eliminate il filamento che si trova nella parte laterale delle cozze, chiamato bisso, dopodiché sciacquatele bene sotto l'acqua corrente fresca, sfregandole l'una contro l'altra per eliminare tutte le impurità esterne.

In una padella capiente e dai bordi alti, mettete uno spicchio d'aglio intero in camicia e versate le cozze e le vongole; aggiungete un filo d'olio extravergine d'oliva, mezzo bicchiere di vino bianco secco e una macinata di pepe. Coprite con un coperchio e a fuoco vivo cominciate la cottura. Piano, piano le cozze e le vongole rilasceranno la loro acqua e inizieranno ad aprirsi. Lasciate che tutti i gusci si schiudano mescolando di tanto in tanto.

Man mano che i frutti si apriranno estraeteli dalla padella e metteteli in una ciotola (le vongole si apriranno prima).

Filtrate il liquido di cottura attraverso un colino a maglie strette, in questo modo verranno filtrati ulteriori granelli di sabbia. Eliminate anche lo spicchio d'aglio. Sgusciate i molluschi lasciandone qualcuno intero per la decorazione finale del piatto.

In una pentola portate a bollore 2 litri di acqua per la cottura degli spaghetti, intanto cuocete le cime di rapa.

In una padella capiente dai bordi alti fate soffriggere uno spicchio d'aglio intero in camicia e del peperoncino al gusto in un filo d'olio extravergine d'oliva. Intanto tagliate le cime di rapa al coltello (non tritatele finemente come fate con il prezzemolo e neanche grossolanamente, fate una via di mezzo).

Quindi eliminate l'aglio dalla padella e aggiungete le cime di rapa facendole cuocere per un totale di 15 minuti circa, iniziando a stufarle a fuoco vivo per 4-5 minuti, dopodiché aggiungete i pomodorini tagliati in quattro parti, regolate di sale e continuate la cottura per altri 5-6 minuti a fuoco medio.

Poi unite il liquido di cottura filtrato dei molluschi e portate a bollore, coprite con un coperchio e terminate la cottura a fuoco basso per altri 5 minuti. Se le cime di rapa dovessero asciugarsi troppo aggiungete due mestolini d'acqua di cottura della pasta.

Intanto che l'acqua della pasta bolle, salatela con 18 g di sale grosso e lessate gli spaghetti per metà del tempo indicato sulla confezione.

Quindi scolate la pasta al dente e versatela all'interno della padella insieme alle cime di rapa, coprite e terminate la cottura a fuoco medio, mescolando di tanto in tanto e aggiungendo, se necessario, qualche mestolino di acqua di cottura della pasta.

Negli ultimi 30-40 secondi di cottura della pasta, unite le vongole e le cozze sgusciate, saltate o mescolate per amalgamare bene tutti gli ingredienti.

Decorate i piatti con i molluschi con il guscio che avete tenuto da parte e servite.

Annotazioni

Risotto con vongole e cozze

4 porzioni

- 300 g di riso vialone nano o carnaroli
- 2 kg di vongole e cozze
- 2 spicchi d'aglio
- 2 bicchieri di vino bianco frizzante
- 3-4 foglie di basilico
- 2 filetti di acciughe sott'olio
- 1 l di brodo di pesce
- 30 g di burro
- sale e pepe
- olio extravergine di oliva

Spurgate dapprima le vongole per eliminare i granelli di sabbia e altre impurità mettendole in ammollo in acqua fredda e sale per un totale di 6 ore, avendo cura di cambiare l'acqua ogni due ore (per ogni litro di acqua ci vorranno 25 g di sale). Passato il tempo, risciacquate bene i frutti di mare sotto l'acqua corrente.

Pulite bene le cozze: eliminate il filamento che si trova nella parte laterale delle cozze, chiamato bisso, dopodiché sciacquatele bene sotto l'acqua corrente fresca, sfregandole l'una contro l'altra per eliminare tutte le impurità esterne.

Per prima cosa aprite i frutti di mare: all'interno di una padella capiente e dai bordi alti, versate un filo d'olio extravergine d'oliva e uno spicchio d'aglio intero e sbucciato, quindi versate le cozze e le vongole, aggiungete un bicchiere di vino, una macinata di pepe, coprite con un coperchio e a fuoco vivo lasciate che tutti i gusci si schiudano mescolando di tanto in tanto.

Non appena le vongole e le cozze saranno completamente aperte, rimuovetele dal fuoco e filtrate l'acqua che avranno rilasciato.

Dopodiché diluite l'acqua di cottura dei frutti di mare con dell'acqua fino ad arrivare a 1 litro esatto, quindi versatela in una casseruola e portate a ebollizione.

Intanto sgusciate le vongole e le cozze lasciandone qualcuna intera per la decorazione finale del piatto. Quando il brodo giungerà a ebollizione, spegnete il fuoco e coprite con un coperchio per mantenere il calore.

In una casseruola dai bordi alti, o meglio ancora una risottiera, mettete a tostare il riso a fiamma bassa, facendolo saltare o mescolandolo con un cucchiaio; ci vorranno all'incirca 3 minuti (per essere ben tostato dovrà arrivare a una temperatura di 50-60 °C). Dopodiché trasferitelo momentaneamente in un piatto e passate alla fase successiva.

Nella stessa casseruola fate scaldare 10 g di burro dei 30 totali, uno spicchio d'aglio privato della pellicina e tagliato a metà, e due filetti di acciughe o alici sott'olio. Lasciate che le acciughe si sciolgano completamente, quindi rimuovete lo spicchio d'aglio e unite il riso. Intanto fate scaldare il brodo sul fuoco.

A fuoco medio mescolate il riso per farlo assorbire bene al burro aromatizzato, dopodiché sfumate con un bel bicchiere di vino. Continuate a mescolare mantenendo la fiamma viva e, quando la parte alcolica sarà evaporata, aggiungete un mestolo e mezzo di brodo caldo. Continuate a mescolare e aggiungere un altro mestolo e mezzo di brodo, continuando così fino a metà cottura.

Giunti a metà cottura, unite un mestolo di brodo, regolate di sale e, a fuoco basso, mescolate delicatamente, poi copritelo e proseguite la cottura sempre a fuoco basso. Ogni qualvolta il riso si asciugherà, aggiungete un mestolo di brodo, mescolate delicatamente per distribuire bene il brodo, coprite e continuate la cottura. Ripetete questi passaggi fino a quando non avrete terminato il brodo.

Quasi al termine della cottura del riso, all'incirca 2 minuti prima del tempo di cottura indicato sulla confezione, controllate la densità del riso: se dovesse risultare poco cremoso, spegnete immediatamente il fuoco, mettete il coperchio e fatelo riposare per due minuti, se dovesse risultare troppo liquido, alzate la fiamma e mescolate energicamente per raggiungere la giusta densità. Quindi spegnete il fuoco, aggiungete il restante burro e mantecate bene.

Unite, quindi, le vongole e le cozze al riso e mescolate per distribuire il tutto uniformemente. Aggiungete qualche foglia di basilico spezzettata a mano e infine le cozze e le vongole intere per la decorazione.

Coprite con il coperchio e fate riposare per 5 minuti prima di servire.

Annotazioni

Insalata di pasta fredda di mare

4 porzioni

- 350 g di pasta corta (consigliata la calamarata)
- 3 spicchi d'aglio
- 100 g di pomodorini
- 10 foglie di basilico fresco
- 10 foglie di menta fresca
- 60-70 g di olive nere denocciolate
- 1/2 peperone rosso
- 1 gambo e mezzo di sedano
- 1 manciata di prezzemolo tritato
- 350 g di salmone fresco (o pesce spada, tonno o pesce misto)
- 10 gamberi piccoli e di media grandezza
- 350-400 g di anelli di calamaro
- 700-800 g di cozze
- vino bianco secco
- sale e pepe
- olio extravergine di oliva

Per la cottura delle verdure:
- 200 ml di aceto di mele
- 100 ml di acqua
- 1 cucchiaino di sale

Pulite bene le cozze: eliminate il filamento che si trova nella parte laterale delle cozze, chiamato bisso, dopodiché sciacquatele bene sotto l'acqua corrente fresca, sfregandole l'una contro l'altra per eliminare tutte le impurità esterne.

Una volta pulite, mettete le cozze all'interno di una padella dai bordi alti e abbastanza capiente con un filo d'olio extravergine di oliva, uno spicchio d'aglio intero in camicia e, a piacere, anche un po' di peperoncino, un pochino di pepe e un po' di vino bianco secco, qualche gambo di prezzemolo, quindi coprite con coperchio e, a fuoco medio-basso, attendete che si aprano, mescolandole di tanto in tanto. Ci vorranno all'incirca 5 minuti.

Quando le cozze si saranno aperte, spegnete il fuoco, scolatele e mettetele in un recipiente. Filtrate l'acqua che hanno rilasciato attraverso un colino (la userete per la cottura della pasta). Quando le cozze si saranno raffreddate, sgusciatele e ponetele in frigorifero.

Preparazione dei calamari

Iniziate a sciacquare bene gli anelli di calamaro sotto l'acqua corrente. In una padella fate rosolare uno spicchio d'aglio intero in camicia con un filo d'olio extravergine di oliva e qualche foglia di basilico spezzettata a mano. Quando l'aglio risulterà dorato, eliminatelo e aggiungete i calamari. Fateli saltare in padella, quindi regolate di sale e fate cuocere tenendo il fuoco bello vivo.

Quando inizieranno a sfrigolare, sfumate con un po' di vino bianco secco, quindi coprite con un coperchio e terminate la cottura. Il tempo di cottura dei calamari è di 3 minuti. Una volta cotti, scolateli dalla loro acqua aiutandovi con una schiumarola e poneteli in una ciotola. L'acqua che avranno rilasciato i calamari, aggiungetela all'acqua che avete recuperato dalle cozze e tenetela da parte.

Condite i calamari con qualche foglia di menta e un filo d'olio extravergine di oliva, dopodiché mescolate e ponete in frigorifero.

Preparazione dei gamberi

Ai gamberi va eliminato l'intestino, il filo nero che si trova sul dorso, rompendolo prima all'altezza della coda con l'aiuto di uno stuzzicadenti e poi sfilandolo via all'altezza della

Primi piatti

testa. Dopodiché lavateli bene sotto l'acqua corrente e lasciateli con la testa e il carapace.

Pelate e tritate finemente uno spicchio d'aglio, poi fatelo rosolare in una padella con un filo d'olio extravergine di oliva e delle foglie di basilico, quindi versate tutti i gamberi, salate e fate cuocere a fuoco vivo 30-40 secondi per lato.

Quando i gamberi inizieranno a sfrigolare, sfumate con un po' di vino bianco secco, pepate e fate evaporare la parte alcolica del vino. Quando i gamberi iniziano ad arricciarsi, sono cotti. Toglieteli dalla padella e metteteli su un piatto. Al fondo di cottura dei gamberi aggiungete l'acqua che avete recuperato dalle cozze e dai calamari, quindi filtrate il tutto e tenete da parte.

Preparazione del pesce alla griglia

Riscaldate bene una griglia e spolverizzate la superficie con un po' di sale grosso. Quindi adagiate delicatamente i tranci di pesce, salateli in superficie e cuoceteli fino a quando vedete che la parte a contatto con la piastra inizierà a ritirarsi leggermente e a colorirsi, quindi girateli dall'altro lato e terminate la cottura. Il tempo di cottura del pesce è di pochissimi minuti! Fatelo raffreddare a temperatura ambiente, poi tagliatelo a cubetti più o meno delle stesse dimensioni della pasta.

Preparazione delle verdure

Questa fase è importante perché eseguita correttamente permetterà di consumare la pasta anche due giorni dopo in sicurezza. Lavate e tagliate il sedano e il mezzo peperone a listarelle più o meno delle stesse dimensioni della pasta. In un pentolino versate 100 ml di acqua, 200 ml di aceto di mele, un cucchiaino di sale e portate a ebollizione. Aggiungere quindi le verdure e, dal momento che riprenderà il bollore, farle cuocere per 5 minuti a fuoco medio con un coperchio. Dopodiché scolatele e fatele raffreddare a temperatura ambiente in una ciotola.

Ora che i gamberi si sono raffreddati, sgusciateli e privateli della testa, quindi tagliate le code in tocchetti più o meno delle dimensioni della pasta. I gamberi più piccoli potete lasciarli interi. Una volta tagliati metteteli in frigorifero.

Le teste e il carapace, che sono ancora carichi di sapore, metteteli in una padella, aggiungete circa 1 litro e mezzo di acqua, regolate di sale e fate cuocere per 15 minuti con un coperchio. Il fumetto di pesce vi servirà per insaporire la pasta durante la sua cottura. Filtrate bene il fumetto e mettetelo nella pentola dove cuocerete la pasta. Aggiungete anche l'altra acqua di cottura delle cozze, dei calamari e dei gamberi che avevate tenuto da parte e portate a ebollizione, quindi calate la pasta, senza aggiungere altro sale.

Cuocete la pasta per due minuti in meno di quanto indicato sulla confezione, quindi scolatela, versatela in una teglia e aggiungete dei cubetti di ghiaccio, quindi mescolatela delicatamente per evitare di romperla.

Quando il ghiaccio si sarà sciolto completamente, scolare nuovamente la pasta, versatela in un altro recipiente e unite le verdure scottate nell'aceto che avevate tenuto da parte, i pomodorini freschi tagliati a metà, le olive nere denocciolate, poi i gamberi, le cozze, i calamari e i tranci di pesce tagliati a cubetti.

Condite con una spolverata di prezzemolo tritato, una macinata di pepe, qualche foglia di basilico spezzettata e un filo d'olio extravergine di oliva. Mescolate il tutto, poi coprite con pellicola trasparente e fate riposare in frigorifero per almeno un'ora prima di servire.

Risotto alla pescatora

6 porzioni

- 350 g di riso carnaroli o vialone nano
- 10 gamberi
- 600-700 g di seppie (oppure calamari o totani, o un misto di tutte e tre)
- 1 scorfano (oppure gallinella o altro pesce di scoglio)
- scampi e gamberoni (per arricchire il piatto)
- 1,5 kg di cozze/vongole
- 1 gambo di sedano
- 1 carota
- 1 cipolla
- 1 scalogno
- 3-4 foglie di basilico fresco
- 2 spicchi d'aglio
- 1 manciata di prezzemolo
- 4-5 pomodorini datterini o pachino
- 1 cucchiaio di doppio concentrato di pomodoro
- 1/2 l di vino bianco secco
- sale e pepe
- olio extravergine di oliva

Lavate i gamberi sotto l'acqua corrente, eliminate la testa e il carapace (teneteli da parte per il brodo di pesce). Aiutandovi con un coltellino, eliminate anche l'intestino (il filo nero all'interno), tagliando per il lungo la parte superiore del gambero.

Pulite le seppie, i calamari e i totani: sciacquateli sotto l'acqua corrente, quindi eliminate le interiora e lasciateli da parte.

Lavate e pulite lo scorfano: eliminate le branchie e tutte le interiora, quindi ricavate due filetti, mentre la testa e la lisca tenetele da parte per la preparazione del brodo di pesce.

Lavate sotto l'acqua corrente gli scampi e i gamberoni (come per i gamberi, aiutandovi con un coltellino, eliminate anche l'intestino dei gamberoni), e teneteli da parte.

Pulite le cozze e le vongole: per eliminare la sabbia, specialmente all'interno delle vongole, mettete i frutti di mare a spurgare in acqua fredda con il sale (per ogni litro di acqua ci vorranno 30 g di sale). Lasciateli in ammollo per 6 ore avendo cura di cambiare l'acqua ogni due ore. Passato questo tempo, risciacquateli bene sotto l'acqua corrente. Le vongole sono pronte, mentre per quanto riguarda le cozze, dopo averle raschiate bene, eliminate il bisso, ovvero il filamento verde che esce dal mollusco.

Lavate e tagliate grossolanamente la cipolla, la carota e un gambo di sedano per la preparazione del brodo di pesce. Lavate e tagliate i pomodorini in quattro parti. Pressate leggermente lo spicchio d'aglio con tutta la buccia con la parte piatta della lama del coltello.

Preparazione del brodo di pesce

In una padella versate un filo d'olio extravergine d'oliva e fate soffriggere per circa un minuto lo spicchio d'aglio in camicia tagliato a metà insieme a carota, sedano e cipolla. Dopodiché unite le teste e il carapace e mescolate. Aggiungete anche la lisca e la testa dello scorfano. Aggiungete i pomodorini e sfumate con mezzo bicchiere di vino bianco secco, mescolate e continuate la cottura a fuoco vivo per fare evaporare la parte alcolica del vino. Dopo circa due minuti, aggiungere 2 litri d'acqua, quindi mescolate e portate a ebollizione, poi coprite con un coperchio e fate cuocere per 45 minuti a fiamma bassa.

Intanto scaldate un filo d'olio extravergine d'oliva in una casseruola capiente e aggiungete uno spicchio d'aglio in camicia, quindi versate le cozze e le vongole, pepate e aggiungete con mezzo bicchiere di vino bianco secco. Poi, senza aspettare che la parte alcolica del vino evapori, coprite con un coperchio e lasciate che tutti i gusci si schiudano.

Quando i frutti di mare saranno pronti, estraeteli dal tegame un po' alla volta aiutandovi con una schiumarola e poneteli in una ciotola capiente, mentre l'acqua che avranno rilasciato durante la cottura aggiungetela al brodo di pesce dopo averla filtrata accuratamente. Mentre prosegue la cottura del brodo, sgusciate le cozze e le vongole, tenendone da parte qualcuna con il guscio per la decorazione finale del piatto.

Quando mancheranno 10 minuti a fine cottura del brodo, regolate di sale. Tagliate le seppie, i calamari e i totani a listarelle, i filetti di scorfano a tocchetti.

All'interno di un tegame versate un filo d'olio extravergine d'oliva, quindi spezzettate 3 o 4 foglie di basilico fresco e mettete sul fuoco. Quando le foglie di basilico cominceranno a soffriggere, potete aggiungere i calamari, le seppie, i totani, i filetti di scorfano, quindi fate saltare il tutto, o mescolate, tenendo il fuoco bello vivo. Regolate di sale e continuate la cottura per circa 4 minuti con il coperchio.

A questo punto le seppie, i calamari e i totani avranno rilasciato parte dei loro liquidi, quindi scolateli e recuperate la loro acqua di cottura, versandola nel brodo di pesce. Terminate la cottura del brodo per gli ultimi 5-6 minuti, dopodiché filtratelo accuratamente in un'altra pentola e tenetelo in caldo.

Preparazione del risotto

Mettete il riso in un pentolino, senza aggiungere niente, e tostatelo sul fuoco saltandolo o mescolandolo continuamente con un cucchiaio di legno, il riso dovrà cambiare colore e ci vorranno all'incirca 2 o 3 minuti (il riso deve arrivare a una temperatura di 60 °C). Dopodiché tritate finemente uno scalogno e fatelo soffriggere all'interno di una casseruola a bordi alti con un filo d'olio extravergine d'oliva.

Quindi aggiungete il riso precedentemente tostato e tostate ancora per un minuto circa, dopodiché quando il riso avrà assorbito tutto l'olio, sfumate con mezzo bicchiere di vino bianco secco e quando sarà completamente evaporato aggiungete immediatamente i molluschi (seppie, calamari, totani).

Cominciate, dunque, a bagnare il riso con due o tre mestoli di brodo continuando a mescolare e, ogni qualvolta il brodo verrà assorbito dal riso, aggiungete altro liquido. Unite anche il doppio concentrato di pomodoro, mescolate bene e coprite.

Negli ultimi due minuti di cottura del riso (prestate attenzione ai tempi di cottura riportati sulla confezione), unite i gamberi, le cozze e le vongole sgusciate. Mescolate bene. Verificate la densità del risotto e, se necessario, aggiungere altro brodo, quindi unite gli scampi e i gamberoni, coprite e portate a termine la cottura. Dopodiché spegnete il fuoco e insaporite con un po' di prezzemolo tritato. Mescolate bene, rimettete il coperchio e fate riposare per 5 minuti prima di servire.

Decorate ogni piatto con qualche cozza e vongola intere che avevate tenuto da parte e una spolverata di prezzemolo fresco tritato.

Linguine con le ostriche

2 porzioni

- 12 ostriche
- 200 g di linguine trafilate al bronzo
- sale grosso
- pepe in grani
- 2 spicchi d'aglio
- 2 noci di burro
- 1/2 bicchiere di vino bianco secco
- 1 manciata di prezzemolo fresco
- scorza grattugiata di limone biologico

Cominciate con l'apertura delle ostriche (per facilitarne l'apertura è consigliabile tenerle per 20 minuti nel congelatore). Introducete la lama corta di un coltellino nella fessura delle due conchiglie, quindi ruotando la lama prima a destra, poi a sinistra, recidete il muscolo che tiene unite le due valve. Apritele con delicatezza e recuperate la loro acqua in una ciotola (poiché l'operazione può essere pericolosa, potete avvolgere l'ostrica in un telo piegato in quattro o posarla su un guanto da forno per evitare di ferirsi se dovesse sfuggire il coltello).

Una volta aperte tutte le ostriche, sciacquatele nella loro stessa acqua per eliminare i piccoli frammenti di conchiglia. Dopodiché con un colino a maglia stretta filtrate la loro acqua e tenetela da parte.

Mettete una pentola d'acqua sul fuoco per la cottura della pasta e appena giungerà a bollore, salatela e mettete a cuocere le linguine.

In una padella mettete a tostare i grani di pepe (potete pestarli un po' con un batticarne), poi fatevi sciogliere lentamente una noce di burro. Unitevi due spicchi d'aglio interi e fateli rosolare, dopodiché eliminateli dalla padella e inserite le ostriche. Fatele cuocere per un minuto a fiamma alta, poi sfumate con il vino bianco secco e lasciate evaporare per un paio di minuti (il tempo di cottura delle ostriche è di 2-3 minuti). Lavate e tritate il prezzemolo.

Quando il vino sarà evaporato, aggiungete l'acqua delle ostriche precedentemente filtrata e portate a bollore. Scolate le linguine molto al dente e versatele nella padella con le ostriche.

Saltate o mescolate bene la pasta, dopodiché coprite con un coperchio e, a fuoco basso, ultimate la cottura (se la pasta dovesse risultare asciutta, aggiungete un po' d'acqua di cottura, al contrario, se troppo acquosa, togliete il coperchio e alzate la fiamma per farla asciugare).

Spegnete il fuoco e mantecate con una noce di burro. In ultimo spolverizzate con il prezzemolo tritato e una macinata di pepe, mescolate bene e servite guarnendo il piatto con della scorza di limone biologico.

Primi piatti

Paccheri con astice, vongole e gamberi

2 porzioni

- 200 g di paccheri
- 1 astice
- 20 gamberi
- 400 g di vongole veraci
- 5-6 pomodorini
- 1 spicchio d'aglio
- 1 manciata di prezzemolo tritato
- peperoncino
- 1/2 bicchiere di vino bianco secco
- sale e pepe
- olio extravergine di oliva

Innanzitutto spurgate le vongole lasciandole in un recipiente con abbondante acqua e sale per almeno 4 o 5 ore, dopodiché lavatele accuratamente sotto l'acqua corrente. Per quanto riguarda l'astice, se è ancora vivo tenetelo mezz'oretta nel congelatore, dopodiché è pronto per la preparazione di questa ricetta.

Cominciate dalla pulizia dei gamberi: lavate i gamberi sotto l'acqua corrente, eliminate la testa e il carapace e teneteli da parte per insaporire l'acqua della pasta. Aiutandovi con un coltellino, eliminate anche l'intestino (il filo nero), tagliando per il lungo la parte superiore del gambero. Mettete una pentola sul fuoco con abbondante acqua per la cottura della pasta e quando giungerà a bollore, inserite gli scarti dei gamberi e fatela insaporire per 10 minuti, dopodiché eliminate gli scarti, salatela, quindi immergete l'astice intero e lasciatelo cuocere per 7 minuti con il coperchio.

Nel frattempo, in un tegame mettete un filo di olio extravergine d'oliva, uno spicchio d'aglio intero e le vongole, chiudete con un coperchio le asciate cuocere a fuoco vivo per qualche minuto, poi sfumate con il vino bianco e fate evaporare. Dopodiché aggiustate di pepe, coprite e continuate la cottura fino a quando le vongole saranno totalmente aperte, agitando di tanto in tanto il tegame.

Non appena saranno tutte aperte, scolatele e sgusciatele, tenendone qualcuna intera per la decorazione del piatto. Mettetele da parte, quindi filtrate l'acqua di cottura attraverso un colino e rimettetela nel tegame.

Portate a bollore e tuffatevi le code di gambero, coprite e fate cuocere per 30-40 secondi (i gamberi saranno cotti quando assumeranno un colore bianco o rosso, non fateli cuocere oltre il tempo indicato altrimenti diventeranno gommosi).

Scolate i gamberi e lasciateli da parte in un piatto, mentre l'acqua delle vongole versatela in una ciotola e tenetela da parte. Poi prelevate l'astice dalla pentola e adagiatelo sul tagliere, intanto mettete a cuocere la pasta.

Aprite l'astice: staccate la coda e schiacciatela con una leggera pressione della mano su tutti i lati, poi con un paio di forbici tagliate la corazza nel senso della lunghezza ed estraete la polpa. Staccate anche le chele e dividete la testa dalle zampette, quindi mettete tutto quanto in un piatto insieme alla polpa e tutti i suoi liquidi.

Mettete un filo d'olio extravergine d'oliva in un tegame e fatevi rosolare uno spicchio d'aglio intero e il peperoncino. Quando l'aglio sarà ben dorato, aggiungete la polpa dell'astice, compresi i liquidi che avete ricavato dalla testa.

Mescolate e fate rosolare per qualche secondo, quindi eliminate lo spicchio d'aglio e aggiungete i pomodorini tagliati a dadini e un bel mestolo d'acqua di cottura della pasta. Portate il sughetto a temperatura, dopodiché scolate la pasta molto al dente, lasciando un po' di acqua di cottura da parte, e trasferitela nella padella assieme al sughetto.

Amalgamate bene in modo che la pasta si condisca uniformemente, quindi coprite con un coperchio e continuate la cottura per altri 2 minuti. Dopodiché aggiungete l'acqua delle vongole che avevate lasciato da parte e saltate il tutto.

Negli ultimi 30 secondi di cottura della pasta, aggiungete le vongole sgusciate e i gamberi, quindi spegnete il fuoco e regolate di sale. Saltatela ancora una volta per amalgamare tutti gli ingredienti e per permettere la formazione della cremina (se la pasta dovesse risultare asciutta aggiungete ancora un pochino di acqua di cottura).

Quindi spolverizzate con una manciata di prezzemolo fresco tritato, un po' di pepe e irrorate con un filo d'olio extravergine d'oliva.

Amalgamate bene per verificare la densità della crema, quindi inserite le chele e tutti i pezzi di astice che serviranno per decorare il piatto.

Mettere il coperchio e fare riposare per 30-40 secondi in maniera tale che tutti gli ingredienti arriveranno alla stessa temperatura. A questo punto il piatto è pronto. Decoratelo a piacere e servite ben caldo!

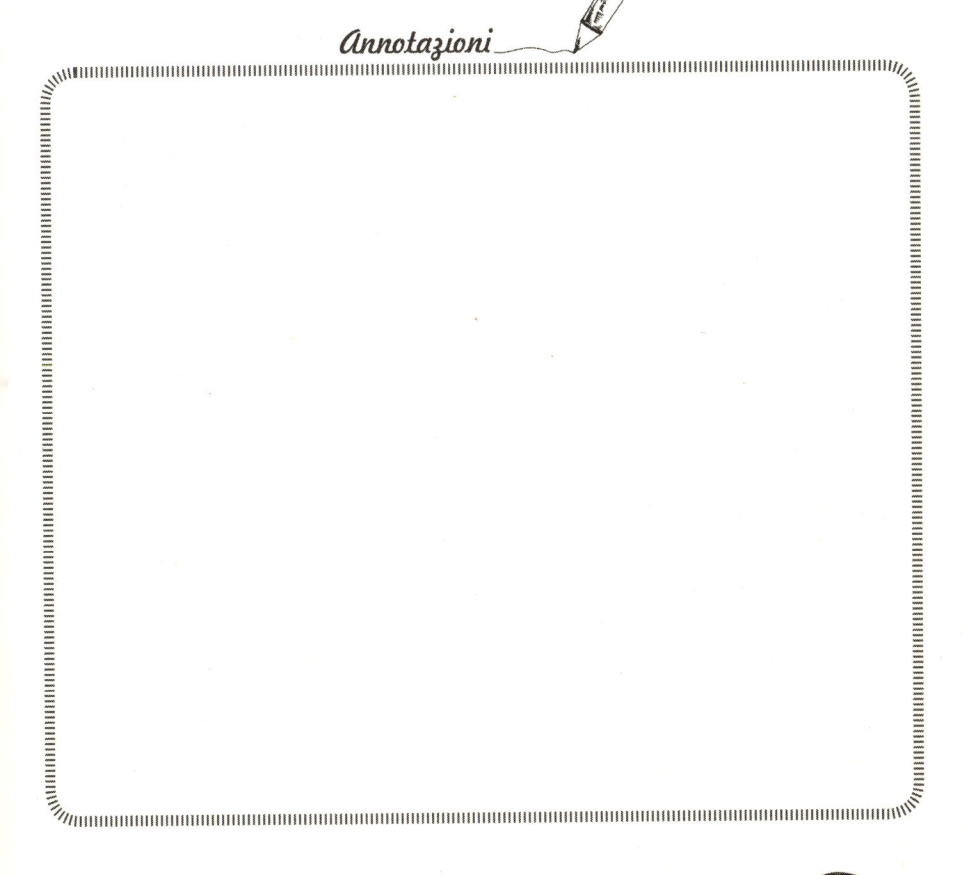

Annotazioni

Spaghetti con le vongole risottati

3 porzioni

- 250 g di spaghetti (preferibilmente trafilati al bronzo)
- 1 kg di lupini di mare (vongole)
- sale grosso
- 1 spicchio d'aglio
- 1 mazzetto di prezzemolo fresco
- 1/2 bicchiere di spumante brut (o vino bianco secco)
- peperoncino
- pepe (facoltativo)
- sale
- olio extravergine di oliva

I lupini di mare, a differenza delle vongole veraci più grosse, hanno più sabbia al loro interno, quindi il tempo necessario per spurgarli può variare da un minimo di 4 ore fino a un massimo di 12 ore.

Mettete i lupini di mare in una ciotola e lavateli accuratamente sotto l'acqua corrente fredda; dopodiché aggiungete una manciata di sale grosso (non mettete assolutamente sale fino altrimenti morirebbero e durante la cottura acquisirebbero un sapore cattivo) e lasciateli spurgare, avendo cura di cambiare l'acqua ogni 4 ore circa, fino a quando non vedrete più tracce di sabbia sul fondo della ciotola.

Schiacciate uno spicchio d'aglio intero in camicia e mettetelo a rosolare a fiamma media in una larga e capiente padella con un po' di peperoncino e un filo d'olio extravergine d'oliva. Quando l'aglio sarà ben dorato, abbassate la fiamma e versate tutte le vongole ben scolate. Aggiungete subito mezzo bicchiere di spumante e un po' di prezzemolo tritato, quindi coprite e lasciate cuocere per 10-15 minuti, fino a quando non si saranno aperte le vongole, mescolando di tanto in tanto.

Nel frattempo mettete a cuocere gli spaghetti in abbondante acqua salata solo per 2 minuti.

Quando le vongole si saranno aperte, scolatele e tenetele da parte, quindi filtrate la loro acqua di cottura attraverso un colino, rimettetela nel tegame e portate a ebollizione.

Scolate gli spaghetti, tenendo da parte l'acqua di cottura che vi servirà per risottarli, e versateli in padella. Aggiungete, dunque, un paio di mestoli di acqua di cottura della pasta, rimestate, coprite e procedete la cottura come fosse un risotto, mescolando spesso e aggiungendo acqua ogni volta che asciugherà.

Nel frattempo sgusciate i lupini, dopodiché aggiungeteli alla pasta negli ultimi 2 minuti di cottura e fate saltare il tutto a fuoco vivace (oppure mescolate bene con delle pinze altrimenti non si formerà la cremina).

Spegnete il fuoco, spolverizzate con prezzemolo fresco, saltatela ancora una volta e servite subito.

Spaghetti con tonno e pomodorini

2 porzioni

- 250 g di spaghetti o linguine
- 150 g di tonno sott'olio
- 250 g di pomodorini datterini o ciliegini
- 10 foglie di basilico fresco
- 1 scalogno (o uno spicchio d'aglio)
- sale e pepe
- olio extravergine di oliva

Tritate finemente lo scalogno. Lavate e tagliate i pomodorini in quattro parti. Mettete a cuocere gli spaghetti in abbondante acqua salata.

In una padella versate un filo d'olio extravergine d'oliva e fate soffriggere lo scalogno (in alternativa fate rosolare uno spicchio d'aglio intero). Quindi versatevi i pomodorini (se avete optato per l'aglio, eliminatelo prima) e fate saltare il tutto a fiamma viva.

Regolate di sale e di pepe, quindi fate cuocere per 3 o 4 minuti, sempre a fuoco vivo, mescolando di tanto in tanto.

Colate il tonno dall'olio, versatelo in una ciotola e schiacciatelo con una forchetta per sbriciolarlo, quindi unitelo ai pomodorini, mescolate, dopodiché versatevi un mestolo abbondante di acqua di cottura della pasta, abbassate il fuoco e aggiungete le foglie di basilico spezzettate.

Scolate gli spaghetti al dente e amalgamateli bene al condimento, terminando la loro cottura in padella (se necessario, aggiungete ancora un mestolo d'acqua di cottura della pasta).

A cottura ultimata, spegnete il fuoco, aggiungete un filo d'olio extravergine d'oliva e fate saltare ancora una volta a fuoco spento.

Impiattate e servite subito decorando il piatto con qualche foglia di basilico oppure del prezzemolo tritato.

Primi piatti

Paella con pollo, pesce e verdure

4 porzioni

- 200 g di riso bomba o carnaroli
- 10 gamberetti
- 5-6 gamberoni o scampi
- 15 cozze
- 10-12 vongole
- 200-300 g di merluzzo o altro pesce bianco (orata, branzino)
- 2 cosce di pollo
- 200 g di tris di fagioli freschi (bianchi di Spagna, cannellini, piattoni)
- 2 pomodori
- mezzo peperone rosso
- mezzo peperone verde
- 1 cucchiaino di paprika dolce
- 2 bustine di zafferano
- mezza cipolla
- 1 spicchio d'aglio
- 1/2 bicchiere di vino bianco
- sale e pepe
- olio extravergine di oliva
- 1 limone (per la decorazione)

Iniziate a pulire e lavare bene le cozze: grattate il guscio con un coltello per eliminare tutte le impurità ed eliminate anche il bisso, poi risciacquatele sotto l'acqua corrente. Lavate bene anche le vongole già spurgate.

Pulite i gamberetti: eliminate il carapace e con un coltellino fate un taglio sul dorso per eliminare l'intestino (il carapace lo metterete da parte insieme alle teste e alle lische di altro pesce per preparare il brodo di pesce).

Tagliate il merluzzo a tocchetti dopo averlo privato delle lische.

Private le cosce di pollo della pelle e tagliatele a dadini.

Tagliate i due mezzi peperoni a cubetti.

Preparate i fagioli e tagliate a pezzetti i piattoni.

Preparate il brodo di pesce versando tutti gli scarti di pesce (teste, carapace, lisca di merluzzo) in una pentola, insieme a due pomodorini tagliati a metà e uno spicchio d'aglio intero. Aggiungete 1 litro d'acqua e mettete sul fuoco a bollire per 15 minuti. Regolate di sale e di pepe, dopodiché filtratelo e lasciatelo al caldo.

Tritate grossolanamente uno spicchio d'aglio e mezza cipolla.

Versate nella paellera due cucchiai circa di olio extravergine d'oliva e mettete a scaldare lo spicchio d'aglio tritato per 30 secondi, dopodiché aggiungete i gamberoni e gli scampi (ovvero tutti i crostacei che vi serviranno per la decorazione finale), e fate cuocere 30-40 secondi per lato, quindi salate e toglieteli dalla paellera, tenendoli da parte in un piatto.

Quindi versate la mezza cipolla tritata nella paellera e fatela rosolare insieme all'aglio tritato per un paio di minuti.

Poi aggiungete i dadini di pollo e fateli rosolare per 7-8 minuti mescolando di tanto in tanto.

Quando il pollo sarà ben rosolato, unite lo zafferano, un cucchiaino di paprika, poi regolate di sale e di pepe e continuate a mescolare.

Aggiungete poi il tris di fagioli, i peperoni, mescolate e fate cuocere a fuoco lento per circa 10 minuti.

Nel frattempo mettete in una pentola le cozze e le vongole, aggiungete un pochino di vino bianco. Quindi coprite con un coperchio e fate cuocere per circa 5 minuti fino a quando non saranno completamente aperte.

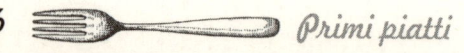

Dopodiché scolatele e tenetele da parte, quindi filtrate la loro acqua di cottura attraverso un colino, rimettetela nella pentola, quindi aggiungete il merluzzo con due mestoli di brodo di pesce e fate cuocere per circa 7-8 minuti.

Intanto grattugiate il pomodoro con una grattugia per ricavarne della purea. Ora, aiutandovi con un cucchiaio di legno, formate un buco nel centro della paellera, quindi inserite la purea di pomodoro e dopo circa 2-3 minuti cominciate a mescolare bene.

Quando il pomodoro sarà stato assorbito dagli altri ingredienti, versate il merluzzo con tutto il suo brodo, mescolate bene e fate cuocere per 4-5 minuti.

Dopodiché versate il riso a pioggia. Aggiungete, quindi, del brodo di pesce quanto basta per ricoprire il riso e, una volta sistemato il riso sul fondo della paellera, non toccatelo più fino a fine cottura.

Fate cuocere per circa 18-20 minuti come indicato sulla confezione del riso.

Quando mancheranno 5 minuti alla fine della cottura, inserite i gamberetti crudi che avevate privato del carapace, i gamberoni e gli scampi che avevate scottato in precedenza, e infine le cozze e le vongole.

Trasferite la paella all'interno del forno e terminate la cottura a 180 °C per 8 minuti. Se non avete a disposizione il forno potete terminare la cottura sul fornello.

Lasciate riposare per qualche minuto e servite con spicchi di limone.

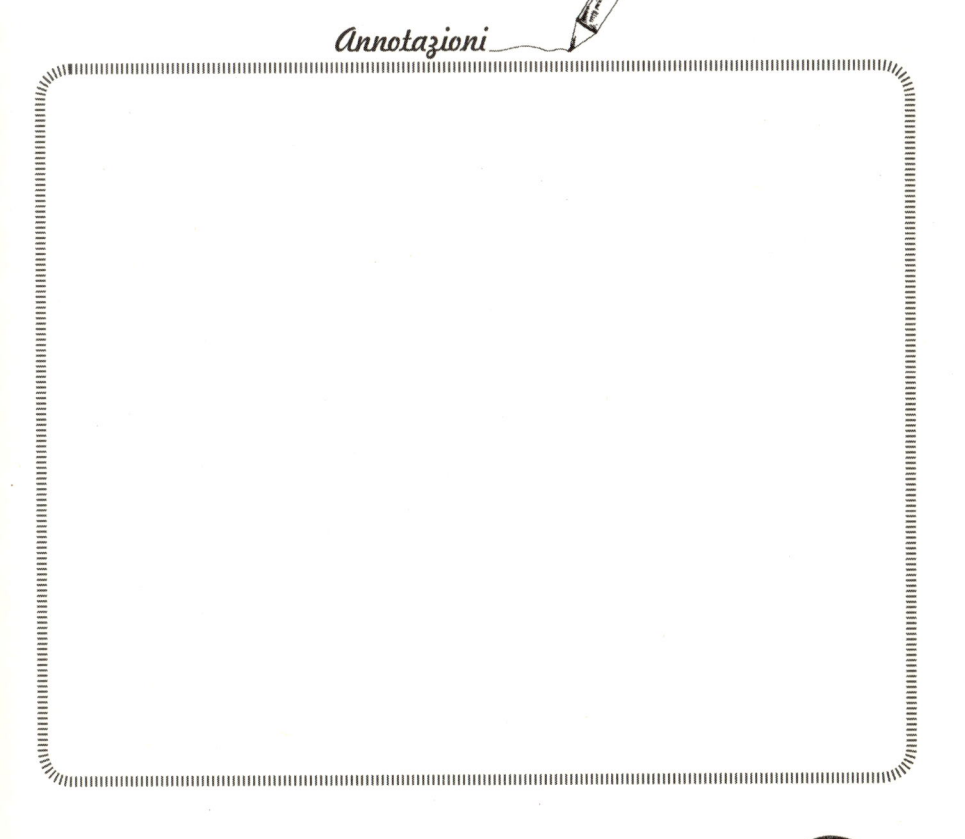

Annotazioni

Paella di pesce

4 porzioni

- 200 g di riso bomba o carnaroli
- 10 gamberetti
- 5-6 gamberoni o scampi
- 3 calamari
- 7-8 cozze
- 10-12 vongole
- 200 g di merluzzo o altro pesce bianco (orata, branzino)
- 200 g di tris di fagioli freschi (bianchi di Spagna, cannellini, piattoni)
- 2 peperoni (1 rosso e 1 verde)
- 2 pomodori
- paprika dolce
- 1 cucchiaino di pistilli di zafferano
- colorante alimentare (o 1 cucchiaino di maizena + 1 bustina di zafferano)
- 1 cipolla
- 2 spicchi d'aglio
- sale e pepe
- olio extravergine di oliva

Iniziate a pulire e lavare bene le cozze: grattate il guscio delle cozze con un coltello per eliminare tutte le impurità ed eliminare il bisso, dopodiché sciacquatele bene sotto l'acqua corrente. Lavate bene anche le vongole e poi fatele spurgare in acqua fresca e salata per circa mezz'ora. Pulite i gamberetti: eliminate il carapace dal gambero e con un coltellino fate un taglio sul dorso per eliminare l'intestino (il carapace lo metterete da parte insieme alle teste e alle lische di altro pesce per preparare il brodo di pesce). Tagliate il merluzzo a tocchetti e i calamari ad anelli. Preparate il tris di fagioli, tagliate a pezzetti i piattoni.

Preparazione del brodo di pesce: all'interno di una pentola versate tutti gli scarti del pesce (teste, carapace, lisca di merluzzo), aggiungete due pomodorini tagliati a metà e uno spicchio d'aglio intero. Poi versate 1 litro d'acqua e mettete sul fuoco a bollire per 15 minuti. Regolate di sale e di pepe. Nel frattempo tagliate i due peperoni a cubetti. Tritate grossolanamente uno spicchio d'aglio e la cipolla. Tritate il pomodoro con una grattugia per ricavarne della purea.

In una padella o paellera, versate un filo d'olio extravergine d'oliva e rosolate l'aglio tritato, senza farlo colorare troppo, quindi aggiungete i gamberoni e fateli cuocere un minuto per lato, dopodiché toglieteli dalla paellera e teneteli da parte. Ora, all'interno della stessa padella, aggiungete la cipolla tritata, senza togliere l'aglio, quindi mettete a cuocere il tris di fagioli per circa 7-8 minuti, dopodiché aggiungete i pistilli di zafferano, man mano la paprika dolce e una bustina di colorante e mescolate bene.

Unite quindi il pesce che avete precedentemente tagliato: anelli e ciuffetti di calamaro, e tocchetti di merluzzo. Regolate di sale, dopodiché aggiungete i peperoni a cubetti e continuate a mescolare. Ora, aiutandovi con un cucchiaio di legno, formate un buco nel centro della paellera, quindi inserite la purea di pomodoro. Colate anche il brodo di pesce in una ciotola e aggiungete subito qualche mestolo in padella fino a coprire tutti gli ingredienti al suo interno. Quindi versate il riso a pioggia, date una leggera mescolata e ricordatevi di non toccarlo più fino a fine cottura. Lasciate cuocere per 15-18 minuti (i primi 7 minuti a fuoco alto, poi quando prenderà bollore continuate a farlo cuocere a fiamma bassa). Negli ultimi 5 minuti di cottura, aggiungete i gamberetti, i gamberoni, le cozze e le vongole. Coprite con un coperchio e terminate la cottura. Una volta cotta la paella, spegnete il fuoco e fatela riposare tenendola coperta prima di servire in tavola.

Primi piatti

Paella valenciana

4 porzioni

- 200 g di riso bomba o carnaroli
- 500 g di pollo (cosce e fuselli)
- 400 g di coniglio
- 2 pomodori maturi
- 2-3 rametti di rosmarino
- 500 g di fagioli freschi misti (di Spagna, cannellini e piattoni)
- 1 cucchiaino di paprika dolce
- 1 cucchiaino di curcuma
- 2 bustine di zafferano
- 1 limone
- sale e pepe
- olio extravergine di oliva

Per prima cosa pulite e tagliate in piccole parti il pollo ed eliminate la pelle; tagliate a tocchetti anche il coniglio. Mettete tutta la carne in un recipiente e insaporitela con sale, pepe e un filo d'olio extravergine d'oliva e mescolatela.

Ponete sul fuoco la classica paellera, o una padella a bordi alti, e fate scaldare un filo di olio extravergine d'oliva, quindi inserite i pezzi di carne e lasciateli rosolare su tutti i lati a fuoco medio per circa 15 minuti.

Nel frattempo grattugiate il pomodoro con una grattugia per ricavarne della purea. Quando la carne sarà ben ben rosolata, aggiungete il tris di fagioli e mescolate bene. Poi spostate il tutto verso i lati della padella e aggiungete al centro la purea di pomodoro, salatela e non mescolatela per circa 5 minuti, fino a quando l'acqua di vegetazione del pomodoro non sarà evaporata.

Unite la curcuma, la paprika dolce, qualche rametto di rosmarino e una bustina di zafferano, poi aggiungete dell'acqua fino a coprire tutti gli ingredienti e lasciate cuocere a fuoco dolce per almeno 10- 15 minuti e, se necessario, aggiungete altra acqua in modo che la carne e la verdura non si secchino.

Dopodiché eliminate il rosmarino e aggiungete l'altra bustina di zafferano, amalgamate bene il tutto, quindi versate il riso e sistematelo in maniera uniforme sul fondo della paellera e proseguite la cottura per circa 18-20 minuti, o come indicato sulla confezione del riso, senza mescolarlo fino a fine cottura.

Spegnete il fuoco e lasciate riposare 5 minuti prima di servire. Aggiungete il succo di un limone e decorate la paellera con delle fettine di limone per il tocco finale.

Da sapere: è necessario non mescolare mai il riso una volta che lo si cuoce, altrimenti rilascerebbe l'amido che a contatto con il liquido formerebbe una crema e il risultato sarebbe un risotto. La differenza tra paella e risotto sta proprio nella formazione della crema! Se facciamo il risotto abbiamo bisogno di ottenere una crema mentre in questo caso dobbiamo ottenere un riso cotto a fuoco dolce.

Risotto con asparagi e capesante

3 porzioni

- 250 g di riso carnaroli
- 10 capesante
- 250 g di asparagi
- 1 avocado
- mezzo limone
- 1 cipolla

- 1/2 bicchiere di vino bianco
- sale e pepe
- olio extravergine di oliva

Per il brodo vegetale:
- 1 gambo di sedano
- 1 carota

- 1 cipolla
- 1 pomodorino
- parte fibrosa degli asparagi
- 1 l di acqua

Preparazione del brodo: lavate e mondate gli asparagi eliminando la parte più dura del gambo che userete per il brodo insieme a un gambo di sedano, una carota, una cipolla, uno spicchio d'aglio e un pomodorino. Dopo aver tagliato grossolanamente le verdure, mettetele in un pentolino con 1 litro di acqua e quando giungerà a bollore, salate e, a fuoco bassissimo, fate cuocere per 20 minuti circa.

Preparazione del risotto: tritate finemente mezza cipolla e fatela soffriggere in una padella dai bordi alti in un filo d'olio extravergine di oliva. Nel frattempo tagliate a tocchetti le punte degli asparagi, lasciandone tre interi per la decorazione del piatto, quindi metteteli in una padella, salate e fateli cuocere per qualche minuto, rimestando di tanto in tanto con un cucchiaio di legno. Dopodiché togliete dalla padella i tre asparagi interi, tenendoli da parte in un piatto, e versate il riso. Fate tostare per un paio di minuti mescolando continuamente, dopodiché sfumate con il vino bianco e fate evaporare. Aggiungete quindi il brodo vegetale, poco alla volta, e continuando a mescolare, fate cuocere completamente il riso.

Nel frattempo lavate e preparate le capesante: prima di tutto staccate il frutto dalla conchiglia, dopodiché dividete le due parti della capasanta, quella arancione (corallo) e la parte bianca (noce). Tagliate a pezzetti il corallo, salatelo e pepatelo. All'interno di un padellino versate un filo d'olio extravergine d'oliva e aggiungete i tre asparagi che avevate tenuto da parte. Fate soffriggere per qualche secondo a fuoco medio-alto. Quindi unite i pezzettini di corallo e fate cuocere per un paio di minuti. Dopodiché togliete dalla padella gli asparagi interi, ormai insaporiti, e teneteli da parte per la decorazione del piatto, mentre unite i pezzetti di corallo al riso e mescolate.

Mentre il risotto cuoce, salate e pepate le noci delle capesante, quindi fatele cuocere per un paio di minuti all'interno di un padellino insieme a un filo d'olio extravergine d'oliva e, quando saranno cotti, ponetele su un piatto poiché serviranno per la decorazione.

Infine, tagliate a metà un avocado e con un cucchiaio recuperate tutta la polpa in una ciotola. Con una forchetta riducetela in crema. Spremete anche mezzo limone e aggiungete il succo all'avocado con anche il fondo di cottura delle capesante. Regolate di sale e di pepe e mescolate bene il tutto. Quando il risotto avrà terminato la cottura, spegnete il fuoco, aggiungete la crema di avocado e mantecate bene per un minuto fino a quando non risulterà bello cremoso. Disponete in superficie gli asparagi interi e le capesante, quindi coprite con un coperchio e fate riposare per 30-40 secondi prima di servire.

Primi piatti

Spaghetti alla puttanesca

2 porzioni

- 200 g di spaghetti
- 4-5 filetti di alici sotto sale o sott'olio
- 2 spicchi d'aglio
- 7-8 pomodorini
- 9-10 olive nere denocciolate
- 1 manciata di capperi sotto sale
- prezzemolo
- peperoncino
- sale
- olio extravergine di oliva

    Sciacquate bene le alici sotto sale, o scolatele se utilizzate quelle sott'olio, e tritatele grossolanamente. Tagliate i pomodorini a metà e gli spicchi d'aglio a pezzetti. Spezzettate le olive nere e dissalate i capperi sciacquandoli bene sotto l'acqua corrente. Lavate e asciugate un po' di prezzemolo e tritatelo finemente.

    Mettete a cuocere gli spaghetti in abbondante acqua salata. Nel frattempo in una padella abbastanza capiente fate rosolare l'aglio e il peperoncino in un filo d'olio extravergine d'oliva e, quando l'aglio sarà ben dorato, unite i filetti di acciughe, le olive e mescolate bene.

    Infine aggiungete i capperi e i pomodorini e continuate la cottura per altri 8 minuti circa a fiamma media fino a quando il sugo non si sarà ben ristretto.

    Scolate gli spaghetti al dente e versateli in padella, aggiungete anche mezzo mestolo di acqua di cottura della pasta e fate saltare a fiamma vivace.

    Spegnete il fuoco, spolverizzate con una manciata di prezzemolo tritato e amalgamate il tutto. Servite ben caldi con una bella spolverata di prezzemolo.

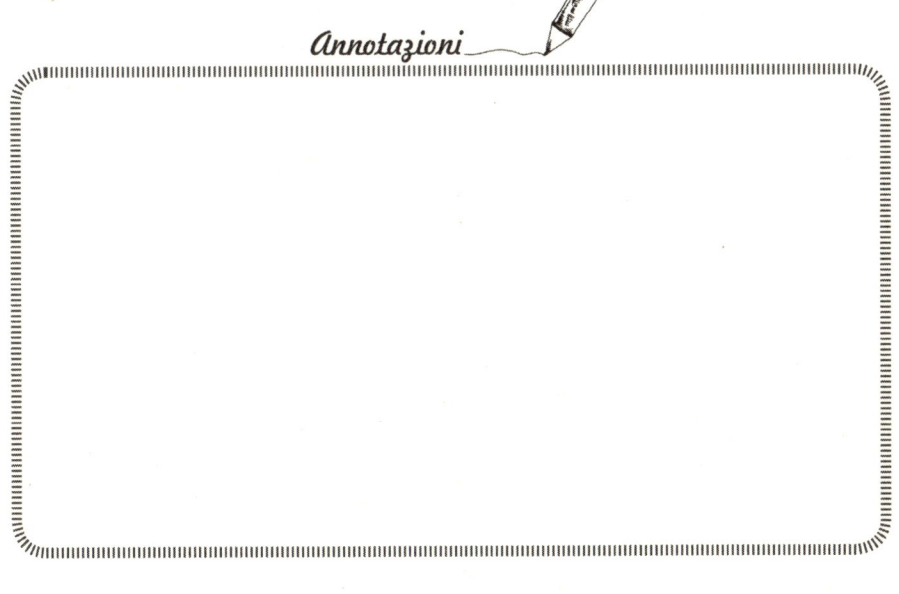

Annotazioni

Primi piatti

Riso venere con ostriche, seppie e gamberoni

3 porzioni

- 200 g di riso venere
- 1 grande seppia o 2 seppie piccole
- 3-4 gamberoni
- 8-10 cozze
- 3-4 ostriche
- basilico
- erba cipollina fresca
- 5-6 foglie di menta
- 1 scalogno
- 1 spicchio d'aglio
- 1 lime
- vino bianco
- sale e pepe
- olio extravergine di oliva

Iniziate a pulire e lavare bene le cozze: eliminate il bisso, il filamento che si trova nella parte laterale delle cozze, dopodiché sciacquatele bene sotto l'acqua corrente fresca, sfregandole l'una contro l'altra, in modo da eliminare tutte le impurità esterne. Lavate e tagliate le seppie a striscioline.

In una padella tipo wok fate rosolare mezzo scalogno con 4 o 5 cucchiai di olio extravergine d'oliva, aggiungete le seppie e fate cuocere per pochi istanti a fiamma media. Mescolate, quindi aggiungete qualche foglia di basilico spezzettata a mano, un po' di sale e del pepe. Amalgamate gli ingredienti per qualche secondo e toglietele dal fuoco. Mettete le seppie in un piatto, eliminate lo scalogno e conditele con delle foglioline di menta. Ora, senza aver lavato la padella, adagiatevi le ostriche e le cozze, aggiungete l'altra metà di scalogno con un pochino di vino bianco, coprite con un coperchio e, a fiamma bassa, lasciatele aprire.

Nel frattempo pulite i gamberoni privandoli della testa e del carapace, dopodiché con un coltellino incideteli sul dorso ed eliminate il filetto nero, quindi lavateli accuratamente sotto l'acqua corrente. Mettete una pentola d'acqua sul fuoco e, quando giungerà a bollore, salatela con il sale fino e inserite tutti gli scarti dei gamberi (teste e carapace) e qualche foglia di basilico. Lasciate insaporire l'acqua per qualche minuto.

Nel frattempo, togliete le cozze e le ostriche dalla padella, sgusciatele e trasferite i frutti nel piatto delle seppie, quindi insaporite il pesce con il liquido recuperato dai gusci delle ostriche. Poi pulite la padella, buttando via l'acqua di cottura e lo scalogno, quindi mettete uno spicchio d'aglio in camicia e fatelo imbiondire a fuoco medio in un filo d'olio extravergine d'oliva, poi aggiungete i gamberi e fateli cuocere qualche secondo per lato, insaporiteli con due foglie di basilico, regolate di sale e di pepe e spegnete il fuoco.

A questo punto unite i gamberi alle seppie, cozze e ostriche. Eliminate le foglie di basilico e lo spicchio d'aglio dalla padella e versate nella stessa padella l'acqua in cui avete fatto bollire gli scarti di pesce, filtrandola con un colino. Coprite, portate a bollore, versatevi il riso venere e fate cuocere per il tempo indicato sulla confezione, mescolando di tanto in tanto. Nel frattempo decorate i piatti con fettine di lime e qualche stelo di erba cipollina. Tritate finemente un mazzetto di erba cipollina. Quando il riso sarà cotto, scolatelo e mettetelo in un'insalatiera, aggiungete il pesce con il sughetto, mescolate e impiattate. Completate il piatto con un filo d'olio, del pepe, qualche goccia di lime, una fogliolina di basilico, un paio di foglie di menta ed erba cipollina tritata.

Risotto alla crema di scampi

3 porzioni

- 200 g di riso carnaroli
- 10 scampi
- 4-5 pomodorini pachino
- 2 noci di burro
- 1 scalogno
- 1 porro o 1 cipolla
- 1 gambo di sedano
- 1 carota
- vino bianco
- prezzemolo
- sale e pepe
- olio extravergine di oliva

Lavate e tagliate il porro, il gambo di sedano e le carote a pezzetti, tritate il prezzemolo e tagliate i pomodorini in quattro parti. Pulite gli scampi togliendo la testa e sgusciando il corpo, tenendone da parte tre interi per la decorazione finale del piatto. Le teste e i gusci li utilizzerete per il fumetto.

Preparazione del fumetto di pesce: mettete gli scarti degli scampi in una padella abbastanza capiente con un filo di olio extravergine di oliva, regolate di sale e di pepe e cominciate a far rosolare a fiamma media per un paio di minuti. Poi sfumate con il vino bianco e fate evaporare.

Unite le verdure tagliate, tranne il prezzemolo, e coprite il tutto con un litro di acqua. Fate cuocere con il coperchio per circa mezz'ora, dopodiché filtrate il brodo con un colino e tenetelo in caldo.

Preparazione del risotto: tritate lo scalogno e mettetelo a rosolare in una pentola con una noce di burro e un filo d'olio extravergine di oliva. Unite il riso e lasciate tostare 1-2 minuti, poi sfumate con il vino bianco e fate evaporare a fuoco vivace. Bagnate con un mestolo di brodo, mescolate e continuate ad aggiungere brodo, poco alla volta, fino a cottura ultimata.

4 o 5 minuti prima di terminare la cottura del risotto, aggiungetevi gli scampi interi e fateli cuocere per circa 2 minuti a fuoco basso con il coperchio, dopodiché toglieteli dalla pentola e inserite le code sgusciate. Mescolate aggiungendo, se necessario, qualche mestolo di brodo.

Spegnete il fuoco, aggiungete una noce di burro e amalgamate velocemente il risotto con un cucchiaio di legno fino a ottenere una crema. Adagiate gli scampi interi sul risotto, coprite bene con un coperchio e lasciate riposare per circa 2 minuti.

Servite decorando ogni piatto con uno scampo intero, un filo d'olio extravergine di oliva e una spolverata di prezzemolo tritato.

Spaghetti al limone, zafferano e bottarga

2 porzioni

- 200 g di spaghetti
- 1 limone
- 2 noci di burro
- 2 bustine di zafferano
- 1 pezzetto di bottarga fresca (facoltativo)
- 1 cucchiaino di bottarga in polvere
- sale e pepe
- pistilli di zafferano

Mettete una pentola sul fuoco con abbondante acqua per la cottura della pasta, salate e non appena giungerà a bollore calate gli spaghetti.

Nel frattempo con un pelapatate ricavate due pezzetti di scorza di limone. In una padella fate sciogliere due noci di burro con la scorza di limone, poi unite la bottarga fresca a pezzetti e fate insaporire a fuoco medio per pochi secondi. Eliminate le bucce di limone dalla padella.

Scolate la pasta, tenendo da parte un po' d'acqua di cottura, e versatela in padella mescolando bene. In ultimo aggiungete lo zafferano e un mestolo di acqua di cottura della pasta, amalgamate il tutto e spegnete il fuoco.

Aggiungete la bottarga in polvere, una grattugiata di scorza di limone, il succo di un quarto di limone e, a piacere, del pepe.

Servite i vostri spaghetti al limone, zafferano e bottarga completando il piatto con pistilli di zafferano, una spolverata di pepe e bottarga in polvere al gusto.

Spaghetti con canocchie

2 porzioni

- 200 g di spaghetti
- 10 canocchie (cicale di mare)
- 3-4 pomodorini ciliegini
- 1 spicchio d'aglio
- prezzemolo
- 1/2 bicchiere di vino bianco frizzante o spumante
- peperoncino
- sale e pepe
- olio extravergine di oliva

Innanzitutto pulite le canocchie, lasciandone da parte quattro intere: sciacquatele sotto l'acqua corrente, dopodiché staccate la testa dalla coda, poi con le forbici eliminate le zampette e praticate due tagli lungo i lati della coda per asportare il carapace e prelevare la polpa. Le teste e il carapace teneteli da parte.

Portate a ebollizione l'acqua per la cottura della pasta, salatela e tuffatevi gli scarti delle canocchie per insaporirla.

Intanto in una padella fate rosolare l'aglio intero in camicia con un filo d'olio e il peperoncino, unitevi alcune teste dei crostacei e con un batticarne schiacciatele per insaporire il sugo. Poi sfumate con un po' di vino bianco e lasciate evaporare. Quindi versate un mestolo di acqua di cottura per la pasta, una spolverata di prezzemolo e un po' di pepe, coprite con un coperchio e continuate la cottura a fuoco basso per circa 10 minuti.

Nel frattempo mettete a cuocere gli spaghetti. A questo punto togliete le teste del pesce dalla padella e aggiungete i pomodorini tagliati a metà, salate leggermente e lasciate cuocere per circa 6-7 minuti e, quando saranno cotti, aggiungete le canocchie intere, regolate di sale, sfumate ancora con del vino bianco e lasciate evaporare.

Poi unite al condimento un mestolo di acqua di cottura della pasta e la polpa delle canocchie.

Scolate gli spaghetti al dente e saltateli in padella con il condimento per un paio di minuti.

Servite gli spaghetti con le canocchie aggiungendo del prezzemolo tritato e un filo d'olio extravergine di oliva.

Pasta con le sarde

2 porzioni

- 200 g di pasta (preferibilmente bucatini)
- 200 g di sarde fresche
- 100 g di pangrattato
- 2 spicchi d'aglio
- 5-6 pomodorini datterini
- 4-5 filetti di acciughe sott'olio
- 1 cipolla
- 20 g di parmigiano
- 150 g di finocchietto selvatico
- uvetta
- pinoli
- sale e pepe
- peperoncino
- 1 bustina di zafferano
- olio extravergine di oliva

Cominciate dalla pulizia delle sarde: privatele della testa e ricavate da ognuna due filetti togliendo la lisca centrale, quindi lavatele bene sotto l'acqua corrente, scolatele e tenetele da parte.

Mettete sul fuoco una pentola con abbondante acqua e sale grosso per la cottura della pasta e iniziate a tritare la cipolla. In una padella fate imbiondire la cipolla tritata con un filo d'olio extravergine di oliva e mezzo mestolo di acqua di cottura della pasta, dopodiché aggiungete 2 o 3 filetti di alici sott'olio e continuate la cottura. Se il sugo dovesse asciugarsi troppo, aggiungete ancora un po' d'acqua di cottura della pasta. Continuate a cuocere ancora per qualche minuto, poi unite il finocchietto selvatico che avrete precedentemente tritato al coltello, e ancora un po' d'acqua di cottura, coprite con coperchio e fatelo stufare.

Intanto tagliate i pomodorini in quattro parti e anche i filetti di sarde tagliateli a piccoli pezzi, quindi uniteli in padella. Mettete a cuocere la pasta.

Nel frattempo, in un pentolino fate soffriggere uno spicchio d'aglio in camicia e del peperoncino con un filo d'olio extravergine di oliva, poi unitevi i pinoli e l'uvetta e fate cuocere finché i pinoli si tosteranno e l'uvetta si gonfierà, mescolando di tanto in tanto, dopodiché eliminate lo spicchio d'aglio e uniteli nella padella insieme al finocchietto selvatico e ai pomodorini.

Ora, sempre nello stesso pentolino, tostate il pangrattato con un filo d'olio extravergine di oliva e lo spicchio d'aglio utilizzato in precedenza, mescolando spesso in modo da non bruciarlo e, quando sarà dorato, toglietelo dal fuoco e mettetelo a raffreddare in un piatto. Un attimo prima di terminare la cottura della pasta, aggiungete la bustina di zafferano nel sugo e mescolate.

Scolate la pasta e aggiungetela al condimento, mantecate bene e, a piacere, aggiungete del parmigiano.

Impiattate e completate il piatto con l'aggiunta del pangrattato tostato, qualche uvetta e dei pinoli, un po' di pepe e un filo di olio extravergine di oliva.

Gnocchi con 'nduja e gorgonzola

4 porzioni

- 1 kg di gnocchi di patate
- 200 g di gorgonzola
- 100 g di 'nduja calabrese
- 150-200 ml di latte
- sale

Prima di tutto mettete una pentola sul fuoco con abbondante acqua per la cottura degli gnocchi e portate a bollore.

Private la 'nduja dal budello e dividetela in pezzetti. Eliminate la crosta al gorgonzola, poi mettetelo in una padella antiaderente con l'aggiunta di un po' di latte (circa 100 ml) e fatelo sciogliere a fuoco basso, mescolando con un cucchiaio di legno, fino a formare una crema densa.

Incorporate anche la 'nduja e continuate ad amalgamare fino al completo scioglimento.

Non appena l'acqua bollirà, salatela e mettete a cuocere gli gnocchi per un paio di minuti circa, poi scolateli tenendo da parte un po' di acqua di cottura e versateli nella padella con la 'nduja e il gorgonzola.

Versate anche un pochino di acqua di cottura e, a fuoco alto, fate saltare o mescolate con un cucchiaio di legno per amalgamare bene tutti gli ingredienti.

Nel caso vogliate smorzare il piccante della 'nduja, aggiungere un pochino di latte anziché l'acqua di cottura della pasta. A questo punto non vi resta che servire.

Ragù napoletano

8 porzioni

- 2 salamelle
- 4 costine di maiale
- 1 pezzo (250 g) di pancetta cruda di maiale (o pancia o polpa di maiale)
- 2 fette di cotenna di maiale
- 2 fette di spalla di manzo
- 1 pezzo (circa 500 g) di polpa di vitello (o muscolo di vitello)
- 1,5 l di passata di pomodoro (o misto di passata, pelati e pomodorini in scatola)
- 750 ml di acqua fredda
- 2 cucchiai di doppio concentrato di pomodoro
- 1 mazzetto di prezzemolo fresco
- 1/2 carota
- 7-8 foglie di basilico fresco
- 2 cipolle dorate medie
- 2 spicchi d'aglio
- 1 pezzo (100 g) di prosciutto crudo
- 2 cucchiai di strutto
- pecorino grattugiato
- parmigiano grattugiato
- 1 pezzo di pecorino
- 30 g di cioccolato fondente al 70% (facoltativo)
- uvetta
- pinoli
- 1 bicchiere di vino rosso
- sale e pepe
- olio extravergine di oliva

Tagliate il prosciutto crudo in cubetti, lasciando anche la cotenna. Sbucciate uno spicchio d'aglio, schiacciatelo, privatelo del germoglio centrale e tritatelo finemente insieme a un ciuffo di prezzemolo, precedentemente lavato e asciugato. Aggiungete il sale e il pepe e continuate a tritare con il coltello fino a quando il sale non si sarà completamente sciolto.

Stendete le fette di cotenna e di spalla su un piano da lavoro e cospargetele con il trito di aglio e prezzemolo, l'uvetta, i pinoli, qualche foglia di prezzemolo e di basilico, il parmigiano e il pecorino grattugiato e in scaglie.

Quindi arrotolate e formate degli involtini, le famose braciole, che fermerete avvolgendoli con dello spago da cucina.

Tagliate le costine a metà e tenetele da parte. Tagliate la polpa di vitello e la pancetta cruda di maiale in pezzi grossi. Le salamelle lasciatele intere e con lo spago. Tritate finemente la cipolla e la carota.

In una pentola capiente versate lo strutto e un filo d'olio extravergine di oliva, quindi aggiungete i 100 g di prosciutto crudo in cubetti e cominciate a rosolare per circa 1 minuto, dopodiché aggiungete le braciole e tutti i tagli di carne e lasciate cuocere a fuoco vivo, mescolando frequentemente con un cucchiaio di legno fino a quando la carne non avrà rilasciato parte dei suoi liquidi e dei suoi grassi. Unite la carota e la cipolla e continuate la cottura per altri 10 minuti in modo che la carne si rosoli uniformemente. Intanto grattugiate il cioccolato fondente e tenetelo da parte.

Aggiungete il doppio concentrato di pomodoro, mescolate per distribuirlo uniformemente sulla carne, quindi aggiungete il cioccolato grattugiato, amalgamate e, dopo 10 minuti, sfumate con il vino rosso e continuate la cottura per altri 10 minuti a fuoco vivo, mescolando di tanto in tanto, lasciando evaporare la parte alcolica.

Quando la parte alcolica del vino sarà completamente evaporata, aggiungete la passata di pomodoro e 750 ml di acqua fredda, quindi salate poco, mescolate, poi coprite con un coperchio e, sempre a fuoco vivo, portate a bollore.

Poi spostate la pentola sul fornello più piccolo utilizzando uno spargifiamma e a fuoco basso fate cuocere per circa 8 ore con il coperchio.

Trascorse 4 ore di cottura, togliete la carne dalla pentola e tenetela da parte, continuando la cottura del sugo. Negli ultimi 40 minuti di cottura del sugo, rimettete i pezzi di carne, mescolate delicatamente e terminate la cottura.

Negli ultimi 10 minuti regolate di sale se dovesse essere necessario. Non resta che cuocere la pasta e condirla con questo gustoso sugo.

Annotazioni

Tagliatelle alla boscaiola

4 porzioni

- 300-400 g di tagliatelle (o pappardelle o fettuccine)
- 300-400 g di funghi porcini (o champignon, pioppini o mix di funghi)
- 1 pezzetto di porro
- 1 fetta di prosciutto cotto di circa 100 g
- 50 g di piselli freschi o surgelati
- 2 noci di burro
- 1 presa di prezzemolo fresco tritato
- panna fresca da montare non zuccherata
- sale e pepe
- parmigiano grattugiato

Dopo aver pulito bene i funghi, tagliateli a fette spesse circa 3 mm (se utilizzate i funghi porcini, tagliate il cappuccio a fette e il gambo, più fibroso, a dadini). Tritate finemente un pezzetto di porro e mettetelo a soffriggere in una padella con una o due noci di burro a fuoco bassissimo. Intanto tagliate il prosciutto cotto a dadini, quindi unitelo al soffritto e alzate leggermente la fiamma. Mescolate e, dopo 30-40 secondi, aggiungete anche i piselli e i funghi (se utilizzate i porcini, inserite prima i gambi e dopo 2-3 minuti unite anche le teste), insaporite con sale e pepe, mescolate, coprite con un coperchio e continuate la cottura per altri 12 minuti tenendo la fiamma al minimo.

Nel frattempo mettete sul fuoco la pentola con l'acqua per la cottura della pasta e appena l'acqua bolle, salatela e versate le tagliatelle. Di tanto in tanto, mescolate i funghi e se dovessero asciugarsi eccessivamente, aggiungete un po' d'acqua di cottura della pasta.

Scolate le tagliatelle al dente, avendo cura di conservare un po' d'acqua di cottura, e versatele nella padella con i funghi, i piselli e il prosciutto cotto, quindi saltatele in modo da amalgamare bene tutti gli ingredienti.

Per la versione della boscaiola senza la panna, spegnete il fuoco e aggiungete il parmigiano, saltatela e spolverizzatela con prezzemolo fresco tritato (se dovesse risultare un po' asciutta, aggiungete un poco di acqua di cottura della pasta), mantecate bene e servite.

Per quanto riguarda la versione con la panna, scolate la pasta al dente, saltatela in padella assieme agli altri ingredienti e, dopo aver inserito il parmigiano e amalgamato a fuoco spento, unite la panna al posto dell'acqua di cottura, accendete il fuoco e mantecate bene per 10-15 secondi per renderla cremosa.

Raggiunta la densità desiderata, spegnete il fuoco e spolverizzate con prezzemolo tritato e una macinata di pepe al gusto. Mescolate il tutto e servite.

Penne con porcini, speck e brie

4 porzioni

- 400 g di penne rigate
- 400 g di funghi porcini
- 1 scalogno
- 1 presa di prezzemolo fresco tritato
- 2 rametti di timo
- 50 g di speck
- 50 g di brie
- 1 noce di burro
- panna fresca da montare non zuccherata
- sale e pepe

Per prima cosa occorre pulire i funghi: con un coltellino o uno spelucchino raschiate la parte del gambo per eliminare la parte terrosa, la pellicina e tutte le impurità, eliminando anche le parti rovinate. Poi raschiate delicatamente anche la testa. Con un coltello dividete i gambi dalle cappelle. Bagnateli velocemente sotto l'acqua corrente, quindi con uno spazzolino raschiate le zone più sporche, poi risciacquateli alla svelta e asciugateli immediatamente con un canovaccio in quanto essendo molto spugnosi assorbono immediatamente l'acqua diventando mollicci e perdendo gran parte del loro sapore. Tagliate le cappelle a fette sottili e i gambi a dadini.

Tritate finemente lo scalogno. Tagliate a listarelle lo speck.

Intanto mettete sul fuoco la pentola dell'acqua per la cottura della pasta e quando giungerà a bollore, salatela con sale grosso, coprite e tenetela in caldo sul fuoco più basso.

Fate soffriggere lo scalogno in un tegame con una noce di burro a fuoco dolce, e quando comincerà a diventare trasparente aggiungete lo speck e fate rosolare per qualche istante.

Dopodiché unite i gambi dei funghi e mescolate a fiamma alta. Poi salate e abbassate la fiamma. A questo punto aggiungete le cappelle dei porcini, insaporite con pepe e timo e fate cuocere con coperchio per 12 minuti.

Nel frattempo riportate a bollore l'acqua per le penne e lessate la pasta. Se i funghi dovessero asciugarsi troppo durante la cottura, aggiungete un mestolo d'acqua della pasta. Quando mancano circa 2 minuti alla cottura della pasta, aggiungete un pizzico di prezzemolo tritato ai funghi. Scolate la pasta al dente e fatela saltare per qualche minuto con i funghi.

Aggiungete infine il brie tagliato a cubetti e mescolate per farlo sciogliere, poi unite la panna, quanto basta per raggiungere la giusta cremosità, amalgamate bene il tutto e spegnete il fuoco. Spolverizzate con prezzemolo tritato e impiattate. Servite ben caldo.

Orecchiette con broccoli e salsiccia

4 porzioni

- 300 g di orecchiette
- 400 g di broccoletti
- 300 g di salsiccia

- 1 spicchio d'aglio
- peperoncino
- 1/2 bicchiere di vino bianco

- pecorino romano (facoltativo)
- sale
- olio extravergine di oliva

Cominciate dalla pulizia dei broccoli. Una volta lavati sotto l'acqua corrente, mettete i broccoli su un tagliere e con un coltello staccate le cime dal gambo centrale, quello più duro e fibroso (tra l'altro con questo gambo si possono fare delle buonissime vellutate, quindi non buttatelo via!). Dopodiché tagliate le cimette a metà per il lungo. Per avere i broccoletti croccanti e profumati, bisogna saltarli in padella e non bollirli, quindi in una padella abbastanza capiente versate un filo d'olio extravergine d'oliva e fate rosolare l'aglio in camicia, precedentemente schiacciato con la parte piatta della lama del coltello, insieme al peperoncino. Dopodiché aggiungete i broccoletti.

Nel frattempo mettete sul fuoco una pentola con abbondante acqua per la cottura della pasta. Saltate bene i broccoletti, aggiungete il sale, e dopo averli fatti scaldare bene, mettete un coperchio e cuocete a fuoco medio per circa 3 minuti; in questa maniera rilasceranno parte della loro acqua.

Nel frattempo eliminate il budello della salsiccia, infilzando la punta del coltello in una delle due estremità e praticando un taglio per il lungo, quindi continuando ad aprire il budello con le mani. Spezzettate la salsiccia grossolanamente e tenetela da parte.

Quando i broccoletti saranno cotti, dopo 3 minuti, eliminate lo spicchio d'aglio e trasferiteli in un piatto. Mentre la padella è ancora calda, versatevi la salsiccia e fatela cuocere per i primi minuti a fuoco medio, per far sì che si sciolgano i grassi, quindi coprite con un coperchio e continuate la cottura per circa 15 minuti, mescolandola spesso. Quando sul fondo della padella vedrete un velo di grasso, potete sfumare con il vino bianco, quindi continuate la cottura senza coperchio a fuoco vivo per fare evaporare la parte alcolica del vino e per fare insaporire bene il tutto, mescolando spesso.

Salate l'acqua della pasta e mettete a cuocere le orecchiette. Quando manca un minuto al termine della cottura della pasta, unite i broccoletti alla salsiccia e fate saltare il tutto. Se vi accorgete che la salsiccia si sta asciugando troppo durante la fase di cottura della pasta, aggiungete un pochino di acqua di cottura delle orecchiette.

Non appena le orecchiette sono pronte scolatele con una schiumarola, trasferendole direttamente nella padella con il condimento. Fate saltare bene il tutto. Aggiungete il pecorino romano grattugiato al gusto e un mestolo di acqua di cottura della pasta. Fate saltare ancora e, prima di spegnere il fuoco verificate densità e cremosità, nel caso fosse necessario aggiungere ancora un pochino di acqua di cottura della pasta.

Non vi resta che terminare il piatto con una bella spolverata di pecorino romano grattugiato e un filo d'olio extravergine d'oliva.

Canederli di speck in brodo

3 porzioni

- 2 l di brodo di carne di manzo
- 160 g di pane bianco raffermo
- pangrattato
- 2 uova
- 30 g di farina
- 1 ciuffetto di prezzemolo
- 180-200 g di speck in una sola fetta
- 125 ml di latte intero
- erba cipollina
- 1 cipolla bianca
- noce moscata
- aglio disidratato
- pepe nero
- burro

Tritate finemente la cipolla e fatela rosolare bene in una padella abbastanza capiente insieme a una noce di burro, un po' di noce moscata, pepe nero e aglio disidratato. Nel frattempo tagliate lo speck a dadini e unitelo al soffritto. Mescolate il tutto e fate cuocere per 6-7 minuti a fiamma media, finché lo speck sarà ben dorato.

Tagliate il pane a dadini di piccole dimensioni, quindi mettetelo in una terrina insieme allo speck che avete tostato poco prima. Aggiungete le due uova intere, l'erba cipollina tritata finemente e il prezzemolo tritato (la dose del prezzemolo deve essere il doppio dell'erba cipollina). Mescolate il tutto per amalgamare bene gli ingredienti, dopodiché aggiungete il latte e mescolate fino a ottenere un composto omogeneo. Coprite l'impasto con un coperchio e fate riposare per almeno 1 ora.

Passato il tempo necessario, regolate di sale il composto. Poi lavoratelo manualmente (dovete manipolare il composto, non tanto per mescolare gli ingredienti, quanto per testarne la densità). Aggiungete del pangrattato (la quantità deve variare a seconda della consistenza del composto). Quindi inserite anche la farina (30 g) e amalgamate il tutto fino a ottenere un composto della giusta densità, né troppo molle, né troppo asciutto.

Con le mani inumidite formate 6 canederli che dovranno avere le dimensioni di un mandarancio e presentare una superficie liscia, senza spaccature, altrimenti durante la cottura potrebbero sfaldarsi. Ponete i canederli in un piatto.

Intanto in una casseruola larga e bassa portate a bollore il brodo, quindi mettetevi a cuocere i canederli per circa 15 minuti (i canederli devono essere completamente coperti dal brodo).

Serviteli accompagnandoli con il brodo caldo e completando con erba cipollina tritata, un filo di olio extravergine d'oliva e una spolverata di parmigiano.

Primi piatti

Reginette con salsiccia e funghi

4 porzioni

- 250 g di reginette
- 350 g di salsiccia fresca (o salsiccia di Norcia aromatizzata con aglio e pepe)
- 350 g di funghi misti (porcini, chiodini, pioppini, champignon ecc.)
- 1 bicchiere di vino bianco
- noce moscata (facoltativo)
- timo
- 1 spicchio d'aglio
- 1 peperoncino
- 50 g di pecorino o parmigiano
- sale e pepe
- olio extravergine di oliva

Innanzitutto pulite i funghi e, prima di lavarli, raschiateli con un coltellino per eliminare la terra. Quindi sciacquateli velocemente sotto l'acqua corrente fredda, dopodiché tamponateli con della carta assorbente.

Preparate la salsiccia eliminando il budello e tenetela da parte. Tritate finemente uno spicchio d'aglio e un peperoncino (al gusto), quindi metteteli a soffriggere in una padella antiaderente abbastanza capiente con un filo d'olio extravergine d'oliva. Non appena l'aglio inizierà a dorarsi, inserite subito la salsiccia e con l'aiuto di un cucchiaio di legno iniziate a spezzettarla fino a sgretolarla tutta. Quindi fatela rosolare bene, mescolando di tanto in tanto, e insaporitela con qualche foglia di timo, un po' di noce moscata e pepe al gusto. Continuate la cottura per altri 4-5 minuti.

Intanto tagliate grossolanamente i funghi (quelli più piccoli li lascerete interi), quindi versateli in padella e amalgamate bene il tutto. Salate un pochino i funghi, quindi coprite con un coperchio e continuate la cottura per altri 3-4 minuti in maniera che l'acqua di vegetazione contenuta nei funghi vada a insaporire la salsiccia (se utilizzate funghi secchi, lasciateli in ammollo almeno mezz'oretta prima di utilizzarli e quando li inserirete in padella, aggiungete un mestolo di acqua di cottura della pasta, quindi lasciate evaporare prima di aggiungere il vino).

Lessate la pasta in abbondante acqua salata. Quando l'acqua di vegetazione dei funghi sarà evaporata, sfumate con un bicchiere di vino bianco, coprite con un coperchio e fate evaporare a fiamma viva, dopodiché abbassate la fiamma e continuate la cottura per pochi minuti, versando un mestolo di acqua di cottura solo al bisogno. Scolate la pasta leggermente al dente, versatela nella padella del sugo e mantecate per un paio di minuti a fuoco vivace. Spegnete il fuoco e spolverizzate con pecorino o parmigiano e mescolate. Servite subito in tavola.

Pasta alla gricia

2 porzioni

- 200 g di bucatini
- 150 g di guanciale
- 100 g di pecorino di Amatrice o altro pecorino di media stagionatura
- 4-5 grani di pepe
- 1 noce di strutto
- sale

Mettete sul fuoco una pentola con abbondante acqua e quando giungerà a bollore salatela e lessatevi i bucatini.

Nel frattempo tagliate il guanciale a listarelle (evitate di tagliarlo a dadini perché durante la cottura in padella tende a diventare troppo secco) e pestate i grani di pepe con un batticarne. Fate sciogliere una noce di strutto in una padella (meglio se in ferro per non alterare il sapore del sugo), poi versatevi i grani di pepe e fate insaporire per qualche secondo a fuoco basso.

Unite il guanciale e fatelo rosolare per un paio di minuti, mescolando di tanto in tanto, fino a quando non sarà dorato e croccante. Nel frattempo grattugiate il pecorino.

Scolate la pasta al dente, tenendo da parte un po' d'acqua di cottura, e versatela in padella insieme al guanciale. Mantecate o fatela saltare per un paio di minuti a fuoco medio, quindi spegnete il fuoco. Aggiungete, poco per volta, il pecorino grattugiato, mescolando continuamente con una forchetta di legno. Quindi aggiungete un mestolo d'acqua di cottura della pasta e mantecate in modo che la pasta diventi bella cremosa.

Trasferite la pasta immediatamente nei piatti e spolverizzate con altro pecorino.

Bucatini all'amatriciana

4 porzioni

- 400 g di bucatini
- 250 g di guanciale
- 150 g di pecorino di Amatrice o altro pecorino di media stagionatura
- 400 g di polpa di pomodoro o pomodori pelati
- peperoncino
- pepe
- 1 noce di strutto

Mettete sul fuoco una pentola con abbondante acqua per la cottura della pasta, salatela e portate a ebollizione.

Nel frattempo, in una ciotola spezzettate grossolanamente i pomodori pelati. Dopodiché prendete il guanciale, eliminate la cotenna e tagliatelo a listarelle di circa mezzo centimetro di spessore.

A questo punto scaldate una noce di strutto in una padella (meglio se in ferro per non alterare il sapore del sugo), aggiungete il guanciale tagliato a listarelle e fatelo rosolare a fuoco vivo per un paio di minuti, mescolando con un cucchiaio di legno, fino a che non abbia raggiunto la giusta coloritura giallo dorato (attenzione, il vero segreto di una buona amatriciana è che il guanciale non deve essere lesso né tanto meno bruciato). Al gusto potete aggiungere del peperoncino.

Quando il guanciale risulterà croccante e avrà rilasciato parte del suo grasso, unite la polpa di pomodoro. Quindi mescolate e proseguite la cottura della salsa a fuoco basso per circa 20 minuti con un coperchio. Dopodiché regolate di pepe e continuate la cottura per altri 10 minuti (consiglio di non aggiungere sale poiché il guanciale è molto salato).

Nel frattempo mettete a cuocere i bucatini e grattugiate il pecorino. Quando la pasta sarà al dente, scolatela tenendo da parte un po' d'acqua di cottura e versatela direttamente nel tegame con il sugo, quindi saltatela per un paio di minuti a fuoco medio per amalgamarla bene al condimento, unendo un po' d'acqua di cottura se è necessario.

Quindi spegnete il fuoco e aggiungete abbondante pecorino. Servite in tavola, spolverizzando con altro pecorino grattugiato.

Pasta e fagioli

4 porzioni

- 200 g di mezzi rigatoni trafilati al bronzo o altra pasta corta
- 500 g di fagioli borlotti
- 85 g di guanciale
- 60 g di sedano
- 60 g di carota
- 60 g di cipolla
- rosmarino
- timo
- maggiorana
- 1 cucchiaio di doppio concentrato di pomodoro
- 1 spicchio d'aglio
- sale e pepe
- olio extravergine di oliva

Per preparare la pasta e fagioli, innanzitutto lasciate i fagioli secchi in ammollo per tutta la notte e il giorno dopo, risciacquateli e metteteli in una pentola, coprite con abbondante acqua fredda e quando l'acqua giungerà a ebollizione, fateli cuocere per circa 2 ore a fiamma bassa con il coperchio, salandoli negli ultimi 20 minuti di cottura. Poi scolateli dall'acqua e teneteli da parte. Se utilizzate i fagioli borlotti in scatola, prima di utilizzarli sciacquateli bene sotto acqua corrente.

Nel frattempo tritate il sedano, la cipolla e la carota. Tagliate il guanciale a dadini dopo aver eliminato la cotenna.

Mettete sul fuoco una pentola con abbondante acqua e portate a ebollizione.

In una casseruola dai bordi alti fate soffriggere uno spicchio d'aglio in camicia con un filo d'olio extravergine d'oliva e, una volta dorato, aggiungete il guanciale. Fatelo rosolare per qualche minuto e, quando avrà rilasciato parte del suo grasso e sarà ben dorato, insaporitelo con il rosmarino e continuate a cuocere per altri 30 secondi, mescolando di tanto in tanto.

Dopodiché togliete la casseruola dal fuoco e colate metà del fondo di cottura in una ciotola per tenerlo da parte, quindi rimettete la pentola sul fuoco basso, aggiungete le verdure tritate e lasciatele soffriggere per un paio di minuti, quindi aggiungete anche i fagioli al soffritto e un mestolo di acqua calda. Continuate la cottura a fuoco basso fino a quando l'acqua non si sarà asciugata e vedrete formarsi una cremina.

A questo punto eliminate lo spicchio d'aglio dalla casseruola e aggiungete altra acqua calda fino a coprire i fagioli. Coprite con un coperchio e portate a bollore, poi aggiungete il doppio concentrato di pomodoro, un pochino di timo, un po' di maggiorana e salate leggermente.

Versate la pasta direttamente nella pentola e regolate il livello di densità che desiderate aggiungendo qualche mestolo di acqua calda. Cuocete la pasta per 5 minuti, mescolando di tanto in tanto e, se risulta troppo asciutta, aggiungete altra acqua. Quando la pasta sarà al dente, regolate di sale, poi spegnete il fuoco, coprite con un coperchio e lasciate riposare per circa 3 minuti. Aggiungete una spolverata di pepe e un filo d'olio extravergine d'oliva, mescolate il tutto e servite. Completate il piatto aggiungendo altro pepe a piacere e un cucchiaino del fondo di cottura ben caldo che avevate lasciato da parte oppure un filo d'olio extravergine d'oliva.

Pappardelle al ragù di cinghiale

4 porzioni

- 400 g di pappardelle o tagliatelle
- 500 g di polpa di cinghiale

Per la marinatura:
- 1 gambo di sedano
- 1 carota
- 1 cipolla
- 2 foglie di alloro
- 1 spicchio d'aglio
- 4-5 chiodi di garofano
- 4-5 bacche di ginepro
- 4-5 grani di pepe
- 1 rametto di rosmarino
- vino rosso
- olio extravergine di oliva

Per il ragù:
- 1 gambo di sedano
- 2 foglie di alloro
- 1 cipolla
- 1 carota
- 1 spicchio d'aglio
- 3-4 foglie di salvia
- 1 rametto di rosmarino
- 3-4 grani di pepe
- 2-3 chiodi di garofano
- 3-4 bacche di ginepro
- 1 bicchiere di vino rosso
- 10-12 olive nere
- 400 g di salsa di pomodoro
- 200 ml di acqua
- sale
- olio extravergine di oliva

Tagliate a tocchetti la carne e mettetela in un recipiente con sedano, carota, cipolla, uno spicchio d'aglio in camicia e tutti gli aromi (alloro, rosmarino, bacche di ginepro, grani di pepe, chiodi di garofano), coprite il tutto con un buon vino rosso e un filo di olio extravergine d'oliva, quindi lasciate marinare in frigorifero per almeno 12 ore.

Trascorso il tempo di marinatura, togliete la carne dal recipiente, eliminate le verdure e filtrate il vino della marinatura conservandolo in una ciotola, dopodiché iniziate la preparazione del ragù.

Tritate la cipolla, il sedano e la carota. In una padella fate rosolare uno spicchio d'aglio in camicia con un filo d'olio extravergine d'oliva, del peperoncino, qualche fogliolina di salvia, degli aghi di rosmarino, dopodiché aggiungete la carne e fate cuocere per 5 o 6 minuti su tutti i lati a fiamma media.

Poi unite le verdure tritate e fate appassire per un paio di minuti prima di aggiungere i chiodi di garofano, le foglie di alloro, le bacche di ginepro e il pepe in grani, mescolate e fate insaporire la carne per circa un minuto a fiamma vivace.

Sfumate con un bicchiere di vino rosso, coprite con un coperchio e una volta evaporata la parte alcolica del vino, continuate la cottura della carne per circa 40-45 minuti a fuoco basso. Dopodiché versate la marinatura del cinghiale, o se preferite un altro bicchiere di vino, e dopo aver fatto evaporare la parte alcolica, aggiungete le olive.

Aggiungete anche la salsa di pomodoro (400 g circa) e l'acqua (200 ml circa), dopodiché regolate di sale e continuate la cottura, sempre a fiamma bassa, con il coperchio semiaperto, finché evaporerà tutta la parte liquida. Il tempo di cottura totale del ragù di cinghiale è di circa 2 ore. Una volta cotto il ragù, spegnete il fuoco e fate riposare coperto per almeno un'oretta.

Nel frattempo mettete a cuocere le pappardelle in abbondante acqua salata e, non appena cotte, scolatele e versatele direttamente nella padella con il ragù, fate saltare il tutto e servite. Completate con un filo d'olio extravergine d'oliva e una spolverata di parmigiano.

Spaghetti alla carbonara

1 porzione

- 100 g di spaghetti
- 50 g di guanciale
- 2 tuorli d'uovo
- 30 g di pecorino romano
- pepe nero al gusto
- 1 cucchiaino di strutto

Mettete sul fuoco una pentola per la pasta con abbondante acqua, salate e non appena giungerà a bollore calate gli spaghetti.

Nel frattempo tagliate il guanciale: eliminate la cotenna, poi tagliatelo prima a fette e infine a listarelle. In una padella abbastanza capiente fate rosolare il guanciale con un cucchiaino di strutto. Intanto grattugiate il pecorino romano.

Versate i tuorli d'uovo in una ciotola e sbatteteli con una forchetta, aggiungete anche il pecorino grattugiato e un pochino di pepe nero. Mescolate bene il tutto fino a ottenere una crema omogenea. Per rendere più morbido il composto aggiungete un mestolo d'acqua di cottura della pasta.

Scolate gli spaghetti al dente e versateli direttamente nella padella con il guanciale. Saltateli per un minuto a fuoco medio per insaporirli, poi spegnete il fuoco e versate le uova sbattute, amalgamando il tutto molto velocemente.

Aggiungete anche qualche mestolo di acqua di cottura della pasta, in modo che le uova si rapprendano. Servite subito insaporendoli con una spolverata di pepe e una lieve grattugiata di pecorino romano.

Risotto alla milanese con ossibuchi

4 porzioni

- 350 g di riso carnaroli
- 4 ossibuchi di vitello
- 30 g di midollo di bue
- 40 g di parmigiano
- vino bianco
- 2 noci di burro
- 2 scalogni
- 2-3 cucchiai di pomodorini in scatola
- 1 bustina di zafferano
- farina
- pepe
- sale
- olio extravergine di oliva

Per il brodo:
- 1 l di acqua
- 1 cipolla
- 1 gambo di sedano
- 1 spicchio d'aglio
- 1 carota
- 1 pomodoro
- 1 cucchiaino di zenzero in polvere
- 1 pezzo di biancostato con osso
- sale

Per la gremolada:
- prezzemolo
- 1 spicchio d'aglio
- 5 filetti di acciughe sott'olio
- scorza di mezzo limone

Iniziate a preparare il brodo: mondate e tagliate la carota, la cipolla e il sedano a pezzi grossi e il pomodoro in 4 parti. Versate tutte le verdure all'interno di una pentola, aggiungete uno spicchio d'aglio intero, un cucchiaino di zenzero in polvere e un pezzo di biancostato con osso, coprite con circa 2 litri di acqua fredda, poi mettete sul fuoco e a fiamma media portate a bollore, eliminando man mano la schiuma che si forma in superficie.

Poi coprite con un coperchio e lasciate sobbollire il tutto a fiamma bassa per circa 3 ore. Verso fine cottura regolate di sale.

Preparate gli ossibuchi per la cottura: con un paio di forbici o con un coltello effettuate delle incisioni in più punti sulla pellicina esterna per evitare che si arriccino durante la cottura, dopodiché infarinateli.

Tritate lo scalogno e fatelo rosolare in un tegame con una noce di burro e un filo d'olio extravergine di oliva, quindi unite gli ossibuchi e lasciateli rosolare a fiamma vivace per qualche minuto da una parte e dall'altra, poi regolate di sale e di pepe e sfumate con mezzo bicchiere di vino bianco. Coprite con un coperchio e, quando la parte alcolica del vino sarà evaporata, aggiungete la salsa di pomodoro e qualche mestolo di brodo caldo.

Abbassate la fiamma e proseguite la cottura per circa un'ora e mezza, fino a quando la carne sarà tenera e comincerà a staccarsi dall'osso.

Durante la cottura della carne aggiungete qualche mestolo di brodo, se necessario (gli ossibuchi devono essere girati a intervalli regolari e bagnati con brodo quanto basta per non renderli asciutti).

Nel frattempo preparate la gremolada: lavate il prezzemolo, asciugatelo e tritatelo finemente insieme allo spicchio d'aglio e ai filetti di acciughe, mettete il trito in una ciotola, quindi aggiungete la scorza grattugiata di mezzo limone, mescolate e mettete da parte. La gremolada si aggiungerà negli ultimi due minuti di cottura della carne.

Quando mancano venti minuti alla fine della cottura degli ossibuchi, iniziate a cuocere il riso facendo sciogliere dapprima il burro con il midollo in una pentola, poi inserite lo scalogno tritato e lasciatelo dorare, dopodiché aggiungete il riso e lasciatelo tostare per qualche minuto. Sfumate con mezzo bicchiere di vino bianco e fate evaporare.

Aggiungete il brodo, un mestolo alla volta, fino a coprire il riso e terminate la cottura.

Versate la gremolada nel tegame con gli ossibuchi e fateli insaporire per un paio di minuti o finché non sarà pronto il risotto. Nel frattempo aggiungete una bustina di zafferano nel risotto e spegnete il fuoco; quindi unite una noce di burro e il parmigiano e mantecate il tutto.

Fate riposare il risotto per un paio di minuti con un coperchio prima di servirlo con l'ossobuco in gremolada.

Annotazioni

Lasagne alla bolognese

8 porzioni

- 1 kg di ragù
- 1 l di besciamella
- 200 g parmigiano grattugiato
- 400 g di sfoglia all'uovo
- olio extravergine di oliva

Per prima cosa preparate il ragù alla bolognese (vedi ricetta a p. 26) e la besciamella (vedi ricetta a p. 24). Dopodiché passate alla preparazione delle lasagne: iniziate con stendere un po' di ragù sul fondo di una pirofila, poi adagiate le sfoglie all'uovo (vedi ricetta a p. 22) e ricoprite con altro ragù e un sottile strato di besciamella e continuate così per cinque strati alternando sfoglie, ragù e besciamella.

Terminate con lo strato di ragù e besciamella, quindi aggiungete un filo d'olio extravergine di oliva e una spolverata di abbondante parmigiano.

Infornate le lasagne in forno statico preriscaldato a 220 °C per circa 25 minuti se utilizzate la sfoglia fresca, oppure per circa 30 minuti per la sfoglia secca, 15 minuti per la sfoglia precotta.

Quando le lasagne saranno cotte, lasciatele intiepidire per circa 20 minuti nel forno spento prima di servire.

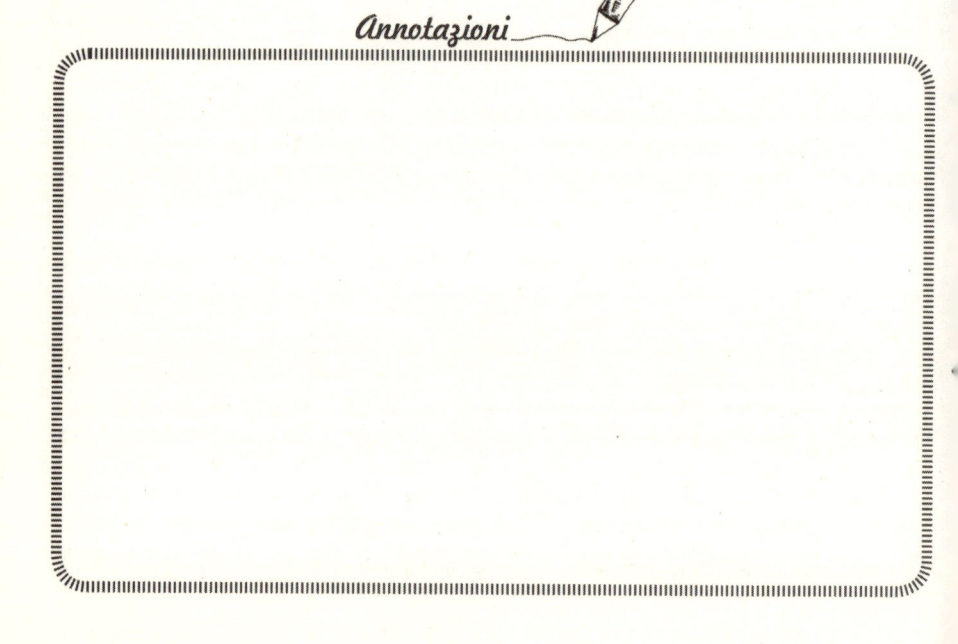

Annotazioni

Vellutata di funghi

4 porzioni

- 600 g di funghi porcini (o misti)
- 300 g di patate
- 60 g di porro
- 1 ciuffo di prezzemolo fresco tritato
- sale e pepe
- olio extravergine di oliva
- 1 l di brodo vegetale

Per il roux biondo:
- 30 g di burro chiarificato (o 30 g di olio extravergine di oliva)
- 30 g di farina 00 (o 30 g di maizena)

Per i crostini:
- pane raffermo
- 2 pomodorini ciliegini maturi
- 1 spicchio d'aglio
- origano
- peperoncino al gusto
- olio extravergine di oliva

Se non disponete del brodo vegetale, è possibile prepararlo con sedano, carota, cipolla, uno spicchio d'aglio, un paio di pomodorini e, se volete renderlo ancora più profumato, un po' di porcini secchi.

Preparate il roux biondo facendo sciogliere il burro chiarificato in un pentolino per circa 1 minuto a fuoco basso (se si utilizza l'olio extravergine di oliva, fate scaldare a fuoco bassissimo), quindi toglietelo dal fuoco e unite la farina setacciata. Mescolate bene i due ingredienti per evitare che si formino grumi, poi rimettete il pentolino sul fuoco e fate cuocere a fuoco basso per 5 minuti, mescolando continuamente. Quando avrà raggiunto il colore biondo, il roux è pronto.

Trasferitelo in una ciotola e lasciatelo a temperatura ambiente fino a quando non si sarà solidificato. Quindi coprite con pellicola trasparente e conservatelo così in frigorifero anche per più giorni.

Lavate e tritate finemente il porro. Sbucciate le patate, tagliatele a dadini di circa mezzo centimetro e tenetele da parte. Pulite i funghi e tagliateli a cubetti.

In una padella dai bordi alti, fate rosolare il porro con un filo d'olio extravergine di oliva a fiamma media e, quando si sarà appassito, versate le patate tagliate a cubetti, quindi alzate la fiamma e fate cuocere per un paio di minuti, mescolando di tanto in tanto. Poi aggiungete anche i funghi e regolate di sale.

Noterete che i funghi e le patate tenderanno ad attaccarsi sul fondo della pentola, quindi coprite con un coperchio e continuate la cottura per un paio di minuti a fuoco basso in modo che aumenti l'umidità all'interno della pentola.

Dopodiché alzate la fiamma e continuate la cottura a fuoco vivo, aggiungete un po' di pepe e infine il brodo vegetale (se avete inserito i funghi secchi all'interno del brodo, filtrate il tutto attraverso un colino, recuperate i funghi, poi tagliateli a pezzetti e aggiungeteli nella pentola). Lasciate cuocere il tutto con il coperchio semiaperto per circa 20 minuti a fuoco medio.

Trascorso il tempo di cottura, frullate tutti gli ingredienti con un mixer a immersione fino a ottenere un composto omogeneo. Quindi abbassate la fiamma al minimo e aggiungete un paio di cucchiaini di roux per rendere la vellutata ancora più cremosa e per esaltarne il sapore.

Spegnete dunque il fuoco e mescolate ancora per altri 30-40 secondi. La vellutata è pronta! Copritela con un coperchio e lasciatela riposare per un paio di minuti prima di servirla.

Nel frattempo preparate i crostini di pane. Tagliate il pane a fette e poi a cubetti di circa mezzo centimetro. In una padella inserite un filo d'olio extravergine di oliva, lo spicchio d'aglio privato dell'anima e tagliato grossolanamente, i pomodorini tagliati in quattro parti, l'origano e il peperoncino al gusto, quindi mettete sul fuoco e fate insaporire il tutto.

Quando l'aglio risulterà bello dorato, aggiungete il pane e saltatelo per un paio di minuti fino a quando non risulterà bello tostato. Anche i crostini sono pronti!

Servite la vostra vellutata completandola con una spolverata di prezzemolo tritato, una macinata di pepe, un filo d'olio extravergine a crudo e accompagnandola con i crostini di pane.

Annotazioni

Tortelli di zucca

6 porzioni

- 400 g di polpa di zucca mantovana
- 180 g di parmigiano
- 80 g di amaretti
- 50 g di mostarda di mele
- 1/2 noce moscata
- sale
- pangrattato

Per la pasta:
- 300 g di farina 00
- 3 uova
- 3 pizzichi di sale

Per condire:
- burro
- 2-3 foglie di salvia
- parmigiano grattugiato

Lavate e tagliate la zucca a spicchi grossi, con un cucchiaio eliminate i semi e la barbetta che si trovano all'interno e mettetela a cuocere in forno a 220 °C per circa 25 minuti, poggiandola sopra la griglia del forno con sotto la teglia foderata con un foglio di carta stagnola, in modo che gli zuccheri rilasciati dalla zucca non vadano a sporcare il forno e che l'aria riesca a circolare meglio sia sopra che sotto. Una volta cotta, eliminate la buccia con l'aiuto di un cucchiaio e mettetela in un recipiente a raffreddare a temperatura ambiente.

Nel frattempo frantumate gli amaretti e grattugiate il parmigiano. Schiacciate bene la mostarda con una forchetta o un pestello del mortaio per ridurla in crema. Quindi unitela alla zucca che avrete precedentemente schiacciato con una forchetta e amalgamate bene.

Aggiungete gli amaretti, una spolverata di noce moscata, il sale, il parmigiano grattugiato e mescolate bene. Controllate la consistenza dell'impasto prelevandone una piccola quantità con un dito e, se troppo umido, aggiungete una manciata di pangrattato fino a ottenere un composto morbido e omogeneo. Coprite con pellicola trasparente e lasciate riposare in frigorifero per almeno un paio d'ore (meglio se preparato il giorno prima).

Preparate i tortelli: mettete la farina sulla spianatoia e sistematela a fontana, aggiungete le uova al centro e il sale, quindi con una forchetta iniziate a impastare. Quando l'impasto si sarà addensato continuate a impastare con le mani. Rigirate continuamente l'impasto su se stesso per 5-6 minuti fino a formare una palla elastica, compatta e bella lucida. Avvolgetela nella pellicola trasparente, poi copritela con uno straccio e lasciate riposare a temperatura ambiente per almeno 1 ora.

Passato il tempo di riposo, dividete il panetto in 3 parti uguali, quindi riavvolgete subito quello che non usate per non farlo seccare e iniziate a stirare la pasta con un mattarello o con l'apposita macchinetta sfogliatrice, fino a ottenere una sfoglia sottile di circa 3 mm e larga circa 10-12 cm. Disponete un cucchiaino di ripieno a circa 2 cm di distanza dalla base della pasta, quindi non al centro ma leggermente in basso e lasciate 2 cm circa di distanza anche tra una pallina d'impasto e l'altra. Ripiegate la pasta per congiungere le due estremità e schiacciare delicatamente con le dita intorno al ripieno, avendo cura di togliere tutta l'aria all'interno. Con una rotellina ritagliate i tortelli.

Mettere il burro in un pentolino insieme alla salvia e a fuoco bassissimo fatelo sciogliere fino a quando non assume un bel colore nocciola.

Mettete a cuocere i tortelli di zucca in abbondante acqua salata per 4-5 minuti. Scolateli e versateli in ciascun piatto, quindi condite con parmigiano e il burro fuso ancora caldo.

Farinata di ceci

4 porzioni

- 200 g di farina di ceci
- 600 ml di acqua
- 5 g di sale
- 4 cucchiai di olio extravergine di oliva
- + extra per ungere la teglia
- pepe

Le dosi indicate per 4 persone sono per una teglia da 32 cm di diametro. Per ogni 100 g di farina di ceci, dovrete aggiungere 300 g di acqua, 2,5 g di sale e 2 cucchiai di olio extravergine di oliva.

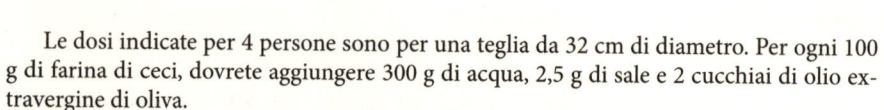

All'interno del boccale di un frullatore elettrico inserite la farina di ceci, l'acqua, il sale e l'olio e frullate per 4-5 minuti fino a quando non otterrete un composto liquido e omogeneo (se non avete un frullatore, mettete tutti gli ingredienti in una ciotola e mescolate con una frusta o un frullatore a immersione). Dopodiché trasferite il composto in una brocca e lasciate decantare per una decina di minuti.

Trascorso il tempo necessario, rimuovete la schiuma che si è formata in superficie, poi coprite il composto con un coperchio e lasciate riposare a temperatura ambiente per 6-8 ore.

Trascorso il tempo di riposo, mescolate il composto con un cucchiaio poiché parte della farina potrebbe essersi depositata sul fondo della brocca. Ungete la teglia con olio extravergine di oliva, quanto basta a coprire il fondo e, aiutandovi con un cucchiaio, distribuitevi molto delicatamente il composto di ceci.

Infornate in forno ventilato alla massima potenza, intorno ai 250 °C (se forno statico a 170 °C), e fate cuocere nella parte alta del forno per i primi 10 minuti.

Poi aprite lo sportello del forno per far fuoriuscire l'umidità, richiudetelo, quindi cambiate la funzione del forno da ventilato a grill, e proseguite la cottura per altri 10 minuti fino a quando la superficie risulterà bella dorata.

Sfornate la vostra farinata di ceci e servitela ben calda spolverizzandola con pepe a piacere.

Gnocchi ricotta e spinaci

4 porzioni

- 400 g di erbette (o spinaci)
- 400 g di ricotta
- 2 uova
- 100 g di parmigiano reggiano o pecorino
- 150-160 g di farina
- noce moscata
- sale e pepe
- olio extravergine di oliva

Per condire:
- 1 noce di burro
- 4 foglie di salvia
- parmigiano grattugiato o pecorino

Mettete la ricotta in un colino e lasciatela sgocciolare per circa 1 ora a temperatura ambiente per eliminare l'eccesso di siero. Lavate accuratamente le biete, quindi eliminate i gambi staccandoli dalle foglie, e tritatele grossolanamente a coltello. In una padella fate scaldare un filo d'olio extravergine di oliva, quindi aggiungete la verdura, salatela e fatela cuocere dolcemente per 6-7 minuti nella sola acqua di vegetazione, mescolando di tanto in tanto.

Quando la verdura sarà cotta, lasciatela raffreddare in una ciotola, dopodiché unite 30-40 g di parmigiano grattugiato (la quantità di formaggio e di farina da inserire, dipende molto dal residuo di liquido contenuta sia nella ricotta che all'interno delle verdure), mescolate, quindi aggiungere la ricotta, un po' alla volta, e le uova amalgamando bene il tutto. Infine insaporire il composto con un po' di noce moscata, sale e pepe, quindi aggiungere 150 g di farina, impastate con una spatola e gradualmente aggiungete altra farina fino a ottenere un impasto morbido della giusta consistenza.

Assaggiate il composto e regolate la sapidità con altro formaggio grattugiato.

In una pentola portate a bollore abbondante acqua salata. Formate gli gnocchi prelevando con un cucchiaio un quantitativo d'impasto della grandezza di una noce, e con un altro cucchiaio fate scivolare l'impasto nell'acqua che bolle. Ci vorranno 4-5 minuti per farli venire a galla, quando ciò accade continuate la cottura per altri 30-40 secondi. Scolateli usando una schiumarola e condite a piacere.

Generalmente gli gnocchi di ricotta (gnudi) vengono conditi con un sugo di pomodoro fresco, ma potete condirli semplicemente con burro e salvia e una spolverata di parmigiano o pecorino che esalta il sapore delle erbette e della ricotta.

Carbonara di zucchine

2 porzioni

- 200 g di spaghetti
- 250 g di zucchine
- 80 g di pecorino sardo o romano
- 4 tuorli d'uovo
- sale e pepe
- olio extravergine di oliva

    Lavate e spuntate le zucchine, quindi tagliatele prima a fette per il lungo e poi ricavate dei piccoli bastoncini. Nel frattempo ponete sul fuoco una pentola piena d'acqua per la cottura della pasta.

    In una padella abbastanza capiente versatevi un giro d'olio extravergine di oliva e quando sarà caldo aggiungete poco per volta le zucchine, aggiustate di pepe e fatele cuocere per un paio di minuti, saltandole e mescolandole bene, a fiamma vivace.

    Una volta cotte, scolatele dall'olio e lasciatele da parte. Recuperate l'olio, lasciandolo nella padella a fuoco spento.

    In una ciotola sbattete i tuorli con il pecorino, il sale e un po' di pepe fino a ottenere una crema. Quando l'acqua della pasta giungerà a bollore, salatela e lessatevi gli spaghetti. Quando mancheranno 2 minuti alla fine della cottura degli spaghetti, prelevate un mestolo dell'acqua di cottura e aggiungetelo alla crema di uova, mescolate con una forchetta fino a ottenere un composto cremoso.

    Rimettete la padella con l'olio sul fuoco e quando l'olio risulterà ben caldo, versatevi le zucchine precedentemente cotte, salatele e pepatele e fatele rosolare. Quando la pasta sarà pronta, scolatela direttamente nella padella.

    Saltate gli spaghetti con le zucchine e, quando risulterà tutto amalgamato, spegnete il fuoco e aggiungete la crema d'uovo. Mantecate bene, aggiungendo qualche cucchiaio di acqua di cottura per raggiungere la giusta cremosità.

    Servitela nei piatti con una spolverata di pecorino grattugiato a piacere.

Pasta e broccoli

4 porzioni

- 400 g di pasta corta
- 1 kg circa di broccoli
- 1 spicchio d'aglio
- 8-10 pomodorini
- peperoncino al gusto
- 2-3 filetti di acciughe sott'olio
- 5-6 capperi
- sale e pepe
- olio extravergine di oliva

Iniziate lavando e pulendo i broccoli e dividendoli in cimette. Recuperate anche i gambi dei broccoli eliminando lo strato esterno per ricavarne il cuore, ovvero la parte più tenera, quindi tagliatelo a dadini.

Lavate e tagliate i pomodorini in quattro parti.

Mettete sul fuoco la pentola per la cottura della pasta e, quando l'acqua comincerà a bollire, versatevi i gambi del broccolo tagliati a dadini, salate e riportate a ebollizione. Quindi versate la pasta e fatela cuocere al dente.

Nel frattempo fate soffriggere l'aglio in camicia (precedentemente schiacciato con la lama di un coltello), un filo d'olio extravergine di oliva, i capperi e le acciughe. Poi aggiungete i broccoli e fateli saltare a fuoco medio, o mescolate, in modo che rilascino un po' della loro acqua. Aggiungete anche un po' di peperoncino al gusto e il sale. Quindi coprite e continuate la cottura a fuoco basso.

Quando comincerà a formarsi la condensa sul coperchio, aggiungete i pomodorini e fate saltare il tutto. Poi continuate la cottura a fuoco medio tenendo il coperchio semiaperto.

Dopo circa 3 minuti, aggiungete un po' di acqua di cottura della pasta e continuate a cuocere fino a raggiungere la consistenza che preferite. Se desiderate una consistenza più cremosa potete aggiungere ancora un po' di acqua di cottura della pasta.

Quando i broccoli saranno cotti, eliminate lo spicchio d'aglio e spegnete il fuoco se non è ancora cotta la pasta.

Scolate la pasta al dente, aggiungetela ai broccoli e, a fuoco vivo, fate saltare il tutto per amalgamare gli ingredienti.

Spegnete il fuoco, spolverizzate la pasta con del pepe e versate un filo d'olio extravergine di oliva a crudo. Amalgamate e servite subito.

Primi piatti

Risotto alla zucca

4 porzioni

- 350 g di riso carnaroli o vialone nano
- 350 g di zucca mantovana
- 1 l di brodo vegetale
- 1 cipolla dorata
- 1 bicchiere di vino bianco secco
- 50 g circa di burro

- parmigiano
- sale e pepe
- olio extravergine di oliva

Per il brodo vegetale:
- 1 l di acqua
- 1 gambo di sedano
- 1 carota
- 1 cipolla
- 1 spicchio d'aglio
- 2-3 pomodorini
- sale

Lavate e tagliate le verdure (sedano, carota e cipolla) a pezzettoni, i pomodorini e lo spicchio d'aglio divideteli a metà, quindi mettete tutto in una pentola con 1 litro di acqua fredda e portate a bollore. Quando inizierà a bollire, aggiungete anche il sale, quindi coprite con un coperchio e continuate la cottura per circa 15 minuti a fiamma media. Il brodo vegetale è pronto. Prima di utilizzarlo filtratelo e tenetelo al caldo.

Tagliate la zucca mantovana a metà e con un cucchiaio eliminate i semi e i filamenti interni. Con un coltello eliminate anche la buccia, quindi tagliatela a cubetti.

Tagliate una cipolla a metà, quindi tritatene grossolanamente metà che metterete in un tegame abbastanza capiente a rosolare con un filo d'olio. Quando la cipolla sarà imbiondita unite la zucca, mescolate e salate. Mantenendo il fuoco medio, aggiungete anche una piccola noce di burro (10 g circa dei 50 g totali) e una macinata di pepe nero, quindi mescolate, coprite con un coperchio e continuate la cottura a fiamma bassa per 15 minuti circa.

Verso metà cottura aggiungere alla zucca un mestolo di brodo, mescolate bene, rimettete il coperchio e terminate la cottura.

In un pentolino mettete a tostare il riso a fiamma bassa, facendolo saltare o mescolandolo con un cucchiaio; ci vorranno all'incirca 2-3 minuti (per essere ben tostato dovrà arrivare a 50-60 °C). Vi accorgerete che è pronto dal profumo quasi di pane che rilascia. Dopodiché trasferitelo momentaneamente in una ciotola e passate alla fase successiva.

Tritate finemente l'altra mezza cipolla e fatela appassire in un tegame con una noce di burro (circa 10 g), quindi aggiungete il riso tostato precedentemente e mescolate bene per amalgamare il tutto, dopodiché sfumate con un bicchiere di vino bianco secco. In questa fase tenete il fuoco alto per fare evaporare la parte alcolica del vino.

Aggiungete la zucca e a fuoco basso continuate la cottura, mescolando delicatamente di tanto in tanto, e aggiungete un mestolo di brodo alla volta se necessario, senza superare il livello del riso, fino a cottura quasi ultimata. Negli ultimi due o tre minuti di cottura, spegnete il fuoco e controllate la sapidità. Aggiungete quindi il parmigiano grattugiato (la quantità dipende dalla sapidità del risotto) e, dopo aver mescolato il tutto, aggiungete 30 g circa di burro e mantecate bene per far sciogliere il burro e formare una crema (questa è la fase più importante perché il parmigiano, il burro, l'amido del riso, la zucca e la parte restante di brodo, si uniranno e formeranno la meravigliosa crema classica del risotto). Quindi fate riposare il risotto per 2 minuti nel tegame coperto prima di servire.

Insalata di pasta con verdure

4 porzioni

- 350 g di pasta corta
- 1 cipolla bianca
- 2 spicchi d'aglio
- 2 zucchine
- 2 peperoni
- 1 melanzana
- 100 g di pomodorini datterini o ciliegini
- 100 g di piselli freschi o surgelati
- 3-4 foglie di basilico fresco
- 2-3 foglie di menta fresca
- 15 olive nere denocciolate
- 10-15 capperi dissalati
- fontina
- peperoncino al gusto
- 3-4 cucchiai di aceto di vino bianco o aceto di mele
- sale e pepe
- olio extravergine di oliva

Lavate e affettate finemente la cipolla, quindi mettetela a soffriggere in una padella insieme a un spicchio d'aglio in camicia, precedentemente schiacciato con la lama di un coltello, con un filo d'olio extravergine d'oliva e, se vi piace, un po' di peperoncino.

Intanto preparate la melanzana: lavatela, spuntatela e sbucciatela, poi tagliatela a fette e ricavatene dei dadini. Intanto che il soffritto sta andando avanti con la cottura, tenete il fuoco basso, quindi eliminate l'aglio che ormai avrà rilasciato tutto il suo profumo e inserite i capperi e la melanzana. Salate e pepate (il sale permetterà l'estrazione dei liquidi della melanzana e agevolerà anche la fase di cottura). Poi mescolate il tutto, coprite e continuate a cuocere per 7-8 minuti.

Nel frattempo mettete sul fuoco una pentola d'acqua per la cottura della pasta.

Negli ultimi 30 secondi di cottura delle melanzane, aggiungete un mestolo di acqua di cottura della pasta nella padella, mescolate e tenete il fuoco bello vivo per fare evaporare tutta l'acqua. Spegnete il fuoco, trasferite le melanzane in una ciotola e fate raffreddare a temperatura ambiente.

Lavate le zucchine e, dopo aver eliminato le due estremità, tagliatele prima a fette e poi ricavate dei dadini delle stesse dimensioni delle melanzane. Dopodiché sbucciate e tagliate uno spicchio d'aglio a metà e fatelo soffriggere in padella con un filo d'olio extravergine d'oliva. Quando l'aglio si sarà imbiondito, versate le zucchine, mescolatele quindi salate e, a piacere, pepate. Coprite con un coperchio e continuate la cottura per 7-8 minuti a fuoco medio.

Negli ultimi 30 secondi di cottura, come per le melanzane, aggiungete un mestolo di acqua di cottura della pasta, tenete il fuoco bello vivo, fate evaporare, eliminate lo spicchio d'aglio e trasferire le zucchine in una ciotola per farle raffreddare. Se volete potete aggiungere un paio di foglioline di menta.

Una volta intiepidite le melanzane, potete condirle con un filo d'olio extravergine d'oliva, regolate di sale e aggiungete delle foglie di basilico, rigorosamente spezzettate a mano.

Lavate e tagliate i peperoni a metà, privateli del picciolo e con un coltello eliminate dall'interno i filamenti bianchi e tutti quanti i semi, quindi tagliateli a striscioline e poi a dadini. In una padella fate scaldare un filo d'olio extravergine d'oliva e disponetevi i peperoni un po' alla volta. Mescolate e regolate di sale. Quindi coprite con un coperchio e fate cuocere a fuoco medio per 7-8 minuti. Negli ultimi 30-40 secondi di cottura, aggiungete 3-4 cucchiai di aceto di vino bianco, quindi mescolate e fate evaporare bene, dopodiché spegnete il fuoco e trasferite i peperoni in una ciotola.

Lavate e tagliate i pomodorini in quattro parti e conditeli in una ciotola con sale, un filo d'olio extravergine d'oliva e qualche foglia di basilico spezzettata a mano. Mescolate bene e tenete da parte.

Tagliate la fontina a cubetti, nella quantità desiderata.

Quando l'acqua per la cottura della pasta giungerà a bollore, salatela quindi versatevi i piselli e, quando riprenderà il bollore, anche la pasta. Il tempo di cottura dei piselli è di 10 minuti, mentre il tempo di cottura della pasta dipende dal tipo di pasta che utilizzate, quindi regolatevi di conseguenza.

Scolate la pasta al dente e versatela in un recipiente, quindi aggiungete dei cubetti di ghiaccio e mescolate per raffreddarla. Quando il ghiaccio si sarà sciolto completamente, scolate nuovamente la pasta, versatela in un altro recipiente e unite tutte le verdure che avevate tenuto da parte, le olive nere, la fontina, un filo d'olio extravergine d'oliva, qualche foglia di basilico e del pepe nero.

Prima di servire coprite la pasta con un foglio di pellicola trasparente e ponetela in frigorifero per un paio d'ore in modo che tutti i sapori si leghino alla perfezione.

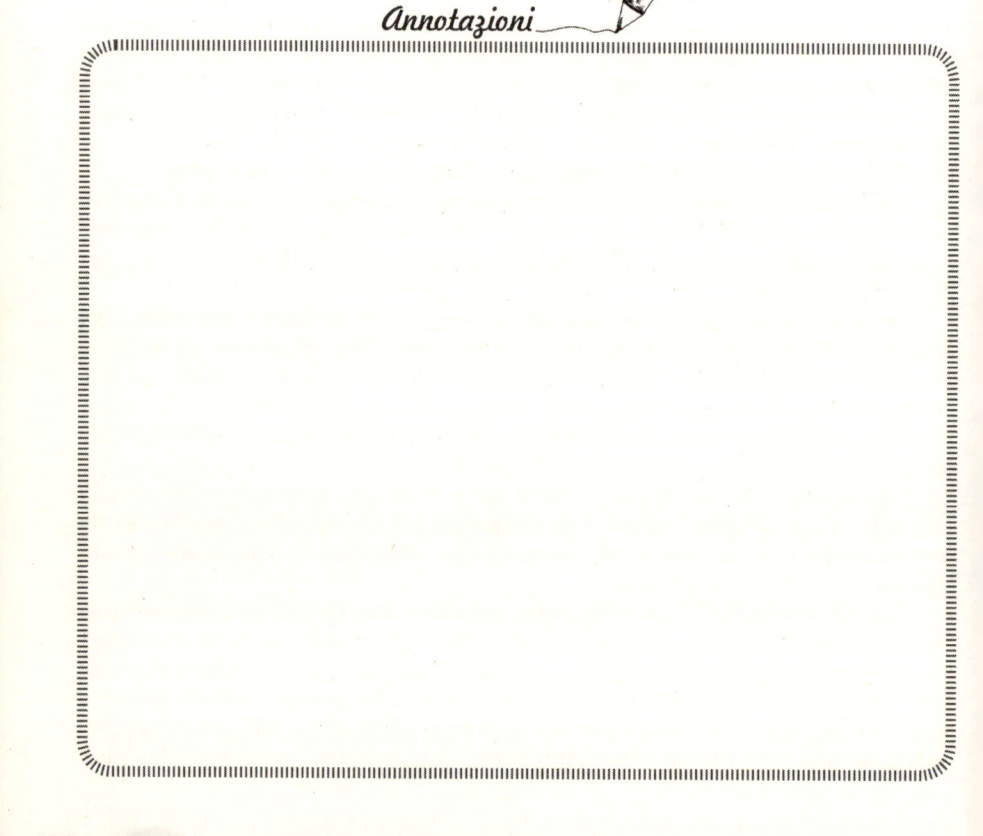

Annotazioni

Gnocchi con gorgonzola, noci e zafferano

2 porzioni

- 500 g di gnocchi di patate
- 150 g di gorgonzola (o taleggio o crescenza)
- 100 ml di latte intero
- 1 bustina di zafferano
- 1 cucchiaino di curcuma
- sale e pepe
- provolone dolce (o pecorino, parmigiano)
- pistilli di zafferano (per la decorazione)
- 2-3 noci

    Portate a ebollizione l'acqua per la cottura della pasta, nel frattempo preparate il condimento. In una padella versate il latte, quindi aggiungete lo zafferano, la curcuma e il pepe. Dopodiché mettete la padella sul fuoco e iniziate a scaldare a fuoco basso.

    Intanto eliminate la crosta al gorgonzola, tagliatelo a pezzi grossi, quindi fatelo fondere a fuoco basso con il latte nella padella mescolando con un cucchiaio di legno fino a quando diventerà una crema.

    Quando l'acqua bolle, salatela e versatevi gli gnocchi. Quando gli gnocchi verranno a galla, scolateli aiutandovi con una schiumarola e versateli direttamente nella padella con la salsa. Fate saltare gli gnocchi per pochi secondi, quindi aggiungete un po' di provolone grattugiato e fate saltare ancora bene.

    Regolate la densità della salsa aggiungendo un po' d'acqua di cottura degli gnocchi, se necessario, e servite subito decorando il piatto con qualche pistillo di zafferano e noci tritate.

Annotazioni

Primi piatti

Lasagne al pesto

8 porzioni

- 250 g di lasagne all'uovo
- 1,5 l di besciamella
- 300 g di pesto genovese (vedi ricetta a p. 28)
- 200 g di patate
- 200 g di fagiolini
- 70 g di parmigiano
- sale
- olio extravergine di oliva

Per la besciamella:
- 1,5 l di latte
- 130 g di burro
- 130 g di farina
- noce moscata
- sale

Preparazione della besciamella: scaldate il latte in un forno a microonde o in un pentolino. Nel frattempo, in un altro pentolino mettete tutta quanta la farina e cominciate a farla tostare a fuoco basso per circa 30-40 secondi, mescolandola con un cucchiaio di legno, dopodiché unite il burro e fate sciogliere continuando a mescolare per evitare che la farina si bruci. Quando vedrete che il burro inizierà a legarsi alla farina, versate un pochino di latte caldo e mescolate fino a quando tutti gli ingredienti non saranno perfettamente legati tra loro. Continuate ad aggiungere il latte un po' alla volta e, quando comincerà il bollore, aggiungete il sale e un po' di noce moscata e proseguite la cottura per 10 minuti a fuoco basso. Negli ultimi 2 minuti regolate di sale e, una volta cotta, tenete la besciamella da parte.

Sbucciate le patate, lavatele e tagliatele a cubetti di circa mezzo centimetro.

Staccate le punte dei fagiolini, eliminando anche l'eventuale filamento fibroso, dopodiché lavateli sotto l'acqua corrente e tagliateli a tocchetti anch'essi di mezzo centimetro.

Quindi unite le due verdure, salatele, e fatele cuocere in una vaporiera per circa 10 minuti. Se non avete una vaporiera, lessatele in una pentola con acqua salata, sempre per 10 minuti. Intanto preparate le lasagne.

Per fare la precottura delle lasagne, mettete sul fuoco una teglia da forno con dell'acqua e quando giungerà a bollore, salatela e aggiungete un filo d'olio extravergine d'oliva, quindi immergete per un paio di minuti le lasagne. Toglietele dall'acqua bollente utilizzando una pinza e, una alla volta, passatele in una ciotola piena d'acqua fredda in maniera che si intiepidiscano quindi trasferitele in un piatto.

Quando le verdure saranno cotte, mettetele in un recipiente e aggiungete il pesto, quindi amalgamate il tutto. Grattugiate anche il parmigiano.

Oliate una pirofila con un filo d'olio extravergine d'oliva e distribuite sul fondo uno strato di pesto, fagiolini e patate. Adagiate nella pirofila uno strato di pasta, quindi copritelo con uno strato di besciamella e un po' del composto di patate, fagiolini e pesto. Proseguite creando il secondo strato di pasta, besciamella e composto di pesto, patate e fagiolini. Adagiate nella pirofila il terzo e ultimo strato di pasta all'uovo, quindi unite la besciamella al pesto rimanente e coprite bene la superficie. Ultimate spolverizzando la superficie con una generosa manciata di parmigiano. Fate cuocere in forno statico preriscaldato a 220 °C per 30 minuti, finché non si formerà una crosticina dorata sulla superficie della lasagna.

Sfornate e fate riposare per una mezz'ora a temperatura ambiente prima di servire.

Spaghetti aglio, olio e peperoncino

3 porzioni

- 300 g di spaghetti
- peperoncino fresco o secco
- prezzemolo fresco
- 2 spicchi d'aglio
- 60 ml di olio extravergine di oliva
- sale

Mettete sul fuoco una pentola per la cottura della pasta con 3 litri d'acqua e, quando giungerà a ebollizione, salatela con 30 grammi di sale grosso e mettete a cuocere gli spaghetti.

Nel frattempo tritate finemente una manciata di prezzemolo. Tritate anche due spicchi d'aglio, dai quali avrete eliminato l'anima, il peperoncino (fresco o secco), eliminando prima i semi all'interno (se ne resta qualcuno non importa).

Quando mancheranno 2 minuti alla fine della cottura degli spaghetti, mettete sul fuoco una padella abbastanza capiente con il trito di aglio, peperoncino e un po' di prezzemolo e fate rosolare in abbondante olio.

Quando l'aglio risulterà dorato versate la pasta direttamente nella padella con mezzo mestolo di acqua di cottura, quindi fate saltare bene, dopodiché aggiungete altro prezzemolo, spegnete il fuoco e servite immediatamente.

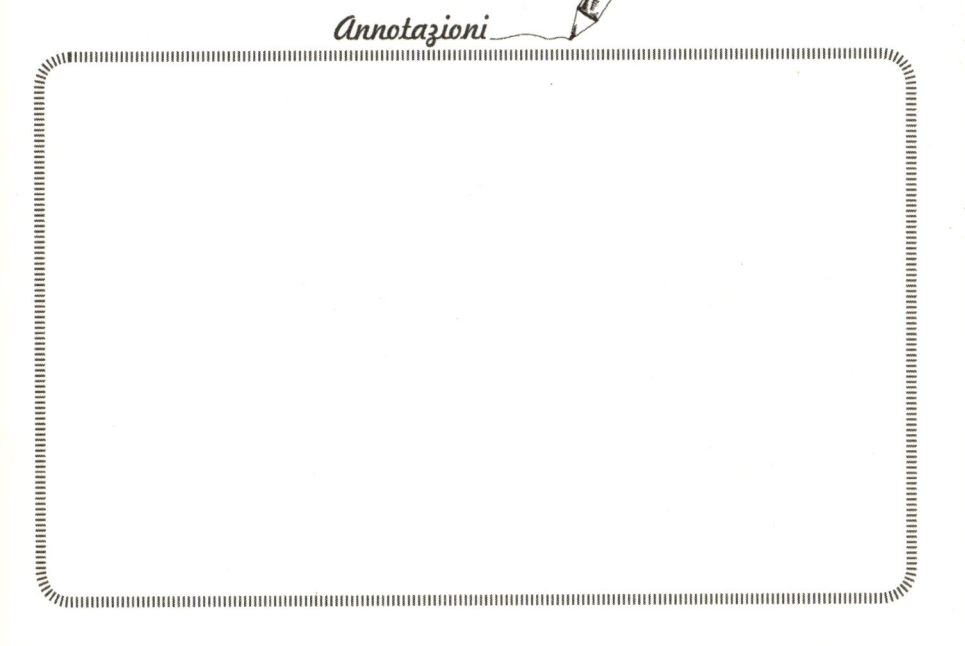

Annotazioni

Primi piatti

Risotto allo zafferano

3 porzioni

- 250 g di riso carnaroli o vialone nano
- 1/2 cipolla bianca o dorata
- 40 g di burro
- 50 g di parmigiano
- 1/2 l di brodo vegetale
- pistilli di zafferano (o 1 bustina di zafferano)
- 1/2 bicchiere di vino bianco secco

Se non disponete del brodo vegetale potete prepararlo seguendo la ricetta del Risotto alla zucca (vedi p. 130).

In un pentolino versate un mestolo di brodo vegetale con un ciuffetto di pistilli di zafferano e cominciate a scaldarlo lentamente sul fuoco mescolando. Piano, piano lo zafferano comincerà a rilasciare il suo colore e il suo profumo. Attenzione: il brodo non deve bollire (temperatura massima 70 °C), quindi quando vedete che è prossimo all'ebollizione, spegnete il fuoco e continuate a mescolare sino a quando il brodo avrà raggiunto il classico colore giallo oro dello zafferano, poi lasciatelo da parte.

Mettete il riso in un pentolino e fatelo tostare a fuoco basso per circa 3 minuti senza aggiungere né olio, né burro, né altri grassi, e avendo l'accortezza di saltarlo o mescolarlo con un cucchiaio di legno durante tutta questa fase. Quando il riso rilascerà i suoi aromi, spegnete il fuoco e trasferitelo in una ciotola.

Tagliate finemente la cipolla e fatela rosolare in un pentolino con una noce di burro, circa 10 g dei 40 g totali. Nel frattempo scaldate il brodo, regolatelo di sale, copritelo con un coperchio e tenetelo in caldo sul fuoco più basso senza farlo bollire (altrimenti una parte di acqua evaporerà e il brodo risulterà salato).

Quando la cipolla sarà dorata, unite il riso e fate tostare una seconda volta per circa 30 secondi mescolando continuamente con un cucchiaio di legno. Quando il riso avrà assorbito il fondo di cottura, sfumate con il vino bianco e, una volta evaporata la parte alcolica del vino, aggiungete il brodo caldo, un mestolo alla volta, e mescolate.

Sempre mescolando, cuocete il riso versandoci sopra costantemente il brodo avendo cura di non lasciarlo mai asciugare fino a due minuti prima della fine della sua cottura. In genere sulla confezione del riso viene indicato il tempo di cottura, dai 15 ai 18 minuti, quindi regolatevi di conseguenza. Come ultimo mestolo di brodo usate quello aromatizzato allo zafferano. Mescolate e cuocete per altri 30-40 secondi, fino a quando non sarà ben amalgamato.

Se lo zafferano in pistilli non dovesse colorare bene il risotto, potete aggiungere un pochino di zafferano in polvere direttamente nel risotto. Spegnete il fuoco e mantecate con il burro, 30 g circa. Aggiungete anche il parmigiano e continuate a mantecare.

Dopodiché coprite con un coperchio e lasciate riposare il risotto per 3 o 4 minuti prima di servire. Una volta servito, guarnite con stimmi di zafferano.

Gnocchi di zucca

4 porzioni

- 450 g di zucca
- 250 g di patate
- 150 g di farina + extra
- 1 uovo
- 1 cucchiaino di noce moscata (o di zucchero per la ricetta tradizionale)
- 120 g di burro
- rosmarino
- salvia
- noci (facoltativo)
- pecorino romano grattugiato (o parmigiano)
- sale e pepe

La miglior zucca per fare gli gnocchi è quella verde perché ha una minor quantità di acqua. Anche per le patate, a prescindere dal tipo, consiglio di utilizzare quelle un po' vecchiotte perché hanno già perso una parte di acqua.

Dividete la zucca a metà e con un cucchiaio raschiate la parte interna per eliminare semi e filamenti, quindi togliete la scorza. I semi, se volete, metteteli da parte perché si possono tostare, oppure mettere sotto sale e poi tostare per aggiungerli all'insalata o a un impasto di pane.

Dopo aver tagliato la zucca a spicchi, pesatela perché la dose indicata è importante! Tagliatela a cubetti non troppo grandi e mettetela sulla placca da forno rivestita di carta oleata.

Ora preparate le patate: anche queste dovranno essere pesate solo dopo averle pelate, quindi tagliatele a cubetti all'incirca delle stesse dimensioni dei cubetti di zucca, dopodiché mettetele sulla placca da forno insieme ai cubetti di zucca. Infornate in forno statico preriscaldato a 180 °C e fate cuocere per 20 minuti.

Passato il tempo previsto, sfornate la zucca e le patate. Quindi schiacciate le patate mentre sono ancora calde, prima con una forchetta e poi con un batticarne, per creare una sorta di purea. Quindi aggiungete la zucca e continuate a impastare fino a ottenere un composto omogeneo (più impastate in questa fase, più setosi risulteranno i vostri gnocchi).

Aggiungete l'uovo intero e il sale, quindi continuate a impastare fino al completo assorbimento dell'uovo. L'impasto dovrà risultare liscio e setoso. Unite poi 150 g di farina setacciata e impastate con la spatola fino ad avere un composto granuloso. Unite, per ultimo, un cucchiaino di noce moscata (in alternativa un cucchiaino di zucchero, se volete seguire la tradizione).

Trasferite l'impasto sulla spianatoia e continuate a lavorarlo energicamente con le mani fino al completo assorbimento della farina. Ma attenzione! Non andate oltre! Quando vi rendete conto che sulla spianatoia tutta la farina è stata assorbita, fermatevi, altrimenti l'impasto rilascerà una parte di liquidi e si appiccicherà al piano da lavoro. Formate delicatamente un panetto e spolverizzatelo con della farina extra, sia la superficie del panetto, sia il piano da lavoro.

Con un coltello tagliate il panetto in quattro parti e formate dei cilindri dal diametro di circa 1 cm e tagliateli a tocchetti di 1 cm. Gli gnocchi sono pronti! Se poi volete dare loro le classiche righe, potete utilizzate l'attrezzo apposito o i rebbi di una forchetta. Cuoceteli in

Primi piatti

acqua bollente salata, coprite la pentola con un coperchio e alzate la fiamma altrimenti si attaccheranno al fondo della pentola durante la cottura.

Per il condimento, mettete il burro in un pentolino e fatelo fondere a fuoco dolce con un rametto di salvia e uno di rosmarino. Quando il burro si sarà fuso, spegnete il fuoco e mescolate bene, quindi eliminate i rametti di salvia e rosmarino. Se avete delle noci, tritate 4-5 gherigli e unitele al burro fuso, quindi rimettete il pentolino sul fuoco per qualche secondo per farle tostare un pochino.

Quando gli gnocchi verranno a galla, e l'acqua inizierà a schiumare, sono pronti per essere scolati. Con una schiumarola scolate gli gnocchi dall'acqua e, una volta disposti nei piatti, cospargete di pecorino, o di parmigiano se avete seguito la ricetta tradizionale che prevedeva nell'impasto un cucchiaino di zucchero.

Quindi versate il burro fuso sugli gnocchi e una spolverata di pepe al gusto.

Consigli: gli gnocchi si possono conservare in frigorifero per un massimo di 12 ore, oppure si possono congelare, mettendoli nel freezer, prima disposti sopra una teglia per un paio d'ore e dopo trasferiti in un sacchetto, altrimenti si rovinerebbero! Inoltre, al momento di cucinare gli gnocchi congelati, vanno versati direttamente in acqua bollente senza farli scongelare.

Altro piccolo segreto: 100 g di pasta si cuociono in 1 litro di acqua con 7 g di sale grosso, invece 100 g di gnocchi si cuociono in mezzo litro di acqua e sempre con 7 g di sale grosso. L'acqua è nemica degli gnocchi perché farebbe disperdere il loro sapore.

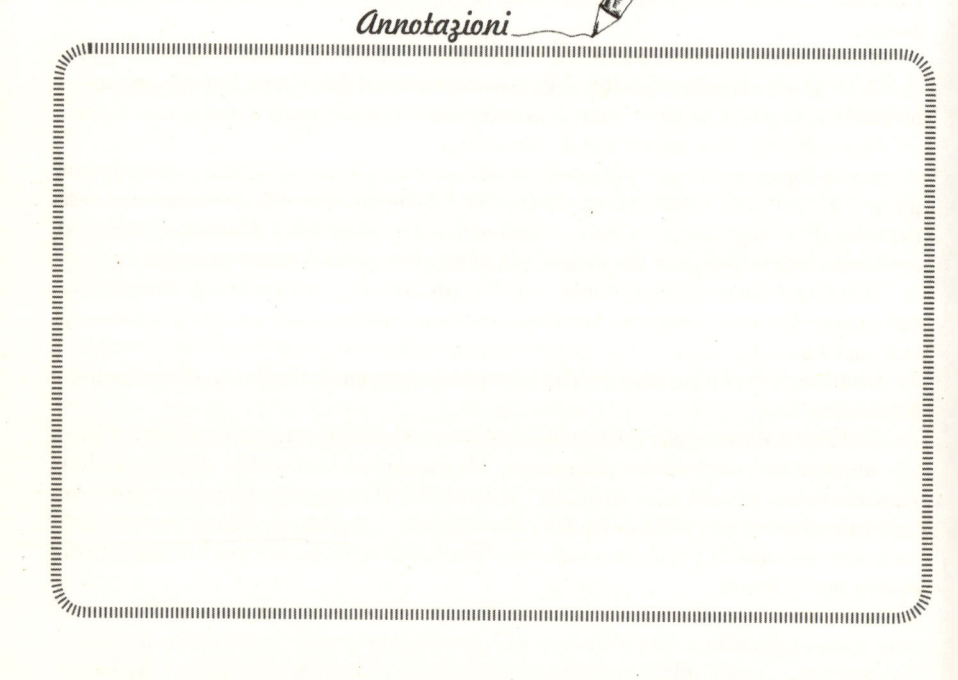

Annotazioni

Pizzoccheri valtellinesi

4 porzioni

- 400 g di pizzoccheri
- 2 spicchi d'aglio
- 250-300 g di patate
- 250-300 g di verza (o coste)
- salvia
- 100 g di fagiolini

- 50 g di parmigiano
- 150-300 g di formaggio bitto (o casera, toma, oppure misti)
- 70-80 g di burro
- pepe
- 30 g di sale

Per la preparazione di 400 g di pizzoccheri:
- 200 g di farina di grano saraceno
- 50 g di farina 0
- 140 ml di acqua

Per la preparazione dei pizzoccheri, in una ciotola unite le due farine (farina di grano saraceno e farina 0), quindi aggiungete l'acqua e mescolate con una spatola.

Quando l'acqua sarà completamente assorbita dalle farine, trasferite il composto sopra un tavolo da lavoro e impastate con le mani per qualche minuto fino a ottenere un impasto leggermente elastico e omogeneo.

Infarinate la spianatoia con un po' di farina di grano saraceno e stendete bene l'impasto con un matterello in una sfoglia dello spessore di circa 2 mm (ogni volta che capovolgete l'impasto per stenderlo, ricordate di infarinare il tavolo con la farina di grano saraceno e non quella 0).

Quindi con un coltello ricavate delle strisce larghe 7-10 cm.

Dopo che avete ricavato tutte le strisce, mettetele una sull'altra, quindi tagliatele a listarelle di 1 cm circa di larghezza, infarinate e lasciate da parte.

Lavate e spuntate le estremità dei fagiolini ed eliminate il filamento, poi divideteli a metà. Nel frattempo mettete una pentola sul fuoco con 3 litri di acqua e salate appena giungerà a bollore. Pelate e tagliate le patate a cubi, quindi mettetele a cuocere nella pentola.

Dopo 2 minuti versate nella pentola anche i fagiolini e fate cuocere per altri 5 minuti. Nel frattempo tagliate la verza a metà ed eliminate la parte centrale del gambo, dopodiché tagliatela grossolanamente, lavatela, sgocciolatela e versatela nella pentola assieme alle patate e ai fagiolini.

Continuate la cottura per altri 5 minuti (il tempo totale di cottura delle verdure è di 12 minuti). Date una rimestata e, infine, aggiungete i pizzoccheri preparati precedentemente, continuando la cottura per altri 9 minuti e mescolando di tanto in tanto.

Nel frattempo tagliate il formaggio a cubetti mentre in un pentolino fate sciogliere metà dose di burro (circa 35-40 g) con 2 spicchi d'aglio in camicia, cioè con la pellicina, tagliati a metà e qualche fogliolina di salvia.

L'altra metà del burro fatela sciogliere all'interno di una padella e non appena il burro si sarà imbrunito, sgocciolate bene una parte di pizzoccheri e verdure con un mestolo forato e trasferitela nella padella.

Primi piatti

Saltate il tutto, quindi spegnete il fuoco e coprite la pasta e le verdure con uno strato di formaggio a cubetti, dopodiché alternate l'inserimento dei formaggi a quello dei pizzoccheri fino a terminare gli ingredienti.

Infine spolverizzate la superficie con il parmigiano grattugiato e irrorate con il burro fuso aromatizzato, eliminando le foglie di salvia e gli spicchi d'aglio.

Per concludere spolverizzate con una bella macinata di pepe e coprite con un coperchio. Fate riposare i pizzoccheri valtellinesi per 5 minuti prima di servire.

Annotazioni

Gnocchi alla romana

6 porzioni

- 500 ml di latte intero
- 125 g di semolino
- 50 g di parmigiano
- 20 g di burro
- 1 tuorlo d'uovo
- noce moscata
- 3 g di sale

Per il condimento:
- 40 g di burro
- 20-25 g di pecorino romano (o parmigiano)

In un pentolino versate i 500 ml di latte, 20 g di burro, il sale e grattugiate un pochino di noce moscata. Mettete sul fuoco e non appena il latte avrà raggiunto il punto di ebollizione aggiungete il semolino a fontana e stemperate energicamente con una frusta per evitare la formazione dei grumi. Fate cuocere per qualche minuto. Quando il composto inizierà ad addensarsi, sostituite la frusta con un cucchiaio di legno e continuate a cuocerlo ancora per un paio di minuti o comunque fino a quando il semolino avrà raggiunto una consistenza densa e cremosa.

Spegnete il fuoco, aggiungete il tuorlo d'uovo e mescolate fino a quando non sarà amalgamato bene all'impasto, dopodiché aggiungete il parmigiano grattugiato e amalgamate fino a ottenere un composto omogeneo.

Versate l'impasto ancora caldo sopra un foglio di carta da forno, quindi usate la carta per dargli la forma di un cilindro, cercando di pressarlo bene, avvolgetelo nella carta e sigillate anche le due estremità a mo' di caramella. Fatelo raffreddare a temperatura ambiente per circa mezz'ora.

Quando il semolino si sarà raffreddato, tagliate con un coltello tanti dischetti di circa 1 cm di spessore, dopodiché disponeteli in una teglia, sovrapponendo leggermente un disco all'altro, conditeli con burro fuso (40 g) e spolverizzate con pecorino o parmigiano grattugiato.

Infornate gli gnocchi in forno preriscaldato a 180 °C e fate cuocere per 20-25 minuti, finché la superficie non sarà gratinata. Servite caldi.

Varianti: la ricetta degli gnocchi alla romana può essere una base a cui si possono aggiungere diversi ingredienti creando delle gustose varianti, per esempio si possono sfruttare diversi tipi di formaggio, come il gorgonzola, il taleggio e la fontina, oppure si può creare una besciamella o una fonduta con cui ricoprirli, o ancora, potete condirli con funghi trifolati o prosciutto cotto e formaggio. Insomma, giocate con la vostra fantasia!

Orecchiette con le cime di rapa

3 porzioni

- 250 g di orecchiette fresche
- 1/2 kg di cime di rapa
- 5-6 filetti di alici sott'olio
- 1 spicchio d'aglio
- peperoncino
- sale
- olio extravergine di oliva

Mettete sul fuoco una pentola con l'acqua e, in attesa che prenda bollore, pulite e lavate le cime di rapa: la parte utilizzata per questa ricetta sono le foglie e le cimette, separatele dunque dai gambi e dalla parte fibrosa, quelle venature simili ai gambi del sedano. Una volta lavate bene, scolatele e tagliatele a listarelle.

Quando l'acqua bolle, salatela e immergete metà dose di cime di rapa (circa 250 g). Lasciate cuocere per circa due minuti e non appena l'acqua riprenderà il bollore, versate anche le orecchiette. Fate cuocere per circa 8-10 minuti, in ogni caso dopo 7-8 minuti verificate la cottura.

Nel frattempo tritate finemente uno spicchio d'aglio e fatelo soffriggere in una padella molto capiente insieme ai filetti di acciuga, il peperoncino, un filo d'olio extravergine d'oliva e con l'aiuto di un cucchiaio di legno cercate di sminuzzare i filetti di acciughe.

Quando le acciughe si saranno sciolte, versate in padella l'altra metà delle cime di rapa, quindi regolate subito di sale (il sale permetterà alle cime di rapa di rilasciare la loro acqua di vegetazione e quindi di cucinarsi più velocemente), mescolate e fate cuocere a fuoco medio per circa 3 minuti. Dopodiché aggiungete un mestolo d'acqua di cottura della pasta, mescolate, coprite con un coperchio e fate cuocere dolcemente fino a quando non saranno cotte le orecchiette.

Quando la pasta sarà cotta, scolatela e versatela direttamente in padella insieme alle cime di rapa, quindi fatela saltare o mantecatela con un cucchiaio di legno per permettere la formazione di una cremina (se la volete più cremosa basta aggiungere ancora un po' d'acqua di cottura della pasta all'interno della padella). Servite e completate, a piacere, con un filo d'olio extravergine d'oliva.

Pasta e ceci

3 porzioni

- 250 g di ceci secchi
- 1 gambo di sedano
- 1 carota
- mezza cipolla
- 2 foglie di alloro
- 1 spicchio d'aglio
- 200 g di pasta corta
- 1 pomodoro
- 1 scalogno
- 1 o 2 peperoncini
- 1 rametto di rosmarino
- sale e pepe
- olio extravergine di oliva

Innanzitutto bisogna lessare i ceci secchi dopo averli lasciati in ammollo per tutta la notte in acqua. Trascorse le 24 ore, eliminate l'acqua, sciacquateli bene sotto acqua corrente fresca e scolateli. Mettete i ceci all'interno di una pentola, possibilmente di terracotta, copriteli con dell'acqua fredda a cui aggiungerete le foglie di alloro, lo spicchio d'aglio e anche le verdure (carota, sedano, cipolla) tritate grossolanamente.

Fate cuocere i ceci a fuoco medio-basso per circa 1 ora e mezza, dopodiché aggiungete il sale (solo ora per non indurirli) e fate cuocere per altri 15 minuti. I ceci sono pronti! Volendo, sono buonissimi da mangiare anche così con un filo d'olio extravergine d'oliva.

Tritate uno scalogno, mettetelo in una pentola con un filo d'olio extravergine d'oliva, portate sul fuoco e fatelo appassire dolcemente. Tagliate il pomodoro a cubetti e tritate finemente il peperoncino, dopodiché aggiungeteli nella pentola non appena lo scalogno sarà appassito. Mescolate e fate evaporare l'acqua di vegetazione del pomodoro. Intanto, mettete sul fuoco un'altra pentola con dell'acqua e portate a ebollizione.

A questo punto aggiungete al pomodoro un rametto di rosmarino (meglio se secco) e lasciate insaporire per qualche secondo. Aggiungete poi i ceci con il residuo della loro acqua di cottura e due o tre mestoli di acqua calda. I ceci devono essere coperti con abbondante liquido.

Coprite e portate a ebollizione. Fate bollire per 4 o 5 minuti, quindi regolate di sale e versate la pasta.

Mescolate e lasciate cuocere la pasta: il tempo di cottura è la metà di quello indicato sulla confezione (per es. una pasta che ha una cottura di 8 minuti, deve cuocere per 4 minuti). Mescolate di tanto in tanto, in modo che l'amido della pasta mescolandosi con tutti gli altri ingredienti, formi una crema.

Spegnete il fuoco e lasciate riposare per 5 minuti la pasta e ceci con il coperchio, in modo che termini la cottura. Dopodiché eliminate il rametto di rosmarino e servite con un po' di pepe e un filo d'olio a crudo.

Spaghetti alla carrettiera

2 porzioni

- 200 g di spaghetti
- 3-4 grossi pomodori a grappolo o cuore di bue
- pecorino siciliano (o pecorino romano, o parmigiano)
- 1 spicchio d'aglio
- 10 foglie di basilico fresco
- sale e pepe
- olio extravergine di oliva

Mettete sul fuoco una pentola per la cottura della pasta e portate a ebollizione. Salate, dopodiché lavate i pomodori e scottateli in acqua bollente per circa due minuti o fino a che la pellicina si staccherà dal pomodoro (potete praticare un taglio a croce lungo la superficie del pomodoro per agevolarvi).

Scolate e spellate i pomodori, quindi tagliateli a pezzi per ricavarne la polpa, eliminate la parte fibrosa centrale (quella più chiara) e i semi.

Trasferite i pomodori in una terrina più grande, eliminando una parte dell'acqua di vegetazione, quindi sminuzzate la polpa aiutandovi con coltello e forchetta, oppure mettetela in un frullatore per ottenere una purea di pomodoro.

Mettete a cuocere gli spaghetti e, nel frattempo, condite i pomodori con uno spicchio d'aglio intero sbucciato, alcune foglie di basilico spezzettate, sale, pepe e olio extravergine d'oliva. Mescolate bene e lasciate in infusione fino a quando non sarà cotta la pasta.

Scolate gli spaghetti e amalgamateli al condimento di pomodori, ricordando di eliminare prima l'aglio.

Ultimate il condimento con una bella grattugiata di formaggio, che va messo sempre sopra la pasta e mai nel condimento sotto, perché si attaccherebbe alle pareti della terrina.

Servite nei piatti con una spolverata di pepe in superficie, un filo d'olio extravergine d'oliva, qualche foglia di basilico fresco e, per completare, una bella grattata di formaggio.

Penne all'arrabbiata

3 porzioni

- 250 g di penne
- 400 g di pomodori pelati
- 1-2 peperoncini freschi
- 1 spicchio d'aglio
- prezzemolo tritato
- 1 pizzico di bicarbonato
- sale fino
- olio extravergine di oliva

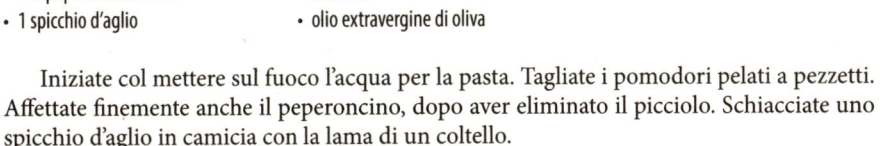

Iniziate col mettere sul fuoco l'acqua per la pasta. Tagliate i pomodori pelati a pezzetti. Affettate finemente anche il peperoncino, dopo aver eliminato il picciolo. Schiacciate uno spicchio d'aglio in camicia con la lama di un coltello.

In una padella abbastanza capiente versate un filo d'olio extravergine d'oliva e fatevi rosolare l'aglio in camicia insieme al peperoncino tenendo la padella leggermente inclinata, in modo che l'aglio annegherà nell'olio rilasciando i suoi profumi e si rosolerà più velocemente e uniformemente. Non appena l'aglio prende colore, aggiungete i pelati e fate cuocere per i primi 10 minuti a fuoco vivo (il tempo di cottura totale del sugo è di 20-25 minuti) mescolando di tanto in tanto.

Eliminate lo spicchio d'aglio dalla padella, salate e aggiungete una punta di bicarbonato per abbassare il livello di acidità del pomodoro. Quando il sugo di pomodoro si sarà addensato, aggiungetevi un mestolo di acqua di cottura della pasta e continuate a fuoco basso mescolando di tanto in tanto fino a fine cottura. Dopodiché spegnete il fuoco e tenete coperto.

Nel frattempo avrete salato l'acqua e iniziato a lessare la pasta.

Poco prima di scolare la pasta, accendete nuovamente il fuoco della padella del condimento. Quindi scolate la pasta al dente e trasferitela direttamente nella padella. Fatela saltare a fuoco vivace per un minuto, dopodiché spegnete il fuoco, aggiungete una bella manciata di prezzemolo tritato e mescolate.

Se la pasta non è sufficientemente piccante, potete aggiungere altro peperoncino secco. Aggiungete un altro filo d'olio extravergine d'oliva a crudo e saltate la pasta ancora per qualche secondo. Servite immediatamente decorando il piatto con altro peperoncino e prezzemolo tritato.

Primi piatti

Spaghetti al pomodoro fresco e basilico

2 porzioni

- 200 g di spaghetti trafilati al bronzo
- 400 g di pomodorini pachino o datterini
- basilico fresco
- 1 o 2 spicchi d'aglio
- 1 pizzico di zucchero
- peperoncino
- sale
- olio extravergine di oliva

Iniziate col mettere sul fuoco una pentola d'acqua per la cottura della pasta. Lavate e tagliate i pomodorini in quatto parti e teneteli da parte in una ciotola, tuttavia se preferite eliminare la pellicina del pomodoro, effettuate un incisione a X con un coltello sulla superficie e metteteli a scottare per un minuto circa nell'acqua della pasta in ebollizione. Dopodiché scolateli, togliete la pellicina e tagliate in quattro parti.

Schiacciate uno o due spicchi d'aglio in camicia e metteteli a rosolare in padella con un filo d'olio extravergine d'oliva e un po' di peperoncino (visto che l'olio non è abbondante, per evitare di bruciare l'aglio abbassate la fiamma e inclinate leggermente la padella: in questo modo l'aglio annegherà nell'olio e si rosolerà più velocemente e uniformemente).

Nel frattempo salate l'acqua della pasta e mettete a cuocere gli spaghetti. Quando l'aglio sarà perfettamente dorato, versate i pomodorini, quindi salate subito, aggiungete un pizzico di zucchero (per bilanciare l'acidità del pomodoro la quantità di zucchero deve essere la metà di quella del sale) e amalgamate il tutto.

Eliminate lo spicchio d'aglio dalla padella, quindi coprite e fate cuocere a fuoco vivo per 7-8 minuti, girando di tanto in tanto.

Scolate la pasta un paio di minuti prima che sia cotta e trasferitela nella padella, tenendo da parte un po' d'acqua di cottura. Quindi, aggiungete un mestolo d'acqua di cottura in padella e amalgamate pasta e condimento a fuoco vivo. Meglio se riuscite a saltare la pasta.

Dopodiché aggiungete delle foglie di basilico spezzettate a mano e spegnete il fuoco. Coprite e lasciate riposare per 30 secondi prima di servire. Guarnite i piatti come più vi piace e aggiungete un filo d'olio extravergine d'oliva.

Insalata di pasta mediterranea

4 porzioni

- 250 g di pasta corta
- 100 g di pomodorini sodi e maturi
- 100 g di mozzarelline
- 80 g di olive verdi e nere denocciolate
- 3-4 pomodorini secchi sott'olio
- 50-60 g di mais
- 150 g di tonno sott'olio
- 3-4 foglie di basilico fresco
- origano
- sale e pepe
- olio extravergine di oliva

Mettete a cuocere la pasta in abbondante acqua salata. Nel frattempo tagliate finemente i pomodori secchi. Mettete il tonno in una ciotola capiente, dopo averlo sgocciolato bene dall'olio, e sminuzzatelo con una forchetta. Dopodiché aggiungete il mais, i pomodori secchi, le olive verdi e quelle nere, quindi condite con un filo d'olio extravergine d'oliva, sale, pepe e origano. Aggiungete delle foglie di basilico fresco spezzettate grossolanamente a mano e mescolate il tutto.

Scolate la pasta al dente, quindi mettetela sotto un getto di acqua corrente fredda per farla raffreddare e per togliere l'eccesso di amido. Scolatela bene e unitela agli altri ingredienti; mescolate il tutto.

A questo punto, se volete non utilizzare subito l'insalata di pasta, potete coprirla con un foglio di pellicola trasparente e conservatela in frigorifero, anche per due giorni, fino al momento di servirla.

Se invece la utilizzate subito, aggiungete le mozzarelline e i pomodori tagliati a metà e completate il condimento con un altro po' di olio e aromi. Mescolate e servite!

Il pomodoro e la mozzarella si inseriscono all'ultimo poiché il pomodoro è un alimento acido che stando a lungo a contatto con gli altri ingredienti tende a rendere tutto molto acido, mentre la mozzarella rilascia molta acqua che andrebbe a danneggiare l'insalata di pasta.

Trofie al pesto con patate e fagiolini

4 porzioni

- 350 g di trofie
- 100 g di pesto genovese
- 200 g di fagiolini
- 300 g di patate
- sale

Per la preparazione del pesto:
- 100 g di foglie di basilico fresco
- 1 cucchiaino di sale grosso
- 20 g di pecorino sardo
- 40 g di parmigiano
- 2 spicchi d'aglio
- 35-40 g di pinoli
- 80-100 g di olio extravergine di oliva

Per la preparazione delle trofie:
- 300 g di semola di grano duro rimacinata + extra
- 150 ml di acqua tiepida

Preparazione del pesto

Lavate le foglie di basilico e asciugatele tamponandole delicatamente con un canovaccio da cucina. Ponete i due spicchi d'aglio nel mortaio, sbucciati e privati del germoglio interno insieme a qualche grano di sale grosso e cominciate a pestare. Quando l'aglio sarà ridotto in crema, aggiungete i pinoli, lasciandone qualcuno da parte, e continuate a pestare fino a ottenere una crema liscia e omogenea. A questo punto aggiungete le foglie di basilico, poche alla volta, e con movimenti circolari continuate a pestare fino a ottenere un composto omogeneo. Inserite il resto dei pinoli e pestateli fino a ottenere una salsa grossolana.

Infine, continuando a mescolare con il pestello, aggiungete, poco alla volta, i formaggi grattugiati e l'olio extravergine d'oliva (la quantità di olio deve essere pari alla quantità di foglie di basilico, ma siate un pochino scarsi, poiché può variare in base alla quantità di oli che siete riusciti a estrarre dai vari ingredienti).

Potete conservare il pesto in frigorifero, in un vasetto di vetro, fino a 3 giorni, avendo cura di ricoprilo con uno strato di olio extravergine d'oliva e chiuderlo con l'apposito coperchio. È possibile anche congelare il pesto in piccoli vasetti e scongelarlo a temperatura ambiente al momento del bisogno.

Preparazione delle trofie

In un recipiente ponete la semola di grano duro rimacinata, quindi versatevi 150 ml di acqua tiepida e lavorate con un cucchiaio fino a ottenere un composto granuloso.

Versate l'impasto sulla spianatoia e continuate a impastare manualmente fino a ottenere una consistenza liscia e omogenea. Formate prima una palla e dopo dategli la forma di un cilindro, quindi copritelo con un foglio di pellicola trasparente e un canovaccio e fatelo riposare a temperatura ambiente per almeno 15 minuti.

Successivamente, staccate dall'impasto dei pezzi di pasta e con i palmi delle mani strofinateli sulla spianatoia formando un lungo cilindro di poco più di mezzo centimetro di diametro.

Ricavate da ogni cilindro dei piccoli pezzi di pasta, più o meno quadrati. Prendete un quadratino di pasta e stiratelo con un movimento del palmo della mano in avanti sulla spianatoia così da formare un bastoncino con le estremità più sottili della parte centrale.

Dopodiché, inclinando leggermente la mano, con movimento opposto di ritorno verso di voi, stirate e attorcigliate il bastoncino, in modo da dargli la caratteristica forma. Ripetete per ogni quadratino per ricavare tutte le trofie e spolverizzatele con un pochino di semola in modo che non si appiccichino tra di loro.

Mondate i fagiolini, eliminando le estremità, e tagliateli a metà. Sbucciate le patate, lavatele e tagliatele a cubetti e lasciatele in una ciotola con acqua fredda.

Mettete sul fuoco una pentola con acqua e portate a ebollizione, salate, tuffatevi i fagiolini e le patate e fate cuocere per 10 minuti con coperchio.

Quindi aggiungete anche le trofie, mescolate e proseguite la cottura per altri 7-8 minuti, fino a quando non saranno cotte anch'esse.

Scolate la pasta e le verdure ancora al dente, tenendo da parte un po' di acqua di cottura per diluire il pesto e mettetele in una ciotola. Quindi condite con il pesto, mescolate delicatamente e servite subito.

Annotazioni

Risotto alle fragole

4 porzioni

- 250 g di riso carnaroli
- 250 g di fragole mature
- 3-4 foglie di menta fresca
- 35 g di parmigiano
- 3-4 rametti di timo
- 1 cipolla piccola
- 65 ml di panna fresca

- 1/2 bicchiere di spumante brut (o prosecco)
- 1 l di brodo vegetale
- aceto balsamico di Modena
- sale
- olio extravergine di oliva

Per il brodo vegetale:
- 1 gambo di sedano
- 1 carota
- 1 cipolla
- 1 spicchio di aglio
- 1 pomodorino
- sale

Prima di tutto preparate il brodo vegetale con un gambo di sedano, una carota, una cipolla, uno spicchio d'aglio e un pomodorino. Dopo aver tagliato grossolanamente le verdure per il brodo, mettiamole in un pentolino con 1 litro di acqua e quando giungerà a ebollizione, aggiungiamo il sale e, a fuoco bassissimo, facciamo cuocere per 20 minuti circa. Quando il brodo sarà pronto passatelo al setaccio per eliminare le verdure.

Lavate e pulite le fragole, tagliatele con un coltello prima a metà e poi a dadini. Mettetele in una ciotola e aggiungete un pizzico di sale, mezzo bicchiere di spumante secco, le foglie di menta intere, dopodiché mescolate bene e lasciate macerare per 10 minuti circa.

Passato il tempo di macerazione, estraete le foglie di menta e tenetele da parte, quindi colate le fragole con un colino per recuperare lo spumante che vi servirà per sfumare il risotto.

Tagliate la cipolla in quattro parti. In una padella a bordi alti, versate un filo d'olio extravergine d'oliva, quindi mettete sul fuoco e aggiungete la cipolla e 3 o 4 rametti di timo. Lasciate insaporire l'olio per qualche secondo, dopodiché eliminate la cipolla dalla padella e aggiungete il riso.

Fate tostare il riso per circa 1 minuto e mezzo, mescolando con un cucchiaio di legno, quindi sfumate con lo spumante, mescolate bene e, una volta evaporato il vino, aggiungete tre quarti delle fragole (il resto lo aggiungerete a fine cottura) sempre continuando a mescolare. Aggiungete quindi un mestolo di brodo bollente, mescolando bene. Continuate a cuocere il riso per altri 15 minuti, versando il brodo poco per volta, a mano a mano che verrà assorbito.

Negli ultimi 5 minuti di cottura del riso aggiungete le fragole rimaste e mescolate fino alla fine. Aggiungete anche qualche fogliolina di timo. Ultimata la cottura, spegnete il fuoco, aggiungete il parmigiano grattugiato e iniziate a mantecare, poi aggiungete la panna e continuate a mantecare.

Dopodiché coprite con un coperchio e lasciate riposare per 2 minuti prima di servire. Guarnite i piatti con qualche goccia di aceto balsamico di Modena.

Pennette ai quattro formaggi

4 porzioni

- 400 g di pennette o altra pasta corta
- 1 peperone giallo
- 100 g di gorgonzola
- 80 g di parmigiano o grana padano
- 80 g di taleggio
- 80 g di brie (o altro formaggio cremoso)
- 20 g di burro
- 4-5 cucchiai di panna fresca
- 1 bicchiere di latte
- noce moscata (facoltativo)
- sale e pepe

Mettete sul fuoco una pentola con abbondante acqua salata e portate a ebollizione.

Lavate e tagliate il peperone, prima a metà e, dopo aver eliminato il picciolo, i semini e la parte bianca, a strisce di dimensioni simili a quelle della pasta. Mettete sul fuoco una padella antiaderente e fate sciogliere una noce di burro. Versatevi i peperoni, saltateli, regolate di sale e fate cuocere per 2 minuti a fuoco medio. Quindi aggiungete un po' di latte (circa 50 ml) e continuate a farli cuocere.

Nel frattempo tagliate i formaggi. Togliete la crosta al gorgonzola, tagliatelo a fette grosse e aggiungetelo in padella. Pulite la crosta del taleggio, o eliminatela, secondo i vostri gusti, tagliatelo a dadini e mettete anche questo in padella. Mescolate il tutto e fate cuocere a fuoco basso. Se vi accorgete che il sugo si asciuga troppo, aggiungete un pochino di latte.

Tagliate il brie a dadini (potete lasciare la crosta se vi piace) e disponete anche questo formaggio in padella. Mettete in cottura la pasta e nel frattempo fate fondere i formaggi a fuoco molto lento, se volete aggiungendo un pizzico di noce moscata. Grattugiate il parmigiano e tenetelo da parte.

Quando la pasta è quasi cotta, terminate la preparazione del sugo aggiungendo la panna, quindi alzate la fiamma per sciogliere bene i formaggi.

Scolate la pasta al dente e trasferitela in padella con il condimento. Fate saltare o mantecate la pasta ai formaggi tenendo la fiamma bassa, quindi spegnete il fuoco e aggiungete il parmigiano grattugiato.

A cottura ultimata diluite leggermente la salsa ai quattro formaggi con un po' di acqua di cottura della pasta, mantecate bene e servitele immediatamente ben calda. A piacere spolverizzate la pasta con pepe appena macinato.

Primi piatti

Vellutata di carciofi

4 porzioni

- 1/2 kg di carciofi (vanno bene gli scarti)
- 1 l di acqua
- 1 dado vegetale
- 1 patata
- 1 scalogno
- prezzemolo fresco
- succo di limone (facoltativo)
- sale e pepe
- olio extravergine di oliva

Per questa ricetta utilizzeremo gli scarti del carciofo, ossia le foglie esterne più dure. Quindi, dopo aver pulito e selezionato i carciofi, lavate bene le foglie che avete scartato, scolatele e mettetele in una ciotola.

Nel frattempo preparate il brodo vegetale, quindi mettete sul fuoco una pentola con un litro di acqua e aggiungete un dado vegetale, se non avete il dado aggiungete una carota tagliata grossolanamente, un gambo di sedano, una cipolla, uno spicchio d'aglio e un pomodoro, quindi salate e fate cuocere con coperchio. Una volta cotte le verdure, estraetele dall'acqua con una schiumarola. Dopodiché inserite nella pentola gli scarti del carciofo e fate cuocere con il coperchio per 5 minuti. Regolate di sale e di pepe.

Quindi con un mixer a immersione o con un frullatore tradizionale frullate bene il tutto fino a ottenere un composto cremoso. Se vedete che la crema risulta troppo spessa, aggiungete qualche cucchiaio d'acqua. Dopodiché con un colino filtrate la crema di carciofi e riversate il composto liquido all'interno della pentola.

Mettete sul fuoco e aggiungetevi una patata grattugiata, dopo averla sbucciata e lavata. Unite anche lo scalogno tritato finemente.

Mescolate e continuate a cuocere con un coperchio per 15 minuti circa. A fine cottura regolate di sale e di pepe. Aggiungete del prezzemolo fresco tritato e spegnete il fuoco.

Servite e spolverizzate la crema con prezzemolo fresco, un filo d'olio extravergine d'oliva e, se gradite, un pochino di succo di limone. Accompagnate il piatto con dei crostini.

Spaghetti cacio e pepe

2 porzioni

- 200 g di spaghetti trafilati al bronzo
- pepe in grani
- 50 g di pecorino romano
- sale

Innanzitutto mettete a cuocere gli spaghetti in poca acqua salata. Nel frattempo grattugiate il pecorino e mettetelo in una ciotola.

Con un batticarne schiacciate i grani di pepe e metteteli a tostare in una padella per un paio di minuti a fuoco vivo, facendo attenzione a non bruciare la padella. Una volta tostati, aggiungete un mestolo di acqua di cottura della pasta, quindi abbassate la fiamma al minimo e lasciate cuocere.

Prelevate un mestolo di acqua di cottura della pasta, versatelo nella ciotola con metà del pecorino grattugiato, cominciate ad amalgamare con una spatola e, quando il formaggio comincerà a sciogliersi, aggiungete il resto del pecorino, quindi mescolate bene fino a ottenere una salsa cremosa e omogenea.

Schiacciate altri grani di pepe che vi serviranno da aggiungere alla pasta a fine cottura. Scolate gli spaghetti al dente e metteteli nella padella in cui c'è già il pepe, aggiungete anche due mestoli di acqua di cottura e fate saltare il tutto. Saltare la pasta è fondamentale ma se non riuscite a farlo, potete utilizzare un paio di pinze e mescolare continuamente in modo che l'amido della pasta leghi il tutto rendendolo cremoso.

Aggiungete la crema ottenuta dal formaggio e, a fuoco spento, iniziate a mantecarla per due minuti, aggiungendo altro pepe e, se necessario, altra acqua della pasta, quanto basta per ottenere un sugo cremoso. Gli spaghetti sono pronti, serviteli subito!

Pasta alla Norma

2 porzioni

- 200 g di pasta corta
- 1 melanzana
- 2 pomodori (il peso deve essere all'incirca lo stesso della melanzana)
- 1 cipolla
- ricotta salata
- basilico fresco
- sale e pepe
- olio extravergine di oliva

Tagliate la melanzana e i pomodori a cubetti e tritate finemente la cipolla. Una volta preparate tutte le verdure, portate a ebollizione in una pentola abbondante acqua salata e cuocete la pasta.

Nel frattempo preparate il condimento: in una padella abbastanza capiente mettete a cuocere, per circa 5 minuti, le melanzane con un filo d'olio extravergine d'oliva, salate e coprite con un coperchio, mescolando ogni tanto. Una volta cotte, togliete le melanzane dalla padella e fatele riposare in un piatto.

Nella stessa padella versate un filo d'olio extravergine d'oliva e fate rosolare la cipolla per un paio di minuti. Quindi aggiungete i pomodori freschi tagliati a cubetti, regolate di sale e pepe e lasciate cuocere per circa un minuto finché i pomodori non saranno appassiti.

Ora, unite le melanzane in padella e continuate la cottura per circa 5 minuti a fiamma media, amalgamate bene tutti gli ingredienti, aggiungete anche un mestolo abbondante di acqua di cottura in attesa che la pasta cuocia.

Alcuni secondi prima di scolare la pasta, spezzettate qualche foglia di basilico fresco nel condimento. Versate la pasta in padella e fate saltare, spegnete il fuoco e aggiungete ancora un pochino d'olio extravergine d'oliva a crudo in modo che gli ingredienti si leghino bene tra di loro. Servite e completate il piatto con un'abbondante grattugiata di ricotta salata e qualche foglia di basilico.

Tagliolini al tartufo

2 porzioni

- 200 g di tagliolini
- tartufo bianco e/o nero a piacere
- 50 g di burro
- 2 tuorli d'uovo
- 2 filetti di alici sott'olio
- 4-5 foglie di salvia
- 50 g di parmigiano
- sale e pepe

La prima cosa da fare è il burro aromatizzato con il tartufo che andrete a mettere in scaglie sulla pasta a fine cottura, quindi fate sciogliere il burro nel microonde, grattugiate dei pezzetti di tartufo, uniteli al burro fuso e mescolate il tutto con una forchetta. Coprite con pellicola trasparente e mettete in freezer.

Mettete sul fuoco una pentola con l'acqua per la pasta e salate. In una padella disponete una noce di burro, un filo d'olio extravergine d'oliva e due alici, facendo sciogliere il tutto a fiamma media, quindi spegnete il fuoco.

In una terrina mettete due tuorli, salate e pepate a piacere. Mettete a cuocere i tagliolini.

Intanto che cuoce la pasta aggiungete delle foglie di salvia e qualche pezzetto di burro fresco in padella e rimettete sul fuoco un minuto prima di scolare i tagliolini.

Eliminate la salvia dalla padella e fate saltare la pasta a fuoco medio. Aggiungete qualche mestolo di acqua di cottura della pasta in modo che non sia troppo asciutta. Aggiungete anche un pochino di parmigiano.

Unite infine i tuorli d'uovo e mescolate bene a fuoco spento.

Se si dovesse asciugare troppo la pasta potete aggiungere ancora un po' di acqua di cottura. Servite e aggiungete sulla pasta qualche scaglia di burro al tartufo che avevate messo precedentemente in freezer.

Pasta e patate

4 porzioni

- 200 g di pasta corta (ideale pasta mista trafilata al bronzo)
- 500 g di patate rosse
- 1 cipolla bianca media
- 4-5 pomodorini datterini
- 1 spicchio d'aglio
- 1 gambo di sedano
- 50-60 g di pancetta
- 150-160 g di provola dolce o affumicata
- 40-50 g di parmigiano grattugiato
- sale e pepe
- olio extravergine di oliva
- 1 l di acqua

Mondate il sedano e la cipolla, poi tritateli finemente. Sbucciate l'aglio, privatelo del germoglio centrale e tritatelo. Affettate infine la pancetta e riducetela a dadini. Quindi mettete sul fuoco una padella dai bordi alti, versatevi un giro di olio extravergine di oliva poi aggiungete la pancetta, il trito di cipolla, sedano e aglio e cominciate a soffriggere a fuoco basso.

Nel frattempo pelate le patate e tenetele immerse nell'acqua fredda prima di tagliarle a cubetti un attimo prima di aggiungerle al soffritto.

Dopo aver aggiunto le patate, salate e pepate, e alzate la fiamma fino a quando cominceranno a sfrigolare, dopodiché continuate la cottura per 7-8 minuti a fiamma bassa.

Unite i pomodorini tagliati in quattro parti, coprite con un coperchio e proseguite la cottura a fuoco medio-basso per circa 20 minuti, mescolando di tanto in tanto evitando così che bruci il fondo.

Quando le patate raggiungeranno un colore brunastro, aggiungete un litro di acqua a temperatura ambiente e mescolate con un cucchiaio di legno staccando tutto quello che rimane sul fondo della pentola.

Coprite con il coperchio, alzate la fiamma e portate a bollore. Regolate di sale e versate la pasta facendola cuocere con il coperchio semiaperto per il tempo indicato sulla confezione.

Mescolate di tanto in tanto e se, negli ultimi minuti di cottura, la pasta e patate risultasse troppo asciutta aggiungete dell'acqua bollente, se troppo brodosa, invece, togliete il coperchio e terminate la cottura a fiamma alta mescolando velocemente fino a quando il composto risulterà cremoso e quasi asciutto.

A fine cottura, spegnete il fuoco, quindi aggiungete il parmigiano grattugiato e la provola tagliata a cubetti e mescolate bene fuori dal fuoco fino a quando non sarà perfettamente sciolta e legata alla pasta.

Servite e insaporite ancora con del pepe e un filo d'olio extravergine di oliva a crudo.

Primi piatti

Minestra polesana con trippa, patate e verza

6 porzioni

- 1,2 kg di trippa (solo foiolo o mista)
- 1 kg circa di verza o cavolo cuore di bue
- 1 ciuffo di prezzemolo tritato
- 2 carote (100 g)
- 3 patate rosse (500 g)
- 2 gambi di sedano (80 g)
- 1 cipolla (70 g)
- peperoncino
- 60-80 g di pancetta o lardo
- 200 ml di salsa di pomodoro
- 200 ml + 3 bicchieri di acqua
- 1 noce di burro (30 g)
- 50-60 g di pecorino romano o parmigiano reggiano
- sale e pepe
- 2 foglie di alloro
- olio extravergine di oliva

    Lavate e tagliate la trippa a tocchetti. Pulite anche la verza e tagliatela a striscioline, poi lavatela e tenetela da parte. Sbucciate la cipolla e affettatela grossolanamente. Lavate le carote e il sedano e tagliateli a cubetti. Tagliate anche la pancetta a cubetti. Tagliate il peperoncino a pezzetti, eliminando il picciolo e i semi. Pelate le patate e tagliatele a dadini, poi lasciatele in una ciotola piena di acqua fredda.

    In una pentola dai bordi alti mettete a rosolare la pancetta, il sedano, la carota e la cipolla con una noce di burro e quando la cipolla comincerà a stufarsi e la pancetta comincerà a rilasciare parte del suo grasso, unite la trippa e continuate la cottura a fuoco vivo per 2-3 minuti, rimestando frequentemente. Salate e pepate, coprite con un coperchio e fate cuocere per altri 15-20 minuti a fuoco basso.

    Unite la salsa di pomodoro e 200 ml di acqua, mescolate e portate a bollore a fuoco vivo con il coperchio. Aggiungete le foglie di alloro e continuate la cottura a fuoco basso per altri 30 minuti.

    Unite le patate e la verza, coprite e lasciate appassire la verza a fuoco medio per circa 20 minuti. A questo punto aggiungete 2 o 3 bicchieri di acqua a temperatura ambiente, coprite e terminate la cottura per altri 10-15 minuti.

    Spegnete il fuoco, spolverizzate con pecorino o parmigiano grattugiato e una manciata di prezzemolo tritato e amalgamate il tutto. Servite con una macinata di pepe e un filo di olio extravergine di oliva.

Pasta e fagioli con le cotiche

4 porzioni

- 250 g di fagioli cannellini secchi (o 500 g di fagioli in scatola al naturale, ben scolati)
- 200 g di ditaloni rigati
- 200 g di cotenna di maiale
- 150 g di pasta di salame
- 1 spicchio d'aglio

- 1 cipolla
- sale e pepe
- olio extravergine di oliva
- 1 l di brodo vegetale
- prezzemolo tritato
- 1 bicchiere di vino bianco secco

Per il brodo vegetale:
- 50 g di sedano
- 50 g di carota
- 50 g di cipolla
- 1 spicchio d'aglio
- sale
- 1 l di acqua

Lavate i fagioli cannellini secchi, poi metteteli in una ciotola capiente, ricopriteli con abbondante acqua fresca e teneteli in ammollo per circa 12 ore o per tutta la notte (se potete, cambiate l'acqua un paio di volte), poi risciacquateli e metteteli all'interno di una pentola, preferibilmente di coccio, con due foglie di alloro e acqua fresca (l'acqua deve superare il livello dei legumi di 2-3 cm). Coprite con un coperchio e fate cuocere i fagioli per circa 1 ora e mezza a fuoco lento (se utilizzate una pentola di coccio, ricordatevi di mettere sotto uno spargifiamma). Durante la cottura eliminate la schiuma che si forma in superficie, poi salateli negli ultimi 15 minuti di cottura e teneteli da parte.

Per preparare il brodo, lavate la carota e il sedano e tagliateli a pezzettoni grossi. Sbucciate la cipolla e tagliatela a metà. Infine sbucciate l'aglio che lascerete intero. Versate tutte le verdure in una pentola, copriteli con 1 litro di acqua fredda, portate sul fuoco e fate cuocere per circa 20 minuti con un coperchio. Negli ultimi 5 minuti di cottura aggiungete il sale. Anche il brodo vegetale è pronto.

Mettete la cotenna in un pentolino, aggiungete un bicchiere di vino bianco secco e dell'acqua fresca sufficiente a coprirla, mettete un coperchio e portate a bollore, dopodiché abbassate il fuoco e lasciate cuocere per circa 1 ora e mezza. Una volta cotta, scolatela e riducetela a pezzettini.

Sbucciate una cipolla e tagliatela a fettine sottili. Sbucciate l'aglio, privatelo del germoglio interno e tritatelo finemente. In una pentola, preferibilmente di coccio, cominciate a soffriggere l'aglio tritato e la cipolla con un filo di olio extravergine di oliva. Aggiungete quindi la pasta di salame, cercando di sgranarla con un cucchiaio di legno.

Dopo 2 minuti circa, unite la cotenna e i fagioli con tutta la loro acqua di cottura (se utilizzate i fagioli in scatola, scolateli e risciacquateli sotto acqua corrente, quindi aggiungete un po' di brodo vegetale al posto dell'acqua di cottura). Coprite con un coperchio e fate cuocere a fuoco basso per circa 40 minuti, mescolando di tanto in tanto e se dovesse asciugarsi troppo unite qualche mestolo di brodo.

Versatevi quindi i ditaloni e cuocete per altri 9-10 minuti (o il tempo indicato sulla confezione). Verso metà cottura, regolate di sale e di pepe e gli ultimi 3 minuti di cottura fateli a fuoco spento e con il coperchio e, se necessario, aggiungete del brodo caldo. Servite il piatto con una spolverata di prezzemolo tritato e un filo d'olio extravergine di oliva.

Zuppa di castagne

3 porzioni

- 500 g di castagne pelate (circa 700-800 g di castagne da pelare)
- 100 g di pancetta affumicata (o prosciutto crudo, speck o guanciale)
- 2 foglie di alloro fresco
- 1 rametto di salvia essiccata
- 1 rametto di rosmarino secco
- 1 pezzetto di porro
- 1 carota
- 1 gambo di sedano
- sale e pepe
- olio extravergine di oliva

Con la punta di un coltellino praticate un taglio orizzontale sulla parte bombata della buccia delle castagne, poi mettetele in una pentola con acqua bollente e scottatele per 2-3 minuti. Quindi scolatele e passatele immediatamente nella padella forata, quella che si utilizza per le caldarroste, e lasciatele asciugare a fiamma vivace con un coperchio per circa 1 minuto. Dopodiché sbucciatele con le mani e togliete la pellicina con un coltellino.

Tagliate la pancetta a cubetti. Lavate e tagliate finemente un pezzetto di porro. Lavate e tagliate il sedano e la carota a cubetti di circa mezzo cm. Tritate molto finemente anche le foglie di salvia e gli aghi di rosmarino.

In una pentola dai bordi alti (meglio se di coccio), iniziate a soffriggere il porro, la salvia, il rosmarino e la cotenna con un filo di olio extravergine di oliva. Dopo circa 2 minuti, unite i cubetti di pancetta e continuate a soffriggere per altri 2-3 minuti. Dopodiché aggiungete il mirepoix di sedano e carota, mescolate e fate rosolare a fuoco vivo per un paio di minuti.

Poi aggiungete le castagne. Mescolate bene per circa 30 secondi, coprite con acqua fredda (1 litro se usate la pentola di coccio, altrimenti 1,5 litri), aggiungete le foglie di alloro, salate leggermente e pepate. Coprite con un coperchio e portate a ebollizione a fuoco medio.

Quindi spostate la pentola sul fuoco più basso (se utilizzate la pentola di coccio, ricordatevi di mettere uno spargifiamme sotto la pentola), e fate cuocere per circa 40-50 minuti a fuoco basso con il coperchio.

A cottura ultimata, regolate di sale e, per renderla un pochino più cremosa, frullatela per qualche secondo con un frullatore a immersione. Servite la zuppa calda condita con un filo di olio extravergine a crudo e delle fette di pane fatto in casa.

Cappelletti in brodo

4 porzioni

Per la pasta all'uovo:
- 3 uova medie
- 300 g di farina 00

Per il ripieno:
- 100 g di prosciutto crudo
- 100 g di mortadella Bologna senza pistacchi
- 100 g di spalla di maiale
- 100 g di parmigiano reggiano
- 1 uovo
- 30 g di burro
- sale e pepe
- noce moscata
- 1 rametto di rosmarino
- 1 rametto di salvia
- 1/2 bicchiere di vino bianco secco
- 1,5 l di brodo di carne (se possibile di cappone)

Preparazione della pasta fresca

Disponete la farina a fontana su un piano da lavoro, preferibilmente di legno, fate un buco nel centro e aggiungete le uova intere. Con una forchetta sbattete le uova e pian piano fatele legare alla farina. Senza rompere la fontana, portate con la mano dall'esterno verso il centro altra farina e continuate a mescolare con la forchetta per farla assorbire. Se il composto al centro della fontana tende a uscire, riportatelo semplicemente all'interno. Quando il composto inizierà a prendere corpo, ricopritelo completamente con la farina, mescolate ancora per un po' con la forchetta e poi continuate la lavorazione con le mani.

Una pasta fresca perfetta non deve essere troppo dura e neanche troppo appiccicosa. Aiutatevi con una spatola a recuperare tutta quanta la farina e quando vi accorgete che l'impasto tenderà ad assorbire con più difficoltà la farina, pulite bene il piano di lavoro e pure le mani dai granuli di farina poiché diventerebbero dei grumi all'interno dell'impasto.

Impastate con il tagliere bello pulito per circa 15 minuti fino a quando l'impasto risulterà morbido, omogeneo, leggermente elastico e umido, lucido e non appiccicoso (se l'impasto dovesse appiccicarsi al tagliere, aggiungete semplicemente un po' di farina sul tagliere).

Formate dunque una palla, avvolgetela nella pellicola trasparente e lasciatela riposare per circa un'ora a temperatura ambiente.

Preparazione del ripieno

Prendete solo il muscolo (parte magra dalla spalla di maiale), eliminate le eccedenze di grasso, quindi pesatene 100 g e tagliatelo a tocchetti piccoli. Mettete a sciogliere il burro in una padella insieme al rametto di rosmarino (preferibilmente secco) e un rametto di salvia (preferibilmente fresca). Aggiungete la carne e fatela rosolare bene a fuoco vivo. Salatela ma non eccessivamente in quanto il prosciutto crudo, la mortadella e il parmigiano hanno già un'elevata quantità di sale, dopodiché sfumate con il vino bianco.

Continuate a tenere il fuoco vivo per far evaporare la parte alcolica del vino e dopo un paio di minuti mettete il coperchio, abbassate la fiamma e continuate la cottura per altri 4-5 minuti. A questo punto aggiungete un pochino di brodo di carne (cappone) e un po' di pepe, coprite nuovamente e cuocete per altri 15 minuti a fuoco basso.

Una volta cotta la carne, toglietela dalla padella scolandola bene e trasferitela in un mixer e, mentre si raffredda, tritate con il coltello il prosciutto crudo e la mortadella, quindi aggiungere anche questi nel mixer e tritate tutto fino a ottenere un impasto. Trasferite il composto in un recipiente, aggiungete un uovo intero, una bella macinata di noce moscata, mescolate bene e aggiungere per ultimo il parmigiano. Amalgamate bene il tutto fino a ottenere un composto omogeneo. Il ripieno è pronto.

Preparazione dei cappelletti

Quando la sfoglia sarà pronta per essere lavorata, stendetela con un matterello o, se preferite una macchina, sopra un tavolo da lavoro infarinato fino a ottenere una sfoglia sottile e omogenea. Per stendere la pasta correttamente, partite sempre dal centro e spingete delicatamente il matterello in avanti e indietro cercando di mantenere sempre lo stesso spessore. Capovolgetela e giratela di 90°, quindi continuate a stenderla alla stessa maniera. Dopo aver steso la pasta, ritagliate dei quadrati della dimensione di circa 2 centimetri per fare i cappelletti (di 3 per fare i tortellini).

Posizionate al centro di ciascun quadrato un po' di ripieno aiutandovi con un cucchiaino, quindi chiudete in due il quadrato per formare un triangolo e schiacciate bene, dopodiché unite le due punte esterne per formare il cappelletto e piegate verso l'esterno l'ultimo angolo del triangolo.

Mettete sul fuoco il brodo preparato il giorno prima e, appena comincerà a bollire, immergete delicatamente i cappelletti e coprite con un coperchio. Quando riprenderà il bollore, abbassate leggermente la fiamma e fate cuocere per 3 minuti a fuoco medio. Spegnete il fuoco e lasciateli nella pentola per 5 minuti prima di portarli in tavola.

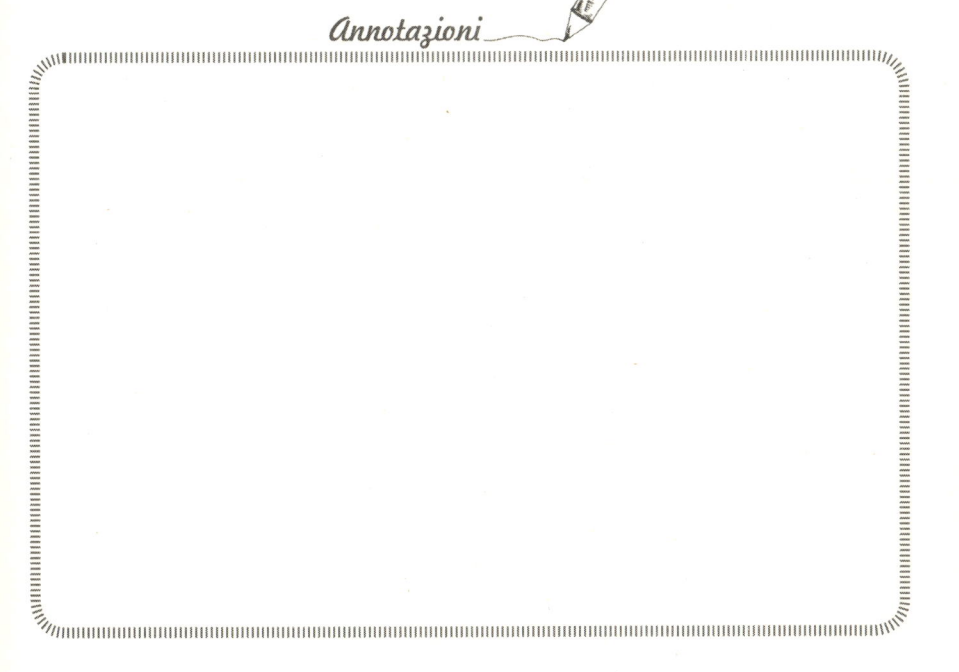

Annotazioni

Zuppa di ceci

4 porzioni

- 300 g di ceci secchi
- 1,5 l di acqua
- 2 foglie di alloro
- 1 rametto di rosmarino
- 1 rametto di salvia
- 1 carota
- 1 cipolla
- 1 gambo di sedano
- 1 spicchio d'aglio
- 4-5 pomodorini
- 1 cucchiaio raso di curcuma
- sale e pepe
- olio extravergine di oliva

Mettete in ammollo i ceci secchi in una ciotola per circa 20 ore coprendoli completamente con dell'acqua fredda. Se dopo 10-12 ore si sarà formata della schiuma in superficie, cambiate l'acqua.

Trascorso il tempo di ammollo i ceci si saranno reidratati, ovvero avranno raddoppiato il proprio volume, quindi scolateli dall'acqua e risciacquateli bene sotto l'acqua corrente, dopodiché trasferiteli in una pentola di coccio e aggiungete circa 1 litro e mezzo di acqua, o quanto basta per superare il livello dei ceci di circa tre dita.

Aggiungete due foglie di alloro, mettete sul fuoco, copriteli con un coperchio e fate cuocere a fuoco basso per circa un'ora. Con un cucchiaio, di tanto in tanto, eliminate la schiuma che si forma in superficie.

Dopo un'ora di cottura preparate un rametto aromatico con rosmarino e salvia legandoli insieme con uno spago da cucina (queste erbe aromatiche devono essere secche, soprattutto il rosmarino, perché se fossero fresche rilascerebbero una tonalità amarognola), quindi aggiungetelo ai ceci e continuate la cottura, sempre con il coperchio e a fuoco basso, per altri 40 minuti.

Le altre verdure vanno aggiunte negli ultimi 20 minuti di cottura dei ceci. Intanto che i ceci continuano a cuocere, sbucciate uno spicchio d'aglio e tagliatelo a metà. Mentre sedano, carota e cipolla tagliateli a cubetti, più o meno della stessa dimensione dei ceci. Infine tagliate i pomodorini in quattro parti. Quindi, negli ultimi 20 minuti di cottura dei ceci, inserite tutte le verdure nella pentola e mescolate.

Infine aggiungete un cucchiaio raso di curcuma, il pepe e il sale, coprite e terminate la cottura a fuoco basso. Eliminate dalla pentola l'aglio, le foglie di alloro e il mazzetto di salvia e rosmarino, quindi spegnete il fuoco.

Fate riposare la zuppa nella pentola per 5 minuti con il coperchio prima di servire e una volta nei piatti, irrorate con un filo d'olio extravergine d'oliva.

Zuppa di cipolle gratinata

4 porzioni

- 4-5 cipolle rosse
- 2 noci di burro
- 80 g di parmigiano
- 50 g di emmental
- 8 fette circa di pane fresco
- sale e pepe
- brodo vegetale
- olio extravergine di oliva

Sbucciate e lavate le cipolle, dopodiché tagliatele a fettine grossolane. Mettete sul fuoco una padella con due noci di burro e un filo d'olio extravergine e quando il burro si sarà sciolto, aggiungete un po' alla volta le cipolle. Fatele appassire continuando a mescolare con un cucchiaio di legno (non aggiungete tutta la cipolla in una sola volta nella padella ma un po' alla volta. In questa maniera la temperatura rimarrà costante e si ridurrà anche il tempo di cottura).

Quando avrete inserito metà dose di cipolle, regolate con un po' di sale (non mettete troppo sale perché il formaggio che metterete durante la fase di gratinatura ne rilascerà già a sufficienza). Poco per volta inserite la restante cipolla e continuate questa fase di cottura a fuoco medio. Quando la cipolla sarà caramellata in modo perfetto, unite il brodo vegetale fino a coprire la cipolla, quindi mettete un coperchio, lasciandolo semiaperto, e continuate la cottura a fuoco medio per 30 minuti circa (se si dovesse asciugare troppo durante questa fase di cottura, aggiungete un po' di brodo vegetale).

Mentre la cipolla cuoce, preparate il pane. Tagliate delle fette di pane di circa 1 cm di spessore e fatele tostare in una padella (le fette di pane vi serviranno per rivestire il fondo di una pirofila da forno, o di una pentola di coccio). Quindi mettete una padella sul fuoco con una noce di burro e un po' di pepe e, non appena il burro si scioglierà, tostate le fette di pane a fiamma bassa, rigirandole velocemente.

A questo punto, ricoprite il fondo della pirofila con le fette di pane tostate per creare un primo strato, poi spolverizzatele con del parmigiano grattugiato. Quando la zuppa di cipolle sarà cotta e avrà raggiunto la giusta densità, versatela nella pirofila, per creare un secondo strato.

Dopo aver aggiunto un po' di parmigiano sulle cipolle, copritele con del formaggio filante, tipo emmental. Infine grattugiate altro parmigiano in superficie e infornate in forno caldo con funzione grill. Fate cuocere fino a quando la superficie sarà completamente gratinata.

Primi piatti

Pasta con lenticchie

4 porzioni

- 200 g di lenticchie
- 160 g di pasta corta
- 1 gambo di sedano
- 1 carota
- 1 cipolla
- 1 spicchio d'aglio
- prezzemolo
- 4-5 pomodorini
- 1 cucchiaino di curcuma
- 1 cucchiaino di zenzero in polvere
- rosmarino secco
- salvia
- 2 foglie di alloro
- peperoncino (facoltativo)
- sale e pepe
- olio extravergine di oliva

Prima di cominciare la preparazione della pasta con le lenticchie, dovete sapere che le lenticchie vanno precedentemente sciacquate e solo in alcuni casi ammollate nell'acqua, dipende dalla qualità che state utilizzando, quindi leggete sulla confezione.

Cominciate a tagliare le verdure (cipolla, carota, sedano, pomodorini) a dadini di circa mezzo centimetro, mentre lo spicchio d'aglio sbucciatelo, tagliatelo a metà e privatelo della sua anima. Staccate le foglie dai gambi di prezzemolo e tenetele da parte, mentre i gambi li utilizzerete interi in questa fase di cottura.

Sciacquate le lenticchie, quindi mettetele in una pentola, possibilmente di coccio, con un litro di acqua fredda e tutte le verdure tagliate a dadini. Aggiungete anche il rosmarino e la salvia precedentemente tritati, lo spicchio d'aglio, un po' di peperoncino al gusto e due foglie di alloro. Ponete la pentola sul fuoco, coprite con un coperchio e fate cuocere per circa 40 minuti, se non diversamente indicato sulla confezione delle lenticchie.

Negli ultimi 5 minuti di cottura, aggiungete il sale, un cucchiaino di curcuma, un cucchiaino di zenzero in polvere e il pepe (premetto che il pepe è fondamentale perché si possa attivare la curcuma e rilasciare tutte le sue proprietà antinfiammatorie). La zuppa di lenticchie è pronta!

Se volete gustarla così, aggiungete delle foglie di prezzemolo tritate e un filo d'olio extravergine d'oliva una volta servita.

Altrimenti proseguite aggiungendo la pasta, ma prima dovete eliminare lo spicchio d'aglio, i gambi di prezzemolo e le foglie di alloro. Versate la pasta e fate cuocere a fuoco basso con il coperchio secondo il tempo indicato sulla confezione. Spegnete il fuoco almeno tre minuti prima del termine di cottura della pasta, quindi aggiungete le foglie di prezzemolo tritate e un filo d'olio extravergine d'oliva. Dopodiché coprite con il coperchio e lasciate riposare il tempo necessario per permettere alla pasta di raggiungere il giusto punto di cottura. Se verso metà cottura dovesse asciugarsi troppo, aggiungete un bicchiere di acqua scaldata nel microonde e terminate la cottura.

Servite subito, insaporendola con una macinata di pepe.

Cicerchie alla pignata

4 porzioni

- 250 g di cicerchie
- 1 patata
- 1 carota
- mezza cipolla
- mezzo gambo di sedano
- 3 pomodorini
- 1 foglia di alloro
- prezzemolo tritato
- peperoncino (facoltativo)
- sale
- acqua
- olio extravergine di oliva

Mettete in ammollo le cicerchie per 24 ore in acqua e sale e prima di utilizzarle sciacquatele bene sotto l'acqua corrente e scolatele. Preparate il soffritto: tagliate le carote e la cipolla a fettine, le patate a dadini. In una pentola mettete un filo d'olio extravergine d'oliva e uno spicchio d'aglio in camicia, 3 pomodorini interi facendogli solo un piccolo taglietto, mezza cipolla, mezzo gambo di sedano, 1 foglia di alloro, una carota e le patate. A piacere si può aggiungere un po' di peperoncino, dopodiché mettete sul fuoco e fate soffriggere.

Una volta che il soffritto è pronto, versate le cicerchie, continuate la cottura per qualche minuto e coprite con acqua fredda (la quantità d'acqua deve essere il doppio della quantità delle verdure).

Coprite e fate cuocere per circa 1 ora e mezza-2 ore. Se vedete che la zuppa si asciuga troppo, aggiungete dell'acqua calda. Salate dieci minuti prima di terminare la cottura della zuppa. Spegnete il fuoco, aggiungete del prezzemolo tritato e, una volta servito, un filo d'olio extravergine.

Seconda versione

Versate in una pentola un filo d'olio extravergine d'oliva, uno spicchio d'aglio intero in camicia, 3 pomodorini bucati e lasciati interi, mezza cipolla, 1 foglia d'alloro, carote e patate a dadini, infine la cicerchia.

Aggiungete l'acqua e mettete sul fuoco a fiamma bassa per circa 1 ora e mezza-2 ore.

Aggiungete il sale dieci minuti prima di finire la cottura. Spegnete e aggiungete del prezzemolo tritato. Accompagniate le cicerchie con delle fette di pane.

Secondi piatti e contorni

Pesce spada alla griglia

1 porzione

- 1 trancio di pesce spada
- 2-3 fili di erba cipollina fresca
- sale e pepe
- qualche goccia di succo di limone
- olio extravergine di oliva

Asciugate bene il trancio di pesce spada con carta assorbente, possibilmente senza prima lavarlo. Se avete a disposizione un trancio di pesce spada congelato, adagiatelo su un piatto rivestito di carta assorbente e lasciatelo scongelare lentamente all'interno del frigorifero, poi asciugatelo prima della cottura.

Scaldate una piastra di ghisa sul fornello più grande e, quando sarà ben calda, adagiatevi il trancio di pesce spada.

Lasciate cuocere per almeno 2 minuti a fiamma vivace e quando tenderà a staccarsi dalla piastra, e presenterà le classiche striature, giratelo dall'altro lato con l'aiuto di una paletta, salatelo leggermente e proseguite la cottura per altri 2 minuti.

Quando sarà cotto, adagiatelo su un piatto da portata e conditelo con un po' di erba cipollina fresca tritata, sale, pepe, un filo d'olio extravergine di oliva e qualche goccia di succo di limone. Ora è pronto per essere servito.

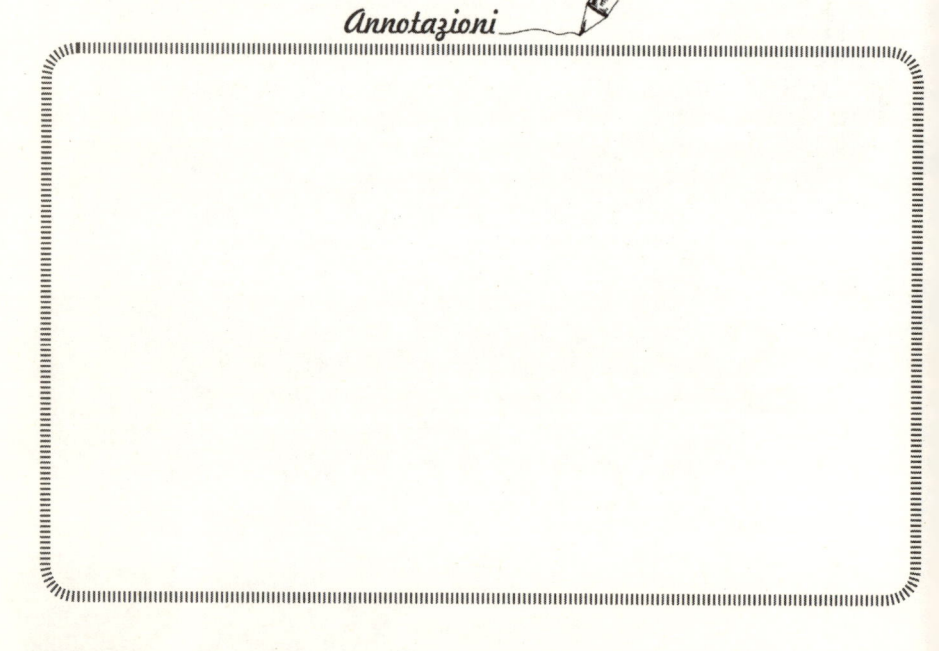

Annotazioni

Sogliola alla mugnaia

2 porzioni

- 2 sogliole
- 1 limone
- 1 ciuffo di prezzemolo tritato
- 1 cucchiaio abbondante + 1 noce di burro chiarificato
- farina
- sale e pepe

Cominciate con la pulizia della sogliola: con un coltello da cucina praticate un'incisione appena sotto la testa, dalla parte della pelle bianca, e con un dito estraete tutte quante le interiora. Poi eliminate la pelle: con un coltello ben affilato praticate un taglio profondo lungo il contorno della testa della sogliola, dalla parte della pelle scura, fino ad arrivare alla lisca centrale. Quindi con una mano afferrate saldamente la testa e con l'altra strappate via la pelle tirandola con forza verso la coda.

Capovolgete il pesce e ripetete questo passaggio anche dalla parte bianca. Con un paio di forbici eliminate tutte le pinne, poi sciacquate la sogliola sotto l'acqua corrente fresca e asciugatela bene tamponandola delicatamente con carta assorbente.

In una larga padella antiaderente fate sciogliere il burro chiarificato, nel frattempo infarinate le sogliole su entrambi i lati e scuotetele bene per eliminare la farina in eccesso. Quando il burro sarà ben caldo, disponete le sogliole nella padella, due alla volta, salate e pepate e fatele cuocere per 3 minuti da un lato, quindi giratele delicatamente, regolate di sale e di pepe e continuate la cottura per altri 2 minuti.

Quando le sogliole saranno cotte, toglietele dalla padella e disponetele su un piatto da portata. Quindi nella stessa padella fate sciogliere una noce di burro fino a quando diventerà color nocciola.

Irrorate le sogliole con succo di limone, spolverizzatele con del prezzemolo tritato, quindi versatevi il burro appena preparato e servite subito.

Orata all'acqua pazza

2 porzioni

- 2 orate (o spigola, branzino o tutti i pesci di mare con le squame)
- 20 pomodorini pachino
- 1 mazzetto di prezzemolo fresco
- 2 spicchi d'aglio
- 20 olive nere denocciolate
- 20 capperi dissalati
- sale
- pepe bianco
- olio extravergine di oliva
- 1/2 bicchiere di vino bianco secco
- 1/2 bicchiere di acqua

Con l'aiuto di un coltello affilato praticate un taglio lungo la linea ventrale ed eviscerate l'orata, eliminate anche le branchie. Dopodiché con la lama di un coltellino incidete la parte interna, quella collegata con la lisca centrale, e fate scorrere la lama lungo la lisca per staccare il filetto nero.

Con un paio di forbici eliminate tutte le pinne e con un pelapatate squamate il pesce, partendo dalla parte della coda fino ad arrivare all'altezza della testa. Quindi sciacquate l'orata sotto l'acqua corrente fresca.

Prendete una pirofila abbastanza capiente e cospargetene il fondo con l'olio extravergine di oliva, poi adagiatevi le orate e conditele con sale, pepe, un filo d'olio extravergine di oliva, il vino bianco secco e l'acqua (i liquidi non devono superare la metà dell'altezza del pesce).

Tagliate i due spicchi d'aglio a metà, lasciandoli in camicia, e inseriteli all'interno del pesce, all'altezza delle branchie. Quindi all'interno della pancia mettete un mazzetto di prezzemolo precedentemente lavato e asciugato.

Lavate i pomodorini e tagliateli a metà, quindi dopo averli salati, mettetene alcuni all'interno della pancia del pesce e gli altri nella pirofila insieme alle olive e ai capperi.

Infornate le orate in forno statico preriscaldato a 220 °C e fate cuocere dai 35 ai 50 minuti (dipende dalla grandezza del pesce. Il tempo di cottura di un'orata da 700 g è di 40 minuti).

Quando le orate saranno cotte, estraete la pirofila dal forno e adagiatele su un piatto irrorandole con il fondo di cottura.

Salmone al forno con patate

2 porzioni

- 1 filetto di salmone intero
- 1 kg di patate novelle
- 10 pomodorini
- 2 rametti di rosmarino fresco
- sale e pepe
- olio extravergine di oliva

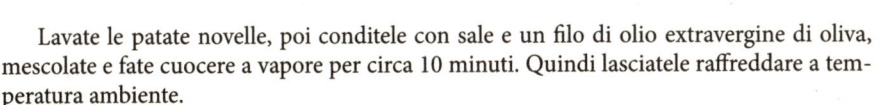

Lavate le patate novelle, poi conditele con sale e un filo di olio extravergine di oliva, mescolate e fate cuocere a vapore per circa 10 minuti. Quindi lasciatele raffreddare a temperatura ambiente.

Nel frattempo sciacquate il filetto di salmone e dividetelo in 4 pezzi. Poi eliminate le lische con una pinzetta.

Ungete una teglia da forno con un filo d'olio extravergine di oliva, salate e pepate, dopodiché passate ciascun trancio nel condimento, su entrambe i lati, infine disponete due filetti per volta uno sopra l'altro, condite con sale, pepe, olio e un rametto di rosmarino.

Aggiungete nella teglia i pomodorini interi e le patate novelle e cuocete in forno statico o ventilato preriscaldato a 220 °C per 25 minuti. Servite subito. Potete accompagnarlo con delle salse, per esempio la salsa tonnata.

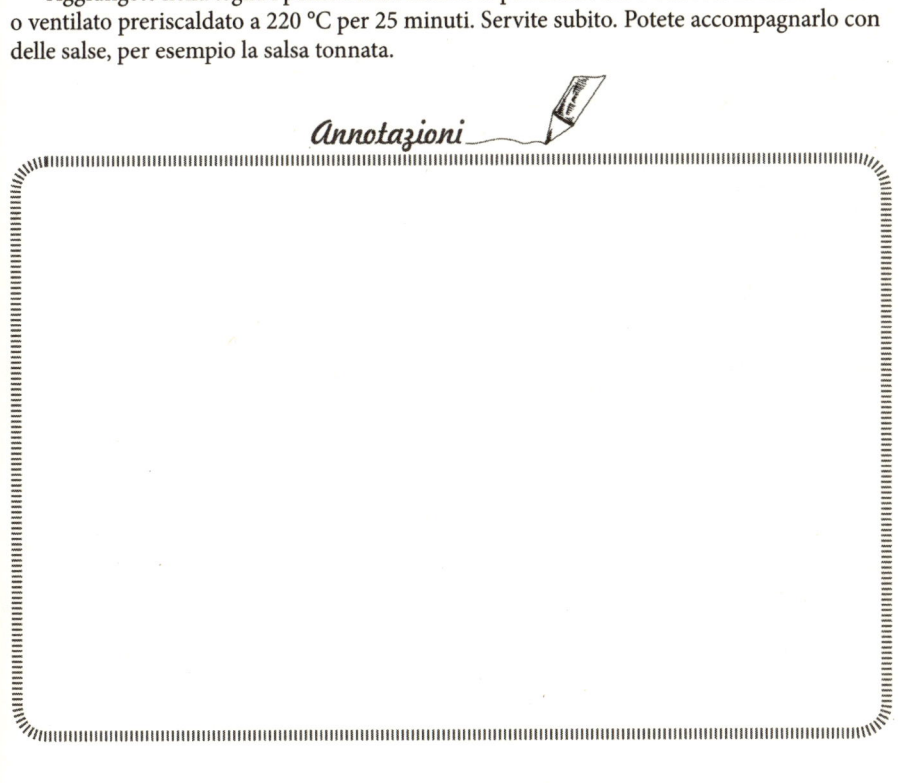

Annotazioni

Baccalà alla vicentina

8 porzioni

- 1 kg di stoccafisso
- 5-6 sarde sotto sale
- farina
- 30-40 g di parmigiano grattugiato o grana padano
- 3 cipolle (circa 300 g)
- 1 manciata di prezzemolo fresco tritato
- 1/2 l di latte
- 250 ml di olio extravergine di oliva
- sale e pepe

Innanzitutto bisogna ammollare lo stoccafisso: praticate dei tagli sulla parte dorsale del pesce e mettetelo all'interno di una bacinella con acqua fredda. Posizionate il contenitore in frigorifero e ogni 6-8 ore cambiate l'acqua. La durata complessiva dell'ammollo è di tre giorni. Trascorso il tempo necessario, scolate lo stoccafisso dall'acqua e conservatelo in frigorifero per altre 12 ore prima di consumarlo.

Tritate finemente le cipolle e dissalate le sarde, lasciandole in ammollo per circa mezz'ora, poi eliminate le lische e sminuzzatele con un coltello.

In una padella versate abbondante olio extravergine d'oliva, aggiungete le sarde insieme alla cipolla tritata, salate, pepate e mescolate, quindi fate cuocere a fuoco basso per circa 15 minuti fino a quando le cipolle non saranno appassite. Se la cipolla tenderà ad attaccarsi alla padella, aggiungete mezzo bicchiere d'acqua. Versate qualche cucchiaiata di soffritto in una pentola di coccio, distribuite bene e irrorate con un filo d'olio, poi passate alla pulizia del pesce.

Aprite lo stoccafisso a metà tagliandolo con un coltello sul lato lungo, dalla pancia fino alla coda, poi eliminate la lisca centrale, tutte le spine, le pinne e le alette. Farcite quindi con il resto del soffritto di cipolla e sarde, spargendolo con una spatola su tutta la superficie. Aggiungere anche il prezzemolo tritato, il parmigiano grattugiato, il sale, il pepe e una leggera spolverata di farina.

Richiudete lo stoccafisso e tagliatelo a pezzi larghi circa 5 cm. Disponete i pezzi all'interno del tegame in modo verticale, uno accanto all'altro e spolverizzate con un pizzico di sale grosso, pepe, parmigiano grattugiato, un velo di farina.

Aggiungete poi abbondante olio extravergine di oliva e versate tutto il latte sopra fino a coprire interamente lo stoccafisso. Infine irrorare con un altro filo d'olio.

Coprite con un coperchio e lasciate cuocere a fuoco molto dolce per circa 5-6 ore, mettendo uno spargifiamma sotto la pentola, cercando di non toccarlo nelle prime 2 ore di cottura. Nel frattempo magari preparate una buona polenta. Dopo due ore mescolate il meno possibile durante la cottura. Servite il baccalà insieme a delle fette di polenta grigliata, come vuole la tradizione.

Polpo alla griglia con patate

6 porzioni

- 1,5 -2 kg di polpo
- 2-3 foglie di alloro
- 1 cucchiaino di maggiorana
- sale
- pepe (facoltativo)
- olio extravergine di oliva

Per le patate prezzemolate:
- 3-4 patate
- 1 manciata di prezzemolo
- 1 spicchio d'aglio
- sale
- olio extravergine di oliva

Per la citronette:
- 40 ml di succo di limone
- 1 pizzico di sale
- 1 pizzico di pepe nero o bianco
- 60 ml di olio extravergine di oliva

Pulite il polpo eliminando le viscere contenute nella sacca, gli occhi e il becco e lavatelo sotto l'acqua corrente fredda. Mettete una pentola dai bordi alti sul fuoco e cominciate a scaldare un filo di olio extravergine di oliva con le foglie di alloro e la maggiorana. Quando l'olio comincerà a sfrigolare, inserite il polpo con il cappuccio rivolto verso il basso. Regolate di sale, coprite con un coperchio e cuocere a fuoco basso per circa 1 ora, girandolo di tanto in tanto. Intanto preparate le patate prezzemolate.

Pelate le patate e tagliatele a cubetti, quindi cuocetele a vapore per circa 10 minuti. Dopodiché trasferitele in una ciotola e fatele intiepidire. Sbucciate uno spicchio d'aglio, eliminate il germoglio interno e tritatelo con una manciata di prezzemolo precedentemente lavato e asciugato. Condite le patate con il trito di prezzemolo e aglio, un pizzico di sale e olio extravergine di oliva.

Non appena il polpo sarà cotto, spegnete il fuoco e lasciatelo nel suo liquido di cottura, chiuso con un coperchio, per circa 15 minuti. Scolate il polpo dalla pentola e fatelo riposare su un vassoio per almeno 15 minuti a temperatura ambiente.

Spremete il succo di un limone e versatelo in una ciotola; unite il sale, il pepe e mescolando con una frusta, unite a filo anche l'olio extravergine di oliva. Dovrete ottenere un composto semicremoso.

Mettete a cuocere il polpo su una griglia molto calda per 4 o 5 minuti, rigirandolo ogni 2 minuti e spennellandolo con la citronette ogni volta che lo girate. Una volta pronto, tagliatelo a pezzi piuttosto grossi, disponetelo su un piatto da portata insieme alle patate prezzemolate e servite.

Consigli: più tenero volete il polpo, più tempo dovete lasciarlo all'interno del suo liquido di cottura a fuoco spento. Io consiglio 15-20 minuti, oltre questo tempo tende a diventare eccessivamente tenero e a spezzarsi.

Grigliata di pesce imperiale

4 porzioni

- 6 gamberoni
- 2-3 scampi
- 1 trancio di pesce spada
- 1 fetta di tonno fresco
- 1 trancio di salmone fresco
- 1/2 kg di anelli di calamaro
- 6 seppie (o calamari)
- 1 kg di cozze

- 5-6 foglie di salvia
- 3-4 foglie di basilico
- 2-3 rametti di rosmarino fresco
- 1 manciata di prezzemolo
- 2 limoni
- pangrattato
- sale e pepe
- olio extravergine di oliva

Per la decorazione:
- 6-7 foglie di insalata iceberg
- 10-12 pomodorini
- aceto balsamico di Modena
- sale
- olio extravergine di oliva

Per servire la grigliata di pesce in tavola, decorate un vassoio con qualche foglia di insalata iceberg, dopo averla lavata bene. In una ciotola condite i pomodorini tagliati a metà con sale, qualche foglia di basilico spezzettata a mano, un pochino di aceto balsamico di Modena e un filo d'olio extravergine d'oliva, quindi mescolate e lasciate insaporire.

A gamberoni e scampi va eliminata la testa e l'intestino, il filo nero, che si trova sulla schiena, sfilandolo via con l'aiuto di uno stuzzicadenti all'altezza della testa. Dopodiché lavateli bene sotto l'acqua corrente. Mettete quindi le code di gamberi in uno spiedino: il primo gamberone va inserito con la curvatura della schiena verso l'alto, questo serve per una migliore impugnatura dello spiedino, mentre gli altri inseriteli con la curvatura verso il basso.

Gli scampi lasciateli così come sono. Pulite le seppie o calamari, eliminando la pelle e le interiora, staccate i ciuffi, poi infilzateli su uno spiedino in questo modo: prima infilzare la sacca di un calamaro o seppia per il lungo e non in senso orizzontale, poi un ciuffo, poi una seconda sacca e infine un altro ciuffo. Dopo averli preparati, spennellateli con un pochino d'olio extravergine d'oliva, quindi passateli nel pangrattato e, dopo aver eliminato l'eccedenza di pane, poneteli sopra un piatto.

Per quanto riguarda gli anelli di calamaro che generalmente vengono venduti decongelati e sono addizionati con dei conservanti, vanno risciacquati bene sotto l'acqua corrente, dopodiché vanno asciugati, quindi potete ungerli con un pochino di olio extravergine d'oliva e sono pronti per la cottura.

Salmone, pesce spada e tonno tagliati in tranci non vanno assolutamente lavati sotto l'acqua corrente, a meno che non presentano evidenti impurità, in quel caso vanno lavati e immediatamente tamponati e asciugati con un foglio di carta assorbente.

In ultimo preparate le cozze: lavatele bene sotto l'acqua corrente ed eliminate il bisso, ovvero il filamento verdastro. Se preferite le vongole mettetele a spurgare in acqua e sale (in ogni litro di acqua aggiungere 25 g di sale marino) e cambiate l'acqua ogni due ore per un totale di 6 ore.

Preparazione della marinatura: tritate finemente gli aghi di rosmarino e la salvia, quindi metteteli in una ciotola e aggiungere delle foglie di basilico (o menta) spezzettate a mano, una generosa dose di sale, pepe al gusto, il succo di mezzo limone e, a filo, un pochino d'olio extravergine d'oliva, quindi amalgamare bene con una frusta o una forchetta.

Riscaldare bene una griglia e prima di adagiarci il pesce spolverizzate la superficie con un po' di sale. Se utilizzate il barbecue mettete un pochino di sale sopra il pesce prima di iniziare la fase di cottura. Quindi poggiate delicatamente il pesce sulla piastra: gli spiedini di seppie, gli anelli di calamari, gli scampi e i gamberoni.

Per una cottura uniforme e più rapida, coprite il pesce, soprattutto i calamari e le seppie, con un foglio d'alluminio, e quando vedete che la parte a contatto con la piastra inizia a ritirarsi leggermente e a colorirsi, girate dall'altro lato, spennellate la superficie con la marinatura e proseguite la cottura. Quando il pesce sarà cotto, disponetelo sul vassoio.

Dopodiché disponete i tranci di pesce spada, salmone e tonno, spennellateli con la marinatura e fateli cuocere 2 minuti per lato, altrimenti seccano troppo. Le cozze poggiatele sulla griglia, copritele con un foglio d'alluminio, mescolatele di tanto in tanto e quando si saranno aperte sono pronte.

Tenete sempre la piastra pulita e, se si dovesse sporcare, basta versare sopra un po' di sale grosso e con uno straccio strofinare bene la superficie. Per tenere il pesce in caldo coprite il vassoio con un foglio d'alluminio. Distribuite sul vassoio di pesce i pomodorini conditi con basilico e aceto balsamico, decorate con fettine di limone e spolverizzate la superficie con prezzemolo fresco tritato. Infine, spennellate con la restante marinatura. La grigliata è pronta da servire in tavola.

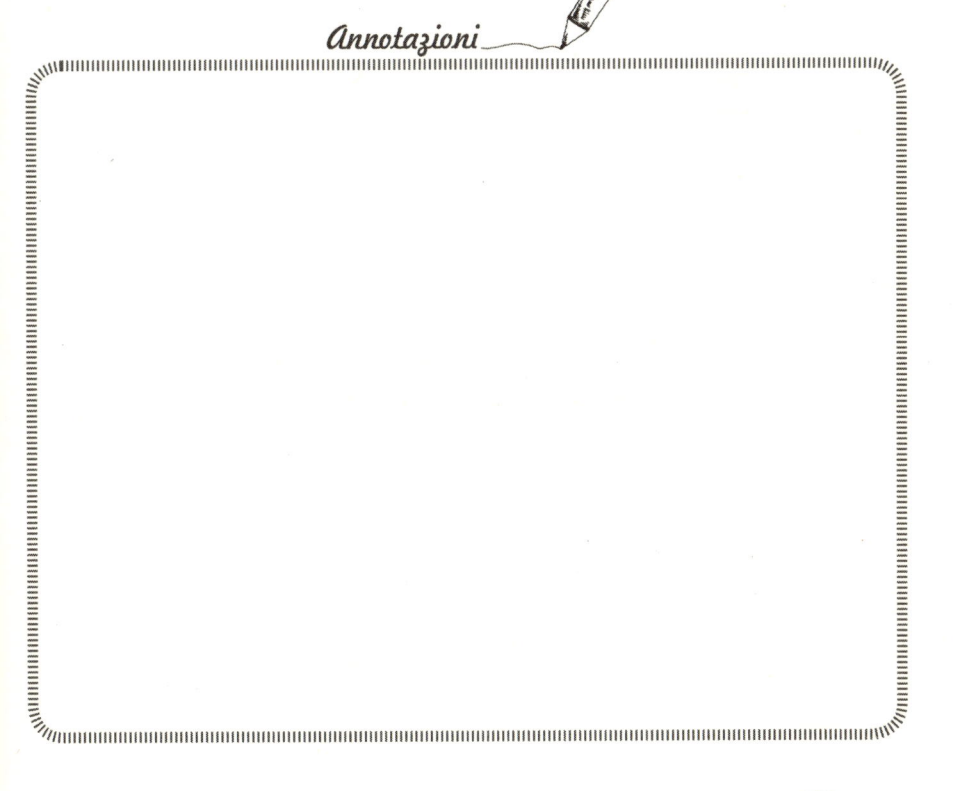

Annotazioni

Zuppa di pesce

4 porzioni

- 1 kg di frutti di mare misti (vongole, cozze, fasolari ecc.)
- 300-400 g di seppioline o calamari
- 1,5 kg di pesce misto
- 4 scampi
- 300 g di gamberi
- 1 gambo di sedano
- 1 carota
- 1 cipolla
- 1 manciata di aneto fresco (o finocchietto selvatico, basilico o prezzemolo)
- 2 patate
- 2 spicchi d'aglio
- 400 g di pomodori pelati
- 1 bicchiere di vino bianco secco
- peperoncino al gusto
- sale e pepe
- olio extravergine di oliva

Per eliminare la sabbia, specialmente dall'interno di vongole e fasolari, metterli in acqua fredda con il sale (per ogni litro di acqua ci vorranno 30 g di sale), in questa maniera non moriranno ed espelleranno la sabbia. Lasciateli in ammollo per 6 ore avendo cura di cambiare l'acqua ogni due ore. Passato questo tempo, risciacquate bene i frutti di mare sotto l'acqua corrente. Le vongole e i fasolari sono pronti, mentre per quanto riguarda le cozze, dopo averle raschiate bene, eliminate il bisso, ovvero il filamento verde che esce dal mollusco.

Lavate i gamberi sotto l'acqua corrente, eliminate la testa e il carapace (il carapace tenetelo da parte per il brodo). Aiutandovi con un coltellino, eliminate anche l'intestino (il filo nero), tagliando per lungo la parte superiore del dorso.

In una padella versate un filo d'olio extravergine d'oliva, aggiungete uno spicchio d'aglio in camicia tagliato a metà, il peperoncino al gusto, le cozze, le vongole, i fasolari e il carapace dei gamberi (volendo potete aggiungere anche le teste dei gamberi), quindi aggiungete mezzo bicchiere di vino bianco secco, un pochino di pepe, coprite con un coperchio e fate cuocere a fiamma viva fino a quando i molluschi non inizieranno ad aprirsi.

Appena le cozze e le vongole si apriranno, toglietele immediatamente dalla padella e tenetele da parte in un recipiente, quindi recuperate la loro acqua, filtrandola attraverso un colino, dopodiché versatela nella padella, aggiungete un litro d'acqua e preparate il fumetto, aggiungendo gli scarti dei pesci (teste, lische) e facendo cuocere a fuoco dolce per 10 minuti.

Aggiungete gli scampi, mettete il coperchio e fateli cuocere per 3 minuti esatti. Dopodiché scolate gli scampi dall'acqua e teneteli da parte nel recipiente insieme a vongole e cozze.

Intanto preparate la mirepoix, ovvero tagliate a dadini di circa mezzo centimetro il sedano, la carota e la cipolla. Lavate le seppioline, ovviamente già pulite, quindi eliminate il ciuffo e tagliatele a striscioline.

Cottura della zuppa di pesce

In una pentola fate soffriggere uno spicchio d'aglio in camicia, tagliato a metà, con un filo d'olio extravergine d'oliva e, a piacere, un po' di peperoncino. Quando l'aglio sarà ben rosolato, eliminatelo dalla pentola, quindi aggiungete il trito di verdure (sedano, carota e cipolla) e fate soffriggere bene.

Quando la cipolla comincerà a diventare trasparente, aggiungete le seppioline e fate cuocere per circa 1 minuto mescolando frequentemente. Quindi sfumate con la restante parte di vino bianco secco e tenete il fuoco bello vivo in modo che la parte alcolica del vino evapori. Dopodiché aggiungete i pomodori pelati e il fumetto di pesce dopo averlo filtrato attraverso un colino. Portate a ebollizione e fate cuocere per 20 minuti a fiamma dolce.

Intanto pelate le patate e tagliatele a cubetti di circa 1,5 cm, quindi lasciatele in un recipiente con dell'acqua fredda. Dopo i primi 20 minuti di cottura della zuppa, versate le patate nella pentola e mescolate il tutto, quindi coprite con un coperchio e continuate la cottura per altri 10 minuti a fuoco basso (durante questo tempo non mescolate più perché le patate non devono rompersi).

Nel frattempo lavate e tagliate il pesce a pezzi, eliminando la spina centrale (le spine della coda di rospo e dello spinarello potete inserirle nella zuppa di pesce poiché rimarranno compatte ed eliminarle a fine cottura).

Dopo 10 minuti le patate sono a metà cottura, quindi unite i pezzi di pesce nella pentola e mescolate delicatamente per distribuirlo uniformemente. Regolate di sale, coprite con il coperchio e continuate la cottura per altri 10 minuti a fuoco basso (in questo lasso di tempo non dovete assolutamente mescolare altrimenti il pesce si sfalderà insieme alle patate).

Ogni qualvolta aggiungete un ingrediente in pentola, alzate la fiamma e quando ricomincerà il bollore abbassatela, coprite con un coperchio e continuate la cottura.

In ultimo aggiungete i gamberi e la spezia che volete dia il suo tocco particolare alla zuppa (aneto, finocchietto selvatico, basilico o prezzemolo). Aggiungete anche le cozze, le vongole e gli scampi, quindi coprite con il coperchio e spegnete il fuoco.

Fate riposare per 10 minuti prima di servire. Intanto tostate delle fette di pane di accompagnamento.

Polpo alla gallega

4 porzioni

- 1,5 kg di polpo
- 25 g di sale grosso (per la cottura del polpo)
- 1/2 bicchiere di vino rosso
- 1 cipolla bianca
- 2 patate
- paprika affumicata (o paprika dolce oppure piccante)
- olio extravergine di oliva

Cominciate dalla pulizia del polpo: eliminate il becco estraendolo con il dito indice della mano, poi girate il cappuccio ed eliminate le viscere racchiuse nella sacca (nel caso si tratti di un polpo decongelato, quasi sicuramente è già eviscerato). Dopodiché lavatelo con acqua fredda e sale grosso per eliminare le impurità e i residui di sabbia.

Mettete una pentola sul fuoco con 2,5 litri di acqua e portate a ebollizione, quindi aggiungete 25 g di sale grosso, mezzo bicchiere di vino rosso e la cipolla precedentemente sbucciata e tagliata a metà. Lavate bene le patate e immergetele nella pentola con tutta la buccia. Quindi coprite con un coperchio e riportate a ebollizione, dopodiché immergete ripetutamente in acqua i tentacoli del polpo per farli arricciare (i tentacoli prenderanno la forma desiderata per la fase successiva e una volta cotto il polpo risulterà più tenero, in quanto questo shock termico tende i nervi che si rilasseranno durante la cottura).

Immergete l'intero polpo, coprite con il coperchio e quando ricomincia il bollore, spostate la pentola sul fuoco più basso e proseguite la cottura per 25 minuti.

Dopo questo tempo le patate dovrebbero essere pronte: il tempo di cottura delle patate dipende dalla loro grandezza, può variare da 25 minuti a un massimo di 40 minuti. Scolate le patate e continuate la cottura del polpo per altri 15 minuti.

Il tempo di cottura del polpo da quando cominciate a cuocerlo è di 40 minuti. Trascorsi 40 minuti, spegnete il fuoco e lasciate intiepidire il polpo nella sua stessa acqua. Dopodiché scolatelo e lasciatelo riposare in una ciotola per altri 20 minuti a temperatura ambiente in modo da ricompattare la pelle. Il polpo dovrà risultare morbido, ma sodo.

Nel frattempo pelate le patate e tagliatele a rondelle di circa mezzo centimetro, quindi disponetele su un vassoio per creare una base di patate.

Tagliate il polpo (in questa ricetta generalmente si utilizzano solo i tentacoli): cominciate a eliminare la testa e le punte dei tentacoli. Dopo aver tolto il cappuccio, con il coltello seguite la linea dei tentacoli, praticamente tagliate i tentacoli partendo dal buco lasciato dal becco e proseguite fino in fondo. Tagliate quindi i tentacoli a tocchetti non troppo sottili e adagiateli sulle patate. Benché nella ricetta originale il cappuccio e le punte dei tentacoli vengano eliminati, non buttateli, io li utilizzo lo stesso creando una decorazione alternativa.

Condite la superficie prima con il sale (io vi consiglio di usare il sale grosso macinato, che riesce a dare un sapore migliore a questa preparazione), una spolverata di paprika (dolce, affumicata o forte, a seconda del vostro palato) e un giro di olio extravergine d'oliva (l'olio colando distribuirà il condimento permettendo allo stesso di sciogliersi e di legarsi sia alle patate che al polpo, arricchendolo). Fate riposare per 10 minuti a temperatura ambiente prima di servire.

Secondi piatti e contorni

Baccalà al forno

4 porzioni

- 1 filetto di circa 800 g di baccalà dissalato
- 15 olive verdi
- 1 spicchio d'aglio
- prezzemolo
- 10 pomodorini
- 10 capperi
- origano
- pepe
- olio extravergine di oliva

Per preparare il baccalà, come prima cosa, se non l'avete già fatto, dovete lasciarlo in ammollo in acqua fredda per circa tre giorni, cambiandogli più volte l'acqua.

Spellate il filetto di baccalà o, se preferite, lasciate la pelle e assicuratevi che non ci siano lische rimaste, soprattutto nella parte centrale del filetto. Toglierle è semplice! Basta usare delle pinzette per rimuoverle.

Tagliate i pomodorini in quattro parti e adagiateli direttamente all'interno di una pirofila da forno. Tagliate il filetto in 5 o 6 pezzi. Aggiungete le olive e i capperi. Quindi condite con un filo d'olio extravergine d'oliva, del pepe al gusto. Infine aromatizzate con l'origano e lo spicchio d'aglio intero o tagliato a metà. Mescolate il tutto e infornate.

Fate cuocere il baccalà in forno statico a 200 °C per 25 minuti circa o fino a cottura completa.

Nel frattempo tritate finemente una manciata di prezzemolo e, quando il baccalà al forno sarà pronto, portate direttamente la pirofila in tavola, spolverizzate con il prezzemolo tritato e servite ben caldo.

Filetto di branzino in crosta di patate

2 porzioni

- 2 filetti di branzino
- pangrattato
- 2 patate
- 2 pomodori
- 1 manciata di prezzemolo fresco tritato
- 2 spicchi d'aglio
- 4-5 rametti di rosmarino
- 1 bicchiere di vino bianco secco
- 10 olive
- 5-6 capperi
- sale e pepe
- olio extravergine di oliva

Cominciate dalla pulitura del branzino: dopo aver eliminato le interiora del pesce, con un coltellino effettuate un taglio nella lisca centrale per eliminare tutte le parti nere che altrimenti in cottura sarebbero amarognole. Dopodiché dovrete squamarlo (vi consiglio l'uso di un pelapatate per non rovinare la pelle del pesce), tenendolo ben fermo per la coda e raschiando con il coltello o il pelapatate, dal basso verso l'alto, cioè dalla coda verso la testa.

Ripetere l'operazione più volte, anche sulla testa e sul sottopancia, fino a quando non avrete eliminato tutte le squame.

Con un paio di forbici tagliate anche le pinne ed eventualmente usatele per la preparazione di un brodo. Sciacquate il pesce sotto acqua corrente fredda, poi asciugatelo tamponandolo con della carta assorbente, sia internamente che esternamente. Procedete poi con la sfilettatura.

Ponete il pesce su un tagliere e sotto il tagliere disponete un panno umido, per evitare che si muova. Con un coltello ben affilato effettuate un'incisione profonda sul dorso, dalla parte della testa, che arrivi fino alla lisca centrale del pesce.

Dopodiché per prelevare il primo filetto, girate la lama del coltello in orizzontale e fatela scorrere lungo il pesce, spingendo delicatamente dalla testa verso la coda, tenendola appoggiata alla lisca centrale del pesce.

Procedete sull'altro lato del pesce per ottenere il secondo filetto. Gli scarti del pesce potete tenerli da parte per fare un brodo di pesce.

Ora ponete i filetti sul tagliere e procedete con un coltello a sollevare le lische sul ventre del pesce, tenendo il coltello in orizzontale con la lama rivolta leggermente verso l'alto. Infine, con delle pinzette da cucina, private i filetti dalle lische rimanenti.

Pelate le patate e lasciatele in una ciotola con acqua fredda. Versate mezzo bicchiere di vino bianco secco sui filetti di branzino ancora crudi, salateli e pepateli, quindi lasciateli marinare per 10 minuti circa.

Nel frattempo con una mandolina tagliate le patate a rondelle sottili, lasciandole cadere man mano nella ciotola con dell'acqua fredda affinché perdano il loro amido. Tagliate i pomodori a cubetti.

All'interno di una pirofila, versare un filo d'olio extravergine di oliva, dopodiché disponete due spicchi d'aglio interi in camicia, due o tre rametti di rosmarino, metà dose di pomodori tagliati a cubetti, infine coprite tutta la superficie della pirofila con uno strato di patate. Salate il tutto, quindi distribuite anche le olive e i capperi. Infine, versate nella pirofila la marinatura del pesce e adagiatevi i due filetti di branzino.

Spolverizzate con un po' di prezzemolo tritato e mettete un rametto di rosmarino tra i due filetti, quindi coprite il pesce con le patate e i pomodori restanti. Regolate di sale, quindi irrorate con un filo d'olio extravergine d'oliva e una bella spolverata di pangrattato per rendere la crosticina di patate più croccante e dorata. Infine aggiungete il restante mezzo bicchiere di vino.

Infornate i filetti di branzino in forno statico preriscaldato a 200 °C per 25-30 minuti. Sfornate e servite subito!

Annotazioni

Alici ripiene

2 porzioni

- 300 g di alici fresche
- 60 g di parmigiano
- 30 g di pangrattato
- 40 g di pane fresco
- 1 uovo
- prezzemolo tritato

- 1 spicchio d'aglio
- olive nere denocciolate
- 5-6 capperi
- 50 ml di latte
- sale e pepe
- olio extravergine di oliva

Per l'impanatura:
- 1 uovo
- farina
- pangrattato

Per la frittura:
- olio di semi di girasole

Cominciate a pulire le alici: eliminate la testa insieme all'intestino staccandola con le dita all'altezza delle branchie. Dopodiché aprite il filetto delicatamente a libro, facendo scorrere il pollice dalla testa verso la coda, lungo il ventre, ed eliminate le interiora. Quindi estraete delicatamente la lisca, procedendo dalla testa verso la coda, cercando di mantenere unito il filetto nel dorso. Man mano che sono pronte, sciacquatele di nuovo sotto l'acqua corrente fredda, scolatele e mettetele in un piatto.

Spezzettate il pane in un recipiente, aggiungete il latte, l'uovo intero, il parmigiano, regolate di sale, un filo d'olio extravergine d'oliva e una bella macinata di pepe nero. Questi ingredienti, con l'aggiunta di un po' di prezzemolo tritato, formano il ripieno classico. Altrimenti potete continuare ad aggiungere gli altri ingredienti come faccio io. Sopra un tagliere tritate finemente le olive insieme ai capperi e al prezzemolo e aggiungeteli agli altri ingredienti.

Aggiungete anche lo spicchio d'aglio tritato finemente, meglio se ridotto in poltiglia con l'uso di uno schiaccia aglio, e mescolate bene con una spatola per amalgamare. Infine aggiungete il pangrattato e continuate a impastare manualmente fino a ottenere un composto umido e compatto (se il ripieno risultasse troppo asciutto, potete aggiungere un po' di latte).

Sbattete un uovo in una ciotola. Prendete un filetto di alice e farcitelo con un po' di ripieno preparato precedentemente. Richiudete con un secondo filetto e pressate leggermente all'interno del pugno di una mano per compattare il tutto. Preparate allo stesso modo il resto dei filetti. Una volta conclusa l'operazione, passateli prima nella farina, poi nell'uovo battuto e infine nel pangrattato.

Fate friggere i filetti ripieni per 2 o 3 minuti in abbondante olio di semi di girasole bollente finché non saranno dorati e croccanti. Dopodiché scolateli e adagiateli su un piatto ricoperto di carta assorbente per togliere l'eccesso di olio. Le alici ripiene sono pronte da servire ben calde.

Fritto misto di mare

6 porzioni

- 1 kg di pesce (calamari, moscardini, seppioline, totani, gamberi)
- semola rimacinata di grano duro
- 2 carote
- 2 zucchine
- sale
- olio di semi di girasole per friggere

Per la ricetta del fritto misto pulite accuratamente il pesce. Per i calamari fate un piccolo taglietto sulla pelle che li ricopre e tiratela. Quindi staccate i ciuffi di tentacoli e puliteli. Pulite anche le sacche e affettatele ad anelli. Fate lo stesso anche per i totani. Per i moscardini eliminate la parte interna della testa, gli occhi e il becco, quindi lasciateli interi. Per i gamberi eliminate l'intestino interno, tagliando con un coltello per lungo la parte superiore del dorso lasciando intatta la crosta.

Lavate con cura tutti i tipi di pesce sotto l'acqua corrente, quindi asciugateli bene con della carta assorbente, altrimenti l'acqua schizzerà nell'olio bollente e rischiate di bruciarvi.

Per dare un tocco più fresco alla vostra frittura, aggiungete anche delle zucchine e delle carote tagliate a bastoncini.

Passate il pesce, poco alla volta, nella semola di grano duro rimacinata, mescolate bene con le mani, quindi passatelo al setaccio per eliminare l'eccesso di farina.

Mettete a friggere gli anelli di calamaro nella friggitrice a una temperatura di 175 °C per circa 4 minuti o finché non saranno dorati e croccanti.

Man mano che il pesce sarà dorato, lo appoggiate su un piatto coperto di carta assorbente così da eliminare tutto l'olio in eccesso, dopodiché lo disponete in una teglia foderata di carta assorbente in forno preriscaldato a 80 °C (non ventilato) per tenerlo in caldo, in attesa che tutta la frittura sia completata. Continuate a friggere così anche gli altri tipi di pesce.

Consigli: ogni tipo di pesce ha un tempo diverso di cottura, quindi non friggete mai insieme due tipi di pesce diversi, a meno che non vengano impanati in pastella (alla romana): in tal caso la copertura della pastella manterrà comunque umido il prodotto all'interno.

Questi i tempi di cottura: circa 4 minuti per calamari, moscardini, totani (dipende dalla grandezza). 1 minuto-1 minuto e mezzo per i gamberi. 2 minuti per zucchine e carote.

La proporzione che ci deve essere tra l'olio e il pesce che andrete a friggere è circa di 3 a 1: significa che in un litro di olio bisognerà friggere 300 g circa di prodotto poiché, se ne inserirete di più, il pesce assorbirà l'olio

Inoltre, è importantissimo che il pesce sia completamente immerso nell'olio, anche se usaste un pentolino invece della friggitrice.

Secondi piatti e contorni

Pesce spada alla ghiotta

2 porzioni

- 2 tranci di pesce spada
- 5-6 pomodorini
- 1 spicchio d'aglio
- 2 filetti di alici sott'olio
- 30 g di pinoli
- 30 g di uvetta
- 1 ciuffo di barba di finocchio
- 15 olive verdi denocciolate
- 10 capperi
- 1 cipolla
- prezzemolo tritato
- sale e pepe
- olio extravergine di oliva

Tritate la cipolla e tenetela da parte. Schiacciate l'aglio in camicia tenendo la lama del coltello in orizzontale. In una padella mettete a soffriggere l'aglio in camicia, i pinoli, l'uvetta e due filetti di acciughe con un filo d'olio extravergine d'oliva, a fuoco basso e mescolando di tanto in tanto. Nel frattempo tritate finemente la barbetta del finocchio e aggiungetela in padella.

Mescolate il tutto e continuate a soffriggere a fuoco bassissimo. Quindi aggiungete anche i capperi (se utilizzate quelli sotto sale, metteteli direttamente in padella senza dissalarli, rilasceranno tutto il loro profumo), le olive e infine la cipolla tritata. Fate cuocere a fiamma media fino a che la cipolla non sarà appassita.

Nel frattempo tagliate i pomodorini in quattro parti e aggiungeteli al soffritto. Salate e pepate, quindi coprite con un coperchio e fate cuocere a fuoco basso per 15 minuti.

Passato il tempo di cottura, eliminate lo spicchio d'aglio dalla padella e adagiatevi il trancio di pesce spada. Coprite e fate cuocere 3 minuti per lato a fuoco basso. Quando girate il pesce, salatelo e pepatelo e procedete alla cottura per altri 3 minuti con un coperchio.

Una volta cotto, spolverizzate con un po' di prezzemolo tritato. Servite subito in tavola con un filo d'olio extravergine d'oliva.

Cartoccio di pesce

2 porzioni

- 2 branzini di 600-700 g l'uno (o orate)
- 3-4 pomodorini pachino
- prezzemolo
- 2 spicchi d'aglio
- 1 limone
- sale e pepe
- olio extravergine di oliva

Cominciate dalla pulizia del pesce: lasciate le squame per questa cottura. Aprite il ventre del pesce aiutandovi con un paio di forbici ed eliminate le interiora. Dopodiché lavate il pesce sotto un getto di acqua corrente sia all'interno che all'esterno.

Mettete un foglio di alluminio sopra un tavolo da lavoro, quindi rivestitelo con un foglio di carta da forno. Aggiungete sulla carta da forno anche un filo d'olio extravergine d'oliva e delle fettine di limone tagliate a rondelle per creare una base, quindi appoggiatevi un branzino.

Mettete all'interno del pesce un po' di sale, uno spicchio d'aglio intero in camicia all'altezza delle branchie, dei pomodorini pachino tagliati a metà, quindi aggiungete un altro po' di sale sui pomodorini e un po' di pepe.

Quindi salate, pepate e irrorate con un filo d'olio extravergine d'oliva anche l'esterno e, infine decorate con altre fettine di limone. Aggiungete del prezzemolo in foglia tutto intorno al pesce. Chiudete il cartoccio, sigillando bene i bordi.

Ripetete il procedimento per l'altro branzino.

Cuocete in forno già caldo a 180 °C per 20-25 minuti. Una volta cotto, servite in tavola nel cartoccio chiuso.

Branzino al sale

3 porzioni

- 1 branzino di circa 1 kg
- 2 kg circa di sale grosso

Preriscaldate il forno a 200 °C. Dopo aver lavato bene il pesce, eliminate le branchie, senza togliere le squame, e praticate un'apertura sulla pancia per rimuovere le viscere.

Su una teglia da forno mettete un foglio di carta di alluminio e versate una gran quantità di sale, dopodiché adagiatevi sopra il branzino, prestando attenzione a chiudere bene il pesce affinché non entri del sale dentro. Se volete, all'interno del pesce potete aggiungere delle spezie.

Ricoprite il pesce con altro sale e infornate a 200 °C per 25 minuti.

Una volta sfornato, rompete la crosta di sale e poi pulite il pesce privandolo della testa e della pelle salata. Servitelo su un piatto da portata e accompagnatelo secondo i vostri gusti.

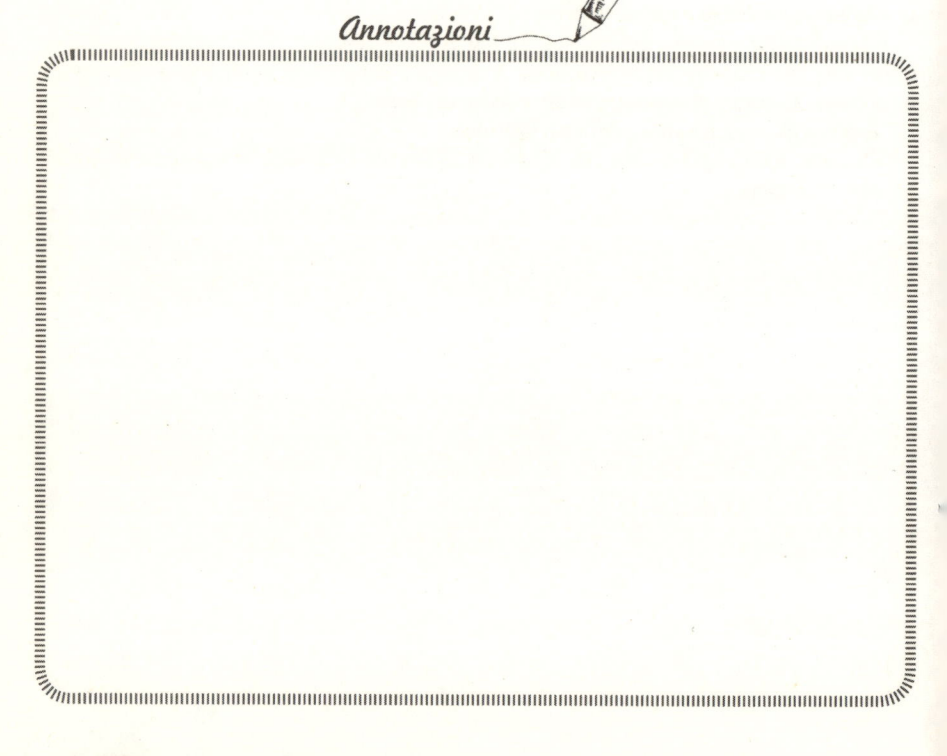

Annotazioni

Gamberoni al brandy

2 porzioni

- 500 g di gamberoni
- 1 bicchierino di brandy
- 1 limone
- prezzemolo tritato
- sale e pepe
- olio extravergine di oliva

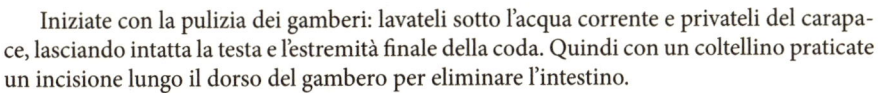

Iniziate con la pulizia dei gamberi: lavateli sotto l'acqua corrente e privateli del carapace, lasciando intatta la testa e l'estremità finale della coda. Quindi con un coltellino praticate un incisione lungo il dorso del gambero per eliminare l'intestino.

In una padella fate scaldare un filo d'olio extravergine di oliva, quindi adagiatevi i gamberoni facendoli cuocere a fuoco vivo per 30 secondi da una parte e altri 30 secondi dall'altra.

Aggiungete la scorza grattugiata del limone, il pepe, il succo di limone, il sale e subito dopo il brandy, facendogli fare un bel flambé.

Una volta evaporato l'alcol, coprite con un coperchio per qualche secondo e spegnete il fuoco.

Aggiungete un po' di prezzemolo tritato e ancora un po' di succo di limone e lasciate intiepidire prima di servire.

Annotazioni

Pollo al sale

4 porzioni

- 1 pollo intero di 1,2-1,3 kg
- 2 foglie di alloro
- 1 rametto di rosmarino
- 1 rametto di salvia
- 1 spicchio d'aglio
- 3 kg di sale grosso
- 4 albumi d'uovo
- pepe (facoltativo)
- 1 arancia o limone (facoltativo)

Cominciate a montare gli albumi con uno sbattitore elettrico a neve fermissima, quindi aggiungete poco per volta 2 kg di sale grosso e amalgamate bene con una spatola per legare i due ingredienti (se dovesse risultare molto asciutto, aggiungete 10 ml di acqua) fino a ottenere un composto soffice e omogeneo.

Tagliate l'arancia a cubetti grossi e inseritela all'interno del pollo insieme al rametto di rosmarino, la salvia, le foglie di alloro e lo spicchio d'aglio intero in camicia e schiacciato. Poi legate le zampe con uno spago da cucina per evitare che il sale penetri all'interno del pollo durante la cottura e ricordatevi di eliminare la sacca (uropigio), una ghiandola posta dorsalmente in prossimità delle ultime vertebre del pollo.

Distribuite il chilo di sale grosso non utilizzato all'interno di una teglia, aromatizzato con un pochino di pepe, e adagiatevi il pollo, quindi ricopritelo con il composto di sale e albume. Sistemate in modo uniforme lo strato di sale che dovrà avere uno spessore di circa 2 cm.

Cuocete il pollo in forno statico preriscaldato a 200 °C per 1 ora e mezza, dopodiché estraetelo dal forno e lasciatelo riposare a temperatura ambiente per 15 minuti prima di rompere la crosta di sale aiutandovi con un coltello.

Eliminate le erbe aromatiche, l'arancia e l'aglio che avevate inserito all'interno del pollo e servite in tavola porzionato.

Pollo al curry

4 porzioni

- 1 pollo intero di circa 1,2-1,3 kg
- 1 mela renetta
- 1 limone
- 40 g di burro
- 3 cucchiaini di curry
- 1 cucchiaino di paprika forte
- (facoltativo)
- 1 cucchiaino di curcuma (facoltativo)
- farina 00

Prima di tutto fiammeggiate il pollo per togliere i residui di piume, dopodiché lavatelo sotto l'acqua corrente per eliminare le piumette bruciacchiate, poi tagliatelo a pezzi. Ricordatevi di eliminare la sacca (uropigio), una ghiandola posta dorsalmente in corrispondenza delle ultime vertebre del pollo.

Infarinate i tranci di pollo. In un padella capiente fate sciogliere il burro con un cucchiaino di curry, poi unite il pollo e a fuoco medio rosolatelo su tutti i lati.

Nel frattempo spremete il succo di un limone. Lavate e grattugiate una mela con una grattugia a fori piccoli e trasferite la purea ricavata in una ciotolina, quindi aggiungete il succo di limone, mescolate bene e tenete da parte.

Quando il pollo sarà ben dorato, aggiungete un bicchiere d'acqua e un secondo cucchiaino di curry. Mescolate bene, poi coprite con un coperchio e fate cuocere per 15 minuti a fuoco basso.

Trascorso questo tempo, unite il terzo e ultimo cucchiaino di curry e, se volete rafforzarne il gusto, anche un cucchiaino di paprika e uno di curcuma, infine la purea di mele.

Dopo aver mescolato tutti gli ingredienti, continuate la cottura per altri 20 minuti a fuoco bassissimo con il coperchio. Se durante questa fase il pollo dovesse attaccarsi troppo sul fondo della padella, aggiungete un pochino di acqua.

Il tempo totale di cottura del pollo è di 45-50 minuti a fuoco basso e vi accorgerete che è pronto nel momento in cui la carne della coscia comincerà a staccarsi dall'osso.

Servite il vostro pollo al curry ben caldo.

Cosciotto di maiale al forno con patate

4 porzioni

- 1 cosciotto di maialino da 2 kg circa
- 2 kg di patate rosse
- rosmarino
- salvia
- alloro
- 2 spicchi d'aglio
- sale e pepe
- 1 bicchiere di vino bianco secco
- olio extravergine di oliva

Prima di cominciare la preparazione accendete il forno e portatelo alla temperatura di 150 °C.

Versate un giro di olio extravergine di oliva in una teglia da forno dai bordi alti e aggiungete la salvia, il rosmarino, l'alloro, un paio di spicchi d'aglio in camicia tagliati a metà, il sale e il pepe.

Aggiungete poi la carne e giratela nell'intingolo, quindi condite con un altro filo d'olio, sale e pepe e massaggiate ogni pezzo di cosciotto per insaporire la parte interna. Dopodiché aggiungete il vino bianco secco nella teglia cercando di non bagnare la carne.

Pelate le patate e mettetele in un recipiente di acqua fredda, poi riducetele a cubetti grandi e conditele con sale, pepe e un filo d'olio extravergine di oliva. Mescolatele e unitele alla carne.

Procedete con la prima fase di cottura, con la cotenna del maialino rivolta verso il basso, a contatto con la teglia. Coprite ermeticamente la teglia con un foglio di alluminio cercando di evitare il contatto con il cibo e con uno stuzzicadenti bucherellate il foglio per permettere alla parte alcolica del vino di evaporare durante la cottura. Cuocete il cosciotto di maiale a 150 °C per circa 2 ore.

Dopodiché eliminate il foglio di alluminio, alzate la temperatura del forno a 170 °C e proseguite la cottura per altri 35-40 minuti. Durante questa seconda fase di cottura girate la carne con la parte della cotenna verso l'alto.

Negli ultimi 10 minuti alzate la temperatura del forno a 200 °C e di tanto in tanto rigirate anche le patate.

Quando la carne e le patate saranno morbide e ben rosolate, spegnete il forno e lasciate riposare per circa 20 minuti in forno spento prima di servire. In questa fase di riposo la carne rilascerà una parte di liquidi che arricchiranno il fondo di cottura. Estraete la teglia dal forno, impiattate e servite subito in tavola.

Stracotto di manzo

6 porzioni

- 1,5 kg di pesce di manzo (o scamone, cappello del prete)
- 100 g di pancetta tesa affumicata
- 100 g di sedano
- 100 g di carota
- 2 cipolle
- 1 spicchio d'aglio
- 4-5 foglie di alloro
- 1/2 noce moscata
- 4-5 chiodi di garofano
- farina 00
- 75 g di burro
- sale grosso
- pepe bianco o pepe nero
- 1 bottiglia di vino rosso secco (Barbera, Barolo o Chianti)

Lavate e tagliate la carota e il sedano a pezzettoni. Sbucciate e tagliate in quattro parti una cipolla. Schiacciate e pelate uno spicchio d'aglio. Mettete nella pentola dove andrete a cuocere lo stracotto la carota, il sedano, la cipolla, lo spicchio d'aglio, le foglie di alloro, i chiodi di garofano, mezza noce moscata grattugiata.

Aggiungete il pezzo di carne e bagnate con una bottiglia intera di vino rosso secco.

Coprite con un coperchio e lasciate marinare dalle 6 alle 12 ore a temperatura ambiente, ricordandovi di girare la carne ogni 2 o 3 ore.

Trascorso questo tempo, togliete il pezzo di carne dalla pentola e filtrate il vino della marinatura conservandolo in una ciotola, mentre le verdure tenetele a parte in un piatto.

Tritate finemente una cipolla e tagliate la pancetta a cubetti lasciando anche la cotenna. Quindi mettete a sciogliere il burro all'interno della pentola.

Quando il burro si sarà sciolto, unitevi la cipolla tritata e fatela rosolare, poi aggiungete la pancetta e continuate a soffriggere per 4-5 minuti a fuoco lento. Intanto infarinate la carne su tutti i lati, massaggiandola bene, poi scuotetela per eliminare l'eccesso di farina, sistematela nella pentola e fatela rosolare su tutti i lati a fiamma viva per 15 minuti circa, rigirandola con due cucchiai di legno. Salate la carne con sale grosso e spolverizzate con una bella macinata di pepe. Quindi unite nella pentola tutte le verdure della marinatura, compreso lo spicchio d'aglio, i chiodi di garofano e l'alloro, e continuate la cottura a fuoco vivo per altri 4-5 minuti. Poi bagnate con il vino rosso della marinatura e, a fuoco vivo, portate a bollore.

A questo punto, coprite la pentola con un coperchio, abbassate la fiamma al minimo e lasciate cuocere per circa 2 ore e mezza o fino a quando la carne non risulterà bella tenera. Durante la cottura girate la carne ogni tanto e dopo due ore e mezza di cottura, tenete il coperchio semiaperto fino a quando il fondo di cottura non si sarà ristretto.

Una volta cotta la carne, spegnete il fuoco e lasciatela riposare all'interno della pentola per circa 20 minuti. Poi estraetela dalla pentola, adagiatela su un piatto e lasciatela a temperatura ambiente per 10-15 minuti prima di tagliarla a fette.

Nel frattempo frullate il fondo di cottura, eliminando prima le foglie di alloro, con un mixer fino a ottenere una salsa densa. Mettete il pezzo di carne su un tagliere e tagliatelo a fette. Servite cospargendolo con il cremoso fondo di cottura, ben caldo e accompagnato da una buona polenta (vedi p. 249).

Spezzatino con funghi

10 porzioni

- 2 kg di polpa di manzo
- 1 kg di funghi porcini o funghi misti
- 1 l di brodo vegetale
- 2 foglie di alloro
- 1 spicchio d'aglio
- 50 g di porro
- 100 g di sedano
- 100 g di carote
- 3 rametti di rosmarino secco
- 50 g di cipolla bianca
- 4-5 bacche di ginepro
- 2-3 chiodi di garofano
- 1/2 l di salsa di pomodoro
- sale e pepe
- olio extravergine di oliva
- 1 bicchiere di vino rosso

Pulite e tagliate i funghi: se utilizzate i funghi porcini, tagliate il cappuccio a fette e il gambo, più fibroso, a dadini, mentre i funghi più piccoli lasciateli interi o tagliateli grossolanamente. Lavate, mondate e tritate finemente il gambo di sedano, la carota, il porro e la cipolla, a coltello o con un frullatore.

Scaldate un filo d'olio extravergine di oliva in una casseruola, preferibilmente di coccio, mettendo uno spargifiamme sotto la pentola, e fate appassire le verdure tritate a fuoco medio per circa 5-6 minuti.

Unite ora i pezzi di carne, aggiungete il rosmarino, le foglie di alloro, i chiodi di garofano e le bacche di ginepro, mescolate, coprite con un coperchio e fate andare la carne a fuoco vivo per qualche minuto. Dopodiché aggiungete il vino rosso e lasciate evaporare per un paio di minuti.

Coprite la casseruola con un coperchio, spostatela sul fuoco più basso, e continuate la cottura con il coperchio semiaperto per circa 2 ore. Durante la cottura, se la carne dovesse asciugarsi troppo, aggiungete qualche mestolo di brodo caldo.

Mentre la carne cuoce, versate un filo di olio extravergine di oliva in una padella antiaderente insieme a uno spicchio di aglio pelato e leggermente schiacciato e, quando l'aglio sarà dorato, eliminatelo dalla padella, quindi aggiungete i funghi, salate e pepate, quindi lasciateli cuocere a fiamma viva, saltandoli frequentemente, per circa 5 minuti circa o fino a quando noterete che tenderanno ad attaccarsi alla padella. A questo punto, versate un mestolo di brodo caldo, mescolateli e lasciateli cuocere ancora per altri 5 minuti.

Unite i funghi nel tegame dello spezzatino e aggiungete la salsa di pomodoro. Mescolate delicatamente, quindi spostate il tegame sul fuoco più grande, regolate di sale e continuate la cottura per altri 40 minuti a fuoco basso e con il coperchio semiaperto.

Spegnete il fuoco e servite ben caldo accompagnandolo con della buona polenta (vedi p. 249).

Polpette di melanzane e carne

6 porzioni

- 500 g di carne tritata di manzo (o mista)
- 500 g di melanzane
- 1 mazzetto di prezzemolo fresco tritato
- 50 g di parmigiano grattugiato
- 70-80 g di scamorza dolce o affumicata
- 1 uovo
- 1 spicchio d'aglio
- qualche foglia di basilico
- 50 g di pangrattato
- 2 noci di burro chiarificato (o un filo d'olio extravergine di oliva)
- sale e pepe
- noce moscata
- olio di semi di arachidi per friggere

Lavate le melanzane, eliminate il picciolo e poi tagliatele per il lungo in fette di circa 1 cm di spessore, poi a listarelle e infine a dadini. In una padella fate sciogliere un pochino di burro chiarificato, quanto basta a coprire il fondo della padella, quindi aggiungete la dadolata di melanzane, salatele e a fuoco basso fate cuocere per circa 10 minuti con un coperchio, mescolandole di tanto in tanto.

Quando le melanzane saranno cotte, unitele alla carne trita e mescolate il tutto in una ciotola. Aggiungete anche l'uovo, lo spicchio d'aglio schiacciato nello spremiaglio e precedentemente sbucciato e privato del germoglio centrale, il prezzemolo tritato, la noce moscata, il pepe, qualche foglia di basilico spezzettata a mano e continuate a mescolare. Unite al composto il parmigiano reggiano e la scamorza grattugiata, quindi salate e aggiungete il pangrattato poco per volta e impastate manualmente per 3 o 4 minuti.

Ora prendete una piccola quantità di impasto e lavoratela tra le mani fino a formare la polpetta e scegliete il metodo di cottura.

Polpette classiche fritte: mettete a scaldare abbondante olio in una pentola, sufficiente a coprire le polpette, portandolo alla temperatura di 160 °C. Prima di immergere le polpette nella pentola, passatele nel pangrattato e cuocetele per 4-5 minuti girandole spesso. Quando le polpette saranno ben dorate, scolatele dall'olio e mettetele su di un piatto con carta assorbente e poi servitele.

Polpette in padella: fate sciogliere del burro chiarificato o dell'olio extravergine di oliva, quanto basta a coprire il fondo della padella, quindi schiacciate leggermente le polpette tra le mani e, senza passarle nel pangrattato, sistematele in padella. Fatele cuocere a fuoco medio per 7-8 minuti coperte con un coperchio, ricordandovi di girarle di tanto in tanto per tostarle perfettamente da ambo i lati. Ottime da servire anche con l'hummus di ceci.

Panzanella con petti di pollo

4 porzioni

- 4-5 fette di petto di pollo
- 5-6 fette di pane raffermo
- 4-5 pomodori da insalata
- 2-3 rametti di timo fresco
- 1 cipolla rossa
- 1 cetriolo
- qualche foglia di basilico fresco
- aceto di mele o di vino bianco
- sale e pepe
- olio extravergine di oliva

Staccate le foglioline dai rametti di timo e tritatele finemente. Quindi aggiungete il sale e il pepe e mescolate per distribuire bene gli ingredienti. Insaporite i petti di pollo con il trito aromatico, intanto in una padella fate scaldare dolcemente un filo d'olio extravergine di oliva, dopodiché adagiatevi i petti di pollo e fateli cuocere 4-5 minuti per lato a fuoco medio-basso, rigirandoli 2 o 3 volte. Quando il pollo sarà cotto, ponetelo su un piatto e fatelo raffreddare a temperatura ambiente.

Nel frattempo preparate il pane: eliminate la crosta esterna, tagliatelo a cubetti e mettetelo in una ciotola, quindi aggiungete 1 cucchiaio di aceto e ricopritelo con dell'acqua fredda a sufficienza per ammorbidirlo. Lasciate il pane in ammollo per circa 20 minuti, quindi strizzatelo bene e sgranatelo in un recipiente.

Lavate e spuntate il cetriolo, poi con la punta rimossa dalla parte di congiunzione della pianta sfregate bene con un movimento circolare l'estremità del cetriolo stesso, in questo modo si elimina tutta la parte amarognola. Con un pelapatate eliminate la buccia, dopodiché dividetelo a metà, nel senso della lunghezza e con un cucchiaino rimuovete la parte interna contenente i semi del cetriolo. Poi tagliatelo a fettine sottili.

Lavate i pomodori, eliminate i torsoli e tagliateli a spicchi, quindi con un coltellino eliminate la parte centrale. Sbucciate la cipolla, dividetela a metà, poi affettatela molto finemente. Mettete la cipolla in una ciotola con un cucchiaio di aceto e abbondante acqua fredda, quindi lasciatela riposare per circa 10 minuti.

Intanto tagliate il pollo, ormai raffreddato, a tocchetti delle stesse dimensioni del cetriolo e dei pomodori. Scolate la cipolla dall'acqua, quindi assemblate la panzanella.

Ponete il pane sgranato in una ciotola, unite il pollo a tocchetti, i pomodori, il cetriolo e la cipolla ben scolata. Aggiungete delle foglie di basilico spezzettate a mano, precedentemente lavate e asciugate. Condite con pepe, sale, un po' di aceto e olio extravergine di oliva, quindi mescolate bene gli ingredienti e fate riposare la panzanella per almeno un'ora in frigorifero coperta con pellicola trasparente prima di servirla.

Scaloppine di pollo al vino bianco

2 porzioni

- 4 fettine di petto di pollo
- 1 noce di burro (o olio extravergine di oliva)
- 1/2 bicchiere di vino bianco secco
- 1 presa di prezzemolo fresco tritato
- farina 00
- sale e pepe

Per il brodo:
- 1 carota
- 1 cipolla
- 1 gambo di sedano
- 3 pomodorini
- 1 spicchio d'aglio
- 1 cucchiaino di curcuma (facoltativo)
- sale
- pepe (facoltativo)
- 1/2 l di acqua

Preparazione del brodo: lavate e tagliate le verdure a pezzetti e i pomodorini a metà, versateli in un pentolino con mezzo litro di acqua fredda, aggiungete uno spicchio d'aglio intero e un cucchiaino di curcuma, ponete sul fuoco e fate bollire per circa 20 minuti. Verso fine cottura aggiungete il sale e, infine, un po' di pepe (fondamentale per far sì che la curcuma possa essere assimilata dal nostro organismo). Dopo la cottura, filtrate bene il brodo e tenetelo da parte. Se volete far il brodo classico, basterà utilizzare solo il sedano, la carota e la cipolla.

Adagiate le fettine di carne su un tagliere, inumiditele con un po' d'acqua e con un batticarne cominciate ad assottigliarle battendole delicatamente e allungandole dal centro verso l'esterno. Infarinate le fettine su ambo i lati e scuotetele bene per eliminare la farina in eccesso.

In una padella capiente mettete a sciogliere una noce di burro e, quando sarà fuso, aggiungete le fettine di carne e fatele dorare per qualche istante a fuoco medio da un lato e poi dall'altro, rigirandole con delle pinze.

Sfumate con il vino bianco e a fuoco vivo lasciate evaporare l'alcol. Regolate di sale e di pepe e, dopo circa 2 minuti, quando la parte alcolica del vino sarà evaporata, aggiungete un paio di mestoli di brodo e continuate la cottura a fuoco medio per 3-4 minuti, rigirando le fettine.

Quando il fondo di cottura risulterà cremoso, spegnete il fuoco e insaporite con il prezzemolo tritato. Le scaloppine sono pronte!

Abbacchio alla romana

8 porzioni

- 2 kg di agnello già tagliato e porzionato
- 1 kg di patate
- 2 rametti di rosmarino
- 1 rametto di salvia
- 3-4 spicchi d'aglio
- 4-5 filetti di acciughe sotto sale
- 1/2 bicchiere di vino bianco secco
- 1/2 bicchiere di aceto di vino bianco o di mele
- sale e pepe
- olio extravergine di oliva

Ungete una teglia con olio extravergine di oliva e distribuitevi i pezzi di agnello con 2 o 3 spicchi d'aglio interi in camicia, delle foglie di salvia e il rosmarino e un altro filo d'olio. Salate, pepate e mescolate bene il tutto.

Scaldate il forno a 200 °C, con funzione ventilata, e quando sarà pronto infornate la carne, abbassate la temperatura a 190 °C e fate cuocere per 50 minuti.

Nel frattempo sbucciate le patate e tagliatele a spicchi di media grandezza, poi lasciatele in una ciotola con acqua fredda.

In una pentola portate a ebollizione abbondante acqua con mezzo bicchiere di aceto e aggiungete le patate e, dal momento in cui riprende il bollore, fatele cuocere per 3 minuti a fuoco vivo. Scolatele con una schiumarola e trasferitele in una ciotola.

Dopo 10 minuti di cottura dell'agnello, bagnatelo con mezzo bicchiere di vino bianco secco e fate evaporare per circa 5 minuti, poi adagiatevi sopra le patate, distribuendole uniformemente, e continuate la cottura.

Intanto dissalate le acciughe lasciandole in una ciotola con acqua fredda per circa mezz'ora, poi diliscatele e tritatele con gli aghi di un rametto di rosmarino e uno spicchio d'aglio. Trasferite il trito in un mortaio e pestatelo bene per renderlo cremoso, fluidificatelo con 2 o 3 cucchiai di aceto, volendo aggiungete anche un cucchiaio di fondo di cottura dell'agnello, mescolate fino a ottenere un pesto omogeneo.

Negli ultimi 5 minuti di cottura dell'agnello, sfornatelo, irroratelo con la salsina alle acciughe e rimettetelo in forno il tempo necessario per permettere all'aceto di evaporare.

Servite l'abbacchio con le patate ben caldi.

Pollo al forno con carciofi e patate

4 porzioni

- 1 pollo di circa 1 kg
- 4-5 patate
- 4-5 carciofi
- 3-4 spicchi d'aglio
- rosmarino secco
- salvia fresca o secca
- 1/2 bicchiere di vino bianco secco
- peperoncino al gusto
- pepe bianco o pepe nero
- sale
- olio extravergine di oliva

Per prima cosa lavate bene il pollo, asciugatelo e tagliatelo a pezzi. Eliminate tutto il grasso e, se volete, anche la pelle.

Preparate un trito aromatico con aghi di rosmarino e salvia.

Prendete una teglia da forno e ungetela con un filo d'olio extravergine di oliva, aggiungete 1 o 2 spicchi d'aglio in camicia precedentemente schiacciati con la lama di un coltello. Unite i tranci di pollo, quindi aggiungete del peperoncino a piacere, salate e pepate.

Infine aggiungete un filo di olio, il vino bianco secco e una parte di trito aromatico di rosmarino e salvia. Mescolate il tutto e fate cuocere per 10 minuti in forno statico preriscaldato a 220 °C.

Nel frattempo pulite i carciofi eliminando le foglie esterne più dure, in modo tale da lasciare solo il cuore tenero del carciofo, e tagliate via la cima del carciofo all'incirca di 2-3 centimetri. Immergeteli all'interno di una ciotola con acqua fredda e un po' di succo di limone per qualche minuto. Dopodiché con un coltellino sbucciate la parte più dura del gambo, quindi tagliate il carciofo a metà e con la punta del coltello eliminate la barbetta interna.

Da ogni metà di carciofo ricavate 2 spicchi di circa 2 cm, dipende dalla grandezza dei carciofi e lasciateli ancora all'interno della ciotola con acqua e limone intanto che preparate le patate.

Pelate le patate e tagliatele in spicchi, pressappoco della stessa misura dei carciofi, quindi mettetele in una ciotola con acqua fredda in maniera che non si anneriscano. A questo punto scolate i carciofi e le patate dall'acqua e conditeli in una ciotola con un filo d'olio extravergine di oliva, il trito aromatico di rosmarino e salvia, un po' di sale, un paio di spicchi d'aglio in camicia e mescolate bene.

Quando il pollo inizia a colorirsi, unite le patate e i carciofi, mescolate delicatamente e proseguite la cottura per altri 45 minuti. Verso metà cottura, coprite la teglia con un foglio di carta d'alluminio che agevolerà la cottura delle patate. Servite in tavola ben caldo.

Magatello di vitello in crosta di prosciutto

4 porzioni

- 1 magatello di vitello di circa 1 kg
- 1 gambo di sedano
- 1 carota
- 2 rametti di rosmarino secco
- 2 scalogni
- 250 g di prosciutto crudo
- 100 g di yogurt greco intero
- 30 g di burro

- 40 g di mandorle pelate
- 30 ml di brandy o cognac
- 1 bicchiere di vino bianco secco
- sale e pepe
- olio extravergine di oliva
- 1-2 cucchiai di maizena

Per le patate:
- 2-3 patate

- 2 spicchi d'aglio
- 2-3 foglie di alloro
- rosmarino
- sale e pepe
- olio extravergine di oliva
- 50 ml aceto di mele (o di vino bianco)
- 1 l di acqua

Lavate e tritate grossolanamente la carota, il gambo di sedano e lo scalogno, mentre i due rametti di rosmarino lasciateli interi. In una pentola dai bordi alti versate un filo d'olio extravergine di oliva e il burro, quindi aggiungete le verdure tritate e un rametto di rosmarino e cominciate a far soffriggere a fuoco molto basso per circa 4-5 minuti. Intanto preparate la carne.

Salate e pepate la carne su tutti i lati e dopo averla massaggiata bene per fare assorbire il sale, aggiungetela al soffritto e fatela rosolare uniformemente a fiamma alta. Dopodiché sfumate con un buon bicchiere di vino bianco secco e mantenete la fiamma alta per fare evaporare la parte alcolica del vino. Unite un bicchiere d'acqua, coprite la pentola con un coperchio e fate cuocere a fuoco basso per 30-35 minuti.

Quando il magatello sarà pronto toglietelo dalla pentola e fatelo raffreddare a temperatura ambiente. Con un mixer tritate le mandorle pelate, a intermittenza, riducendole in granella.

Pelate due o tre patate e lasciatele in una ciotola con acqua fredda per non farle annerire.

Precottura delle patate al vapore

Nella parte sottostante il cestello della vaporiera, ponete due spicchi di aglio intero e in camicia, qualche ago di rosmarino secco, 2-3 foglie di alloro e coprite con 1 litro d'acqua e 50 ml di aceto di mele e in ultimo una bella macinata di pepe e cominciate a far bollire l'acqua per 3-4 minuti. Intanto tagliate le patate a cubetti. Una volta che l'acqua risulti bella profumata, mettete a cuocere le patate al vapore per 15 minuti, dopodiché scolatele direttamente in una ciotola piena di acqua fredda così da interrompere la cottura.

Preparazione del fondo di cottura

Intanto che si raffredda la carne, filtrate il fondo di cottura attraverso un colino per eliminare tutte le verdure, il rosmarino e l'alloro, quindi versatelo in un pentolino e aggiungetegli 100 grammi di yogurt greco intero (in alternativa yogurt classico o panna da cucina), 30 millilitri di brandy, mescolate bene e portate a ebollizione. Una volta raggiunto il bollore, continuate a mescolare con una frusta o un cucchiaio di legno per circa 5-6 minuti lasciando restringere bene il fondo di cottura. A questo punto aggiungete 1 o 2 cucchiai di maizena a seconda della densità desiderata e continuate a mescolare. Quando avrete raggiunto la giusta densità, spegnete il fuoco.

Preparazione della crosta

Distribuite le fette di prosciutto crudo su un piano da lavoro coperto da un foglio di pellicola trasparente, lasciandone qualcuna da parte per la cottura finale, quindi distribuite tre quarti di granella di mandorle su tutta la superficie del prosciutto e avvolgetevi il magatello di vitello. Chiudete bene ai lati la pellicola trasparente a mo' di caramella per fare aderire il prosciutto crudo.

Cottura

In una teglia da forno versate un filo d'olio extravergine d'oliva e dopo aver liberato il magatello dalla pellicola trasparente, adagiatelo sulla teglia e mettete ancora qualche fetta di prosciutto senza fare eccessiva pressione, in questo modo otterrete una crosta croccante che ricorda la pasta sfoglia, e per finire spolverizzate la superficie con la granella di mandorle restante. Scolate le patate dall'acqua, quindi conditele con sale e olio extravergine di oliva e ponetele nella teglia insieme alla carne con qualche rametto di rosmarino.

Fate cuocere in forno preriscaldato a 220 °C per 20 minuti.

Estraete la pirofila dal forno e adagiate la carne su un vassoio facendola riposare per 10 minuti a temperatura ambiente prima di servire. Se le patate non vi sembrassero ancora cotte, infornatele e terminate la cottura. Tagliate la carne a fette dello spessore preferito e servite con la salsa del fondo di cottura.

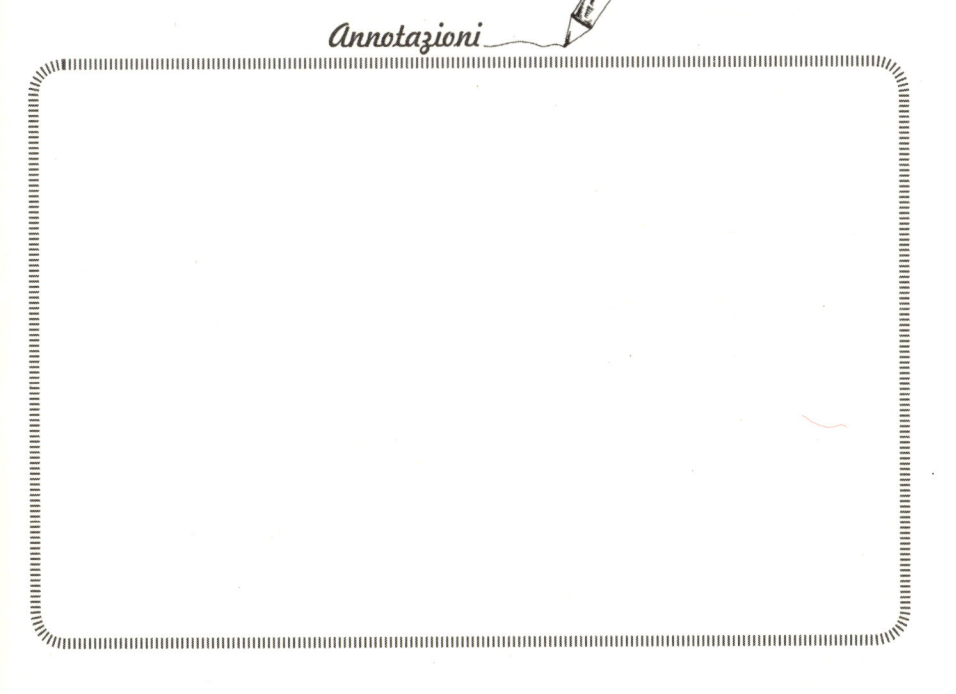

Annotazioni

Cotechino con lenticchie

4 porzioni

- 1 cotechino di circa 1 kg
- 350 g di lenticchie
- 1 manciata di prezzemolo tritato

Prima di procedere con la cottura del cotechino, seguite la ricetta delle Lenticchie (vedi ricetta a p. 245).

Con uno stuzzicadenti bucherellate tutta la superficie del cotechino per fare fuoriuscire il grasso in eccesso durante la cottura, dopodiché disponetelo in una pentola con abbondante acqua fredda e lasciatelo riposare per almeno un'ora prima di procedere con la cottura in modo che il budello si ammorbidisca e non si rompa durante la cottura.

Mettete sul fuoco più basso che avete, coprite con un coperchio e fate cuocere il cotechino per circa 3 ore.

Una volta cotto, spegnete il fuoco e lasciare il cotechino all'interno della pentola per altri 20 minuti tenendo il coperchio semiaperto.

Estraete il cotechino dalla pentola e adagiatelo su un tagliere. Quindi eliminate lo spago e tagliatelo a fette di circa mezzo centimetro di spessore. Adagiate le fette di cotechino nella pentola con le lenticchie che avete precedentemente preparato, aggiungete un pochino d'acqua calda, giusto per permettere al cotechino e alle lenticchie di legare i propri aromi.

Coprite la pentola, accendete il fuoco e portate a ebollizione, dopodiché togliete il coperchio e continuate la cottura per altri 15 minuti a fuoco medio o fino a quando non avranno raggiunto la giusta densità, mescolando delicatamente di tanto in tanto con un cucchiaio di legno.

Raggiunta la densità desiderata, spegnete il fuoco e aggiungete un po' di prezzemolo fresco tritato. Prima di servire lasciateli riposare nella pentola per circa 5 minuti.

Cappone arrosto con patate

10 porzioni

- 1 cappone di 3 kg circa
- 2-3 foglie di salvia
- 2-3 spicchi d'aglio
- 2-3 foglie di alloro
- 1 rametto e mezzo di rosmarino
- 1 arancia
- 10-15 grani di pepe
- timo
- pepe nero
- 60 g di burro
- 1 bicchiere di vino bianco secco
- sale
- olio extravergine di oliva
- 1/2 l di brodo vegetale
- 4-5 patate

    Se non l'avete a disposizione, preparate il brodo vegetale con una carota, una cipolla e un gambo di sedano: lavate e tagliate le verdure a pezzetti e versateli in un pentolino con mezzo litro di acqua fredda, ponete sul fuoco e fate bollire per circa 20 minuti. Verso fine cottura aggiungete il sale, poi filtrate il brodo e tenetelo da parte.

    Pulite il cappone: passatelo su una fiamma per bruciare le piume residue poi sciacquatelo sotto l'acqua corrente e strappate le piume bruciate. Dopodiché eliminate le ghiandole del sottocoda e, infine, tutte le eccedenze di grasso e le interiora che metterete in un piatto.

    Sbucciate e tagliate le patate a cubetti e mettetele in una ciotola con acqua fredda.

    Sciogliete il burro nel forno a microonde per circa 30 secondi (il burro deve essere fuso ma non caldo).

    Tagliate un'arancia a metà, quindi spremete una metà, mentre l'altra tenetela da parte. Unite il succo d'arancia ricavato al burro, quindi aggiungete abbondante pepe macinato, 3 pizzichi di sale e mescolate bene con l'ausilio di una forchetta fino a ottenere un composto cremoso. Per ottenere il composto bello cremoso potete utilizzare un frullino da cappuccino.

    L'altra mezza arancia che andrete a inserire nel cappone potete lasciarla intera se vi piace un sapore più delicato altrimenti, se vi piace un sapore più deciso, potete tagliarla a piccoli spicchi. Alla fine verrà eliminata in quanto la parte bianca della buccia rilascia un sapore amarognolo.

    Tagliate finemente le interiora del cappone con un coltello e a queste aggiungete un pezzettino del grasso che avevate ricavato precedentemente. Tritate il tutto per formare un composto omogeneo, quindi aggiungete il sale e una generosa dose di pepe macinato. Continuate a tritare ancora al coltello fino a quando tutti gli ingredienti non saranno ben amalgamati.

    Ricavate gli aghi di rosmarino dai rametti e staccate le foglie dal rametto di salvia, quindi tritate il tutto. Aggiungete il mix di spezie alle interiora del cappone, una generosa dose di timo (se ce l'avete fresco va bene lo stesso) e un cucchiaio di vino bianco secco. Mescolate bene con un cucchiaio e lasciate marinare per una decina di minuti.

    Con un cucchiaio inserite le interiora speziate all'interno della pancia del cappone, poi la mezza arancia, due spicchi d'aglio interi e in camicia. Con l'emulsione di burro, spennellate tutta la superficie del cappone (il sale che avete messo nel burro verrà assorbito dalla pelle e gli darà la giusta sapidità).

Secondi piatti e contorni

Legate il cappone con uno spago da cucina: prima le cosce, per evitare che durante la cottura fuoriesca la farcitura, e poi le ali affinché rimangano bene attaccate al petto ed evitare che, attraverso la lunga cottura, si asciughino e si secchino troppo.

Mettere un filo d'olio extravergine d'oliva su una placca da forno e adagiatevi il cappone. Spennellate ancora la superficie del cappone con il composto di burro avanzato, soprattutto la parte del petto poiché durante la cottura tende ad asciugarsi. Aggiungete qualche grano di pepe, l'ultimo spicchio d'aglio intero e in camicia, delle foglioline d'alloro, il sale e il bicchiere di vino bianco secco.

Infornate il cappone e fate cuocere in forno statico a 170 °C per circa 3 ore (calcolate che dovrà cuocere almeno 40 minuti per ogni chilo di cappone). Verso metà cottura, o quando il vino sarà evaporato, aggiungete un paio di mestoli di brodo vegetale (ovviamente il brodo deve essere caldo).

Negli ultimi 45 minuti di cottura, aggiungete le patate. Se vi rendete conto che la superficie del volatile si sta colorando troppo, copritela con un foglio di alluminio. Se disponete di un termometro a sonda per poter verificare la temperatura interna, sappiate che il cappone, così come anche il pollo, è perfettamente cotto quando raggiunge gli 85 °C al cuore.

Una volta cotto, sfornatelo e lasciatelo riposare per circa 10 minuti prima di servirlo in modo che la parte del petto si ammorbidisca. Irroratelo bene con il fondo di cottura, eliminate l'arancia, quindi servite su un piatto da portata con il contorno di patate.

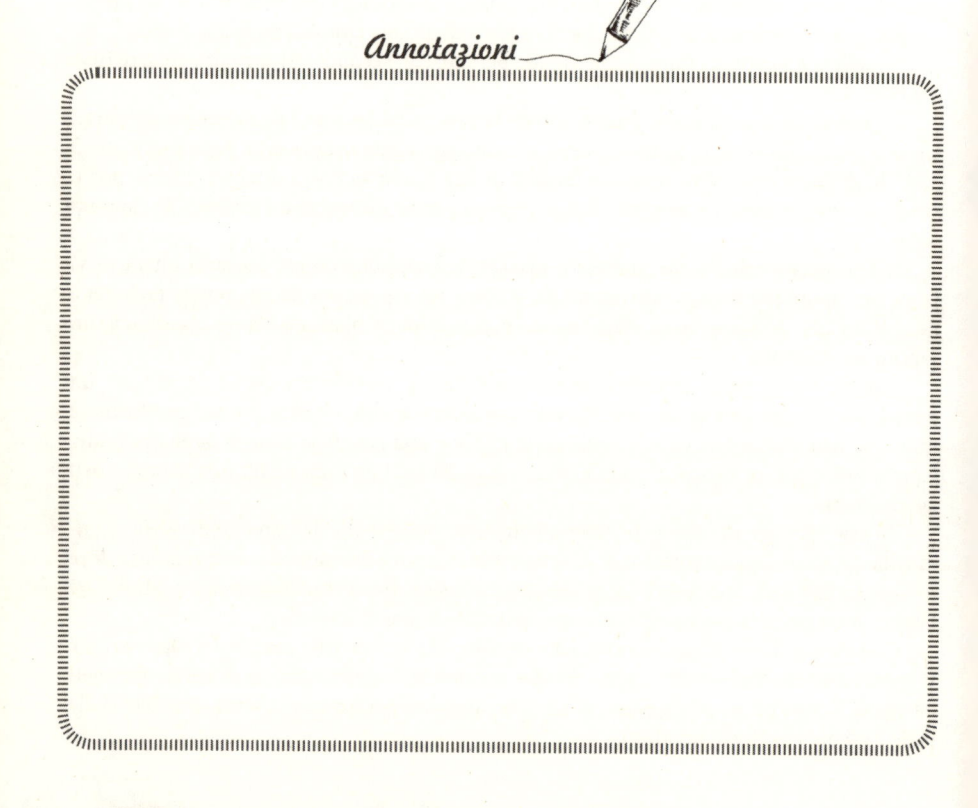

Annotazioni

Cappone ripieno con prugne e castagne

10 porzioni

- 1 cappone
- 1 mela
- 1 cipolla
- 200 g di castagne bollite e spellate
- 10 prugne secche denocciolate
- 40 g di burro
- 250 g di salsiccia
- 1/2 bicchiere di latte
- 2 fette di pane per tramezzini
- 1 bicchierino di brandy
- 20 g di pinoli
- 30 g di uvetta
- 60 g di lardo
- 1 limone
- sale e pepe

Contorno di patate:
- patate
- rosmarino
- salvia
- sale
- olio extravergine di oliva

Lavate bene il cappone, quindi pulitelo: eliminate la punta delle alette, dopodiché svuotatelo. Le interiora del cappone tenetele da parte, mentre tutte le eccedenze di grasso e la sacca (uropigio), una ghiandola posta dorsalmente in corrispondenza delle ultime vertebre, vanno eliminate. Dopodiché fiammeggiatelo bene su una fiamma media per eliminare tutti i peli.

Tritate grossolanamente una cipolla. Spezzettate il pane per tramezzini in una ciotola, quindi aggiungetegli mezzo bicchiere di latte e tenete da parte.

Eliminate il budello dalla salsiccia. Tagliate le prugne a pezzettini. In una ciotola mettete 30 g di burro dei 40 totali e aromatizzate con la scorza di un limone grattugiata e un po' di pepe, quindi amalgamate il tutto con una forchetta e tenete da parte. Tagliate mezza mela a cubetti.

Per la preparazione del ripieno, in una padella fate rosolare per 1 minuto l'uvetta e i pinoli insieme a una noce di burro (circa 5 g), quindi aggiungete anche la cipolla e fatela appassire. Unite la salsiccia spezzettata grossolanamente, quindi mescolate bene con un cucchiaio di legno e continuate la cottura a fuoco vivo per altri 30 secondi. Non appena la salsiccia cambierà colore, prima che rilasci i suoi liquidi, versate un bicchierino di brandy e date fuoco per fare il flambé (non ci sarà il flambé se il brandy non viene versato prima che la carne rilasci i suoi liquidi).

Mescolate bene con un cucchiaio di legno fino a completo spegnimento della fiamma. Quindi tagliate a pezzetti piccoli le interiora e aggiungetele in padella. Coprite con un coperchio e fate cuocere a fuoco basso per circa 30 minuti o fino a quando i liquidi della salsiccia non saranno completamente assorbiti. Dopodiché spegnete il fuoco e aggiungete nella padella le castagne intere e le prugne e, dopo aver amalgamato il tutto, coprite con un coperchio e fate riposare per 10 minuti.

Intanto salate e pepate la parte esterna del cappone, quindi massaggiatelo per fare assorbire il sale alla pelle. Con una spatola imburrate il petto con il burro aromatizzato preparato in precedenza, in modo che durante la cottura non asciughi troppo. Ora potete farcire il cappone.

Riempite il cappone con l'impasto appena fatto, aiutandovi anche con un cucchiaio di legno per spingere bene fino in fondo tutto quanto il ripieno. Una volta completata la farcitura, chiudetelo per bene con una fetta di pane da tramezzino in modo che non possa uscire. Quindi, con uno spago da cucina, legate le cosce assieme alla parte della coda in modo che rimanga bello stretto.

Ricoprite la superficie del petto con delle fette di lardo in modo che durante la cottura proteggano la pelle del cappone. Legate anche la parte centrale del cappone insieme alle ali. Infine avvolgete la parte terminale delle cosce con un foglio di carta d'alluminio poiché si potrebbero staccare durante la cottura.

Mettete gli ultimi 5 g di burro a fiocchetti in una pirofila e adagiatevi il cappone ripieno. Preriscaldate il forno a 200 °C e infornate il cappone. I primi 10 minuti fatelo dorare per bene, dopodiché abbassate la temperatura a 180 °C e proseguite la cottura per circa 2 ore. Se il cappone ha un peso superiore ai 3 chili, il tempo di cottura sarà di 3 ore.

Negli ultimi 45 minuti di cottura del cappone, potete aggiungere nella pirofila delle patate tagliate a tocchetti e condite con rosmarino, salvia, un filo d'olio extravergine d'oliva e sale.

Sfornate il cappone e disponetelo su un piatto da portata insieme alle patate. Lasciatelo intiepidire prima di tagliarlo, quindi disponete in ogni piatto un pezzo di cappone insieme al ripieno e accompagnatelo con il contorno di patate.

Annotazioni

Polpettone ripieno

4 porzioni

- 1 kg di carne trita mista (300 g di maiale, 300 g di vitello e 400 g di manzo)
- 1 manciata di prezzemolo tritato
- 120 g di parmigiano grattugiato
- 3 uova
- 100 g di mollica di pane raffermo
- 1 patata (circa 100 g)
- 1 cucchiaino di aglio disidratato
- 1 cucchiaino di paprika affumicata (facoltativo)
- noce moscata
- sale e pepe

Per il ripieno:
- 500 g di erbette (o spinaci)
- 150-200 g di broccoli (e/o cavolfiori)
- 150 g di scamorza affumicata in 15-16 fette sottili

Per la cottura:
- 40 g di pangrattato
- olio extravergine di oliva

Eliminate la crosta del pane e mettete in ammollo la mollica tagliata a cubetti in una ciotola con dell'acqua. Sbucciate una patata, lavatela e tagliatela a cubetti, quindi lessatela o cuocete a vapore per 10 minuti (provate a schiacciarla con i rebbi della forchetta: se si sfalda è cotta).

In una ciotola inserite tutti gli ingredienti: la carne trita mista, il prezzemolo tritato, la mollica precedentemente ammollata nell'acqua ben strizzata, 3 uova (vi ricordo di romperle sempre in una ciotola a parte prima di unirle al composto principale per evitare che possano caderci frammenti di guscio), il sale (non esagerate, in quanto dovrete aggiungere una bella dose di parmigiano), il pepe, la paprika affumicata, l'aglio disidratato, la noce moscata (io ho grattugiato mezza noce), il parmigiano grattugiato e le patate lesse ancora calde.

A questo punto iniziate a impastare con le mani almeno per 10-15 minuti fino a ottenere un composto molto compatto, o con la planetaria utilizzando la foglia impastando per circa 7-8 minuti alla velocità più bassa. Trasferite l'impasto sopra un tavolo da lavoro su un foglio di carta da forno, quindi posizionate un secondo foglio di carta da forno sopra il composto e con un matterello stendetelo dandogli una forma rettangolare di circa 35 x 25 cm.

Lavate bene le erbette sotto l'acqua corrente fredda per eliminare tutti i residui di terra. Scolatele, e senza asciugarle, fatele cuocere in una pentola capiente munita di un coperchio. Per cuocere le erbette, è sufficiente l'acqua rimasta sulle foglie dopo il lavaggio, senza aggiungere olio, burro, né altri grassi. Chiudete con il coperchio e fate cuocere per 10 minuti a fuoco medio.

Verso metà cottura, aggiungete un po' di sale, che oltre a insaporire permetterà l'estrazione dei liquidi in eccesso, e di tanto in tanto mescolatele con un cucchiaio di legno. A cottura ultimata scolate bene le erbette attraverso un colino e tenete da parte.

Ora preparate i broccoli: tagliate con un coltello le cime dal torsolo, quindi lavatele accuratamente sotto l'acqua corrente e fate cuocere a vapore per circa 7-8 minuti (mi raccomando, lasciateli belli croccanti! Verificate la loro cottura con i rebbi di una forchetta prima di spegnere il fuoco).

Ora che avete tutto pronto potete farcire il polpettone. Iniziate a farcire la carne lasciando scoperti di circa 2 cm i due bordi laterali e quello inferiore e di circa 10 centimetri il bordo superiore (questo vi servirà per la chiusura del polpettone) con la scamorza affumicata a fette, i broccoli e infine le erbette.

Con l'aiuto della carta, arrotolate l'impasto, formando un cilindro, partendo dal lato imbottito (nel mio caso dal lato inferiore) fino alla fine e chiudete bene i lati in modo che non fuoriesca la farcitura schiacciandoli con le mani. Quindi avvolgetelo bene nella carta da forno e lasciatelo riposare in frigorifero per circa un'ora.

Dopo un'ora di riposo passate alla cottura. Stendete un filo d'olio extravergine d'oliva su una teglia da forno rivestita con della carta da forno e posizionateci il polpettone. Quindi cospargere tutta la superficie del polpettone con un leggero strato di pangrattato (questo servirà per formare una leggera crosticina esterna, ma soprattutto, lo renderà tenero al suo interno: il pane in questa fase assorbe l'umidità del polpettone), dopodiché irroratelo con dell'olio extravergine d'oliva e massaggiatelo bene.

Mettete il polpettone in forno statico preriscaldato a 180 °C (non ventilato altrimenti andrete a creare una crosta durissima) e fate cuocere per 1 ora.

Una volta sfornato, lasciatelo intiepidire per circa 15 minuti prima di servire.

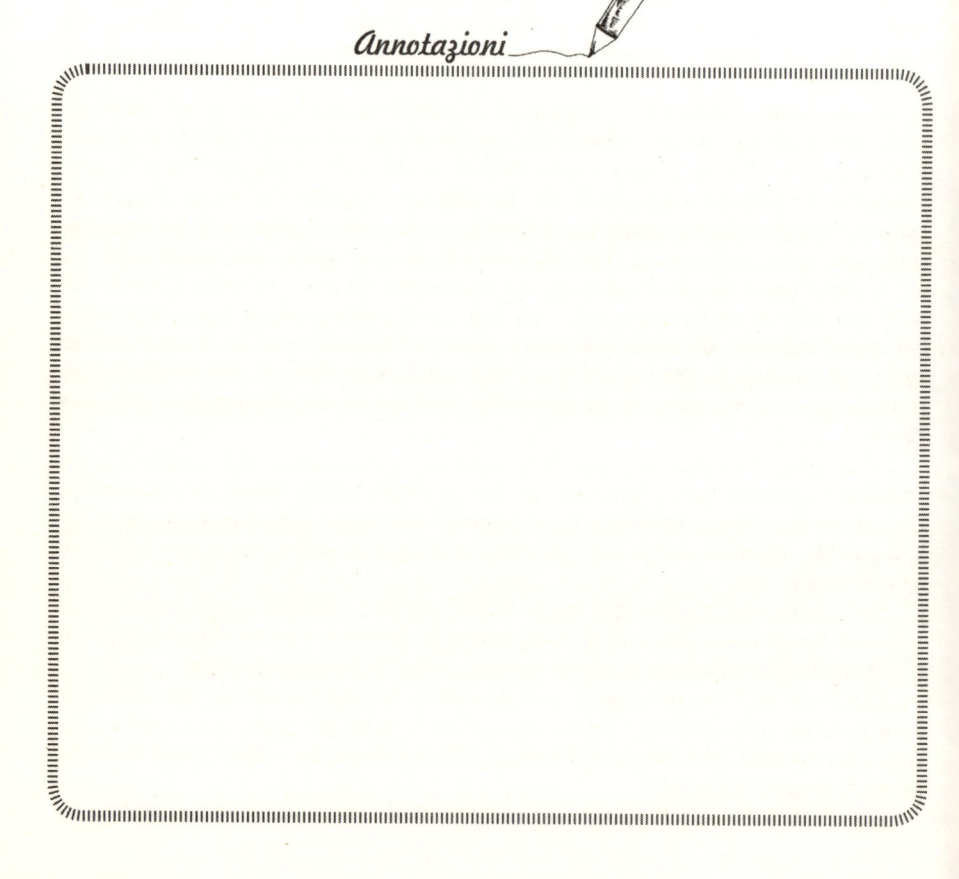

Annotazioni

Ossibuchi con funghi

2 porzioni

- 4 ossibuchi di vitello (peso totale 1-1,2 kg)
- 800 g di funghi pioppini (o qualsiasi altro tipo di funghi)
- 2-3 mestoli di brodo vegetale
- 1 manciata di prezzemolo fresco
- 1 gambo di sedano (70-80 g)
- 1 carota (120-130 g)

- 1 cipolla (80-100 g)
- 2 spicchi d'aglio
- 1 limone
- 1 bicchiere di vino bianco secco
- timo secco o fresco (o rosmarino)
- sale e pepe
- 30 g di burro

Per il brodo vegetale:
- 1 carota
- 1 cipolla
- foglie di sedano
- 3-4 pomodorini
- 1 spicchio d'aglio
- sale

    Preparate un brodo vegetale con sedano (consiglio di utilizzare le foglie per evitare gli sprechi in cucina), una carota, una cipolla, uno spicchio d'aglio e due-tre pomodorini. Lavate e tagliate le verdure (foglie di sedano, carota e cipolla) a pezzettoni, i pomodorini e lo spicchio d'aglio divideteli a metà, quindi mettete in una pentola con 1 litro di acqua fredda e portate a bollore.

    Quando inizierà a bollire, aggiungete anche il sale, quindi coprite con un coperchio e continuate la cottura per circa 15-20 minuti a fiamma media. Prima di utilizzarlo filtratelo in modo da separare il liquido dalle verdure e tenetelo al caldo.

    Pulite i funghi: raschiateli dapprima con un coltellino per eliminare la terra che c'è sopra. Quindi, sciacquateli velocemente sotto l'acqua corrente fredda, dopodiché asciugateli tamponando con della carta assorbente e teneteli da parte.

    Lavate e tritate il sedano, la carota e la cipolla, e tenete da parte. Per evitare che si arriccino gli ossibuchi durante la cottura bisogna praticare dei piccoli tagli sul bordo della carne: con un coltello tagliate la pellicina di congiunzione dei muscoli, ma non solo, dovrete incidere anche i nervi all'interno del muscolo e cioè tutti quei filamenti bianchi, che non sono grasso, ma nervetti.

    Vi consiglio di staccare anche un pochino la carne dall'osso: effettuare questo passaggio è molto importante in quanto servirà a evitare di trovarvi il classico boccone gommoso, che non è nient'altro che un nervo arricciato. Il vero segreto della preparazione degli ossibuchi è proprio questo.

    Schiacciate i due spicchi d'aglio, lasciati interi e senza sbucciarli, con un bicchiere o con la parte piatta della lama del coltello. In un largo tegame fate sciogliere il burro (30 g) con i due spicchi d'aglio in camicia e la scorza di un limone.

    Quindi aggiungete gli ossibuchi, spolverizzate con il pepe e una generosa dose di timo e fate cuocere circa 3 minuti per lato a fuoco medio. Aggiungete il sale dopo averli voltati.

    Dopo altri 3 minuti di cottura, eliminate gli spicchi d'aglio con la scorza di limone e sfumate con un bel bicchiere di vino bianco secco, quindi alzate la fiamma per far evaporare completamente la parte alcolica (ci vorranno all'incirca 3-4 minuti).

    Dopodiché unite anche il mix di verdure tritate precedentemente (carota, sedano e cipolla) e girate nuovamente gli ossibuchi per far sì che le verdure vadano sul fondo del tegame, quindi aggiungere i funghi. Salate e pepate i funghi, spolverizzateli anche con un po' di timo, quindi coprite il tegame con un coperchio e proseguite la cottura per altri 20 minuti a fiamma bassa, senza mai mescolare.

Passato questo tempo, distribuite bene i funghi con un cucchiaio di legno senza muovere troppo gli ossibuchi e mettere il tegame sul fuoco più basso e continuate la cottura, sempre con il coperchio, per altri 40 minuti.

Trascorso questo tempo, i funghi, la carne e le verdure avranno rilasciato il loro sughetto, quindi alzate la fiamma e fate evaporare fino a quando non si sarà completamente assorbito. Aggiungete poi un paio di mestoli di brodo, abbassate la fiamma, mettete il coperchio e cuocete fino a quando non avrete ottenuto la consistenza desiderata della crema.

Nel frattempo lavate e tritate finemente una manciata di prezzemolo. Spegnere dunque il fuoco, aggiungere il prezzemolo, mettete il coperchio e lasciate riposare per 10 minuti prima di servire. Se volete, potete guarnirlo con delle zeste di limone.

Annotazioni

Insalata di pollo con salsa allo yogurt

4 porzioni

- 500 g di sovracosce di pollo già disossate
- 3-4 foglie di insalata iceberg
- 200 g di fontina (o simile)
- 1 carota
- 1/2 peperone rosso
- 1 lime
- 10-12 cetriolini sott'aceto
- 1 cucchiaino di tabasco affumicato (facoltativo)
- 1 cucchiaino di salsa Worcester (facoltativo)
- sale
- olio extravergine di oliva

Per la cottura del pollo:
- 1 rametto di rosmarino
- 1 rametto di salvia
- curry
- 1 cucchiaino di paprika affumicata, dolce o piccante (facoltativo)
- sale e pepe

Per la salsa allo yogurt:
- 150 g di yogurt greco
- 1 cucchiaio abbondante di maionese
- 1 cucchiaino di senape
- 8-10 fili di erba cipollina fresca
- pepe (facoltativo)

In una ciotola mettete la carne e spolverizzatela con un po' di pepe, la paprika, il curry e un pochino di sale. Massaggiate il pollo con le mani affinché tutte le spezie e gli aromi penetrino nella carne per insaporirla.

In un tegame, preferibilmente antiaderente, adagiate le sovracosce di pollo con la pelle rivolta verso il basso, insieme al rametto di rosmarino e la salvia, quindi coprite con un coperchio e ponete il tegame sul fuoco e, a fiamma molto bassa, cominciate a farlo sudare. Dopo 5-6 minuti, quando il pollo comincia a sfrigolare, alzate la fiamma, e continuando la cottura, giratelo di tanto in tanto per farlo rosolare su tutti i lati, mantenendo il coperchio semiaperto in maniera che l'eccesso di vapore fuoriesca. Quando il pollo avrà rilasciato i suoi liquidi sul fondo del tegame, abbassate la fiamma e fatelo cuocere per altri 30 minuti.

Una volta cotto, eliminate la pelle, tagliate la carne a striscioline e trasferitela in una ciotola. Se volete, insaporite con salsa Worcester e tabasco, mescolate e tenete da parte.

Per preparare la salsa, in una terrina versate lo yogurt greco, la maionese e un cucchiaino di senape e mescolate il tutto. Aggiungete, una macinata di pepe (opzionale) e l'erba cipollina fresca tritata finemente, date un'ultima mescolata e anche la salsa è fatta!

Tagliate le foglie d'insalata a listarelle e ponetele in un'insalatiera, serviranno come base per l'insalata di pollo. Tagliate il peperone a striscioline, eliminando dapprima il picciolo e la parte bianca, quindi unitelo all'insalata. Lavate e pelate la carota, quindi grattugiatela direttamente nella ciotola con una grattugia a buchi grossi. Irrorate con il succo di mezzo lime e salate. Assemblate l'insalata con il pollo ormai freddo e la fontina tagliata a cubetti.

Versate sulla carne la salsa allo yogurt. Tagliate i cetriolini a cubetti e aggiungeteli all'insalata, quindi irrorate con un filo d'olio extravergine d'oliva. Amalgamate bene il tutto e servite nei piatti irrorandoli con qualche goccia di succo di lime!

Consigli: con gli stessi ingredienti, a eccezione del pollo, potete fare l'insalata con il tonno e i gamberetti. Se non la consumate subito, mettete il pollo nella salsa di yogurt con i cetriolini e il peperone, coprite con pellicola e conservate in frigorifero anche per un paio di giorni. Insalata, carote e formaggio aggiungeteli solo poco prima di servire.

Lumache alla ghiotta

4 porzioni

- 1 kg di lumache
- 700 g di patate
- 1 scalogno
- 1 spicchio d'aglio
- 1 ciuffo prezzemolo

- peperoncino (facoltativo)
- 400 ml di salsa di pomodoro
- 2-3 foglie di alloro
- sale e pepe
- olio extravergine di oliva

Per spurgare le lumache:
- 100 g di farina di semola di grano duro integrale
- 50 g di farina 00
- sale

Una volta raccolte, o acquistate, le lumache devono spurgare per sei giorni. Per i primi tre giorni dovrete occuparvi anche della loro pulizia interna, oltre che di quella esterna, quindi dopo averle lavate bene, sistematele in una bacinella e mettete al centro una manciata di farina di semola di grano duro integrale (circa 50 g), quindi coprite bene con un coperchio per evitare la fuoriuscita delle lumache e lasciatele così fino al giorno seguente.

Il giorno seguente risciacquatele con abbondante acqua, scolatele, quindi ripetete l'operazione aggiungendo un'altra manciata di farina di semola integrale e infine coprite la bacinella.

Il terzo giorno sciacquate le lumache, scolatele e mettete della farina 00 (50 g) nel centro della bacinella. Ricordatevi che ogni giorno vanno lavate e ogni giorno va cambiata la farina.

Dopo questa terza fase risciacquatele in acqua abbondante per diverse volte, quindi lasciatele nella bacinella piena d'acqua per altri due giorni, senza aggiungere farina e sempre risciacquandole una volta al giorno. Al sesto giorno le lumache sono pronte per essere cucinate, ma prima vanno lavate con acqua e sale (questo passaggio va' ripetuto fino a quando l'acqua non risulti bella pulita).

Dunque mettete le lumache in una pentola piena d'acqua fredda, quindi aggiungete 2 o 3 foglioline d'alloro, un pugno di sale e coprite con un coperchio. Mettete la pentola sul fuoco più basso, con la fiamma al minimo, e fate cuocere per 45 minuti dal momento in cui comincia il bollore. Durante la cottura eliminate la schiuma che si forma in superficie aiutandovi con un cucchiaio.

Dopo 45 minuti le lumache sono cotte, quindi scolatele e sciacquatele bene sotto l'acqua corrente fredda poiché devono perdere tutto il liquido di cottura. Dopodiché rimettetele in una pentola con acqua fredda e sale e procedete con la seconda cottura per altri 15 minuti.

Dopo 15 minuti ripetete l'operazione: sciacquatele sotto l'acqua fredda, rimettetele nella pentola con acqua fredda e pulita, salate e fate cuocere per altri 15 minuti. Dopo la terza cottura, risciacquatele sempre sotto un getto di acqua corrente fredda e le lumache sono finalmente pronte per la cottura alla ghiotta.

Con una mezzaluna tritate finemente aglio, scalogno e prezzemolo. Quindi fate soffriggere il trito di verdure in una pentola con un filo d'olio extravergine d'oliva assieme al peperoncino. Dopodiché unite le lumache al soffritto e dopo averle mescolate delicatamente con un cucchiaio di legno, versatevi anche la salsa di pomodoro. Nello stesso barattolo della salsa di pomodoro, mettete dell'acqua nella stessa quantità della salsa (circa 400 ml) e aggiungete anche questa nella pentola. Salate e pepate, quindi coprite e dal momento in cui comincia il bollore, fate cuocere per 25 minuti a fuoco medio-basso.

Trascorsi 25 minuti, tagliate le patate a pezzettoni e unitele alle lumache, quindi proseguite la cottura per altri 20-25 minuti sempre mantenendo il fuoco medio-basso e mescolando ogni tanto.

Le lumache sono pronte, non vi resta che servirle ben calde, spolverizzate con prezzemolo tritato.

Annotazioni

Lepre in salmì

6 porzioni

- 1 lepre di circa 1,5 kg
- 100 g di pancetta o guanciale
- 50 g di farina 00
- sale e pepe
- olio extravergine di oliva (o burro)

Per la marinatura:
- 1 cipolla
- 1 carota
- 1 gambo di sedano
- 4-5 bacche di ginepro
- 5-6 chiodi di garofano
- 2 spicchi d'aglio
- pepe in grani
- 2 foglie di alloro
- 3 rametti di rosmarino
- 2-3 foglie di salvia
- 1 bottiglia di vino rosso
- 1/2 bicchiere di aceto di mele
- olio extravergine di oliva

Per la marinatura, tagliate la lepre a pezzi e ponetela in un recipiente, quindi aggiungere la cipolla, la carota e il gambo di sedano tagliati grossolanamente, inoltre due foglie di alloro, tre ramoscelli di rosmarino, le foglie di salvia, alcune bacche di ginepro, 5 o 6 chiodi di garofano, alcuni grani di pepe e due spicchi d'aglio interi, dopodiché aggiungete mezzo bicchiere di aceto di mele e coprite con una bottiglia di vino rosso di buona qualità, infine aggiungere un filo d'olio extravergine d'oliva. Sigillate con pellicola trasparente e lasciate marinare nella parte alta del frigorifero per 24 ore.

Il giorno dopo tagliate la pancetta a cubetti e scolate la carne e le verdure dal vino: mettete la carne in un recipiente; il sedano, carota e cipolla in un altro recipiente; le spezie (bacche di ginepro, chiodi di garofano, grani di pepe, alloro, rosmarino e salvia) in un altro ancora. Il fegato tenetelo da parte perché deve fare una cottura diversa dalla carne.

Quindi filtrate il vino della marinatura e tenetelo da parte.

Prima di procedere con la cottura, tritate finemente il sedano, la carota e la cipolla con un coltello o all'interno di un mixer. Prendete un tegame e versateci un filo di olio extravergine d'oliva (o una noce abbondante di burro, come prevede la ricetta originale), aggiungete la pancetta a cubetti e fatela rosolare bene. Quando la pancetta risulterà croccante e trasparente, aggiungere anche le verdure tritate e fate cuocere per 7-8 minuti finché le verdure non saranno appassite.

Aggiungete i pezzi di lepre e fate cuocere a fuoco medio-alto per 5-6 minuti, quindi girate la carne dall'altro lato e fatela cuocere per altri 7-8 minuti.

Salate poco la carne e pepate, mantenendo il fuoco vivo, poiché in questa fase la carne, insieme alle verdure, rilascerà una parte dei suoi liquidi che dovranno in parte evaporare, quindi per restringerli aggiungete due cucchiai di farina (50 g).

Proseguite la cottura per altri 2 minuti, dopodiché girate nuovamente la carne dall'altro lato e dopo un paio di minuti, quando il fondo di cottura si sarà addensato e risulterà cremoso, irrorate la carne con un paio di mestoli di vino della marinatura, mantenendo il fuoco vivace per fare evaporare la parte alcolica, mescolate e, dopo un paio di minuti aggiungete tutto il resto del vino.

Secondi piatti e contorni

Quando comincerà il bollore, aggiungete il fegato e le spezie che avevate tenuto da parte (il rosmarino, l'alloro e la salvia, volendo anche i grani di pepe, i chiodi di garofano e le bacche di ginepro).

Spostate il tegame sul fuoco più basso e fate cuocere per 2 ore con il coperchio semiaperto. Trascorse le due ore, togliete i pezzi di lepre e con un colino passate al setaccio il fondo di cottura.

Dopodiché rimettetelo di nuovo nel tegame insieme ai pezzi di lepre, coprite con il coperchio e terminate la cottura per altri 15 minuti.

La lepre è pronta, servitela con un contorno a piacere: ideale una buona polenta.

Annotazioni

Pollo alla cacciatora con olive

6 porzioni

- 1 pollo intero di 1-1,2 kg
- 1 carota
- 1 cipolla
- 1 gambo di sedano
- 1 spicchio d'aglio
- 1 rametto di rosmarino
- 1 rametto di salvia
- 400 ml di salsa di pomodoro (o 1 cucchiaino di curcuma o curry)
- 1 bicchiere di vino rosso (o bianco)
- 1 manciata di prezzemolo tritato
- olive nere taggiasche
- peperoncino
- sale e pepe
- olio extravergine di oliva

Pulite e tagliate il pollo a pezzi, togliendo la parte grassa in eccesso. Tagliate le verdure (carota, sedano e cipolla) a cubetti e sbucciate l'aglio. In una padella abbastanza capiente fate scaldare un filo d'olio extravergine d'oliva con del peperoncino, lo spicchio d'aglio intero e i rametti aromatici (rosmarino e salvia), quindi aggiungete i pezzi di pollo, mettendoli a contatto con la padella dalla parte della pelle, in quanto sottopelle vi è una quantità di grasso che con il calore si scioglierà permettendo alla pelle di rimanere croccante e nello stesso tempo impedirà al pollo di attaccarsi alla padella. Fate cuocere a fuoco medio 3 o 4 minuti per lato, salate e pepate.

Se desiderate fare la versione senza salsa di pomodoro, aggiungete ora un bel cucchiaino di curcuma o curry (non fanno parte della ricetta originale). Quindi rigirate il pollo, sfumate con un bicchiere di vino rosso (se fate la versione con curry o curcuma, sfumate con il vino bianco) e fate evaporare a fuoco vivace.

Eliminate lo spicchio d'aglio e i rametti aromatici e aggiungete le verdure (cipolla, sedano e carota). Mescolate per distribuire bene tutti gli ingredienti, quindi abbassate la fiamma, coprite con un coperchio e fate cuocere per 5 minuti. In questa fase le verdure rilasceranno parte della loro acqua insaporendo il pollo.

Trascorsi i 5 minuti unite la salsa di pomodoro, diluita con 1/3 di acqua, mettete il coperchio, e quando giungerà a bollore, fate cuocere per altri 45 minuti mescolando di tanto in tanto. Se state facendo la versione in bianco aggiungere mezzo litro di acqua al posto del pomodoro.

Negli ultimi 10 minuti di cottura potete personalizzare la ricetta aggiungendo delle olive. Se state realizzando la versione senza pomodoro, invece, verificate la densità del fondo di cottura e ricordatevi che la curcuma per attivarsi e rilasciare le sue proprietà antinfiammatorie ha bisogno di essere associata al pepe. Tra l'altro la curcuma, per il suo sapore caratteristico, potrete utilizzarla come regolatore finale della sapidità invece di aggiungere altro sale, sia per la versione in bianco che per quella al pomodoro.

Spegnete il fuoco, spolverizzate con ili prezzemolo tritato e servite ben caldo.

Consigli: negli ingredienti ho indicato curcuma o curry. Non sono la stessa cosa ma sono tranquillamente sostituibili. Il curry è una miscela di spezie, tra cui la curcuma. Mentre la curcuma è una radice di forma simile allo zenzero che, una volta ridotta in polvere, ha il colore dello zafferano.

Oca alla contadina

4 porzioni

- 1 oca
- 1 rametto di rosmarino
- 4-5 foglie di alloro
- 4 chiodi di garofano
- 2 bacche di ginepro
- 2 spicchi d'aglio
- 1 scalogno
- 1 bicchiere di vino bianco secco
- sale

Tagliate l'oca a pezzi e staccate alcune parti di grasso dalla carne, quindi tagliatelo a pezzetti poiché il volatile deve cuocere nel suo grasso. Il grasso dell'oca tende a depositarsi sottopelle o tra un muscolo e l'altro, quindi benché l'oca nel complesso abbia molto grasso, la sua carne risulta magra. In una pentola di coccio mettete a sciogliere il grasso dell'oca a fuoco basso, mescolando di tanto in tanto.

Nel frattempo sbucciate lo scalogno e inseritevi all'interno i chiodi di garofano. Sbucciate anche gli spicchi d'aglio e tagliateli a metà. Salate e pepate la carne, quindi massaggiatela per fare assorbire il sale alla pelle.

Quando il grasso dell'oca si sarà sciolto, disponete nella pentola i pezzi di carne con la pelle rivolta verso il fondo e, a fuoco medio, fate cuocere per 5 minuti, poi girate i pezzi di carne e continuate la cottura per altri 5 minuti.

Dopodiché aggiungete le foglie di alloro, gli spicchi d'aglio e le bacche di ginepro, quindi sfumate con il vino bianco.

Continuate la cottura a fiamma vivace fino a quando non evapori il vino. Aggiungete anche lo scalogno e il rametto di rosmarino.

Quando la parte alcolica del vino sarà completamente evaporata, coprite la pentola con un coperchio e fate cuocere a fuoco molto basso per circa 2 ore e mezza, ricordandovi di girarla ogni 15-20 minuti circa.

Prima di servire l'oca, lasciatela riposare per circa mezz'ora nella pentola con il coperchio. Accompagnate questo delizioso piatto con della buona polenta (vedi ricetta a p. 249).

Cassoeula

6 porzioni

- 1,5 kg di verza
- 2 piedini di maiale
- 1 orecchia di maiale
- 600-700 g di puntine di maiale
- 200-250 g di cotenna di maiale
- 6 salamelle
- 2-3 foglie di salvia
- 2-3 foglie di alloro
- sale grosso
- 2 carote
- 2 gambi di sedano
- 1 cipolla dorata o cipolla bianca
- 30 g di burro
- 1 bicchiere di vino bianco secco
- pepe
- 1,5 l di brodo di carne

Lavate e dividete a metà i piedini di maiale. Pulite e lavate bene l'orecchia del maiale, utilizzando uno spazzolino per pulire le parti più interne. Lavate bene la cotenna. Mettete il tutto in una pentola d'acqua insieme alle foglie di alloro e salvia e portate a bollore (questa prima fase di precottura è fondamentale poiché serve a sciogliere un po' il grasso in eccesso, mentre le foglie di salvia e alloro aromatizzano e addolciscono). Aggiungete anche un pugno di sale e, dal momento in cui l'acqua bolle, fate cuocere per 40-45 minuti.

Dopodiché togliete la carne dall'acqua, sistematela in una ciotola e pulite la casseruola che vi servirà per la seconda cottura. Tagliate a dadini le carote e il sedano, e a rondelle la cipolla.

Mondate la verza: eliminate dapprima il torsolo centrale facendo un incisione tutt'intorno con un coltellino, quindi una volta aperta la verza, lavatela sotto l'acqua corrente e tenetela da parte in una ciotola senza scolarla.

Ora passate a porzionare la carne: tagliate in quattro parti ogni metà di piedino, la cotenna in quadrotti non troppo piccoli, mentre per quanto riguarda l'orecchia, tagliate a striscioline la parte superiore, mentre la parte inferiore in pezzi dopo aver verificato di averla lavata bene.

In una pentola abbastanza capiente, mettete a rosolare la cipolla con il burro, dopodiché aggiungete le costine di maiale e fatele rosolare; quindi inserite anche i piedini e l'orecchia, mentre la cotenna la tenete da parte perché altrimenti si sfalderebbe durante questa fase di cottura. Mescolate bene e fate cuocere a fuoco vivo per 3-4 minuti, quindi sfumate con un bicchiere di vino bianco secco e continuate la cottura a fuoco vivace per altri 5 o 6 minuti, o fino a quando il vino non sarà completamente evaporato.

Dopodiché aggiungete il sedano e le carote e fate sobbollire per circa 15 minuti a fiamma bassa. Poi unite metà verza, spezzettandola con le mani, la cotenna e mezzo litro di brodo di carne. Coprite con un coperchio e fate cuocere per 15 minuti. Trascorso questo tempo, aggiungete nella pentola la restante verza e continuate la cottura a fuoco medio-basso, mescolando di tanto in tanto. Infine inserite il restante brodo. Il tempo totale di cottura è di 1 ora e 45 minuti.

Negli ultimi 25 minuti di cottura inserite le salamelle (verzini), regolate di sale e pepate.

Togliete dal fuoco e fate riposare prima di servire. La cassoeula, per essere gustata al meglio, deve essere preparata oggi e mangiata domani!

Spezzatino con patate e piselli

6 porzioni

- 1,5 kg di carne bovina per spezzatino (tenerone o reale, spalla o pancia)
- 600 g di patate
- 100 g di piselli freschi o surgelati
- 1 rametto di rosmarino
- 4 bacche di ginepro
- 4-5 foglie di salvia
- 2 foglie di alloro
- 1 gambo di sedano
- 1 carota
- 1 cipolla
- 2 spicchi d'aglio
- 1 peperoncino al gusto
- 1 bicchiere di vino rosso
- 1/2 l di salsa di pomodoro
- pepe nero in grani
- sale e pepe
- olio extravergine di oliva

Tagliate la carne a tocchetti di uguali dimensioni. Lavate e tagliate grossolanamente la cipolla, la carota e il gambo di sedano per il soffritto. Quindi mettete le verdure in un mixer insieme a uno spicchio d'aglio e tritatele bene.

In una pentola capiente versate un filo d'olio extravergine di oliva e aggiungete lo spicchio d'aglio intero e le spezie (rosmarino, salvia e alloro), quindi ponete sul fuoco e fate soffriggere per un paio di minuti, dopodiché aggiungete la carne e le bacche di ginepro, salate, pepate e fate rosolare a fiamma vivace per circa 10 minuti, mescolando di tanto in tanto. Quando la carne cambierà colore e rilascerà i suoi liquidi, toglietela dalla pentola e tenetela da parte in un piatto.

All'interno della stessa pentola inserite il trito di sedano, carota, cipolla e aglio che avevate frullato precedentemente e fate cuocere per un paio di minuti, mescolando con un cucchiaio di legno, dopodiché, quando il liquido della carne verrà assorbito dalle verdure, aggiungete i pezzetti di carne precedentemente dorati. Continuate la cottura per circa 25-30 minuti, rigirandola di tanto in tanto.

Dopodiché sfumate con un bicchiere di vino rosso e fate evaporare a fiamma vivace. Quando il vino sarà evaporato, aggiungete una quantità di acqua che vada a ricoprire completamente la carne e, subito dopo, anche la salsa di pomodoro.

Mescolate bene e fate arrivare a bollore, quindi abbassate la fiamma al minimo, coprite con un coperchio e lasciate cuocere per circa un'ora, mescolando di tanto in tanto.

Nel frattempo pelate e tagliate le patate a cubi e lasciatele in una ciotola con acqua fredda. Trascorso il tempo indicato, aggiungete le patate e mescolate. Dopo 10 minuti, aggiungete anche i piselli, mescolate e coprite di nuovo per altri 10-15 minuti (vi consiglio di tenere il coperchio semiaperto per fare fuoriuscire il vapore).

Una volta raggiunta la consistenza desiderata spegnete il fuoco e lasciate riposare per almeno 25 minuti prima di servire a tavola.

Gateau di patate

6 porzioni

- 1 kg circa di patate
- 100 g di parmigiano
- 3 mozzarelle
- 3 uova
- pangrattato
- 3-4 fette di salame
- 1 fetta di prosciutto cotto spessa 4 mm
- noce moscata
- sale e pepe
- olio extravergine di oliva
- burro

Per la versione più golosa:
- 50 g di speck
- 80 g di scamorza affumicata
- 80 g di provola (o altro formaggio filante a scelta)

Sciacquate le patate sotto l'acqua corrente, mettetele con tutta la buccia in una casseruola e ricopritele totalmente di acqua fredda. Accendete il fuoco e fate cuocere le patate per circa 30 minuti dal momento dell'ebollizione.

Dopodiché scolatele dall'acqua e sbucciatele mentre sono ancora calde, poi passatele nel passaverdure o nello schiacciapatate. Raccogliete la purea ottenuta in una terrina.

Sopra un tagliere, tagliate il prosciutto cotto e il salame, prima a listarelle e poi a dadini, quindi mettete da parte. Tagliate una mozzarella a cubetti, mentre le altre due mozzarelle tagliatele a fettine e tenetele da parte in una terrina.

Incorporate alla purea di patate, mentre è ancora tiepida, tre uova intere, un po' di noce moscata, un filo d'olio, un po' di sale, il pepe e amalgamate gli ingredienti con una spatola. Aggiungete poi il salame a dadini e metà del prosciutto cotto (l'altra metà servirà per la preparazione della ricetta classica), mescolate dopodiché aggiungete anche la mozzarella, quella tagliata a cubotti. Mescolate bene e, infine, aggiungete il parmigiano grattugiato.

Il parmigiano serve anche per regolare la consistenza dell'impasto che può variare in base al tipo di patate e alla grandezza delle uova, quindi se avete un impasto molto appiccicoso e liquido, aggiungetene un po' di più, e viceversa.

Oliate due teglie da forno con un po' di olio extravergine di oliva, quindi ricoprite la superficie con del pangrattato, dopodiché dividete il composto di patate in quattro parti per preparare il gateau in due versioni.

Per il gateau classico, trasferite un quarto del composto di patate in una teglia e stendetelo delicatamente con una spatola in uno strato il più possibile uniforme. Aggiungete uno strato di mozzarella a fettine e il restante prosciutto cotto tagliato a dadini, quindi ricoprite con un secondo strato di patate e stendete anche questo con una spatola per livellarlo.

Per il gateau goloso, dopo aver creato il primo strato di composto di patate, tagliate la provola a fette non troppo sottili e la scamorza affumicata a dadini. Distribuite i due formaggi sul composto di patate e infine aggiungete dello speck. Quindi versate sopra il rimanente composto di patate e stendetelo bene con una spatola per livellarlo.

Distribuite sulla superficie qualche fiocchetto di burro, spolverizzate con altro parmigiano grattugiato e un pochino di pangrattato. Fate cuocere i gateau in forno a 180 °C per 35-40 minuti, finché la superficie sarà dorata.

Lasciate riposare per 20-30 minuti, coperti con un foglio di alluminio, prima di servirli.

Secondi piatti e contorni

Pollo alla diavola

2 porzioni

- 1 pollo intero o galletto di circa 1/2 kg
- 1 limone
- 2 foglie di alloro
- 3 spicchi d'aglio
- 1 porro
- salsa Worcester
- tabasco affumicato
- paprika dolce
- farina (o maizena o fecola di patate)
- peperoncino (o sale e pepe nella ricetta classica)
- 5-6 pomodorini e insalata per la decorazione
- olio extravergine di oliva

Innanzitutto dovete pulire bene il pollo: eliminate la sacca (uropigio), una ghiandola posta dorsalmente in corrispondenza delle ultime vertebre del pollo. Con un paio di forbici o un coltello, tagliatelo da cima a fondo lungo il petto. Apritelo bene, dopodiché eliminate le punte delle alette. Tagliate i pomodorini a metà che vi serviranno per la decorazione del piatto.

Sopra un tavolo da lavoro appiattite bene il pollo, schiacciandolo con un batticarne (sia la parte del petto che quella delle cosce devono avere la stessa altezza). Dopodiché conditelo (dalla parte della pelle) con pepe, paprika dolce e un pochino di salsa Worcester, e massaggiatelo con le mani per insaporire bene il tutto.

Capovolgete il pollo e condite la parte interna con il succo di limone, un po' di pepe, un pochino di paprika e, per ultimo, il peperoncino. Massaggiatelo bene e fate marinare per 5 minuti.

In una padella abbastanza capiente, versate dell'olio extravergine di oliva fino a coprire il fondo, quindi ponete sul fuoco; aggiungete lo zeste di limone, pelando a piccoli filamenti solo la parte gialla della scorza di mezzo limone (servitevi dell'apposito attrezzo o di un pelapatate), dopodiché adagiatevi il pollo e fate andare a fuoco vivace. Quando avrà raggiunto la giusta temperatura, abbassate la fiamma e lasciatelo dorare senza muoverlo per circa 2-3 minuti, appoggiando sul pollo una pentola piena d'acqua calda in modo che lo tenga appiattito durante la cottura. Dopo circa 3 minuti, togliete il peso dalla carne e inserite 3 spicchi d'aglio e le foglie di alloro, quindi rimettete il peso sulla carne e continuate la cottura per altri 2-3 minuti.

Nel frattempo tagliate il porro a pezzi grandi. Quindi girate il pollo dall'altra parte, salatelo, aggiungete i pezzi di porro e, sempre a temperatura bassa, fate cuocere per altri 10 minuti con il peso della pentola sistemata sopra la carne. Dopo 10 minuti girate il pollo e ripetete la stessa operazione, facendolo cuocere ancora per 3-4 minuti (dipende dalla grandezza del pollo).

Nel frattempo decorate il piatto da portata con una foglia di lattuga, dei pomodorini tagliati a metà, conditi con tabasco affumicato, sale e un filo d'olio extravergine d'oliva.

Appena il pollo sarà ben cotto, ponetelo sul piatto. Una volta tolto il pollo, aggiungete nella padella due cucchiai di farina e mescolatela insieme al sugo rimasto e mezzo mestolo di acqua calda per formare una crema. Versatela sul pollo e servite immediatamente.

Filetto in crosta alla Wellington

4 porzioni

- 1,5 kg di filetto di manzo
- senape
- sale e pepe
- olio extravergine di oliva

Per la prima copertura:
- 400 g di funghi champignon o porcini
- 1 spicchio d'aglio
- 4-5 castagne bollite
- 30 g di paté d'oca (facoltativo)
- timo
- 150 g di prosciutto crudo o pancetta

Per la seconda copertura:
- 1 rotolo di pasta sfoglia
- 1 tuorlo d'uovo
- semi di papavero (facoltativo)

Salate e pepate la carne su tutti i lati, massaggiatela con le mani affinché il sale e il pepe entrino all'interno. In una padella aggiungete abbondante olio extravergine d'oliva e rosolate il filetto, circa due minuti per lato, quindi aiutandovi con una pinza fate cuocere la carne anche sotto e sopra fino a quando sarà tutto ben dorato.

Quando il filetto sarà pronto, ponetelo su un piatto, spennellate tutta la superficie con la senape e lasciatelo da parte.

Preparate ora gli ingredienti per la prima copertura. Tritate finemente uno spicchio d'aglio; pulite gli champignon e, dopo aver eliminato la parte terrosa, lavateli sotto l'acqua corrente, quindi tagliateli a fettine e metteteli in un mixer insieme all'aglio tritato, regolate di sale e di pepe. Azionate il mixer e aggiungete le castagne e le foglie di timo continuando a tritare fino a quando non risulterà un composto omogeneo e cremoso. Versate la crema di funghi nella stessa padella dove avete fatto dorare il filetto e scaldate sul fuoco per 5 minuti, sfruttando l'olio rimasto in padella. Aggiungete ancora delle foglie di timo fresche, quindi a fuoco medio fate asciugare la crema di funghi mescolando con un cucchiaio di legno fino a quando il composto risulterà granuloso. Trasferite quindi la crema di funghi in una ciotola, aggiungete il paté d'oca (facoltativo) e amalgamate bene il tutto. Lasciatela riposare.

Nel frattempo stendete su un foglio di pellicola trasparente le fette di prosciutto crudo in modo da formare un rettangolo. Copritele con la crema di funghi, spalmandola con una spatola e posizionateci sopra il filetto. Aiutandovi con la pellicola avvolgete delicatamente le fettine di prosciutto sul filetto, cercando di stirare la carne in modo che non si formino bolle d'aria. Sigillate il filetto con altra pellicola e fatelo riposare in freezer per 40 minuti.

Trascorso questo tempo, eliminate la pellicola trasparente e posizionate il filetto al centro della pasta sfoglia distesa su carta da forno. Avvolgetelo e sigillatelo, chiudendo le due estremità della carta da forno, quindi ponete in frigorifero per 15 minuti.

Trascorso il tempo di riposo, aprite la carta da forno e punzecchiate con uno stuzzicadenti la sfoglia. Spennellate la pasta sfoglia con il tuorlo sbattuto e con un coltello praticate delle incisioni longitudinali e trasversali sulla superficie. Spolverizzate, se volete, con i semi di papavero.

Trasferite in una teglia da forno rivestita di carta da forno e mettete a cuocere in forno statico a 200 °C per 35-40 minuti. Sfornate e fate riposare per una decina di minuti prima di servirlo. Tagliate a fette spesse e accompagnate con un contorno di verdure a piacere.

Tagliata di manzo con rucola e grana

2 porzioni

- 500 g di controfiletto di manzo
- rucola
- 2 rametti di rosmarino
- 5-6 pomodorini pachino
- 50 g di grana padano o parmigiano in scaglie
- aceto balsamico di Modena
- sale rosa dell'Himalaya
- pepe verde in salamoia
- sale e pepe
- olio extravergine di oliva

Fate scaldare sul fuoco una piastra o una padella antiaderente e quando sarà rovente, aggiungete qualche rametto di rosmarino.

Adagiatevi il controfiletto e fatelo rosolare uniformemente a fiamma media per 4-5 minuti circa per lato. Quando la carne sarà cotta, ponetela su un piatto e salatela con un po' di sale rosa dell'Himalaya, dopodiché avvolgetela in un foglio di carta di alluminio e fatela riposare per 7-8 minuti.

Nel frattempo stendete un letto di rucola su un piatto e decorate con i pomodorini tagliati in quattro parti. Quindi regolate di sale e di pepe a piacere.

Ponete la carne su un tagliere e con un coltello ben affilato tagliatela a fette di circa 1 cm con taglio diagonale.

Disponete le fette di carne sul piatto, salate, aggiungete qualche grano di pepe verde in salamoia (al gusto) e irrorate con aceto balsamico di Modena e un filo di olio extravergine d'oliva.

Ricoprite il tutto con scaglie di grana o parmigiano reggiano e servite subito.

Tempi di cottura: al sangue, 3 minuti per lato; media, 4 minuti per lato; ben cotta, 5 minuti per lato.

Roast beef al sale

8 porzioni

- 2,5 kg di controfiletto di manzo
- 2 kg di sale grosso
- 2 rametti di rosmarino

Contorno:
- radicchio
- pomodori
- patate
- insalata verde
- rucola

Effettuate delle piccole incisioni sulla superficie della carne per permettere agli aromi di penetrare al suo interno. Spargete uno strato di sale grosso sul fondo di una teglia da forno, dello spessore di circa due dita, aggiungete qualche rametto di rosmarino e adagiatevi la carne.

Mettete un rametto di rosmarino anche sulla carne, quindi ricopritela completamente con il restante sale, mantenendo sempre lo spessore di due dita. Preriscaldate il forno a 220 °C con modalità ventilata, infornate il roast beef e fate cuocere per 30 minuti.

Terminata la cottura, estraete la carne dal sale, raschiando con delicatezza, e ponetela su un vassoio. Copritela con un canovaccio e fatela riposare per 30 minuti circa a temperatura ambiente. Quindi adagiate il roast beef su un tagliere e tagliatelo con un coltello o con un'affettatrice a fette sottili.

Il roast beef può essere servito tiepido magari accompagnato da un contorno di verdure oppure freddo condito con delle salse secondo i vostri gusti.

Consigli: il taglio del controfiletto può variare in lunghezza ma poco in altezza, per cui anche i tempi di cottura variano di pochissimo rispetto al peso. Cottura in forno statico: al sangue, 20 minuti; media, 30 minuti; ben cotto, 40 minuti. Per la cottura in forno ventilato calcolate 5 minuti in meno per ogni fase di cottura.

Scaloppine ai funghi

2 porzioni

- 2 fettine di petto di pollo o altra carne bianca
- 200 g di funghi freschi o surgelati
- prezzemolo tritato
- 1 spicchio d'aglio
- farina
- 1 noce di burro
- vino bianco
- sale e pepe
- olio extravergine di oliva

Lavate, pulite e affettate i funghi: prima di lavarli, raschiateli con un coltellino per eliminare la terra. Sciacquateli velocemente sotto l'acqua corrente fredda, dopodiché tamponateli con della carta assorbente. Con un coltello tagliate sottilmente le teste a listarelle e i gambi a pezzetti piccoli, i funghi più piccoli lasciateli interi.

Su un tagliere battete le scaloppine con un batticarne per assottigliarle e passatele nella farina. In una padella fate rosolare uno spicchio d'aglio in camicia con un filo d'olio extravergine d'oliva, versatevi i funghi, saltateli per qualche istante, poi insaporiteli con sale, pepe, un po' di prezzemolo tritato, coprite con un coperchio e proseguite la cottura a fuoco medio per 5 minuti in modo che rilascino tutta la loro acqua di vegetazione,

Dopodiché spostate la padella sul fuoco più basso e fate cuocere per altri 5 minuti fino a quando l'acqua non sarà evaporata. Poi sfumate con un po' di vino bianco e fate evaporare a fiamma media. Quindi abbassate la fiamma al minimo e fate cuocere per gli ultimi 5 minuti.

Togliete i funghi dalla padella, eliminate lo spicchio d'aglio, e teneteli al caldo in un piatto.

Nella padella in cui avete cotto i funghi, fate sciogliere il burro, aggiungete la carne, fatela rosolare da entrambe i lati e salatela.

A due minuti dalla fine della cottura, sfumate con del vino bianco e lasciate evaporare. Dopodiché unite i funghi e mescolate per amalgamare bene gli ingredienti, quindi a fuoco medio terminate la cottura.

Spegnete il fuoco e spolverizzate con del prezzemolo tritato. Servitele ben calde!

Bollito di carne

6 porzioni

- 1,5 kg di carne mista
- 1 gambo di sedano
- 1 grossa cipolla
- 2 carote
- 2 spicchi d'aglio
- 1 cucchiaino di cumino in polvere (o 4-5 chiodi di garofano)
- 5-6 grani di pepe nero
- 1 cucchiaio di miele (di acacia o castagno)
- 1 cucchiaio di sale (preferibilmente grosso)
- 1 pezzetto di zenzero
- 5-6 pomodorini
- 4-5 patate

Per la salsa verde:
- 50 g di prezzemolo
- 50 g di mollica di pane
- 1 spicchio d'aglio
- 3 filetti di acciughe
- 5-6 capperi dissalati
- aceto di vino bianco o di mele
- 1 tuorlo d'uovo sòdo (facoltativo)
- peperoncino (facoltativo)
- sale
- olio extravergine di oliva

Per preparare un buon bollito misto è consigliata della polpa di manzo, del biancostato con osso, mezza gallina e una lingua. Mettete sul fuoco una pentola con 5 litri di acqua, dei grani di pepe e uno spicchio d'aglio in camicia e coprite con un coperchio.

Quando l'acqua giungerà a bollore, aggiungete la mezza gallina, coprite e aspettate che l'acqua inizi nuovamente a bollire.

Aggiungete anche la lingua, quindi ripetete lo stesso procedimento anche con la polpa e poi con il biancostato (se si dovesse formare della schiuma in superficie durante la cottura, toglietela con un colino). Coprite con coperchio semiaperto e fate cuocere per 45 minuti a fuoco basso.

Nel frattempo preparate le verdure. Lavate e tagliate il gambo di sedano e le carote grossolanamente, tagliate i pomodorini a metà, sbucciate la cipolla e lasciatela intera dopo averle fatto un incisione a X con un coltello; l'aglio lo lascerete intero. Tagliate anche lo zenzero a pezzi grossolani.

Dopo 45 minuti, aggiungete tutte le verdure alla carne in cottura, mescolate, coprite sempre con coperchio semiaperto e fate cuocere per altri 45 minuti, senza ancora aggiungere il sale.

Trascorso questo tempo aggiungete un cucchiaio di miele d'acacia o di castagno, quindi regolate di sale (preferibilmente grosso). Coprite e continuate la cottura per circa altri 15 minuti, dopodiché estraete la lingua, poiché ha una cottura di 1 ora e 30 minuti, mentre l'altra carne continuerà a cuocere.

Eliminate la pelle della lingua aiutandovi con un coltello e lasciatela da parte in un piatto.

Ora aggiungete un cucchiaino di cumino nel brodo e fate cuocere per altri 35-40 minuti.

Nel frattempo sbucciate e tagliate le patate a tocchetti e aggiungetele al brodo (la cottura delle patate è di circa 35 minuti). Una volta terminata la cottura, rimettete la lingua nel brodo, coprite e fate cuocere per altri 5 minuti, dopodiché spegnete il fuoco.

Nel frattempo preparate la salsa verde: tritate lo spicchio d'aglio con il prezzemolo, i capperi e le acciughe. In una ciotola bagnate la mollica di pane nell'aceto e dopo averla strizzata bene, aggiungetela agli altri ingredienti.

Mettete il tutto in una ciotola, se volete aggiungete anche il tuorlo d'uovo sodo, e mentre mescolate con una forchetta, fate cadere a filo l'olio extravergine d'oliva fino a quando non avrete ottenuto una crema. Regolate di sale e se vi piace aggiungete anche un po' di peperoncino.

Ultimata la cottura, tagliate il bollito su un tagliere con un coltello a lama lunga, quindi disponete le fette di carne su un piatto da portata e servite. Se la carne non viene servita subito è consigliato lasciarla nel brodo altrimenti tende a diventare stopposa.

Annotazioni

Arrosto di vitello

6 porzioni

- 1,5 kg di pesce di vitello
- 1/2 l di vino bianco secco
- 2 rametti di rosmarino
- 2 spicchi d'aglio
- sale e pepe
- olio extravergine di oliva

Per prima cosa ponete la carne sul tagliere e legatela in modo che rimanga compatta durante la cottura.

Mettete sul fuoco una casseruola per arrosti e fate imbiondire due spicchi d'aglio interi in un filo d'olio extravergine di oliva.

Aggiungete la carne e i due rametti di rosmarino e fatela rosolare a fuoco medio girandola da tutte le parti con due cucchiai di legno in modo da non pungerla.

Regolate di sale e di pepe, poi versate mezzo litro di vino bianco, coprite con un coperchio e non appena inizierà a prendere bollore, fate cuocere l'arrosto a fiamma bassa per circa 1 ora e 40 minuti, girandolo ogni 20-25 minuti.

Una volta cotto l'arrosto, fatelo intiepidire e, prima di tagliarlo, eliminate la legatura. Accompagnatelo con una buona purè di patate.

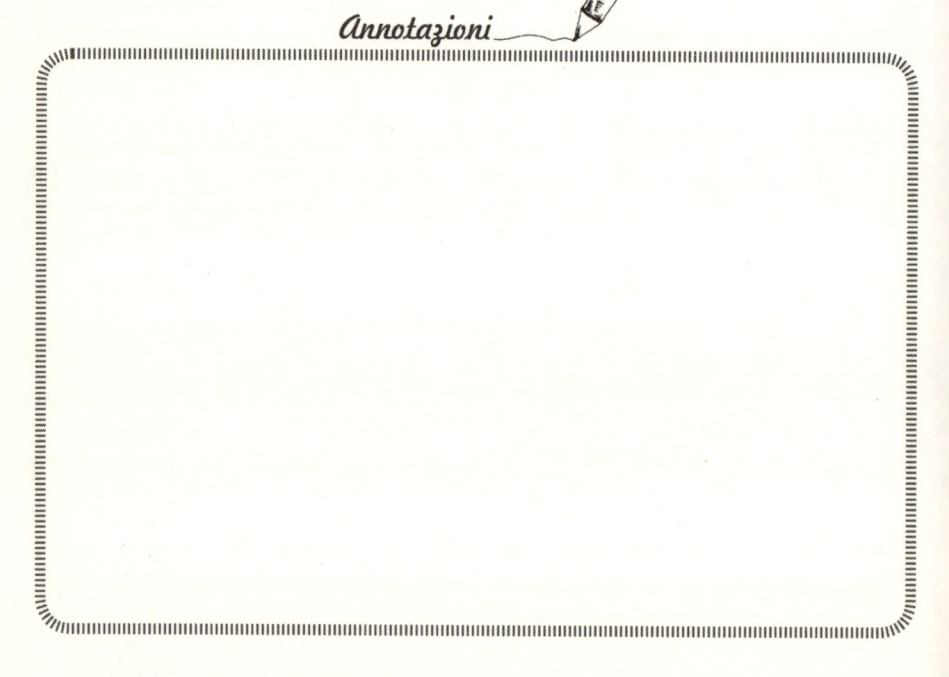

Annotazioni

Brasato al Barolo

6 porzioni

- 1 kg di carne bovina (vena o cappello di prete)
- 1 bottiglia di Barolo
- 1 gambo di sedano
- 1 cipolla
- 1 carota
- 2 foglie di alloro
- 1 pezzetto di cannella
- 4-5 chiodi di garofano
- pepe nero in grani
- 1 cucchiaio di cognac o brandy
- 30 g di burro
- sale e pepe
- olio extravergine di oliva

Prima di tutto bisogna marinare la carne, quindi lavate e tagliate grossolanamente il sedano, la carota e la cipolla.

In un contenitore abbastanza capiente mettete a marinare la carne con le verdure tagliate a pezzetti, le spezie e il vino, dopodiché coprite con pellicola trasparente e lasciate riposare in frigorifero per circa 12 ore.

Trascorso il tempo di riposo, togliete la carne dalla marinatura e così pure le verdure aiutandovi con un colino e cominciate la preparazione per la cottura del brasato.

In una casseruola abbastanza capiente, fate fondere il burro con un filo d'olio extravergine d'oliva e, a fuoco medio, fate rosolare la carne da tutti i lati.

Aggiungete le verdure, regolate di sale e di pepe, dopodiché versate anche la marinatura, coprite con un coperchio e fate cuocere a fuoco dolce per circa 2 ore e mezzo -3 ore.

Nel frattempo avrete tempo di preparare la polenta (vedi ricetta a p. 249).

Una volta cotto, prelevate il brasato dal sugo, togliete le spezie e frullate con un mixer le verdure. Versate il sugo in una padella e riscaldatelo a fuoco dolce. Aggiungete anche un cucchiaio di cognac, mescolate e portate a bollore per qualche minuto.

Affettate il brasato e versate la crema ben calda sulla carne. Accompagnate il brasato con una buona polenta.

Tacchino ripieno

10 porzioni

- 1 tacchino da 7 kg
- 2-3 fette di pan carré
- 140 g di carota
- 100 g di sedano
- 250 g di cipolla
- 2 spicchi d'aglio
- 250 g di mela
- 100 g di noci sgusciate
- 2 arance
- 1 cucchiaio di miele
- timo

- cannella
- 40 g di olive verdi
- 100 g di piselli
- 600 g di salsiccia
- 400 g di carne tritata
- 1 cucchiaino achiote (facoltativo)
- 60 g di uvetta
- 100 g di pancetta (facoltativo)
- 50 g di frutta secca (o disidratata, vanno bene anche i fichi o i datteri)
- prezzemolo tritato

- 1/2 bicchiere di vino rosso
- 50 g di burro
- sale e pepe

Per la preparazione del tacchino:
- 100 g di burro
- 2 limoni, scorza e succo
- alloro
- rosmarino
- sale grosso
- pepe

Preparazione del tacchino

Per prima cosa bisogna procedere con la pulizia del tacchino eliminando le interiora, poi fiammeggiatelo sul fuoco per eliminare i pelucchi, dopodiché eliminate la patina di grasso in superficie massaggiandolo con del succo di limone e del sale grosso e sciacquatelo bene sotto l'acqua corrente. Con una spatola cercate di staccare la pelle del tacchino, solo dal lato del petto, fino ad arrivare alle ali.

Preparate un composto a base di burro, scorza grattugiata di un limone, un po' di succo di limone e una macinata di pepe, e con le mani amalgamate il tutto fino a formare una crema, quindi inseritela tra la pelle e il petto, e anche su tutta la superficie del tacchino (questo procedimento servirà a tenere morbido il petto del tacchino durante la lunga cottura).

Inserite all'interno del tacchino qualche foglia di alloro, un rametto di rosmarino e un limone tagliato a metà, quindi adagiatelo su una teglia da forno e lasciatelo cuocere in forno preriscaldato a 220 °C per 35 minuti.

Una volta terminata la prima cottura, sfornate il tacchino e fatelo raffreddare.

Ripieno

Tagliate il pane a pezzetti e tostatelo nel forno. Nel frattempo lavate e tagliate a pezzetti tutte le verdure, tenendole separate le une dalle altre. Lavate e tagliate anche le mele a cubetti con tutta la buccia.

Mettete l'uvetta in una ciotola, bagnatela con mezzo bicchiere di vino rosso e fatela ammollare.

In una padella fate sciogliere il burro, poi inserite i due spicchi di aglio interi, la cipolla, la carota, il sedano e fate soffriggere per un paio di minuti, poi aggiungete i piselli e le olive, regolate di sale e insaporite con timo e cannella.

Mescolate tutto, quindi aggiungete la salsiccia tagliata a pezzi, la carne trita e man mano anche la frutta secca e il vino con l'uvetta ammollata, coprite con un coperchio e fate cuocere per circa 40 minuti, mescolando di tanto in tanto.

Nel frattempo spremete due arance per ricavarne il succo e preparate l'achiote, un colorante che usavano gli antichi Maya, se riuscite a trovarlo in commercio: versatelo in un pentolino con un filo di olio di semi e fatelo cuocere a fuoco medio per un minuto circa, vedrete che assumerà un colore rosso, quindi filtratelo e tenetelo da parte per la glassatura del tacchino.

Passato il tempo di cottura del ripieno, aggiungete in padella un po' di prezzemolo tritato, un cucchiaio di miele, il succo di una delle due arance, le mele tagliate a cubetti e, infine, le noci tritate, il pane tostato e un cucchiaio di anchote, per dare un pochino di colore al ripieno e mescolate il tutto.

Cottura
Farcite il tacchino con il ripieno dopo aver eliminato le foglie di alloro e il limone che avevate inserito, e con una fetta di pan carré create una sorta di tappo per far sì che non fuoriesca il ripieno durante la cottura, dopodiché con uno spago da cucina unite le due cosce.

Ora unite l'achiote al succo di arancia e spennellate la superficie del tacchino (nel caso non lo troviate si può ricoprire il tacchino con la pancetta e spennellare solo con succo d'arancia).

Coprite il tacchino con dei fogli di alluminio e infornate a 180 °C per 4 ore circa (ogni chilo di tacchino dovrà cuocere per 35 minuti).

Terminata la cottura spennellatelo ancora con altro achiote e succo di arancia e rimettetelo in forno ancora qualche minuto per la laccatura finale.

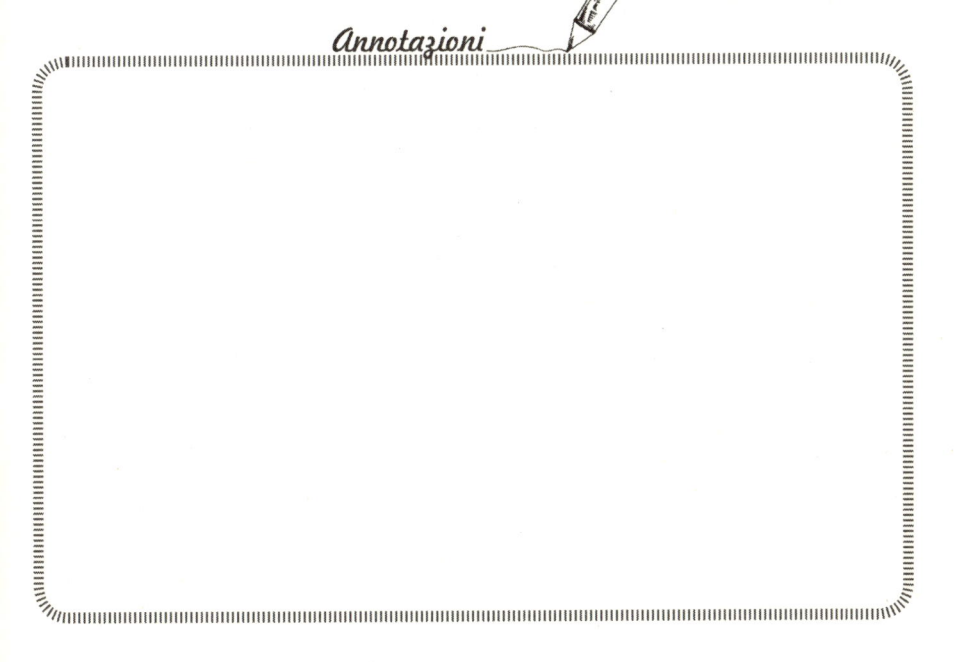

Annotazioni

Filetto al pepe verde

3 porzioni

- 3 medaglioni di filetto di manzo spessi 2-3 cm circa
- 2 cucchiai di pepe verde in salamoia
- pepe nero in grani
- 1 bicchierino di cognac o brandy
- 150 ml di panna fresca
- prezzemolo
- sale

Scaldate una padella antiaderente sul fuoco, senza burro né olio, quindi adagiate i filetti e a fiamma media, fateli rosolare su entrambi i lati.

Salate, pepate con un po' di pepe nero e unite il pepe verde con un po' della sua salamoia. Abbassate il fuoco e sfumate con un bicchierino di cognac e, sempre a fuoco basso, flambate aiutandovi con un accendino e facendo attenzione a non bruciarvi (munitevi anche di un coperchio per togliere ossigeno alla fiamma e spegnere il fuoco con facilità, se dovesse risultare troppo alta).

Non appena il flambé si sarà estinto, alzate il fuoco e aggiungete la panna, quindi coprite con un coperchio e terminate la cottura avendo cura di fare cuocere la carne da entrambi i lati.

Se desiderate una cottura del filetto al sangue, togliete la carne dalla padella e mettetela da parte, poi fate addensare la salsa a fuoco vivace per 1 o 2 minuti. Quando la crema raggiungerà la giusta densità, disponete il filetto nel piatto, cospargete con un cucchiaio di crema e servite ben caldo con una spolverata di prezzemolo tritato e pepe nero al gusto.

Tempi di cottura: al sangue, 30 secondi per lato; cottura media, 1 minuto per lato; ben cotto, 2 minuti per lato.

Stinco al forno con patate, curcuma e brandy

2 porzioni

- 2 stinchi di maiale
- 1 kg di patate novelle
- curcuma
- 1/2 bicchiere di vino bianco
- 1 dado vegetale (per 1/2 litro di brodo vegetale)

- 2 spicchi d'aglio
- 2 bacche di ginepro
- 1 bicchierino di brandy
- pepe in grani
- sale
- olio extravergine di oliva

Per il soffritto:
- salvia
- rosmarino
- alloro
- 1 spicchio d'aglio
- 5 bacche di ginepro

Lavate bene gli stinchi sotto l'acqua corrente e preparate le patate (se utilizzate quelle novelle lasciatele con la buccia, se no tagliatele a tocchetti, lasciandole in acqua fredda fino a quando non verranno utilizzate). Preparate il brodo riscaldando in una pentola mezzo litro di acqua con un dado vegetale.

Preparate un mix di erbe aromatiche tritando insieme qualche foglia di salvia, degli aghi di rosmarino, due foglie di alloro, uno spicchio d'aglio e 5 bacche di ginepro, aggiungete anche il sale e, una volta pronte, passate gli stinchi nelle spezie, massaggiandoli bene per insaporirli, dopodiché iniziate la prima fase di cottura.

In una padella mettete un filo d'olio extravergine d'oliva, uno spicchio d'aglio intero, qualche foglia di alloro, un rametto di rosmarino, due bacche di ginepro e dopo aver fatto soffriggere lievemente, aggiungete gli stinchi e lasciateli rosolare da una parte e dall'altra a fuoco medio-alto.

Poi aggiungete la curcuma, ingrediente fondamentale per questa ricetta, sfumate con un bicchierino di brandy e fate flambare inclinando leggermente la padella verso la fiamma e facendo prendere fuoco all'alcol.

Una volta evaporato il liquore, sfumate con mezzo bicchiere di vino bianco mantenendo il fuoco vivo e, a piacere, aggiungete del pepe. Dopodiché coprite con un coperchio e continuate la cottura a fuoco medio per circa 40 minuti (se il sughetto dovesse asciugarsi troppo, versate qualche mestolo di brodo).

Terminata la prima fase di cottura in padella, passate alla cottura in forno con le patate, quindi oliate una teglia con un filo d'olio extravergine di oliva, inserite le patate con uno spicchio d'aglio intero schiacciato e gli stinchi con il loro sughetto.

Coprite la teglia con un foglio di alluminio e infornate per circa 1 ora e mezza a 180 °C in forno già caldo, ricordando di togliere il foglio di alluminio negli ultimi 30 minuti di cottura.

A cottura ultimata, sfornate gli stinchi con patate e serviteli ben caldi.

Trippa alla romana

4 porzioni

- 1/2 kg di trippa
- 1 gambo di sedano
- 1 carota
- 1 cipolla
- basilico fresco

- menta fresca
- pecorino romano
- 3-4 chiodi di garofano
- 600-700 ml di passata di pomodoro (o pomodori pelati tritati)

- 1/2 bicchiere di vino bianco
- 1 bicchiere di aceto di vino
- pepe o peperoncino al gusto
- sale
- olio extravergine di oliva

Lavate e tagliate la trippa a fettine e procedete alla precottura. In una pentola mettete l'acqua e un bicchiere di aceto e, quando giungerà a bollore, mettete a cuocere la trippa per 15 minuti, dopodiché scolatela dall'acqua di cottura e lasciatela raffreddare sotto l'acqua corrente.

Nel frattempo lavate e tritate la cipolla, la carota e il sedano. In una pentola, preferibilmente di coccio, versate un filo d'olio extravergine, le verdure tritate, qualche foglia di menta e di basilico, i chiodi di garofano e infine la trippa.

Aggiungete un pizzico di sale, un filo d'olio extravergine di oliva e il pecorino romano grattugiato, amalgamate il tutto, coprite con un coperchio e fate cuocere per circa 30 minuti, rimestando di tanto in tanto.

Dopodiché sfumate con il vino bianco e lasciate evaporare, quindi versate la passata di pomodoro e proseguite la cottura per altri 45 minuti (se si dovesse asciugare troppo, aggiungete un pochino di acqua). Completate il piatto con un filo d'olio e una spolverata di pecorino.

Frittata di cipolle

3 porzioni

- 5 uova
- 300 g di cipolle
- 50 g di parmigiano
- 1 manciata di prezzemolo
- sale e pepe
- olio extravergine di oliva

Cominciate a tagliare le cipolle, a fette non tanto sottili (per affettare le cipolle senza piangere basta bagnare la lama del coltello con un pochino di acqua o di aceto). Quindi lasciatele stufare in una padella con un filo d'olio extravergine d'oliva per circa 1 minuto, inserendole poco alla volta.

Saltatele o mescolate di tanto in tanto a fuoco vivo. Salatele e pepatele, quindi mescolate ancora una volta e spegnere il fuoco, lasciandole intiepidire.

Nel frattempo rompete le uova in una ciotola (vi consiglio di romperle una a una in una ciotola e poi trasferirle all'interno di una ciotola più grande; questo per evitare che piccoli frammenti di guscio cadano nella preparazione). Tritate finemente il prezzemolo. Salate un pochino le uova, quindi sbattetele con una forchetta.

Aggiungete il parmigiano grattugiato e continuate a mescolare finché non sarà amalgamato bene alle uova. Aggiungete anche una bella manciata di prezzemolo tritato e il pepe (ingrediente fondamentale di questa ricetta), e continuate a mescolare bene. Quando le cipolle si saranno intiepidite, unitele alle uova e mescolate bene per amalgamare tutti gli ingredienti. La base della frittata è pronta per la cottura.

Nella stessa padella dove avete stufato le cipolle, versate un filo d'olio extravergine d'oliva e distribuitelo bene su tutta la superficie della padella. Per verificare se la padella è alla giusta temperatura, versate un pochino di composto d'uovo e, se si staccherà facilmente dal fondo, allora la padella ha raggiunto la temperatura. Quindi versate il resto del composto, distribuendolo uniformemente e delicatamente su tutta la superficie.

Coprite con un coperchio e fate cuocere per 7-8 minuti a fuoco basso. Prima di girare la frittata, scuotete leggermente la padella per assicurarvi che la frittata si staccherà dal fondo e verificate che non ci siano parti liquide in superficie. A questo punto girate la frittata per cuocerla anche dall'altra parte aiutandovi con un piatto o un coperchio o, se volete rischiare, facendola saltare.

Terminate la cottura dall'altro lato per altri 3 o 4 minuti circa. Servite la frittata di cipolle caldissima.

Uovo occhio di bue al tartufo

1 porzione

- 1 uovo
- 1 noce burro
- tartufo bianco
- sale
- pepe (facoltativo)

Prima di tutto verificate che l'uovo sia freschissimo e, per capirlo, basta metterlo all'interno di un bicchiere e aggiungere dell'acqua fredda: se rimane sul fondo l'uovo è freschissimo, se comincia a galleggiare, o viene completamente a galla, l'uovo non è più commestibile. Dopodiché rompetelo in una ciotola in maniera tale da poter verificare la qualità dell'uovo e, soprattutto, per evitare che piccoli frammenti di guscio possano rovinare la vostra preparazione.

Pulite il tartufo poco prima di consumarlo: sciacquatelo velocemente sotto un getto di acqua corrente per eliminare il velo di terra e spazzolatelo bene con uno spazzolino.

Sciogliete una noce di burro in un padellino a fuoco bassissimo, quindi salate e pepate e, quando si sarà dorato trasferite l'eccedenza in una ciotola poiché nel padellino dovrà rimanere solo un leggero strato di burro.

Fate scaldare il velo di burro e versateci l'uovo, poi coprite con un coperchio e fate cuocere a fuoco bassissimo fino a quando l'albume non si sarà perfettamente coagulato (il tuorlo dovrà invece rimanere morbido).

Spegnete il fuoco e impiattate l'uovo.

Poi irrorate con un pochino di burro fuso che avevate lasciato da parte e, per chiudere il piatto, aggiungete le scaglie di tartufo bianco.

Parmigiana di melanzane

6 porzioni

- 3 melanzane tonde
- 600-700 g di polpa di pomodoro
- 250 g di mozzarella
- 2 uova
- farina
- 3-4 foglie di basilico
- parmigiano
- sale e pepe
- bicarbonato o zucchero
- olio extravergine di oliva
- olio per friggere

Lavate le melanzane e, se preferite, sbucciatele, quindi tagliatele a fette di circa 1 cm di spessore. Si tagliano generalmente nel senso della lunghezza, ma, se non siete abili con il coltello, tagliatele a rondelle. Sistemate le fette di melanzane all'interno di uno scolapasta o di una pentola con cestello, salando ogni strato con abbondante sale grosso, dopodiché appoggiate sulle melanzane un piatto con un peso sopra e lasciate riposare per almeno un'ora.

Intanto preparate il sugo di pomodoro, con aglio, olio e basilico: in un pentolino versate un cucchiaio d'olio extravergine d'oliva e fatevi soffriggere due spicchi d'aglio sbucciati, quindi unite la polpa di pomodoro.

Salate, aggiungete una punta di bicarbonato o di zucchero per bilanciare l'acidità del pomodoro e fate cuocere a fuoco basso per 45 minuti; quando la salsa si sarà addensata spegnete il fuoco e unite il basilico fresco.

Tagliate le mozzarelle a fettine sottilissime.

Dopo un'ora circa, strizzate le fette di melanzane tra le mani per eliminare il più possibile l'acqua di vegetazione, quindi sciacquatele sotto l'acqua corrente per eliminare l'eccesso di sale e asciugatele tra due canovacci. Con un peso qualsiasi, schiacciate ulteriormente le melanzane in modo che si asciughino meglio.

Le melanzane possono essere cotte in tre modi: fritte così come sono direttamente nell'olio, oppure impanate nella farina prima di friggerle, oppure passate nell'uovo sbattuto, poi infarinate e fritte. In ogni caso friggetele in una padella con abbondante olio d'oliva o olio di semi di girasole, finché non saranno dorate sui entrambi i lati. Una volta dorate, sgocciolatele e fate assorbire l'olio in eccesso appoggiandole su carta assorbente da cucina, quindi adagiatele su un piatto.

Ungete una pirofila con olio extravergine d'oliva, quindi aggiungete un po' di sugo di pomodoro e basilico, dopodiché disponete il primo strato di melanzane cercando di coprire perfettamente la base della teglia. Salate, mettete qualche foglia di basilico, distribuite la mozzarella a fettine, il parmigiano grattugiato, un po' di pepe e un po' di salsa di pomodoro, stendendola uniformemente. Dopodiché disponete un altro strato di melanzane, quindi salate un pochino, aggiungete qualche foglia di basilico, un filo di olio extravergine d'oliva e il sugo di pomodoro avendo cura di distribuirlo uniformemente e infine il parmigiano grattugiato su tutta la superficie.

Cuocete la parmigiana in forno statico già caldo a 190 °C per 20-25 minuti. Fate riposare per circa 10 minuti prima di servire.

Purè di patate

6 porzioni

- 1 kg di patate a pasta gialla
- 300 ml di latte intero
- 1 noce di burro
- 1 cucchiaino di noce moscata
- sale

Per le patate potete procedere con la cottura classica o a vapore.

Cottura classica: lavate le patate e disponetele in una pentola capiente, copritele con abbondante acqua fredda e fatele lessare con il coperchio per circa 20-25 minuti. Prima di spegnere il fuoco controllate con uno stecchino se sono cotte. Scolatele e sbucciatele ancora calde, poi passatele nello schiacciapatate o in un passaverdure e raccogliete la purea in una ciotola capiente o direttamente nella pentola dove andrete a cuocerla.

Cottura a vapore: sbucciate le patate, tagliatele a cubetti e mettetele in un contenitore per cottura a vapore con acqua fredda. Fate cuocere le patate a vapore con il coperchio per 10-15 minuti. Per sapere se sono cotte provate a schiacciare le patate con una forchetta. Poi passatele nello schiacciapatate o in un passaverdure ancora calde.

Mettete una noce di burro in una pentola insieme alla purea di patate e, a fiamma bassa, incorporate il latte a filo, aggiungete la noce moscata e il sale.

Fate cuocere per 4-5 minuti continuando a mescolare per evitare che si formino grumi fino a ottenere un composto soffice e cremoso. Se il purè risulta troppo denso potete aggiungere ancora un po' di latte.

Il purè di patate è pronto da servire in tavola, perfetto per accompagnare secondi a base di carne, di pesce o vegetariani.

Fagioli in padella

4 porzioni

- 500 g di fagioli borlotti in scatola o secchi
- 4-5 foglie di salvia
- 1 cipolla
- 3 pomodori
- 1 cucchiaino di curcuma
- peperoncino
- sale e pepe
- olio extravergine di oliva

Se usate i fagioli secchi, metteteli a bagno in una ciotola d'acqua fredda e fateli ammorbidire per 24 ore. Prima di preparare la ricetta fateli bollire in una pentola a fuoco basso per circa due ore. Una volta cotti, scolateli e teneteli da parte.

Tagliate i pomodori a pezzetti e la cipolla grossolanamente.

In una padella abbastanza capiente disponete la cipolla con un filo d'olio extravergine d'oliva e fatela appassire a fiamma media. Unitevi i pomodori tagliati a pezzi, salate e pepate. Mescolate e, quando i pomodori saranno appassiti, versate i fagioli.

Aggiungete il peperoncino, le foglie di salvia e un cucchiaino di curcuma. Aggiungete anche 300-400 ml di acqua, coprite con un coperchio e fate cuocere per circa 20 minuti a fuoco basso o finché i fagioli non avranno raggiunto la consistenza desiderata.

Da servire caldi fumanti con un bel pezzo di pane artigianale e un bel bicchiere di birra fresca. Potete mangiarli da soli o come contorno a un piatto di carne alla brace, oppure usarli per condire una pastasciutta.

Annotazioni

Patate alla siciliana con olive e pecorino

4 porzioni

- 4 grosse patate
- 1 spicchio d'aglio
- 12 olive nere taggiasche
- rosmarino fresco
- pecorino romano (o pecorino siciliano oppure parmigiano)
- sale
- olio extravergine di oliva

Pelate le patate, tagliatele a rondelle non tanto sottili, sciacquatele bene sotto acqua corrente per togliere l'eccesso di amido e scolatele.

Schiacciate l'aglio intero e senza pelarlo mettetelo in una padella antiaderente con circa 4 cucchiai d'olio extravergine d'oliva.

Aggiungete anche le olive e i rametti di rosmarino e cominciate a soffriggere a fiamma media.

Nel frattempo asciugate bene le patate in un canovaccio in modo che non si attacchino durante la cottura.

Disponete le patate nella padella e fate saltare il tutto, poi abbassate la fiamma, coprite con un coperchio e fate cuocere a fuoco basso per 20-25 minuti. Durante la cottura, ogni 3 minuti circa, fate saltare le patate (se è possibile, evitate di mescolare le patate con il cucchiaio altrimenti si romperanno).

Intanto grattugiate il formaggio. Verso fine cottura, eliminate dalla padella lo spicchio d'aglio e i rametti di rosmarino (quelli interi) e salate.

Quando le patate saranno cotte, spegnete il fuoco e spolverizzate con la quantità di formaggio desiderata, coprite e fate riposare per un paio di minuti prima di servire in tavola. Le patate con olive e pecorino sono adatte per accompagnare carne e pesce.

Patate al forno perfette

4 porzioni

- 4-5 patate
- 2 cucchiai di aceto di vino bianco
- 1 cucchiaio di sale grosso
- rosmarino fresco
- timo
- 1 spicchio d'aglio
- sale
- olio extravergine di oliva

Pelate le patate e mettetele in ammollo in un contenitore con acqua fredda in modo che non si anneriscano.

Una volta che avrete pelato tutte le patate, tagliatele a cubetti regolari di piccole dimensioni (gli scarti non a cubetto potete utilizzarli per altre ricette).

Sciacquate bene i cubetti di patate sotto acqua corrente fredda per eliminare l'eccesso di amido e sbollentateli per 5 minuti in abbondante acqua bollente con un cucchiaio di sale grosso e 2 cucchiai di aceto.

Dopodiché scolate le patate e conditele in una ciotola con gli aromi che desiderate (rosmarino, aglio, timo, maggiorana ecc.), aggiungete un filo di olio extravergine di oliva, salate e mescolate.

Disponete le patate sopra una teglia rivestita di carta da forno e infornate a 200 °C per 20-25 minuti. Alla fine le patate devono essere croccanti e di un bel colore dorato. Togliete dal forno e servite in tavola ancora calde.

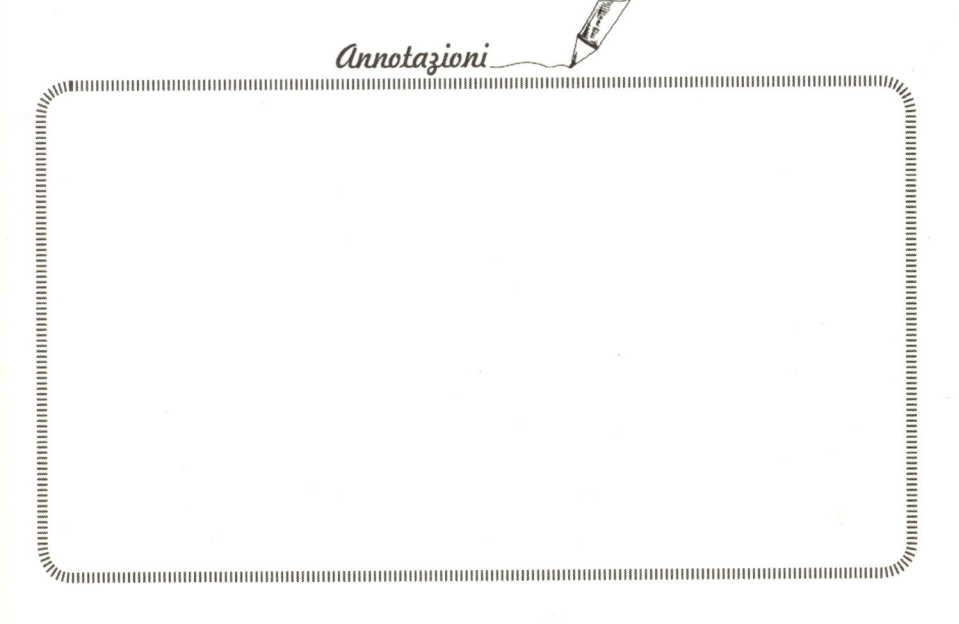

Annotazioni

Secondi piatti e contorni

Patate duchessa

6 porzioni

- 500 g di patate bollite
- 50 g di burro
- 1 uovo
- 2 tuorli d'uova
- noce moscata
- sale

Riducete le patate bollite in purea passandole nello schiacciapatate o in un passaverdure. Versate la purea, ancora calda, in un recipiente, quindi aggiungete il burro morbido tagliato a pezzettini e mescolate velocemente con un cucchiaio di legno per farlo sciogliere.

Unite le uova (un uovo intero e due tuorli) e amalgamate bene il composto fino a ottenere una crema omogenea e senza grumi.

In ultimo, aggiungete il sale e la noce moscata.

Una volta ottenuto questo composto, inseritelo in una sac à poche, utilizzando la bocchetta a stella, e formate dei piccoli ciuffetti di circa 5 centimetri di diametro, ben distanziati tra loro, sopra una teglia foderata con carta da forno.

Preriscaldate il forno a 200 °C e, una volta infornate, abbassate la temperatura a 190 °C e fate cuocere per 20-25 minuti senza aprire mai il forno finché le punte non risulteranno dorate.

Sfornate le vostre patate duchessa e servitele ben calde. Oltre a essere uno sfizioso contorno per accompagnare piatti di carne e pesce, possono essere un ottimo aperitivo per stuzzicare l'appetito.

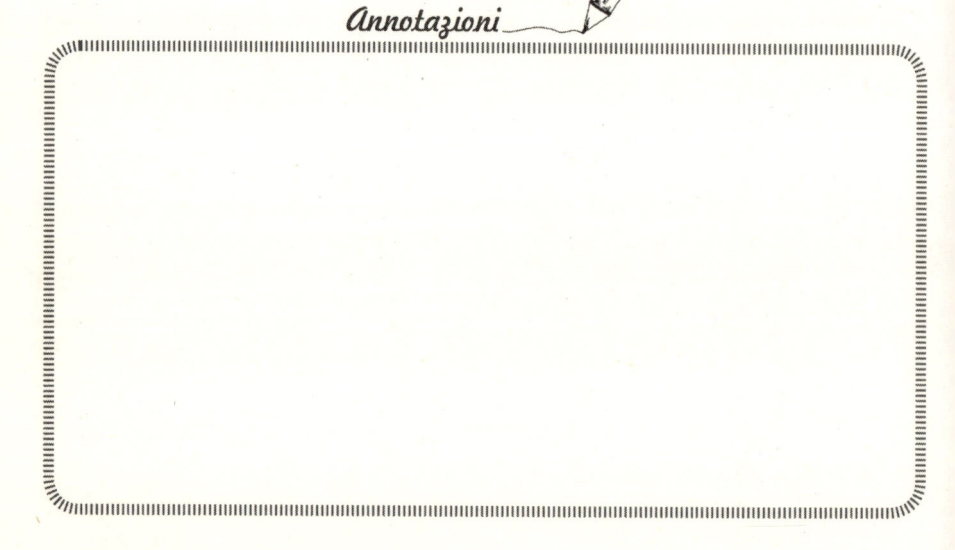

Annotazioni

Verdure grigliate

6 porzioni

- 2-3 zucchine
- 2 melanzane
- 2 peperoni
- 1 spicchio d'aglio
- prezzemolo
- aceto di mele o di vino bianco
- aceto balsamico di Modena
- basilico
- sale e pepe
- olio extravergine di oliva

Lavate e pulite tutte le verdure. I peperoni potete cuocerli interi sulla griglia, al forno o sulla carbonella. Nel caso decidiate di farli alla griglia, coprite i peperoni con una teglia da forno o con un coperchio ed effettuate una leggera pressione in modo che la pellicina dei peperoni entri a contatto con la griglia ben calda.

Fate cuocere i peperoni da una parte e dall'altra, girandoli ogni 2-3 minuti finché si abbrustoliscano da tutte le parti. Non si aggiunge sale. Quindi, una volta cotti, metteteli in un sacchetto per alimenti e fateli riposare per 10-15 minuti, possibilmente in forno spento in modo che mantengono la temperatura. All'interno dei sacchetti i peperoni continueranno a cuocere e suderanno, in questa maniera la pellicina si staccherà facilmente e i peperoni acquisiranno un profumo particolare, quasi di affumicato.

Nel frattempo preparate un mix aromatico per tutte le verdure grigliate: tritate uno spicchio d'aglio, dopo averlo sbucciato e aver tolto l'anima centrale, assieme al prezzemolo e a un pizzico di sale.

Per la cottura delle melanzane e delle zucchine: lavatele e spuntatele, dopodiché tagliatele per il lungo a fette spesse circa mezzo centimetro e ponetele sopra un vassoio, quindi salate un pochino per estrarre la parte dei liquidi di vegetazione amarognoli.

Quando le verdure cominceranno a sudare sono pronte per essere grigliate.

Grigliate le zucchine e le melanzane circa 3 minuti per lato e salatele un pochino, dopodiché mettetele a raffreddare in una teglia per circa 10 minuti a temperatura ambiente prima di condirle.

Aggiungete, dunque, il trito di aglio e prezzemolo preparato precedentemente, un pochino di aceto di mele o di vino bianco, sale, pepe e olio extravergine d'oliva. Aggiungete delle foglie di basilico fresco intere sulla superficie e un pochino di aceto balsamico di Modena. Quindi coprite con un foglio di pellicola trasparente e fate riposare in frigorifero per almeno 12 ore prima di servire.

Togliete i peperoni dal sacchetto e spellateli, eliminate i semini e spezzettate manualmente a listarelle seguendo la fibra del peperone. Quindi conditeli con il trito di aglio e prezzemolo, sale, pepe, aceto di mele o di vino bianco e irrorate con olio extravergine d'oliva.

Mescolate il tutto, coprite con pellicola trasparente e mettete in frigorifero a riposare per 12 ore.

Le vostre verdure grigliate sono pronte! Prendete un piatto da portata, sistemateci le verdure grigliate e portate in tavola!

Spinaci con pinoli e uvetta

4 porzioni

- 1 kg di spinaci freschi
- 50 g di uvetta
- 50 g di pinoli
- 40 g di burro o olio extravergine di oliva
- sale

Per lessare gli spinaci:
- aceto di vino bianco o aceto di mele
- sale grosso

Lavate bene gli spinaci freschi: eliminate il picciolo dall'estremità, poi lavate le foglie in acqua fredda per un paio di volte. Se gli spinaci dovessero essere molto sporchi di terra, lasciateli in ammollo per una decina di minuti in maniera tale che la terra si depositi sul fondo. Poi proseguite come per lavare l'insalata, cambiando sovente l'acqua fino a quando risulterà limpida e priva di impurità.

Mettete sul fuoco una pentola con poca acqua (circa la metà della grandezza della pentola), salatela con sale grosso, aggiungete un po' di aceto di vino bianco (o aceto di mele), e quando giungerà a ebollizione, versatevi gli spinaci.

Non appena l'acqua riprenderà il bollore, fate cuocere gli spinaci per 5 minuti a fuoco basso.

Intanto all'interno di una padella fate sciogliere una noce di burro, circa 20 g, l'altra metà vi servirà a fine cottura (in alternativa, fate scaldare l'olio extravergine d'oliva), quindi aggiungete l'uvetta (non ammollata) e i pinoli.

I pinoli si tosteranno, mentre l'uvetta si gonfierà a contatto con il burro. Dopodiché aggiungete anche gli spinaci ben scolati e mescolate il tutto.

Ora aggiungete il resto del burro (se al posto del burro, utilizzate l'olio, dopo aver calato gli spinaci in padella, aggiungete anche un mestolo d'acqua di cottura degli spinaci) e proseguite la cottura. Il tempo della cottura in padella è di circa 15 minuti, quindi fate sciogliere il burro, continuando a mescolare, dopodiché coprite con un coperchio e fate cuocere per circa 10 minuti.

Negli ultimi 5 minuti di cottura, regolate di sale se necessario. Toglieteli dal fuoco e servite ben caldi come contorno. Gli spinaci con uvetta e pinoli sono perfetti per accompagnare piatti di carne o formaggi, oppure, aumentando le porzioni, possono diventare anche un ottimo secondo piatto.

Funghi porcini trifolati

4 porzioni

- 500 g di funghi porcini
- 1 spicchio d'aglio
- 1 presa di prezzemolo fresco tritato
- sale e pepe
- olio extravergine di oliva
- 1 noce di burro

Per preparare i funghi porcini trifolati iniziate a pulire i funghi: con un coltellino raschiate la superficie del fungo per eliminare i residui di terra, sia dal gambo che dal cappuccio. Poi con un coltello dividete il gambo dal cappuccio. Sciacquate velocemente i funghi sotto l'acqua corrente e raschiate con uno spazzolino tutta la superficie del fungo, quindi risciacquate velocemente per eliminare tutte le impurità. Asciugate immediatamente e accuratamente i funghi per evitare che assorbono acqua. Quindi tagliate il cappuccio a fette e i gambi a dadini.

In una padella mettete a soffriggere l'aglio sbucciato e tagliato a metà con un filo d'olio extravergine di oliva e una punta di prezzemolo tritato. Quando l'aglio sarà dorato, eliminatelo dalla padella e aggiungete i gambi dei porcini, quindi fate cuocere a fiamma alta per 2-3 minuti mescolandoli di tanto in tanto.

Dopodiché unite anche le teste dei porcini e continuate la cottura per altri 2-3 minuti a fuoco vivo. Aggiungete il sale e il pepe e mescolate bene con un cucchiaio di legno.

Quindi abbassate il fuoco, coprite con un coperchio e fate cuocere per altri 12 minuti, saltandoli o mescolandoli ogni 2-3 minuti. Se si dovessero attaccare alla padella, aggiungete un po' d'acqua.

A fine cottura, aggiungete la noce di burro e il prezzemolo tritato, quindi spegnete il fuoco e mantecate bene in maniera tale che il burro si leghi agli altri ingredienti.

I vostri funghi porcini trifolati sono pronti! Lasciateli riposare in padella coperti per 7-8 minuti prima di servirli.

Finocchi con acciughe e pecorino

4 porzioni

- 3 finocchi
- 2 rametti di rosmarino fresco
- 2 spicchi d'aglio
- pecorino romano
- 5-6 filetti di acciughe sott'olio
- sale e pepe
- olio extravergine di oliva

Iniziate lavando i finocchi, poi con un coltello staccate i gambi, fino alla base, e le barbette verdi. Se volete, tenete da parte queste ultime che potete utilizzare per condire una pastasciutta. Eliminate anche la base del torsolo e le prime foglie esterne se sono brutte.

Dividete a metà ciascun finocchio per poi ricavare delle fettine sottili di circa 3-4 millimetri. Una volta tagliati i finocchi potete procedere con la cottura.

Tagliate due spicchi d'aglio a metà, dopo averli schiacciati con la lama del coltello, e metteteli all'interno di una padella insieme al rosmarino fresco, 5 o 6 filetti di acciughe sott'olio e un filo di olio extravergine di oliva.

Accendete il fuoco e cominciate a far rosolare a fuoco molto basso. Mescolate continuamente affinché i filetti di acciuga si sciolgano e il rosmarino rilasci i suoi oli essenziali insaporendo l'olio.

Dopo 2 o 3 minuti, quando l'aglio risulterà dorato, eliminatelo dalla padella, quindi aggiungete i finocchi, il sale e il pepe e, a fuoco alto, fateli cuocere per i primi 3 minuti con il coperchio in modo che i finocchi comincino a rilasciare parte dei loro liquidi.

Continuate la cottura per altri 10 minuti a fuoco medio senza coperchio mescolando di tanto in tanto. Quando vedrete che i finocchi diventeranno trasparenti, spegnete il fuoco, eliminate i rametti di rosmarino con l'aiuto di una pinza e serviteli ben caldi con una generosa dose di pecorino romano grattugiato.

Lenticchie classiche

4 porzioni

- 350 g di lenticchie
- 4-5 pomodorini
- 1 carota
- 1 cipolla
- 1 gambo di sedano
- 1 spicchio d'aglio
- 2 foglie di alloro
- 1 manciata di prezzemolo fresco
- sale e pepe
- olio extravergine di oliva

Innanzitutto dovete scegliere la qualità di lenticchie che volete cucinare. Tra le tante varietà in commercio, ce ne sono alcune che vanno ammollate nell'acqua prima di procedere con la cottura, altre invece per le quali basterà dare una lavata, quindi leggete le istruzioni sulla confezione. In ogni caso, sciacquate le lenticchie più volte sotto l'acqua corrente e verificate che non ci siano piccoli sassolini. Quindi scolatele e lasciatele da parte.

Lavate e tritate finemente la cipolla. Lavate e pelate una carota e, dopo aver eliminato le due estremità, tagliatela a cubetti. Lavate e tagliate il gambo di sedano in tre o quattro parti. Lavate e tagliate i pomodorini in quattro parti e, infine, con la parte piatta della lama di un coltello, schiacciate uno spicchio di aglio intero, senza togliere la pellicina.

In una pentola, preferibilmente di coccio, mettete un filo d'olio extravergine d'oliva e dopo aver inserito tutte le verdure (sedano, carota, cipolla, spicchio d'aglio intero, due foglie di alloro e i pomodorini), cominciate a far soffriggere il tutto, mescolando di tanto in tanto.

Nel frattempo ponete un'altra pentola sul fuoco con circa 1 litro d'acqua e portate a ebollizione. Quando le verdure saranno ben rosolate, aggiungete le lenticchie e fatele rosolare per circa 30 secondi insieme alle verdure, dopodiché versate l'acqua bollente (la quantità di acqua deve superare almeno di due dita le lenticchie). Quindi coprite con un coperchio e, a fuoco medio, portate a ebollizione, dopodiché spostate la pentola sul fuoco più basso e continuate la cottura con il coperchio per altri 30-40 minuti, dipende dal tipo di lenticchie che state utilizzando (se dovessero asciugarsi troppo durante la cottura, aggiungete qualche mestolo di acqua calda).

Negli ultimi 5 minuti di cottura insaporite con il sale e una bella macinata di pepe.

Intanto lavate e asciugate bene il prezzemolo, quindi tritate finemente solo le foglioline. Una volta terminata la cottura delle lenticchie, spegnete il fuoco e con una pinza eliminate dalla pentola l'aglio, i gambi di sedano e le foglie di alloro. Impiattate le lenticchie e aggiungete il prezzemolo fresco tritato, una macinata di pepe e un filo d'olio extravergine d'oliva. Le vostre lenticchie sono pronte!

Melanzane gratinate al forno

4 porzioni

- 2 melanzane
- 5-6 pomodorini
- 2 mozzarelle
- 6-7 fette di scamorza affumicata
- basilico fresco
- 6-7 cucchiai di salsa di pomodoro
- a piacere 'nduja

- capperi dissalati
- acciughe sott'olio
- olive nere denocciolate
- origano
- peperoncino
- sale

Per la muddicata:
- pangrattato
- 2 acciughe sott'olio
- 1 spicchio d'aglio
- peperoncino
- olio extravergine di oliva

Preparazione della muddicata

in un pentolino versate un filo d'olio extravergine d'oliva e aggiungete uno spicchio d'aglio in camicia, del peperoncino, due filetti di acciughe sott'olio e fate soffriggere. Quando i filetti di acciughe si saranno sciolti, aggiungete il pangrattato (la quantità dipende dal tipo di pane che state utilizzando).

Mescolate bene con un cucchiaio e fate tostare il pane per 2-3 minuti mescolando frequentemente (se il composto rimanesse troppo compatto, aggiungete altro pangrattato poiché deve essere sgranato). Quando il composto risulterà bello sabbioso e dorato, toglietelo dal fuoco, trasferitelo in un piatto e con una pinza eliminate i pezzetti di aglio. La muddicata è pronta!

Preparazione delle melanzane

Dopo averle lavate e asciugate, eliminate le estremità delle melanzane, quindi tagliatele a dischi di 1 cm circa di spessore. Disponetele su un vassoio, spolverizzatele con del sale e bucherellatele con una forchetta.

Aggiungete ancora un po' di sale, disponetele sopra una teglia ricoperta di carta da forno e aspettate che comincino a rilasciare il loro liquido.

Dopodiché eliminate il liquido amaro che il sale ha fatto uscire, asciugandole con un foglio di carta da cucina.

Infornatele in forno statico preriscaldato a 200 °C e fatele cuocere per 15 minuti.

Sfornate le melanzane e condite tutte le fette con la muddicata, poi preparatele in diverse versioni: su alcune fette versate qualche cucchiaio di salsa di pomodoro, su altre dei pomodorini tagliati in quattro o cinque parti.

Dopodiché aggiungete dei pezzettini di 'nduja, se vi piace, alcune olive nere e infine ricoprite le melanzane con fette di scamorza affumicata o mozzarella.

Oppure, se vi piace il classico profumo mediterraneo, potete aggiungere qualche acciuga sott'olio, un po' di origano, dei capperi, olive nere denocciolate, quindi ricoprite con fette di mozzarella (la mozzarella tiratela fuori dal frigorifero un'ora prima di utilizzarla e fatela sgocciolare bene per evitare che rilasci troppa acqua e che si sciolga troppo durante la cottura).

Non aggiungete sale, sia per le melanzane con la 'nduja, sia per quelle condite con le acciughe, in quanto questi ingredienti rilasciano già una notevole quantità di sale.

Per le melanzane classiche, dopo averle condite con la muddicata e il pomodorino, aggiungete il sale e un po' di origano, qualche foglia di basilico, quindi ricoprite con fette di scamorza affumicata o mozzarella.

Infornate le melanzane in forno statico preriscaldato a 200 °C e fate cuocere per 25 minuti. Sfornate e servite.

Annotazioni

Patatine chips

6 porzioni

- 4 patate a pasta gialla (o a pasta rossa)
- 1 cucchiaino di aceto di mele (o aceto di vino bianco)
- paprika
- 2 cucchiaini di sale
- olio extravergine di oliva (per cottura in forno)
- olio di semi di girasole (per chips fritte)

Lavate le patate e senza sbucciarle, tagliatele finemente (circa 1 mm) con l'aiuto di un affettaverdure con lama regolabile, facendole cadere direttamente in una ciotola con dell'acqua fresca.

Quando le avrete tagliate tutte, risciacquatele sotto l'acqua corrente fredda, poi mettetele in una ciotola con dell'acqua fredda, due cucchiaini di sale e un cucchiaino di aceto e lasciatele riposare per 30 minuti in frigorifero.

Passato questo tempo, risciacquate le patate e disponetele sopra un canovaccio pulito, quindi tamponatele, una a una, per asciugarle bene e procedete con la cottura, fritte o in forno.

Chips fritte

In una pentola mettete a scaldare abbondante olio di semi di girasole portandolo a una temperatura di 170 °C (se non avete un termometro da cucina, si può fare la prova dello stecchino: mettete uno stuzzicadenti nell'olio, quando inizierà a fare le bollicine l'olio avrà raggiunto la temperatura desiderata) e immergetevi le patate, poche alla volta. Per ottenere la croccantezza delle patate dovete seguire questa tecnica di cottura: continuate a immergerle e ad estrarle dall'olio con una schiumarola. Per quanto tempo stanno dentro l'olio, tanto tempo devono stare fuori dall'olio. Questo serve per fare fuoriuscire tutta l'acqua che c'è all'interno delle patate. Ripetete fino alla completa cottura delle patate.

Appena dorate estraete le chips dall'olio e poggiatele su un vassoio foderato di carta assorbente per eliminare l'olio in eccesso. Servite una volta fredde.

Chips al forno

Disponete le fette di patate su una placca da forno foderata di carta oleata e conditele con un po' di sale e un pochino di olio extravergine di oliva e, al gusto, spolverizzatele con paprika o peperoncino. Mettetele a cuocere in forno preriscaldato a 160 °C per circa 10 minuti, dopodiché sfornatele e, ancora morbide, fatele raffreddare.

Quindi rinfornatele per la seconda cottura per altri 10 minuti (anche questa procedura serve per fare fuoriuscire l'acqua che contengono le patate in modo che, una volta cotte, risulteranno perfettamente croccanti). Fate raffreddare le vostre patatine chips prima di servirle.

Polenta classica e con fontina

4 porzioni

- 500 g di farina di mais
- 2 l di acqua
- 1 cucchiaio di sale grosso
- 1 noce di burro
- 100 g circa di fontina o altri formaggi a piacere

Mettete sul fuoco una pentola con due litri di acqua e il sale grosso e, quando giungerà a ebollizione, aggiungete un cucchiaio alla volta tutta quanta la farina di mais.

Fate cuocere per circa 40 minuti a fiamma bassa mescolando continuamente con un cucchiaio di legno (non preoccupatevi se all'inizio si formeranno dei grumi, questi si scioglieranno durante la cottura). Quando la polenta si sarà addensata, aggiungete una noce di burro e continuate a rimestare per altri 5 minuti fino a quando la polenta non si staccherà dalle pareti della pentola.

Una volta cotta la polenta, metà potete farla raffreddare su un tagliere prima si servirla in tavola tagliata a fette.

L'altra metà di polenta, invece, lasciatela nella pentola e conditela con i formaggi che più desiderate (fontina, taleggio, gorgonzola o quello che preferite): anche la dose varia secondo il gusto. Quindi mescolate fino a che i formaggi non si saranno completamente sciolti e servitela in tavola ben calda!

Annotazioni

Secondi piatti e contorni

Patatine fritte perfette

6 porzioni

- 4 patate
- 1 bicchierino di aceto di vino bianco
- olio per friggere
- sale

Pelate le patate, tagliatele a fettine lasciandole cadere in una ciotola piena di acqua fredda. Poi sciacquatele bene sotto l'acqua corrente fresca per togliere l'amido.

In una pentola portate a bollore l'acqua con un bicchierino di aceto e un po' di sale, dopodiché mettete a cuocere le patate, poche alla volta, per 3 minuti, mescolando di tanto in tanto.

Una volta precotte le patate, scolatele e mettetele in una ciotola, quindi fatele raffreddare sotto l'acqua corrente fredda per bloccare la cottura, poi asciugatele bene con un canovaccio pulito.

Se volete, potete congelare le patate che non utilizzate subito, mettendole in un sacchetto ben asciutte.

Ora, mettete in una pentola abbondante olio di semi e quando sarà bollente, versatevi le patate, facendole cuocere a fiamma bassa. Dopodiché scolatele dall'olio e mettetele in un contenitore con carta assorbente per eliminare l'olio in eccesso.

Salate le patatine e gustatele con maionese e ketchup.

Caponata light

6 porzioni

- 2 o 3 zucchine
- 1 melanzana
- 1 peperone
- 1 cipolla rossa
- 10 olive nere denocciolate
- 5-6 capperi
- 4-5 filetti di acciughe sott'olio (facoltativo)
- basilico
- prezzemolo
- peperoncino
- sale e pepe
- olio extravergine di oliva

Lavate e mondate tutte le verdure. Tagliate il peperone per il lungo, eliminate il picciolo, i semi e le parti bianche, poi ricavate delle striscioline di circa 2 centimetri e tagliatele a pezzetti. Tagliate la cipolla a fette nel senso della lunghezza.

Spuntate le zucchine e tagliatele a rondelle. Tagliate la melanzana prima per il lungo, poi a striscioline e infine a cubetti. Tagliate i pomodori a pezzetti.

In una padella abbastanza capiente versate un giro d'olio extravergine d'oliva e fate soffriggere i filetti di acciughe con i capperi, il peperoncino e un po' di cipolla.

Dopodiché iniziate a inserire un terzo delle verdure e un pochino di sale, coprite e fate cuocere per qualche minuto a fuoco medio, fino a quando non saranno appassite. Poi continuate a inserire il resto delle verdure poco per volta e infine le olive. Regolate di sale, coprite con il coperchio e continuate la cottura per 7-8 minuti a fuoco basso, mescolando di tanto in tanto.

Se durante la cottura la caponata dovesse risultare troppo asciutta, aggiungete mezzo bicchiere d'acqua. In ultimo aggiungete le foglie di basilico e un po' di prezzemolo tritato. La vostra caponata light è pronta! Impiattate e decorate con qualche foglia di basilico, un filo d'olio extravergine di oliva e un po' di pepe al gusto.

Dessert

Zabaione

3 porzioni

- 100 g di tuorli d'uovo
- 100 g di zucchero
- 100 g di marsala (o limoncello, o altro vino liquoroso secco)

Ponete una pentola sul fuoco con due dita d'acqua per la cottura a bagnomaria e portatela al punto di ebollizione.

Nel frattempo mettete i tuorli con lo zucchero in una bastardella e con una frusta o uno sbattitore elettrico cominciare a mescolare bene fino a quando lo zucchero non sarà perfettamente sciolto e i tuorli risulteranno sbiancati. Aggiungete poco alla volta il vino liquoroso e continuate a sbattere fino a ottenere un composto omogeneo.

Mettete la bastardella all'interno della pentola e cuocete a bagnomaria a fiamma bassa continuando a mescolare con la frusta fino a quando la crema non raggiungerà gli 82 °C, misurando la temperatura con un termometro da cucina, e risulterà densa e cremosa. Togliete dal fuoco e servite.

Lo zabaione può essere servito caldo, tiepido o freddo; si accompagna con biscotti o con frutta come fragole, lamponi o altra frutta che abbia una tonalità un po' acidula. Se volete servire lo zabaione freddo, vi consiglio di raffreddarlo sempre a bagnomaria, inserendo la bastardella in un recipiente con del ghiaccio. Lo zabaione può essere conservato in frigorifero per 24 ore coperto con pellicola trasparente.

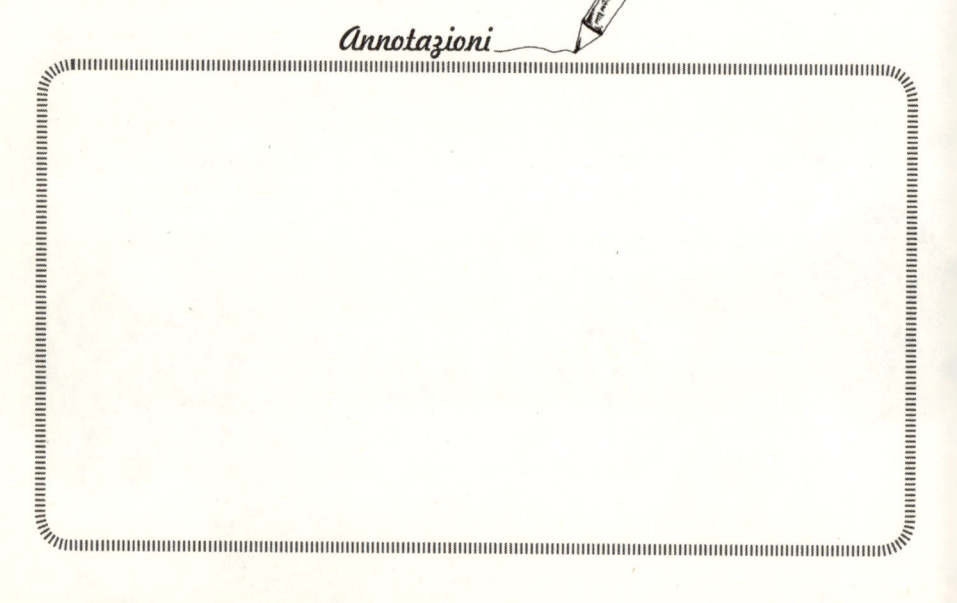

Annotazioni

Crema pasticcera

500 g di crema

- 4 tuorli
- 100 g di zucchero
- 34 g di maizena
- 400 ml di latte intero
- 2 bucce di bacca di vaniglia
- 1 pezzetto di scorza di limone

In un pentolino versate il latte, la scorza di limone e un paio di bucce di un baccello di vaniglia, quindi ponete sul fuoco e fate riscaldare. Il latte non deve bollire: quando il latte comincerà a fumare, spegnere il fuoco e tenetelo in caldo.

Intanto in una ciotola unite i tuorli d'uovo con lo zucchero e montateli bene con una frusta fino a ottenere una crema chiara e omogenea. Aggiungete quindi la maizena e mescolate delicatamente per amalgamarla al resto degli ingredienti.

Estraete dal latte la scorza di limone e le bucce del baccello di vaniglia; la scorza di limone tenetela da parte.

Con un colino filtrate il latte per eliminare eventuali semini di vaniglia, quindi a filo, unitelo al composto di uova, zucchero e maizena, mescolando bene fino a ottenere un composto spumoso.

Travasate il composto in un pentolino, aggiungete la scorza di limone che avevate lasciato da parte e cuocete a fuoco medio, mescolando continuamente con un cucchiaio di legno fino a quando la crema si sarà addensata.

Trasferitela in una ciotola e fatela raffreddare prima a temperatura ambiente e poi in frigorifero.

Prima di riporla in frigorifero, spolverizzate la superficie della crema con un po' di zucchero, poi copritela con pellicola trasparente e con uno stuzzicadenti effettuate dei buchi per far fuoriuscire la possibile condensa.

Consigli: conservate la crema pasticcera in frigorifero e prima di utilizzarla mescolatela con una frusta per ravvivarla.

Dessert

Crema pasticcera al cioccolato

550 g di crema

- 350 g di latte intero
- 150 g di panna fresca da montare non zuccherata
- 4 tuorli
- 100 g di zucchero semolato
- 150 g di cioccolato fondente
- 30 g di maizena (o amido di riso)
- 1 cucchiaino di essenza di vaniglia
- 20 ml di Grand Marnier (facoltativo)

Versate la panna in un pentolino, unite il cioccolato fondente spezzettato, quindi portate sul fuoco e cominciate a scaldare a fiamma bassa mescolando continuamente con una spatola fino a quando il cioccolato non si sarà perfettamente sciolto.

Togliete il pentolino dal fuoco, versatevi il Grand Marnier e mescolate per amalgamare bene il tutto. Tenete quindi il composto di cioccolato da parte.

Intanto in un altro pentolino fate scaldare il latte con la vaniglia portandolo a una temperatura di 70-80 °C.

In una ciotola a parte, emulsionate con una frusta i tuorli con lo zucchero per circa 2 minuti o fino a quando i tuorli non saranno diventati una crema chiara. Poi aggiungete la maizena e mescolate per farla assorbire bene al composto. Aggiungete poi il latte tiepido, un po' alla volta per evitare la formazione di grumi, e mescolate. Travasate la crema in un pentolino e lasciate addensare a fuoco bassissimo mescolando continuamente.

Una volta addensata toglietela dal fuoco e mentre è ancora calda incorporate la precedente crema al cioccolato. Mescolate bene, prima con la spatola e poi con la frusta elettrica per renderla bella spumosa e per farla intiepidire.

Trasferitela in una ciotola, copritela con della pellicola trasparente che sia a contatto con la crema stessa e lasciatela raffreddare completamente in frigorifero prima di utilizzarla per farcire il vostro dolce preferito o gustarla come budino.

Crema chantilly

1 kg di crema

- 1 l di panna da montare
- 100 g di zucchero a velo
- 1 bacca di vaniglia

Innanzitutto fate raffreddare bene la panna da montare tenendola nel freezer per 15 minuti, dopodiché versatela in una ciotola insieme alla bacca intera di vaniglia e mezza dose di zucchero a velo e con uno sbattitore elettrico iniziate a montarla.

Quando la panna inizierà a inspessirsi, aggiungete il restante zucchero a velo e continuate a sbattere fino a montarla completamente. Provate a capovolgere la ciotola per vedere se è abbastanza densa.

La crema chantilly è pronta! Ottima da servire con fragole e cioccolato!

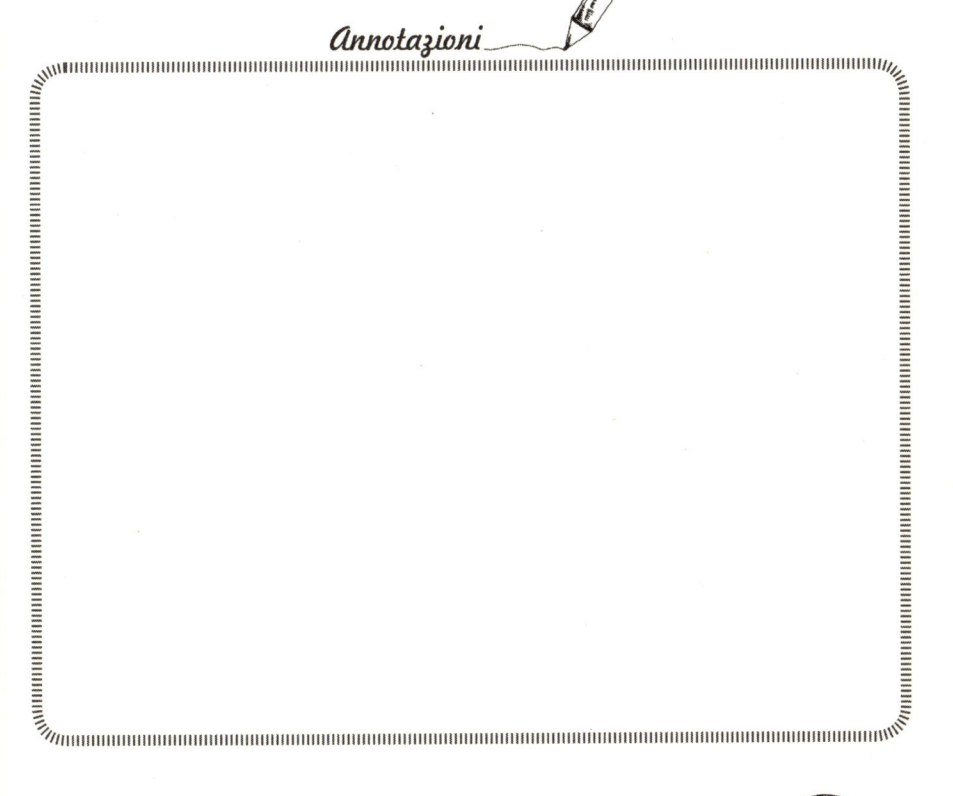

Annotazioni

Crema di nocciole

600 g di crema

- 250 g di cioccolato al latte
- 50 g di cioccolato fondente
- 90 g di nocciole tostate
- 80 g di zucchero di canna (o zucchero semolato)
- 150 ml di latte
- 10 ml di olio di nocciole (facoltativo)

Per fare una buona crema di nocciole dovete assicurarvi che le nocciole siano di ottima qualità e che siano tostate. Per cominciare mettete lo zucchero di canna e le nocciole tostate dentro un mixer e iniziate a tritare bene finché non si sarà formata una crema.

Aggiungete l'olio di nocciole, che rende la crema più elastica, ma in mancanza di questo, potete anche farne a meno. Aggiungete il latte poco alla volta alternandolo con pezzetti di cioccolato fondente finché non li avete terminati tutti.

Frullate il composto ancora per due o tre minuti affinché si amalgamano bene tutti gli ingredienti e assicuratevi che lo zucchero di canna sia completamente sciolto.

Travasate il composto in un pentolino e fate cuocere a bagnomaria per circa 20 minuti continuando a mescolare. Attenzione a non far entrare acqua nel composto per non danneggiare il prodotto.

Una volta raggiunta una densità media, togliete la crema di nocciole dal fuoco e lasciatela riposare per 20 minuti finché raggiungerà la temperatura ambiente.

Dopodiché mettetela in un vasetto di vetro e chiudetela con un coperchio. Si conserva per un giorno.

Crostata di mele

8 porzioni

- 300 g di farina 00
- 150 g di zucchero
- 150 g di burro freddo
- 1 uovo

- 2-3 mele
- marmellata di albicocche
- 1 cucchiaino di essenza di vaniglia (o la polpa di un baccello di vaniglia)

- 1 pizzico di sale

Per la glassa:
- 40 g di marmellata di albicocche
- 40 ml di acqua

Preparate la pasta frolla a mano o in planetaria. Per la preparazione a mano: disponete la farina a fontana su un piano da lavoro e con le mani formate un buco al centro, quindi aggiungete lo zucchero, l'uovo, il burro freddo da frigorifero ridotto a pezzetti, un pizzico di sale e la vaniglia e lavorate rapidamente gli ingredienti con le mani fino a ottenere un composto liscio e omogeneo.

Per la preparazione con la planetaria, all'interno della ciotola della planetaria inserite la farina, lo zucchero, l'uovo, la vaniglia, un pizzico di sale e infine il burro freddo ridotto a pezzetti e con la foglia cominciate a impastare a velocità media fino a quando il composto non si staccherà dalle pareti (vedrete che dapprima il composto risulterà sabbioso ma continuando a impastare il burro si scioglierà e si legherà al resto degli ingredienti).

Trasferite il composto su una spianatoia e compattatelo velocemente con le mani fino a ottenere un panetto liscio e omogeneo. Avvolgetelo nella pellicola trasparente e lasciatelo riposare in frigorifero per almeno 2 ore (potete preparare l'impasto il giorno prima e lasciarlo in frigorifero tutta la notte).

Passato il tempo di riposo, riprendete la pasta frolla dal frigorifero, eliminate la pellicola e posizionatela sopra un tavolo da lavoro leggermente infarinato. Aggiungete sopra alla frolla un po' di farina e stendetela con un mattarello a uno spessore di 4-5 mm. Foderate uno stampo da 30 cm di diametro con carta da forno, rivestendo anche i lati della tortiera. Quindi ritagliate i bordi in eccesso della pasta frolla ponendo la tortiera capovolta sulla pasta frolla stesa, poi trasferitela nella tortiera. Con gli avanzi della frolla potete ricavare delle striscioline per rivestire la crostata o creare dei biscotti.

Versate la quantità di marmellata che desiderate al centro del disco di frolla e stendetela con il dorso di un cucchiaio. Sbucciate le mele e levate i torsoli, quindi tagliatele a fettine sottili e decorate la crostata. Cuocete la crostata di mele in forno statico preriscaldato a 180 °C (in forno ventilato a 160 °C) per circa 45 minuti. Quando sarà ben dorata estraetela dal forno e fatela intiepidire.

Nel frattempo preparate la glassatura: pesate un po' di marmellata, mettetela in un pentolino e aggiungete pari peso di acqua. Portate il pentolino sul fuoco, mescolate continuamente e dal momento in cui inizia il bollore, fate cuocere per un paio di minuti a fuoco basso.

Con un colino filtrate la marmellata e schiacciatela bene con una spatola per ottenere un composto cremoso e senza grumi. Con un pennello da cucina, spennellate la superficie della crostata con la marmellata calda. Servite la crostata una volta che si sia raffreddata.

Muffin al cioccolato

12 porzioni

- 170 g di farina 00
- 150 g di latte intero
- 70 g di gocce di cioccolato
- 40 g di cacao amaro in polvere
- 130 g di zucchero semolato
- 2 uova
- 7 g di lievito vanigliato (o cremor tartaro)
- 80 g di burro
- 1 cucchiaino di essenza di vaniglia
- 1 pizzico di sale
- zucchero a velo

Separate i tuorli dagli albumi in due ciotole. In una ciotola montate gli albumi con un pizzico di sale a neve fermissima e tenete da parte.

A parte, per evitare la formazione di grumi, setacciate la farina, il cacao e il lievito e con una frusta mescolate bene.

Ammorbidite il burro per 30 secondi nel forno a microonde. All'interno di una ciotola grande, versate i tuorli e lo zucchero e con una frusta elettrica iniziate a mescolare. Unite un po' alla volta anche il burro a pomata e continuate a montare fino a ottenere un composto chiaro e spumoso. Dopodiché aggiungete la vaniglia e il latte tiepido (la temperatura deve essere di circa 30 °C) e amalgamate. Quindi versate poco alla volta il mix di farina, cacao e lievito, e amalgamate con una spatola fino a quando non saranno completamente assorbiti.

Aggiungete infine metà degli albumi montati a neve e mescolate con una spatola fino a ottenere un composto omogeneo. Quindi unite il resto degli albumi e amalgamate il composto con una spatola, questa volta delicatamente e con un movimento dal basso verso l'alto, tenendo la ciotola leggermente inclinata, fino al completo assorbimento.

In ultimo, aggiungete al composto le gocce di cioccolato e mescolate accuratamente (con un massimo di quattro spatolate) per inglobarle.

Versate l'impasto in 12 pirottini per muffin e cuocete in forno statico preriscaldato a 170 °C per 25 minuti. Una volta pronti, sfornateli e lasciateli raffreddare all'interno della teglia, dopodiché trasferiteli su un piatto per dolci e cospargeteli di zucchero a velo prima di servire o, per i più golosi, ricopriteli con una ganache al cioccolato.

Salame al cioccolato senza glutine

8 porzioni

- 190 g di biscotti secchi senza glutine (o 170 g di altri biscotti secchi)
- 2 uova medie
- 80 g di cacao amaro in polvere
- 50 g di gocce di cioccolato fondente
- 150 g di zucchero
- 100 g di burro
- 1 bicchierino di rum (o altro liquore o 20 ml di succo d'arancia per la versione analcolica)
- zucchero a velo vanigliato

Versate le uova con lo zucchero in una bastardella e mescolate bene con una frusta. Quindi poggiate la bastardella sopra una pentola contenente due dita di acqua per il bagnomaria e, continuando a mescolare, scaldatele fino ad arrivare a una temperatura di 70 °C. Dopodiché togliere immediatamente dal bagnomaria e con uno sbattitore elettrico montate le uova per 4-5 minuti in modo da abbassare velocemente la temperatura e ottenere un composto bello spumoso.

Unite il burro, che avrete precedentemente tenuto a temperatura ambiente, e sbattete fino a farlo assorbire al composto.

Aggiungete a questa crema il cacao amaro e le gocce di cioccolato, amalgamate bene fino a ottenere un composto liscio e omogeneo. Unite il rum e mescolate (se il composto risultasse troppo liquido, aggiungete 1-2 cucchiaini di cacao amaro in polvere) e, infine, aggiungete i biscotti sbriciolati grossolanamente (si possono mettere in un sacchetto e schiacciare con un mattarello) e mescolate con una spatola per incorporarli.

Dopodiché rovesciate il composto al centro di un foglio di carta da forno e, aiutandovi con le mani e con la carta stessa, dategli la tipica forma del salame, poi chiudete le estremità come fosse una caramella. Avvolgete il salame di cioccolato in un foglio di alluminio e riponete in frigorifero almeno per 4-5 ore (se non dovessero essere sufficienti, mettetelo in freezer per altri 15 minuti).

Una volta che si sarà indurito, tiratelo fuori dal frigorifero, eliminate l'alluminio e la carta da forno e cospargetelo con zucchero a velo vanigliato. Per renderlo più scenografico, potete legare il salame con dello spago. Servite il salame al cioccolato a fette su un bel tagliere di legno.

Sbrisolona

8 porzioni

- 200 g di farina di mais fioretto
- 200 g di farina 00
- 100 g di mandorle pelate
- 50 g di mandorle con pellicina
- 70 g di nocciole tostate con la pellicina
- 2 tuorli

- 100 g di strutto (o 200 g di burro in totale)
- 100 g di burro
- 175 g di zucchero semolato
- 1 pizzico di sale
- 1 cucchiaino di essenza di vaniglia (o la polpa di una bacca di vaniglia)

- 50 g di gocce di cioccolato (facoltativo)
- scorza grattugiata di 1 limone biologico
- zucchero a velo

Preriscaldate il forno statico a 170 °C. Versate le mandorle pelate in un frullatore e avviatelo a intermittenza fino a ottenere una granaglia, non troppo grossolana e neanche troppo fine. Fate lo stesso anche con le nocciole con la pellicina, sempre a intermittenza. Quindi unite le mandorle e le nocciole tritate in un recipiente.

In una ciotola o nel cestello della planetaria versate il burro, lo strutto (potete sostituire lo strutto con 100 g di burro), lo zucchero, l'essenza di vaniglia, la scorza grattugiata di un limone e un pizzico di sale e mescolate (se manualmente, utilizzate una frusta o una spatola) fino a ottenere un composto omogeneo e cremoso.

Unite anche la farina di mais, la farina 00, le mandorle e le nocciole tritate, i tuorli d'uovo e avviate la planetaria alla velocità minima fino a quando il composto non risulterà granuloso (se lo fate manualmente, continuate a mescolare sempre con una frusta), poi trasferite il composto su un piano da lavoro.

Sgranate il composto, passandolo delicatamente tra le mani e lasciandolo ricadere a pioggia sul piano da lavoro (manipolatelo il meno possibile per non scaldare l'impasto), fino a quando tutti i granuli avranno raggiunto la giusta consistenza, densità e grandezza.

Prendete un foglio di carta da forno, e dopo averlo stropicciato, rivestite una tortiera per crostate da 26 cm di diametro. Distribuitevi due terzi dell'impasto per formare il primo strato, aggiungete poi le gocce di cioccolato (ingrediente opzionale) e continuate a riempire la tortiera alternando le briciole d'impasto con le gocce di cioccolato.

Con un coltello tritate grossolanamente i 50 g di mandorle con la pellicina e distribuitele sulla superficie del dolce. Tagliate con un paio di forbici l'eccesso di carta da forno e cospargete la superficie con dello zucchero extra.

Infornate la torta in forno statico preriscaldato a 170 °C per 45 minuti (se forno ventilato a 150 °C per 40 minuti circa). Verso metà cottura, se vi accorgete che si colora troppo in superficie, copritela con un foglio di alluminio e terminate la cottura. Una volta cotta, sfornatela e lasciatela raffreddare completamente nello stampo. Mentre è ancora calda, spolverizzatela con zucchero a velo. Quando si sarà raffreddata sistematela su un piatto per dolci e servitela.

Pasta génoise

12 porzioni

- 6 uova (medie)
- 105 g di burro + extra per la tortiera
- 150 g di farina 00 + extra per la tortiera
- 180 g di zucchero
- 2 cucchiaini di essenza di vaniglia (o 1 bustina di vanillina)

Rompete le uova, una alla volta, in una ciotolina per verificarne la freschezza e per evitare che frammenti di guscio possano finire nell'impasto, quindi mettetele in una ciotola resistente al calore, preferibilmente di acciaio, unite lo zucchero e con una frusta iniziate a mescolare per far sciogliere lo zucchero.

Mettete la ciotola con le uova e lo zucchero sopra un pentolino per la cottura a bagnomaria, ponete sul fuoco molto dolce e continuate a montare il composto con uno sbattitore elettrico fino a quando raggiungerà una temperatura di circa 37 °C (verificate la temperatura con un termometro da cucina).

Togliete dal fuoco e trasferite nel cestello della planetaria. Avviare la planetaria alla massima velocità, utilizzando la frusta, e montate il composto per 15 minuti fino a quando non risulterà super spumoso. Aggiungete la vaniglia dopo 2 minuti sempre lasciando la planetaria accesa.

Nel frattempo fate sciogliere il burro all'interno del microonde per 30 secondi circa e fatelo raffreddare a temperatura ambiente. Con un altro po' di burro, imburrate e infarinate uno stampo da 26 cm di diametro.

Dopo 15 minuti spegnete la planetaria e incorporate la farina setacciata poco alla volta, lasciandola cadere a pioggia, e con una spatola mescolate delicatamente con un movimento dal basso verso l'alto, inclinando leggermente la ciotola, per non smontare il composto.

Aggiungete il burro fuso freddo e mescolate ancora per amalgamare. Poi trasferite il composto all'interno della tortiera e livellate scuotendo semplicemente lo stampo.

Infornate la pasta génoise a 180 °C in forno statico già caldo e cuocete per 30 minuti o a 160 °C in forno ventilato per 25 minuti.

Dopo la cottura lasciate riposare la torta all'interno del forno spento per altri 10 minuti. Poi capovolgetela su un piatto e lasciatela raffreddare prima a temperatura ambiente e poi in frigorifero per almeno un'ora prima di farcirla.

Cheesecake con lamponi e mirtilli

10 porzioni

Per la base:
- 200 g di biscotti secchi
- 80 g di burro
- 1 cucchiaio di miele

Per la crema:
- 300 g di ricotta
- 200 g di mascarpone o Philadelphia
- 150 g di zucchero
- 200 g di mirtilli

- 200 g di lamponi
- 30 ml di vino dolce liquoroso (o 30 ml di acqua)
- 7-8 foglie di menta
- 2 fogli di colla di pesce

Frullate i biscotti con un mixer riducendoli in polvere, unite quindi il burro precedentemente sciolto e il miele e continuate a frullare per circa 1 minuto. Prima di prelevare il composto dal mixer, amalgamate bene con una spatola giusto il tempo di far assorbire tutti gli ingredienti. Foderate il fondo di uno stampo da 22 cm di diametro con carta da forno, adagiatevi il composto e con il dorso di un cucchiaio distribuitelo uniformemente sul fondo della tortiera. Poi, aiutandovi con un batticarne, pressate e livellate la superficie del composto. Mettete in frigorifero e lasciate raffreddare per circa 1 ora.

Nel frattempo preparate la crema. Fate ammorbidire i fogli di colla di pesce in una ciotola con acqua fredda per circa 5 minuti. Frullate in un mixer 100 g di lamponi e 25 g di zucchero (dei 150 g totali) fino a ottenere una purea. Versate la purea di lamponi in una ciotola e tenetela da parte.

In un pentolino versate il vino e portate a ebollizione. Quindi spegnete il fuoco e aggiungete la colla di pesce ben strizzata. Mescolate e fate sciogliere completamente la gelatina, poi unitela alla purea di lamponi e amalgamate con un cucchiaio.

In una ciotola capiente mescolate la ricotta con lo zucchero. Unite il mascarpone e continuate a mescolare fino ad avere un composto omogeneo e senza grumi. Aggiungete quindi la purea di lamponi con la gelatina e mescolate delicatamente con la frusta o una spatola fino ad amalgamare del tutto il composto. Aggiungete infine 100 g di mirtilli al composto, il resto servirà per la copertura, e amalgamate.

Estraete la base di biscotti dal frigorifero, aggiungete la crema, livellate, poi coprite con pellicola trasparente e rimettete in frigorifero a riposare per almeno 3-4 ore.

Una volta rassodata, decorate a piacere con i restanti lamponi e mirtilli freschi e qualche fogliolina di menta.

Torta con carote, mandorle e arancia

8 porzioni

- 250 g di carote
- 250 g di farina 00 (o farina senza glutine come farina di riso)
- 250 g di zucchero
- 130 g di olio di semi di mais (o altro olio di semi delicato)
- 125 g di farina di mandorle
- 4 uova medie
- 120 g di succo di arancia o limone
- 16 g di lievito per dolci vanigliato o cremor tartaro
- zucchero a velo vanigliato
- burro

Lavate le carote, pelatele con un pelapatate e grattugiatele. Grattugiate la scorza di un'arancia, dopodiché spremetela per ricavare il succo e la polpa.

Mettete in un mixer la carota grattugiata, la scorza d'arancia, il succo e la polpa d'arancia e iniziate a frullare. Aggiungete a filo l'olio e continuate a frullare per 4-5 minuti fino a ottenere una crema omogenea.

Trasferite il composto in un recipiente, unite la farina di mandorle e mescolate bene.

Nel cestello della planetaria o con le fruste elettriche, montate le uova con lo zucchero per circa 20 minuti, aggiungete anche il sale.

Nel frattempo in una ciotola unite il lievito alla farina, quindi setacciate il tutto. Quando il composto di uova risulterà bello spumoso, incorporatevi metà della crema di carote e con una spatola amalgamate bene con un movimento dal basso verso l'alto, inclinando leggermente la ciotola.

Quindi incorporate metà dose di farina e lievito setacciati e continuate a mescolare dal basso verso l'alto fino al completo assorbimento.

Aggiungete l'altra metà dose di crema di carote e infine tutta quanta la farina e amalgamate bene. Versate l'impasto in uno stampo da 26 cm di diametro imburrato e infarinato e livellate con una spatola o facendo roteare lo stampo sul banco da lavoro, senza però sbatterlo.

Cuocete in forno statico preriscaldato a 180 °C per 40-45 minuti. Negli ultimi due minuti di cottura, fate la prova dello stecchino e se risulterà asciutto, la torta è pronta.

Sfornatela e, quando si sarà raffreddata, toglietela dallo stampo e capovolgetela su un piatto per dolci. Eliminate il foglio di carta oleata, spolverizzatela con zucchero a velo vanigliato e servite.

Crostata di fragole

8 porzioni

- 300 g di farina 00
- 150 g di zucchero semolato
- scorza grattugiata di 1 limone
- 150 g di burro freddo di frigorifero
- 1 uovo
- 1 tuorlo d'uovo

- 1 pizzico di sale
- 2 fogli di colla di pesce

Per la crema pasticcera:
- 4 tuorli d'uova
- 1 bacca di vaniglia (o 1 cucchiaino di essenza di vaniglia)

- 400 ml di latte intero
- 35 g di maizena
- 100 g di zucchero
- scorza di 1 limone

Iniziate a preparare la pasta frolla. Se decidete di prepararla manualmente, versate la farina su una spianatoia, create la classica forma a fontana e aggiungete al centro tutti quanti gli ingredienti, quindi impastate fino a ottenere un panetto omogeneo. Nel cestello della planetaria ponete la farina, lo zucchero, la scorza grattugiata di un limone, l'uovo intero, il tuorlo, un pizzico di sale e il burro a pezzetti freddo di frigorifero. Avviate la planetaria e impastate brevemente con la foglia fino a ottenere un impasto omogeneo. Mettete l'impasto su una spianatoia e compattatelo bene, quindi formate un panetto leggermente appiattito. Avvolgete il panetto nella pellicola e ponetelo in frigorifero per farlo rassodare per circa 1 ora.

Nel frattempo preparate la crema pasticcera: ponete sul fuoco un pentolino con 300 g di latte, la scorza di limone, la vaniglia e fate scaldare a fuoco dolce senza giungere al punto di ebollizione. Intanto, con uno sbattitore elettrico lavorate i tuorli con lo zucchero fino a quando lo zucchero non sarà perfettamente disciolto. Quando il composto risulterà bianco e spumoso, unite la maizena e i restanti 100 ml di latte e mescolate fino a ottenere un composto omogeneo e spumoso.

Unite il latte caldo al composto di uova, amalgamate il tutto, travasatelo in un pentolino e portate sul fuoco. Mescolate continuamente a fuoco bassissimo per addensare il composto.

Quando la crema sarà densa, spegnete il fuoco e mescolatela per qualche minuto per abbassare la temperatura, poi versatela in una teglia, meglio se bassa e larga, copritela con pellicola trasparente a contatto e mettetela a raffreddare in frigorifero.

Imburrate e infarinate uno stampo da crostata da 26 o 28 cm di diametro. Prendete la pasta frolla dal frigorifero, adagiatela tra due fogli di carta da forno e stendetela con un mattarello in un disco ampio 2 cm in più del diametro dello stampo. Adagiate la pasta frolla sullo stampo, distribuendola bene su tutta la superficie ed eliminate la carta da forno.

Con il mattarello eliminate i bordi in eccesso, poi con i rebbi di una forchetta bucherellate l'impasto.

Preriscaldate il forno statico a 200 °C, inserite la torta nella parte bassa del forno, abbassate la temperatura a 180 °C e cuocete per 25 minuti. Una volta cotta, sfornatela e fatela riposare a temperatura ambiente per 15 minuti prima di girarla su un piatto da portata.

Distribuite la crema pasticcera ormai fredda sulla base della crostata e livellatela con una spatola. Lavate le fragole ed eliminate le foglioline, quindi tagliatele a fettine sottili nel senso della lunghezza lasciandone una intera che metterete al centro della crostata. Disponete le fragole a fettine su tutta la superficie, cercando di tenere le più grosse per la circonferenza esterna e internamente le fettine più piccole. Infine decorate con foglie di menta fresca.

Preparate lo sciroppo: mettete due fogli di colla di pesce in un recipiente con acqua fredda e lasciateli per 10 minuti in ammollo. Poi strizzateli e metteteli in un pentolino con acqua fredda. Ponete il pentolino sul fuoco e fate sciogliere la gelatina per 2 o 3 minuti a fuoco basso mescolando continuamente.

Spegnete il fuoco e continuate a mescolare ancora per un paio di minuti fino a quando il liquido risulterà trasparente.

Versate la gelatina in uno spruzzino e nebulizzate la crostata di fragole, poi mettetela a raffreddare in frigorifero per almeno 12 ore prima di servirla.

Annotazioni

Plumcake allo yogurt

6 porzioni

- 170 g di farina 00
- 100 g di yogurt bianco intero
- 1 pizzico di sale
- 130 g di zucchero semolato
- 80 g di olio di semi d'uva (o di mais)
- 2 uova
- scorza di mezzo limone
- 7 g di lievito per dolci
- 1 cucchiaino di essenza di vaniglia (o 1 bustina di vanillina)

Cominciate a separare i tuorli dagli albumi, quindi aggiungete un pizzico di sale agli albumi d'uovo e con uno sbattitore elettrico montare a neve fermissima.

Ponete i due tuorli d'uovo in una ciotola capiente insieme allo zucchero e cominciate a montare con lo sbattitore elettrico, quindi aggiungete poco per volta anche l'olio di semi e, quando il composto risulterà chiaro, unite lo yogurt e continuate a montare fino a ottenere un composto chiaro e spumoso.

Grattugiate la scorza di mezzo limone e aggiungetela all'impasto, mescolate bene con una spatola, quindi unite anche un cucchiaino di essenza di vaniglia e continuate ad amalgamare bene.

In una ciotola setacciate il lievito con la farina, dopodiché aggiungetene un terzo all'impasto per far sviluppare la maglia glutinica e mescolate con una spatola dal basso verso l'alto fino a creare una crema densa. Quindi aggiungete tutto il resto della farina con lievito e continuate a mescolare per pochi istanti fino a ottenere un composto liscio e omogeneo. Infine aggiungete gli albumi montati a neve fermissima e, inclinando leggermente la ciotola, mescolate con una spatola delicatamente dal basso verso l'alto fino a ottenere un impasto cremoso.

Imburrate e infarinate uno stampo da plumcake, togliendo poi la farina in eccesso, e versatevi l'impasto delicatamente. Fate cuocere in forno statico preriscaldato a 170 °C per 30-35 minuti.

Negli ultimi 4-5 minuti verificate la cottura facendo la prova con uno stecchino infilandolo al centro del plumcake; se dovesse risultare leggermente umido ma non bagnato allora significa che è pronto.

Sfornate il plumcake e lasciatelo riposare per 15 minuti a temperatura ambiente prima di toglierlo dallo stampo. Infine sformate su un piatto da portata e lasciatelo raffreddare bene prima di gustarlo.

Pan brioche con crema e gocce di cioccolato

6 porzioni

- 350 g di farina manitoba
- 75 g di zucchero
- 150 g di latte intero
- 70 g di burro
- 1 cucchiaio essenza di vaniglia (o 1 bustina di vanillina)
- scorza di un'arancia (o di limone o mandarino)
- 3 g di sale
- 2 uova
- 10 g di lievito di birra fresco (o 3 g di lievito di birra disidratato)
- 50 g di gocce di cioccolato fondente
- 450 g di crema pasticcera

Per la crema pasticcera:
- 75 g di zucchero
- 27 g di maizena
- 3 tuorli d'uovo
- 300 ml latte intero
- 1 scorza di limone
- 1 bacca di vaniglia

Inserite nel cestello della planetaria il latte, il lievito di birra, un uovo intero e lo zucchero, quindi avviate la macchina e cominciate a mescolare con la foglia per far sciogliere il lievito. Dopo un paio di minuti, o quando il lievito e lo zucchero si saranno sciolti, aggiungete un cucchiaio di essenza di vaniglia e tutta quanta la farina, quindi impastate per circa 10 minuti (inizialmente l'impasto risulterà molto appiccicoso e slegato, ma dopo circa 10 minuti, quando si sarà formata la maglia glutinica, comincerà a staccarsi dalle pareti: se dovesse fare un po' fatica a incordarsi, aumentate leggermente la velocità della planetaria). Nel frattempo sciogliete il burro a pomata nel microonde per circa 30 secondi, quindi aggiungete la scorza d'arancia grattugiata, mescolate bene e fate intiepidire.

Quando l'impasto risulterà liscio e compatto, sostituite la foglia con il gancio, aggiungete il sale e continuate a impastare per 2-3 minuti, fino a quando il sale non sarà perfettamente legato e assorbito dall'impasto. Quindi aggiungete il burro fuso in due o tre fasi, cercando di inserire per ultima la scorza di arancia: quando la prima parte di burro sarà stata assorbita, aggiungete la successiva; non aggiungete il burro fuso in una sola volta perché altrimenti l'impasto tenderà a diventare eccessivamente liquido e farete molta più fatica a farlo assorbire. Continuate a impastare fino a quando l'impasto non si staccherà bene dalle pareti del cestello.

Trasferite il composto in una ciotola, copritelo con un canovaccio e lasciatelo riposare in forno spento per circa 3 o 4 ore, o fino a che non avrà raddoppiato il proprio volume. Nel frattempo, se non l'avete già a disposizione, potete preparate la crema pasticcera (vedi ricetta a p. 259).

Quando l'impasto sarà ben lievitato, adagiatelo su una spianatoia leggermente infarinata e spolverizzatelo con un po' di farina, quindi con le mani rigiratelo su se stesso e appiattitelo dolcemente. Dopodiché con un matterello, stendetelo fino a ottenere un rettangolo.

Distribuite sulla superficie uno strato di crema pasticcera e le gocce di cioccolato, poi arrotolatelo delicatamente, schiacciandolo con le mani e allungandolo leggermente.

Riunite le due estremità del rotolo, formando una U, quindi imburratevi le mani e intrecciatelo.

Posizionate la treccia ottenuta in uno stampo da plumkake precedentemente imburrato e lasciate lievitare in forno spento per circa 2 ore o fino a quando non avrà raddoppiato il proprio volume.

Prima di passare alla cottura, effettuate dei piccoli taglietti sulla superficie del pan brioche e spennellatelo con un mix di un uovo battuto e un pochino di latte.

Infornate in forno statico a 180 °C, abbassate subito la temperatura a 175 °C e fate cuocere per 45 minuti. Se vedete che durante la cottura colorisce troppo, copritelo con un foglio di alluminio.

Sfornate il pan brioche e lasciatelo raffreddare prima di servire.

Potete conservare il dolce per qualche giorno in un sacchetto per alimenti e, per una maggiore durabilità, potete nebulizzarlo con alcol alimentare a 96° (quello che si utilizza per fare i liquori).

Annotazioni

Ciambellone con gocce di cioccolato

6 porzioni

- 300 g di farina 00
- 250 g di zucchero
- 200 g di burro
- 4 uova
- 130 g di gocce di cioccolato fredde di frigorifero
- 1 cucchiaino di essenza di vaniglia (o 1 bustina di vanillina)
- 13 g di lievito per dolci
- 1 pizzico sale (1,5 g)
- zucchero a velo

Imburrate e infarinate uno stampo per ciambella e preriscaldate il forno a 200 °C in modalità statica.

In una planetaria mettete il burro tagliato a pezzetti e lo zucchero e impastate utilizzando la foglia. Quando il composto risulterà cremoso, unite l'essenza di vaniglia, un pizzico di sale e, mentre continuate a impastare inserite le prime 2 uova, uno alla volta.

Incorporate poi metà dose di farina e mescolate finché anche questa non sarà ben assorbita, quindi aggiungete le altre due uova, sempre uno alla volta, il lievito e la restante farina.

Impastate per pochi minuti, poi incorporate le gocce di cioccolato, fredde di frigorifero, e mescolate per qualche secondo per amalgamarle all'impasto, quindi spegnete la planetaria e continuate a impastare manualmente con una spatola.

Trasferite l'impasto nell'apposito stampo precedentemente imburrato e infarinato e livellate la superficie.

Abbassate il forno a 180 °C e cuocete il ciambellone per 35-40 minuti circa, fino a quando non si sarà dorato in superficie e inizieranno a formarsi delle crepe.

Sfornate e girate il ciambellone su un piatto per dolci. Spolverizzate con zucchero a velo mentre è ancora caldo.

Cannoli siciliani

8 porzioni

Per le cialde:
- 250 g di farina 00
- 30 g di zucchero
- 5 g di cacao amaro in polvere
- 30 g di strutto
- 1 uovo
- 60 ml di marsala
- 10 ml di aceto di vino bianco
- 1 pizzico di sale

- olio di semi di mais per friggere

Per la crema di ricotta:
- 500 g di ricotta di pecora
- 120 g di zucchero
- 50 g di gocce di cioccolato
- 50 g di canditi di cedro
- 1 cucchiaino di essenza di fiori d'arancio

Per guarnire:
- 6-8 ciliegie candite
- granella di pistacchi
- gocce di cioccolato
- zucchero a velo vanigliato

Per avere il giusto livello di idratazione e di croccantezza delle cialde, vi servirà metà uovo (20 g), quindi sbattete con una forchetta un uovo intero in una ciotola e poi dividete la dose in due ciotole da 20 g l'una: una la utilizzerete subito, l'altra copritela con pellicola trasparente e conservate in frigorifero per la parte finale.

In una ciotola mettete tutta quanta la farina, create un buco al centro e versate lo strutto, lo zucchero, il marsala, l'aceto, il cacao amaro, un pizzico di sale e 20 g di uovo battuto. Amalgamate il tutto, prima con un cucchiaio e poi manualmente.

Trasferite l'impasto su una spianatoia e continuate a impastare fino a ottenere un composto omogeneo (se utilizzate una planetaria, inserite dapprima tutti gli ingredienti liquidi e per ultimo la farina).

Avvolgete l'impasto con pellicola trasparente e lasciatelo riposare in frigorifero per almeno 1 ora.

Passato questo tempo, mettete l'impasto a temperatura ambiente per altri 30 minuti. Dopodiché stendete l'impasto su un piano infarinato, con un matterello o con la classica sfogliatrice, in una sfoglia sottile di circa 2 mm.

Ritagliate dei quadrati più o meno delle dimensioni dei cannelli da cannolo, quindi allungate leggermente le due punte laterali fino a ottenere una forma ovale.

Arrotolate l'impasto sui cannelli e con un pennello spennellate il bordo con l'uovo battuto che avevate lasciato da parte, facendo aderire la pasta premendola leggermente con le dita (tra il cannello e la pasta ci deve essere un piccolo spazio, in modo che durante la cottura, con il passaggio dell'olio, si creeranno delle bolle molto friabili, non solo sulla superficie del cannolo, ma anche internamente).

I cannoli sono pronti per la frittura. Friggetene 2 o 3 alla volta in abbondante olio di semi di mais a una temperatura di 170 °C per circa 2-3 minuti, cercando di girarli regolarmente.

Quando si saranno dorati su tutti i lati, scolateli bene dall'olio e fateli raffreddare su un piatto ricoperto di carta assorbente. Attendete che arrivino a temperatura ambiente prima di estrarre il cannello dai cannoli.

Per la preparazione del ripieno, ponete la ricotta a scolare in un colino per tutta la notte, poi passatela in un setaccio a maglie fini e con l'aiuto di una spatola schiacciatela lasciandola cadere in una ciotola.

Una volta ottenuta una crema molto fine, aggiungete lo zucchero, un cucchiaino di fiori d'arancio, i canditi di cedro e le gocce di cioccolato, quindi mescolate per amalgamare tutti gli ingredienti.

Inserite la crema di ricotta all'interno di una sac à poche e riempite i cannoli.

Completate guarnendo con granella di pistacchi, mezza ciliegia candita o gocce di cioccolato su entrambe le estremità.

Infine spolverizzate con zucchero a velo e servite.

Consiglio di riempire i cannoli solo poco prima di consumarli per evitare che perdano la loro croccantezza. La crema di ricotta si può conservare in frigorifero per 2-3 giorni.

Annotazioni

Panini al latte con gocce di cioccolato

24 panini

Per il rinfresco del lievito madre:
- 50 g di lievito madre
- 25 ml di acqua
- 50 g di farina manitoba

Per l'impasto:
- lievito madre rinfrescato
- 300 ml di latte intero freddo di frigorifero
- 80 g di zucchero
- 300 g di farina manitoba
- 200 g di farina 00
- 70 g di burro
- 125 g di gocce di cioccolato fredde di frigorifero
- 5 g di sale
- 1 uovo e 20 ml di latte per spennellare

Tirate fuori il lievito madre dal frigorifero e lasciatelo riposare a temperatura ambiente per circa 2 ore. Dopodiché prelevatene 50 g ai quali aggiungerete prima 25 g di acqua e, dopo averlo sciolto, 50 g di farina manitoba.

Impastate e formate una palla, quindi mettetelo in una ciotola, copritelo con pellicola trasparente e fatelo maturare per circa 4 ore nel forno spento prima di utilizzarlo (il resto del lievito madre rinfrescatelo con la farina che utilizzate abitualmente e dopo due ore a temperatura ambiente, riponetelo nel frigorifero).

Trascorso questo tempo, mettete il lievito madre in una planetaria (se impastate manualmente, disponetelo in una ciotola grande), quindi aggiungete lo zucchero, il latte freddo e il sale. Impastate utilizzando la foglia fino a quando il lievito si scioglierà nel latte (se fa fatica aumentate la velocità della planetaria).

Nel frattempo unite le due farine e versatele nella planetaria, un cucchiaio per volta. Continuate a impastare per incordare bene l'impasto e, non appena si staccherà dalle pareti della planetaria, sostituite la foglia con il gancio e continuate a impastare fino a ottenere una palla omogenea.

Quindi versate nella planetaria il burro fuso (precedentemente sciolto e fatto raffreddare a temperatura ambiente), poco alla volta (questa fase durerà all'incirca 15 minuti), fino a quando l'impasto risulterà soffice e liscio e si staccherà dalle pareti della planetaria. Se impastate manualmente, utilizzate il burro ammorbidito a temperatura ambiente fino a raggiungere la consistenza di una pomata.

Infine incorporate le gocce di cioccolato, fredde di frigorifero, e mescolate per qualche secondo per amalgamarle all'impasto, poi spegnete la macchina e trasferite l'impasto su un tavolo da lavoro.

Continuate a impastare con le mani, girandolo e ripiegandolo su se stesso per 3 o 4 volte fino a quando non otterrete un composto liscio ed elastico.

Ricavate un salame e dividetelo in quattro palline. Con le dita delle due mani tirate i bordi della pasta verso il basso e con i pollici riportate tutto l'impasto verso il centro, premendolo poi per saldarlo alla base. Solo in questo modo riuscirete a ottenere delle palline lisce e prive di imperfezioni.

Coprite le quattro palline con pellicola trasparente e lasciatele lievitare per circa 1 ora. Dopo un'ora, imburrate la superficie del piano da lavoro e i palmi delle mani, quindi schiacciate bene ogni pallina per eliminare le bolle di aria che si sono formate all'interno dell'impasto, dopodiché arrotolatele su se stesse per un paio di volte per dare loro ulteriore forza.

Tagliate dei pezzi di impasto di 45 g l'uno, formate delle palline e adagiatele sopra una teglia rivestita con carta da forno, coprite con pellicola trasparente e lasciatele lievitare nel forno spento per circa 12 ore o fino a quando avranno raddoppiato il loro volume.

Dopodiché preriscaldate il forno statico a 200 °C.

Nel frattempo in una ciotola sbattete un uovo con 20 ml di latte e spennellate delicatamente la superficie dei panini. Fateli cuocere in forno per 14 minuti.

Negli ultimi 4 o 5 minuti di cottura, coprite i panini con un foglio di alluminio per evitare che si colorino troppo in superficie e che la crosta diventi troppo dura.

Sfornateli e poneteli su una griglia direttamente con il loro foglio di carta da forno per farli raffreddare.

Per evitare che si asciughino troppo in superficie ricopriteli con un foglio di alluminio durante la fase di raffreddamento.

Si possono conservare in un sacchetto di carta per alimenti, inserito in un altro sacchetto di plastica, per un paio di giorni.

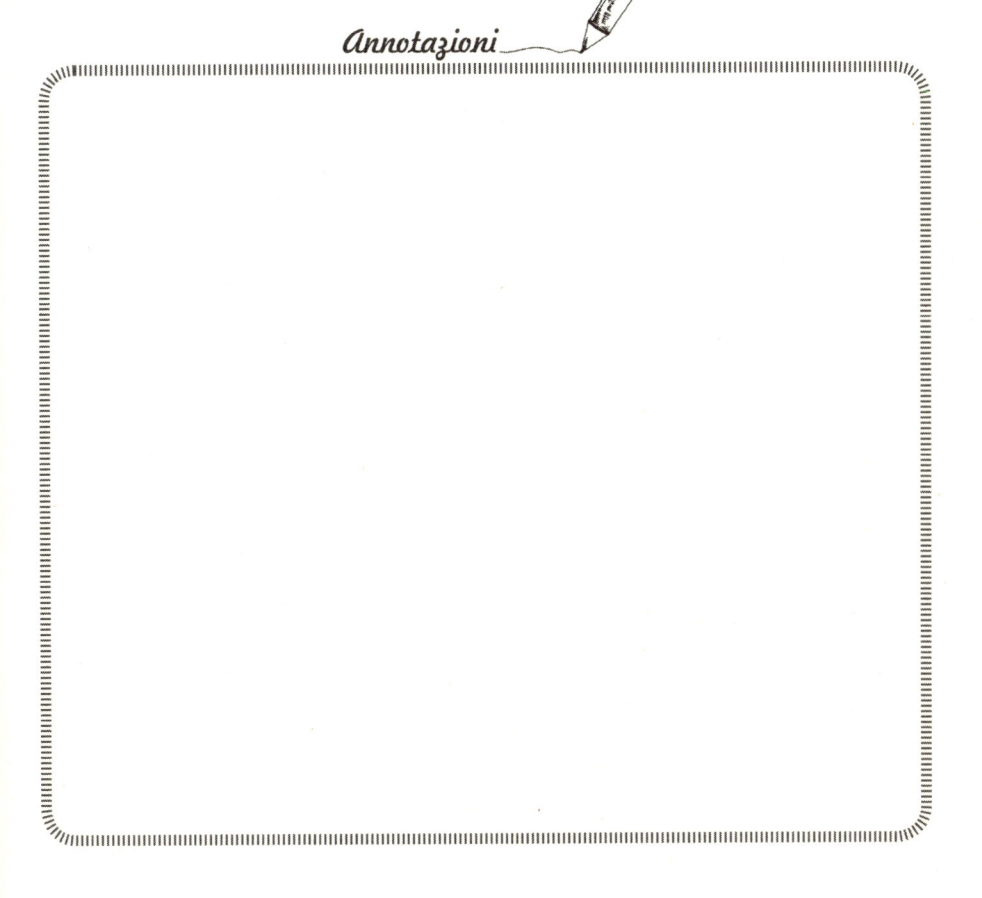

Annotazioni

Bignè

24 bignè

- 180 g di acqua
- 90 g di burro
- 90 g di farina 0 (o farina 00 con livello di proteine max di 10)
- 3 uova
- scorza di limone
- 3 g di sale
- 1 g di zucchero

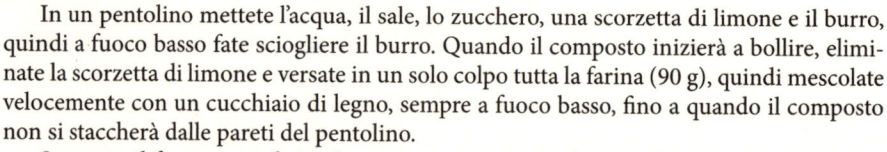

In un pentolino mettete l'acqua, il sale, lo zucchero, una scorzetta di limone e il burro, quindi a fuoco basso fate sciogliere il burro. Quando il composto inizierà a bollire, eliminate la scorzetta di limone e versate in un solo colpo tutta la farina (90 g), quindi mescolate velocemente con un cucchiaio di legno, sempre a fuoco basso, fino a quando il composto non si staccherà dalle pareti del pentolino.

Spegnete il fuoco e trasferite il composto in una ciotola, unite le uova, uno alla volta. Amalgamate bene il primo uovo e solo quando il primo sarà perfettamente assorbito, potete aggiungere il secondo e ripetete l'operazione anche con il terzo. Quando il composto risulterà liscio e morbido, prendete l'impasto un po' per volta con una spatola e inseritelo in una sac à poche.

Prendete due teglie da forno e foderatele con carta da forno, quindi formate tante piccole palline della grandezza di una noce ben distanziate tra loro.

Fate cuocere in forno ventilato preriscaldato a 170 °C per 12 minuti, fino a quando non saranno leggermente dorati.

Dopodiché lasciateli asciugare nel forno spento con lo sportello semiaperto per circa 20 minuti, poi accendete nuovamente il forno alla temperatura di 120 °C e fate cuocere i bignè per altri 10 minuti (in questa seconda cottura i bignè si asciugheranno ulteriormente diventando croccanti al punto giusto).

I bignè sono perfetti per le farciture più gustose, dolci o salate, per esempio con paté di tonno, oppure crema chantilly, crema pasticcera e... tante altre preparazioni.

Tiramisù

6 porzioni

- 500 g di mascarpone
- 6 uova medie
- 150 g di zucchero
- 300 g di savoiardi
- cacao amaro in polvere
- 1 cucchiaio di succo di limone
- 1/2 litro di caffè
- 1 bicchierino di rum
- 300 ml di panna da montare (facoltativo)
- 25 g di zucchero a velo (facoltativo)

Dividete la dose di zucchero in due parti uguali di 75 grammi. Dividete accuratamente i tuorli dagli albumi.

Con i tuorli dovrete preparare una sorta di zabaglione, quindi versateli in una bastardella, posta sopra un pentolino con due dita d'acqua, insieme a 75 grammi di zucchero e un bicchierino di rum e con una frusta sbattete il composto per 3 o 4 minuti fino a quando la crema diventerà densa e soffice. Dopodiché togliete la bastardella dal pentolino e lasciatela da parte.

Intanto pastorizzate gli albumi: in una ciotola montate gli albumi a neve fermissima con il succo di mezzo limone e tenete da parte per qualche istante. Nel frattempo preparate lo sciroppo per pastorizzare gli albumi d'uovo: versate gli altri 75 g di zucchero e 40 ml di acqua in un pentolino, mescolate e scaldate sul fuoco fino ad arrivare alla temperatura di 121 °C (ci vorranno all'incirca 2 o 3 minuti). Versate lo sciroppo di acqua e zucchero nella ciotola con gli albumi montati e continuate a montare con uno sbattitore elettrico per altri 2 o 3 minuti.

Ai tuorli unite il mascarpone e amalgamate bene con una frusta. Unite poi gli albumi montati alla crema di mascarpone, avendo cura di mescolare delicatamente con un movimento dal basso verso l'alto per evitare di smontare il composto. La crema del tiramisù è pronta.

Preparate il caffè e lasciatelo raffreddare. Distribuite un velo di crema sul fondo di una pirofila. Passate velocemente i savoiardi nel caffè e create un primo strato, collocandoli ordinatamente uno vicino all'altro. Ricoprite con un abbondante strato di crema al mascarpone, quindi procedete con un altro strato di savoiardi al caffè e ricoprire ancora con la crema.

Ponete la pirofila in frigorifero, coperta con pellicola trasparente, e lasciatela riposare per almeno 4 ore.

Prima di servire spolverizzate il tiramisù con cacao amaro in polvere, oppure, per renderlo più goloso, ricoprite tutta la superficie con panna montata con lo zucchero a velo e spolverizzate con il cacao.

Con cosa si possono sostituire i savoiardi? Un'alternativa valida è il pan di Spagna: provatelo!

Torta di pane

8 porzioni

- 250 g di pane raffermo
- 100 g di amaretti
- 50 g di uvetta
- 100 g di farina di mandorle
- 2 uova
- 100 g di zucchero di canna
- mezzo cucchiaino di cannella in polvere
- 1 bustina di vanillina (o un cucchiaino di essenza di vaniglia)
- 400 ml di latte
- 8 g di lievito per dolci
- 1/2 bicchierino di rum o maraschino
- 30 g di pinoli (o nocciole, noci, mandorle tritate)
- 50 g di burro
- 1 scorza di arancia
- 30 g di cacao amaro in polvere o canditi
- zucchero a velo per la decorazione

Prima di tutto mettete l'uvetta a bagno nell'acqua tiepida e lasciatela macerare per circa mezz'ora. Tagliate il pane a cubetti e mettetelo in una ciotola con il latte e 50 g di zucchero di canna, mescolate il tutto e lasciate in ammollo per 10-15 minuti, dopodiché emulsionate con un frullatore a immersione fino a ottenere un composto cremoso.

Separate i tuorli d'uovo dagli albumi, quindi in una ciotola montate gli albumi a neve fermissima, mentre in un'altra montate i tuorli con gli altri 50 g di zucchero di canna. Aggiungete il burro fuso e amalgamate per un paio di minuti fino a ottenere un composto cremoso. Poi unite il pane ammollato e continuate a mescolare con una spatola, con un movimento dal basso verso l'alto, in modo da ottenere un composto omogeneo

Aggiungete la farina di mandorle, l'essenza di vaniglia, la cannella, mezzo bicchierino di rum e mescolate bene.

Dopodiché incorporate gli amaretti sbriciolati grossolanamente, l'uvetta ben strizzata e il cacao amaro, continuando a mescolare con una spatola.

Infine il lievito, la scorza d'arancia e, poco alla volta, l'albume montato a neve, inclinando leggermente la ciotola e mescolando delicatamente con una spatola dal basso verso l'alto.

Imburrate e infarinate una tortiera da 26 cm di diametro, versate l'impasto e livellatelo con una spatola.

Quindi cospargete la superficie con i pinoli e cuocete in forno statico preriscaldato a 175 °C per circa 40-45 minuti.

Fate la prova dello stecchino prima di sfornare la torta e se risulta leggermente umida all'interno, estraetela tranquillamente e ponetela su un piatto per dolci. Spolverizzate la superficie con zucchero a velo e lasciatela riposare a temperatura ambiente per circa un'ora.

Maritozzi con la panna

12 porzioni

- 400 g di farina tipo 1 (o farina integrale o farina 00 con livello di proteine da 11 a 14)
- lievitino con lievito di birra o lievito madre
- 1 cucchiaino di essenza di vaniglia
- 3 uova
- scorza di un'arancia
- 30 g di uvetta
- 12 g di sale

- 50 g di miele
- 50 g di olio extravergine di oliva

Per il lievitino con lievito di birra:
- 6 g di lievito di birra fresco o 3 g di lievito di birra disidratato
- 180 g di farina
- 240 ml di acqua

Per il lievitino con lievito madre:
- 120 g di lievito madre
- 180 ml di acqua
- 120 g di farina

Per la glassatura:
- 1 uovo
- 20 ml di latte

Per la farcitura:
- 200 ml di panna fresca da montare
- 1 cucchiaio di zucchero a velo

Per la preparazione del lievitino con lievito di birra: in una ciotola fate sciogliere il lievito di birra in 240 ml di acqua a temperatura ambiente. Unite la farina, mescolate bene con una frusta, poi coprite con pellicola trasparente e mettete a lievitare in forno spento per circa 2 ore.

Per la preparazione del lievitino con lievito madre: tirate fuori il lievito madre dal frigorifero e lasciatelo a temperatura ambiente per due ore, dopodiché rinfrescatelo al 60% di idratazione, quindi fatelo lievitare per 4 ore a temperatura ambiente. Trascorso questo tempo, prelevatene 120 g per questa ricetta e rinfrescatelo nuovamente con 180 ml di acqua e 120 g di farina. Quindi copritelo con pellicola trasparente e mettete a lievitare in forno spento per altre 4 ore.

All'interno di una planetaria, mettete il lievitino, la farina e gli albumi d'uovo, quindi impastate con la foglia per circa 4 minuti fino a ottenere un impasto abbastanza duro. Poi sostituite la foglia con il gancio e continuate a impastare finché l'impasto non si staccherà bene dalle pareti e avrà acquisito morbidezza ed elasticità. Incorporate i tre tuorli d'uovo e continuate a impastare con il gancio per circa 10 minuti finché questi non verranno assorbiti bene dall'impasto.

Continuando a mescolare unite il miele, l'olio extravergine d'oliva, un cucchiaino di essenza di vaniglia e la scorza grattugiata di un'arancia, quindi aumentate la velocità in modo da ottenere un composto abbastanza lucido e, una volta staccatosi bene dalle pareti, aggiungete anche il sale e impastate per altri 2 o 3 minuti (il sale ha anche funzioni di regolatore della lievitazione).

Ponetelo l'impasto sopra un tavolo da lavoro infarinato e con una spatola giratelo su se stesso. Procedete a sbatterlo sul tavolo prendendolo dalle due estremità e ripiegandolo su se stesso per 3 o 4 volte, quindi formate una palla. Ora potete dividere l'impasto in due parti: uno con l'uvetta e l'altro senza.

In una ciotola unta con un po' d'olio extravergine d'oliva mettete una parte d'impasto, quindi ungetelo anche in superficie, coprite con pellicola trasparente e mettetelo a riposare in frigorifero per 12 ore.

All'altra metà di impasto aggiungete l'uvetta (precedentemente ammollata in acqua, strizzata e leggermente infarinata) e impastate distribuendola uniformemente, poi formate una palla. Riponetela in una ciotola unta d'olio ungendone anche la superficie, coprite con pellicola trasparente e mettete a riposare per 12 ore in frigorifero.

Passato questo tempo l'impasto avrà raddoppiato il suo volume e potrete passare alla preparazione dei maritozzi. Ponete l'impasto su un tavolo da lavoro e dividetelo in palline da 100 g ciascuna, quindi fatele riposare per 15 minuti a temperatura ambiente, dopodiché date loro forma ovale e disponetele su una teglia ricoperta di carta da forno, tenendole un po' distanti l'una dall'altra.

Lasciate lievitare in forno spento per circa 1 ora e mezza-2 ore i maritozzi fatti con il lievito di birra, o per 4-5 ore se avete utilizzato il lievito madre.

Quando avranno raddoppiato il loro volume sono pronti per la glassatura. In una ciotola sbattete un tuorlo d'uovo con un goccio di latte e spennellate la superficie dei maritozzi. Cuocete in forno statico preriscaldato a 180 °C per 15-20 minuti circa. Una volta cotti, sfornate i maritozzi e fateli intiepidire. Nel frattempo montate la panna. Tagliate i maritozzi lateralmente nel senso della lunghezza e riempiteli di panna. Spolverizzate con zucchero a velo e servite.

I maritozzi, una volta freddi, si possono congelare chiusi in un sacchetto da freezer, pronti per la colazione in tre minuti.

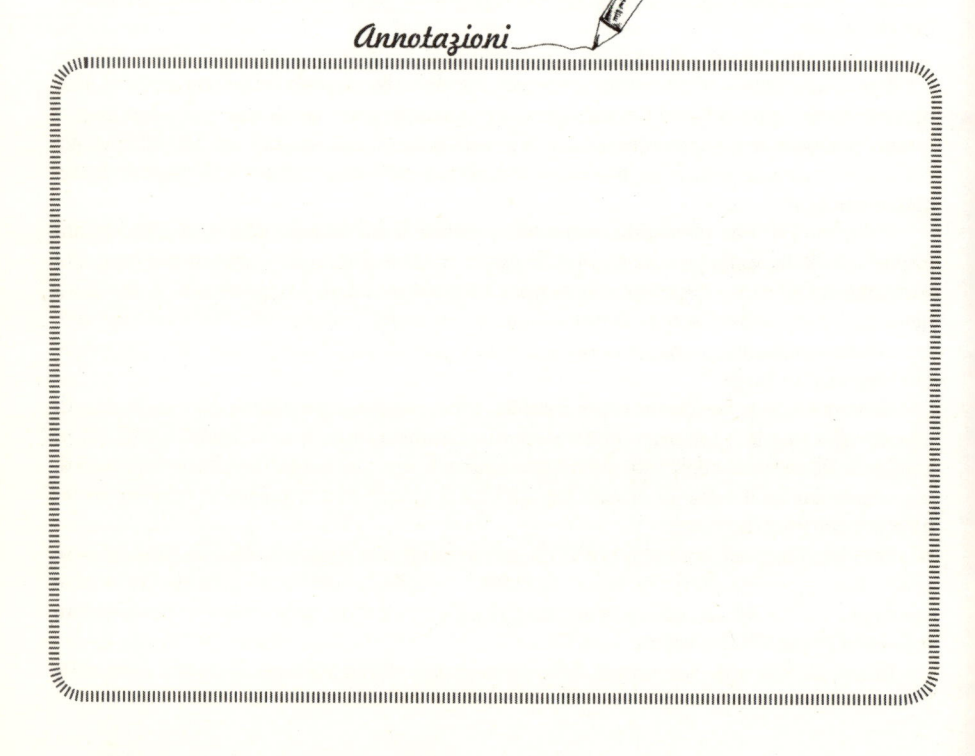

Annotazioni

Graffe, cartocci e bomboloni

6 porzioni

- 250 g di farina
- 1 uovo
- 5 g di lievito di birra fresco o 2 g di lievito di birra disidratato
- 5 g di sale
- 35 g di zucchero
- 70 ml di latte

- 1 cucchiaino di essenza di vaniglia (o la polpa di una bacca di vaniglia)
- scorza di un'arancia arancia
- 35 g di burro

Crema di ricotta:
- 500 g di ricotta di pecora
- 120 g di zucchero

- essenza di fiori d'arancio (facoltativo)
- essenza di vaniglia (facoltativo)
- gocce di cioccolato (facoltativo)
- olio di semi di girasole per friggere

All'interno di una planetaria versate la farina, lo zucchero, l'uovo intero, il latte e il lievito di birra fresco spezzettato (se utilizzate il lievito di birra disidratato, fatelo sciogliere nel latte). Quindi, avviate la planetaria e impastate fino a ottenere un composto omogeneo.

Nel frattempo grattugiate la scorza di un'arancia e unitela al burro (che deve essere freddo di frigorifero) assieme a un cucchiaino di essenza di vaniglia e amalgamate il tutto. Quindi aggiungete un cucchiaino di burro aromatizzato all'impasto e non appena l'impasto si ammorbidirà, sostituite il gancio con la foglia e continuate a mescolare fino a che questa piccola quantità di burro non si sia assorbita del tutto.

Dopodiché inserite anche la restante parte di burro e impastate fino a ottenere un impasto liscio e omogeneo. Sostituite la foglia con il gancio e riavviate la planetaria fino a quando l'impasto non si staccherà perfettamente dalle pareti del cestello. Dopodiché aggiungete il sale e impastate per altri 30-40 secondi, fino a quando non sarà stato assorbito dall'impasto.

Trasferite l'impasto sopra un tavolo da lavoro e con una spatola formate una palla, girandolo e ripiegandolo su se stesso, poi ponetelo in una ciotola, copritelo con pellicola trasparente e mettetelo a riposare in frigorifero per 2 ore. Dopodiché trasferite l'impasto nel forno spento a lievitare per altre 3 ore.

Nel frattempo preparate la crema di ricotta: setacciate la ricotta, quindi aggiungete qualche goccia di essenza di vaniglia e un cucchiaino di fiori d'arancio e amalgamate il tutto con una spatola. Aggiungete anche lo zucchero e continuate a mescolare fino a quando non sarà completamente sciolto. Dopodiché coprite la crema di ricotta con pellicola trasparente e mettetela a raffreddare in frigorifero per almeno 4 ore.

Una volta che l'impasto avrà raddoppiato il proprio volume, trasferitelo sopra un tavolo da lavoro e con una spatola lavoratelo brevemente, senza schiacciarlo, quindi arrotolatelo su se stesso e formate un cilindro. Ricavate sei pezzi di pasta di circa 80 g ciascuno.

Per fare i bomboloni, spingete con le dita delle mani l'impasto verso il centro per fare una sorta di pallina. La parte esterna della pallina deve risultare ben stirata in modo tale che durante la lievitazione crescerà verso l'alto e non solo in larghezza, dopodiché chiudete la base della pallina e, sopra un tavolo da lavoro con la base rivolta verso il basso, fate roteare l'impasto con la mano per formare una pallina uniforme. Quindi ponetela sopra una teglia da forno rivestita con carta oleata.

Per le graffe: arrotolate il pezzo di pasta per ricavarne un cilindro lungo circa 30 cm, quindi unite bene le due estremità (potete bagnare le due parti con un pochino di acqua per chiuderle bene, altrimenti durante la lievitazione, o durante la cottura, potrebbero aprirsi). Quindi ponetela sulla teglia per la lievitazione.

Per i cartocci: come per le graffe, stendete la pasta per ottenere un salsicciotto di circa 40 cm e arrotolatelo intorno allo stampo per cannoli, cercando di stenderlo bene. La parte della coda dell'impasto la sovrapponete per congiungerla al resto dell'impasto. Quindi ponetelo sopra la teglia da forno, ricoperta di carta oleata.

Fate lievitare tutti i dolci in forno spento fino a quando non avranno raddoppiato il loro volume.
Ponete sul fuoco una pentola abbastanza capiente e versatevi l'olio di semi di girasole, quindi portate a una temperatura di 170 °C.
Con le forbici ritagliate i profili delle graffe e dei bomboloni. Dopodiché mettete la pentola sul fuoco più basso e regolatevi durante la cottura, alzando o abbassando la fiamma.
Mettete a cuocere i cartocci, da una parte e dall'altra: quando avranno raggiunto la giusta doratura sono pronti. Metteteli sopra un piatto con carta assorbente e fateli intiepidire, quindi passateli nello zucchero.
Friggete i bomboloni e le graffe alla stessa maniera: inseriteli nell'olio direttamente con sotto il foglio di carta oleata in modo che non si rompano e, una volta immersi nell'olio, sfilate via la carta e continuate la cottura. Fate cuocere da una parte e dall'altra e, non appena dorati, toglieteli dalla pentola e fateli intiepidire su un piatto rivestito con carta assorbente, quindi passateli nello zucchero.
Quando la crema di ricotta sarà ben fredda, tiratela fuori dal frigorifero, mettetela in una sac à poche e farcite i cartocci. Sistemate questi meravigliosi dolci sopra un vassoio e servite.

Torta pere e cioccolato

8 porzioni

- 500 g di pere
- 5 uova
- 1 cucchiaino di essenza di vaniglia
- latte (facoltativo)

- sale
- 1 bicchierino di maraschino
- 50 g di burro
- 5 g di lievito vanigliato

- 150 g di zucchero
- 125 g di farina
- 90 g di cioccolato fondente in scaglie
- mandorle tritate (o nocciole)

Lavate e sbucciate le pere: tagliatene metà a cubetti e metà a spicchi per la decorazione finale. Mettetele in una ciotola con un cucchiaio di zucchero (preso dai 150 g totali), un cucchiaino di essenza di vaniglia, un bicchierino di maraschino e lasciatele macerare per qualche minuto.

Fate fondere il burro e il cioccolato fondente nel microonde dopodiché unite i due ingredienti e amalgamateli fino a ottenere un composto liscio e omogeneo.

Separate i tuorli d'uovo dagli albumi, quindi in una ciotola, o nella planetaria, montate gli albumi a neve fermissima con un cucchiaio di zucchero e un pizzico di sale, mentre in un'altra ciotola montate con una frusta i tuorli d'uovo con il restante zucchero fino a ottenere un composto bianco, morbido e spumoso.

Preriscaldate il forno statico a 200 °C, imburrate e infarinate una tortiera da 32 cm di diametro.

Unite il composto di burro e cioccolato alla crema di tuorli e zucchero e mescolate con una frusta fino a ottenere un composto liscio. Dopodiché inserite anche le pere tagliate a cubetti e lo sciroppo della macerazione. Setacciate la farina con il lievito e, poco per volta, incorporatela all'impasto, continuando a mescolare con una frusta (se l'impasto dovesse risultare troppo denso, aggiungete un pochino di latte).

Poi unite, poco alla volta, l'albume montato a neve e, inclinando leggermente la ciotola, mescolate delicatamente con una spatola con un movimento dal basso verso l'alto fino a ottenere un impasto omogeneo.

Versate metà impasto nella tortiera e livellatelo, poi disponete sulla superficie uno strato di pere a fettine e cospargete con un po' di mandorle tritate. Coprite con il restante impasto e completate la decorazione con fette di pere e mandorle.

Infornate la torta, abbassate la temperatura del forno a 180 °C e fate cuocere per 50 minuti circa (per una migliore cottura, mettete una teglia sotto la griglia del forno in modo che circoli costantemente l'aria).

Negli ultimi 5 minuti di cottura abbassate la temperatura del forno a 160 °C e fate la prova dello stecchino per verificare se il dolce è cotto.

Sfornate la torta e spolverizzatela con zucchero a velo, poi fatela raffreddare a temperatura ambiente prima di servire.

Torta millefoglie alle fragole

8 porzioni

- 1 rotolo di pasta sfoglia rettangolare
- zucchero
- 450 g di crema pasticcera
- burro di cacao
- 150 ml di panna da montare
- 300 g di fragole
- 50 g di cioccolato fondente o scaglie di cioccolato
- 50 g di mandorle tritate
- succo di limone

Per la crema pasticcera:
- scorza di limone
- 25 g di maizena
- 75 g di zucchero
- 300 ml di latte
- 1 cucchiaino di essenza di vaniglia
- 3 tuorli d'uovo

Per la crema di fragole:
- 300 g di fragole
- 2 cucchiaini di zucchero
- succo di mezzo limone

Per la crema chantilly:
- 150 ml di panna da montare
- 30 g di zucchero
- 1 cucchiaino di essenza di vaniglia

Prima di tutto preparate la crema pasticcera (vedi ricetta a p. 255) e lasciatela raffreddare. Preriscaldate il forno statico a 200 °C.

Disponete la pasta sfoglia su una spianatoia e stendetela con un mattarello il più sottile possibile (2-3 mm). Poi bucherellatene la superficie con i rebbi di una forchetta, adagiatela su una teglia da forno rivestita con carta oleata e spolverizzatela con un po' di zucchero.

Abbassate la temperatura del forno a 165 °C e cuocete per circa 15 minuti fino a ottenere una colorazione dorata.

Quindi sfornatela e, ancora calda, spennellate entrambi i lati della sfoglia con il burro di cacao sciolto nel microonde.

Lasciatela raffreddare per 10-15 minuti, dopodiché con un coltello rifilate i bordi per pareggiarla e dividerla in tre parti uguali, ricavando 3 rettangoli.

Per la preparazione della crema di fragole, lavate le fragole e tagliatele a pezzetti, poi mettetele in un pentolino con due cucchiaini di zucchero e un po' di succo di limone e cuocete a fiamma media per 4-5 minuti, mescolando continuamente con un cucchiaio di legno fino a ottenere una crema. Quindi versate le fragole ancora calde in una ciotola e con una spatola amalgamatele bene fino a ottenere una crema liscia e omogenea, poi ponete da parte a temperatura ambiente.

Adagiate il primo strato di pasta sfoglia direttamente su un piatto da portata e, utilizzando una sac à poche con la bocchetta che preferite, stendete uno strato di crema pasticcera sulla superficie.

Disponete quindi il secondo strato di sfoglia e farcite con altra crema pasticcera. Dopodiché posizionate l'ultimo strato di sfoglia e stendete su tutta la superficie la crema di fragole con l'aiuto di una spatola.

Per la preparazione della crema chantilly: mettete la panna da montare in una ciotola con 30 g di zucchero e un cucchiaino di essenza di vaniglia, quindi montate con uno sbattitore elettrico fino a ottenere un composto morbido e spumoso.

Inserite la crema chantilly all'interno di una sac à poche con bocchetta a stella e decorate la torta con tanti ciuffetti di panna. Mettete la torta in frigorifero e lasciatela riposare per circa un'ora.

Nel frattempo con una grattugia a fori grossi grattugiate il cioccolato fondente. Dopodiché spolverizzate la superficie con la granella di cioccolato e le mandorle tritate.

Lasciate riposare in frigorifero ancora per un paio d'ore prima di servire.

Annotazioni

Torta diplomatica

6 porzioni

- 1 rotolo di pasta sfoglia rettangolare
- 1 pan di Spagna
- zucchero semolato
- crema diplomatica
- maraschino o alchermes
- granella di mandorle

Per la crema pasticcera:
- scorza di limone
- 25 g di maizena
- 75 g di zucchero
- 300 ml di latte
- 1 cucchiaino di essenza di vaniglia
- 3 tuorli d'uovo

Per la crema chantilly:
- 150 ml di panna da montare
- 30 g di zucchero
- 1 cucchiaino di essenza di vaniglia

Per la bagna:
- 60 ml di acqua
- 30 g di zucchero
- 25 g di maraschino o alchermes

Se non volete acquistarlo, preparate il pan di Spagna (vedi ricetta a p. 289) e lasciatelo raffreddare.

Preriscaldate il forno statico a 200 °C.

Disponete la pasta sfoglia su una spianatoia e stendetela con un mattarello il più sottile possibile (2-3 mm circa). Poi bucherellatene la superficie con i rebbi di una forchetta, adagiatela su una teglia da forno rivestita con carta oleata e spolverizzatela con un po' di zucchero.

Abbassate la temperatura del forno a 165 °C e cuocete per circa 12-13 minuti fino a quando si sarà dorata. Sfornatela e lasciatela raffreddare per 10-15 minuti, dopodiché con un coltello rifilate i bordi per pareggiarla (i pezzi avanzati li utilizzerete alla fine). Dividete la sfoglia a metà e posizionate uno strato di sfoglia su un piatto da dolci.

Nel frattempo tagliate il pan di Spagna, ormai raffreddato, in due rettangoli della stessa misura della pasta sfoglia con uno spessore di circa mezzo centimetro.

Per preparare la crema pasticcera, mettete in una ciotola i tuorli d'uovo con lo zucchero e sbattete con una frusta fino a ottenere una crema chiara e omogenea. Dopodiché in un pentolino fate scaldare tre quarti del latte con una scorzetta di limone e un cucchiaino di vaniglia.

All'interno del composto di tuorli e zucchero aggiungete la maizena e il restante latte freddo, mescolate, quindi unite anche il latte caldo, mescolate il tutto, poi travasate il composto nel pentolino e fate cuocere a fuoco medio fino a quando la crema non si sarà addensata.

Trasferite la crema pasticcera in una ciotola e lasciatela raffreddare per almeno mezz'ora a temperatura ambiente.

Nel frattempo preparate la crema chantilly: mettete la panna da montare in una ciotola con 30 g di zucchero e un cucchiaino di essenza di vaniglia, quindi montate con uno sbattitore elettrico fino a ottenere un composto morbido e spumoso. Tenete da parte.

Preparate la bagna mettendo a bollire in un pentolino l'acqua con lo zucchero. Quando avrete ottenuto uno sciroppo denso, toglietelo dal fuoco e lasciatelo raffreddare a temperatura ambiente. Dopodiché unite 25 g di liquore e 20 ml di acqua e mescolate bene.

Per la preparazione della crema diplomatica, unite la panna montata alla crema pasticcera e stemperate bene le due creme fino a ottenere un composto liscio, spumoso e omogeneo.

Ora potete comporre la torta. Adagiate il primo strato di sfoglia su un piatto per dolci e, utilizzando una sac à poche con la bocchetta che preferite, stendete uno strato di crema diplomatica sulla superficie.
Quindi ricoprite con uno strato di pan di Spagna e bagnate abbondantemente con la bagna.
Farcite con un altro strato di crema diplomatica, dopodiché terminate adagiando l'ultimo strato di sfoglia (la parte zuccherata va sotto).
Spolverizzate la superficie della torta con abbondante zucchero a velo, poi lasciatela riposare in frigorifero per almeno 2 ore.
Nel frattempo, con gli scarti della sfoglia preparate una granella: sbriciolate i bordi della sfoglia in un piatto e aggiungete della granella di mandorle, mescolate quindi guarnite i bordi della torta, facendo aderire bene tutt'intorno con l'aiuto di una spatola.
Per concludere, spolverizzate la torta diplomatica con altro zucchero a velo, fatto scendere a pioggia con un setaccio, e mettete in frigorifero per un'altra ora prima di servire.

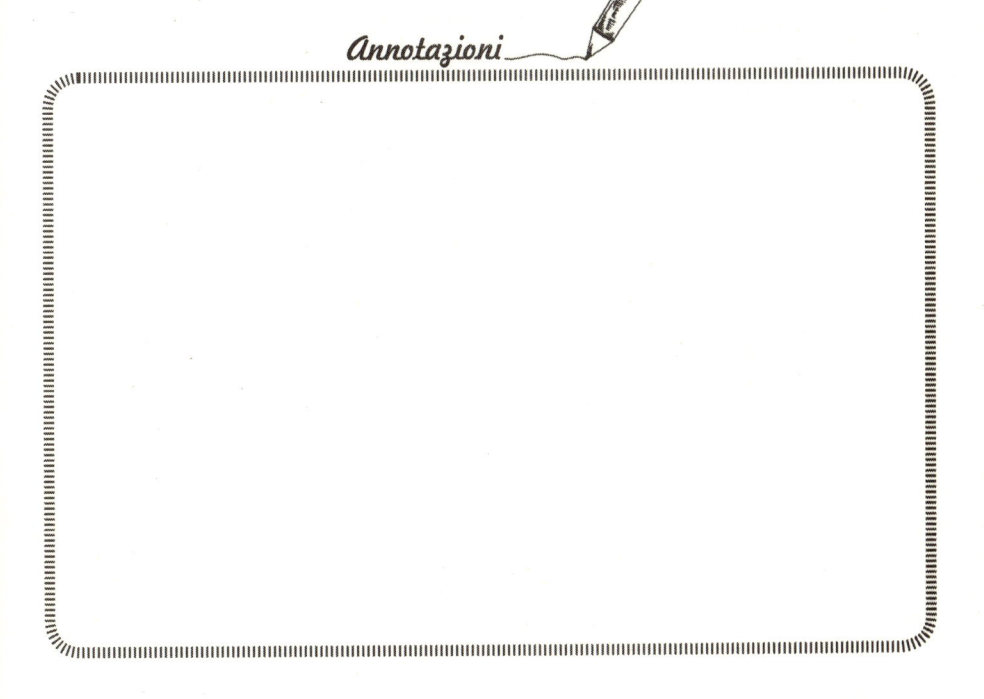

Annotazioni

Torta al cioccolato

6 porzioni

- 6 uova
- 200 g di zucchero
- 110 g di cacao amaro in polvere
- 50 g di gocce di cioccolato
- 140 g di burro
- 1 cucchiaino di vaniglia liquida (o una bustina di vanillina)
- 370 g di latte
- 150 g di farina 00
- 150 g di fecola di patate o maizena
- la scorza di un'arancia
- 2 cucchiaini di lievito per dolci

Prendete le uova a temperatura ambiente e separate i tuorli dagli albumi. In un recipiente versate tutti gli ingredienti farinosi, ovvero la farina, la fecola e il cacao amaro.

Montate a neve fermissima gli albumi con un pizzico di sale. In un altro recipiente montate i tuorli con lo zucchero e, una volta ottenuto un composto cremoso, aggiungete il burro dopo averlo ammorbidito nel microonde per 15-20 secondi; mescolate velocemente con una spatola finché non sarà perfettamente incorporato.

Aggiungete il latte, un po' alla volta, alternandolo a farina, fecola e cacao amaro setacciati insieme. A questo punto aggiungete i due cucchiaini di lievito, la vaniglia, metà dose della scorza grattugiata di un'arancia e metà dose delle gocce di cioccolato; amalgamate bene il tutto.

Infine incorporate l'albume montato a neve, un po' per volta, e mescolate con una frusta dal basso verso l'alto, in modo da creare delle bollicine che renderanno la torta soffice, morbida e spumosa.

Imburrate e infarinate una tortiera e versate il composto.

Infine cospargete la superficie della torta con la rimanente scorza d'arancia e gocce di cioccolato.

Preriscaldate il forno statico a 180 °C e cuocete per 45-50 minuti.

Fate raffreddare e aggiungete dello zucchero a velo in superficie prima di servire.

Pan di Spagna

10 porzioni

- 5 uova
- 1/2 bicchierino di rum
- 1 cucchiaino di essenza di vaniglia
- scorza di mezzo limone
- 150 g di zucchero
- 125 g di farina 00
- 1 noce di burro

Preriscaldate il forno statico a 180 °C.

Tenete le uova a temperatura ambiente e separate i tuorli dagli albumi, quindi mettete gli albumi nella planetaria e azionatela con la frusta (oppure usate uno sbattitore elettrico), dopodiché aggiungete 4 cucchiaini della dose totale di zucchero e montate a neve fermissima. Togliete l'albume montato dalla planetaria e tenetelo da parte.

Inserite nella planetaria i tuorli e tutto lo zucchero rimanente e mescolate per 10 minuti fino a ottenere una crema chiara e omogenea, incorporando anche un cucchiaino di essenza di vaniglia, mezzo bicchierino di rum e la scorza grattugiata di mezzo limone.

Unite all'impasto l'albume montato a neve e la farina setacciata, un cucchiaio per volta, alternando i due ingredienti fino al loro completo esaurimento, amalgamando delicatamente con una spatola con un movimento dal basso verso l'alto, cercando di mantenere la ciotola leggermente inclinata, fino a quando l'impasto non sarà liscio e omogeneo.

Versate l'impasto in una tortiera da 32 cm di diametro, imburrata e infarinata, e livellatelo con una spatola.

Abbassate la temperatura del forno a 160 °C e cuocete per 30 minuti senza mai aprirlo. Una volta raffreddato il pan di Spagna può essere farcito.

Strudel di mele

6 porzioni

- 1 rotolo di pasta sfoglia
- 600 g di mele
- 50 g di zucchero
- 1 cucchiaio di essenza di vaniglia
- scorza di 1 limone grattugiata
- succo di mezzo limone
- zucchero di canna
- 1 cucchiaino di cannella
- 50 g di uvetta
- 40 g di pinoli
- 60 g di biscotti secchi tipo Digestive
- 2 chiodi di garofano
- 1 bicchierino di rum
- 1 uovo
- zucchero a velo

Per prima cosa preparate il ripieno: lavate e sbucciate le mele, eliminate il torsolo e tagliatele a piccoli pezzi, poi versatele in una ciotola capiente. Con un coltello tritate i chiodi di garofano fino a polverizzarli e uniteli alle mele. Frantumate manualmente anche i biscotti e aggiungetene metà alle mele e l'altra metà tenetela da parte.

Grattugiate la scorza di un limone (solo la parte gialla) e incorporatela alle mele con lo zucchero, un cucchiaio di essenza di vaniglia, l'uvetta, i pinoli, il bicchierino di rum, il succo di mezzo limone e un cucchiaino di cannella. Mescolate bene e tenete da parte.

Preriscaldate il forno a 250 °C e preparate la pasta sfoglia. Disponete il panetto di pasta sfoglia su una spianatoia infarinata e stendetelo con un mattarello formando un rettangolo delle dimensioni di una teglia da forno.

Adagiate la sfoglia sulla teglia rivestita con carta da forno e cospargete la superficie con i biscotti che avevate tenuto da parte, quindi aggiungete il composto di mele e stendetelo uniformemente.

Arrotolate lo strudel dalla parte più lunga facendo attenzione a non romperlo (potete aiutarvi con la carta da forno) e sigillate i due estremi laterali affinché non fuoriesca il ripieno durante la cottura.

In una ciotola sbattete velocemente un uovo e spennellate il dolce, poi cospargetelo con un pochino di zucchero di canna.

Con i rebbi di una forchetta bucherellate la superficie dello strudel in modo che fuoriesca il vapore durante la cottura e con la punta di un coltello fate delle piccole incisioni.

Infornate lo strudel, abbassate la temperatura del forno a 190 °C e cuocete per 45 minuti.

Verso metà cottura coprite la superficie del dolce con un foglio di alluminio per evitare che si scurisca troppo. Sfornate e lasciate raffreddare a temperatura ambiente, poi cospargete la superficie con zucchero a velo. Lo strudel di mele si può servire tiepido.

Crostata di frutta

8 porzioni

- 300 g di farina 00
- 1 uovo
- 1 tuorlo d'uovo
- 1 bacca di vaniglia
- la scorza di mezzo limone
- 150 g di zucchero
- 150 g di burro

- sale
- bicarbonato

Per la crema pasticcera:
- 125 g di zucchero
- 45 g di maizena
- 5 tuorli d'uovo
- 1 bacca di vaniglia

- 1/2 litro latte
- 1 scorza di limone

Per la decorazione:
- a piacere frutta mista (lamponi, more, fragole ecc.)
- gelatina

Per prima cosa grattugiate la scorza di mezzo limone; aprite la bacca di vaniglia nel senso della lunghezza, dopodiché con la punta di un coltello raschiate la parte interna per estrarre tutti i semini. Fate ammorbidite il burro. Inserite tutti gli ingredienti in una planetaria: farina, uova, burro, zucchero, semi di vaniglia, la scorza del limone, un pizzico di sale e una punta di bicarbonato e iniziate a impastare (potete farlo anche manualmente).

Quando l'impasto sarà granuloso trasferitelo su un piano da lavoro leggermente infarinato e impastate velocemente a mano fino a ottenere un composto omogeneo a cui darete la forma di un panetto. Avvolgetelo nella pellicola trasparente e mettetelo a riposare in frigorifero per circa due ore.

Trascorso questo tempo, imburrate e infarinate una tortiera per crostate. Con un mattarello stendete la pasta frolla sistemandola tra due fogli di carta da forno e ponetela nella tortiera. Fate aderire la frolla allo stampo aiutandovi con un batticarne e bucherellate il fondo con i rebbi di una forchetta.

Cuocete in forno statico preriscaldato a 180 °C per circa 20-25 minuti.

Nel frattempo preparate la crema pasticcera: versate il latte in un pentolino, lasciandone un po' da parte, aggiungete la bacca di vaniglia intera e una scorzetta di limone, dopodiché mettete a riscaldare sul fuoco a fiamma media.

Intanto versate i tuorli d'uovo in una ciotola, aggiungete lo zucchero e iniziate a mescolare con una frusta fino a ottenere una crema chiara e omogenea. Dopodiché aggiungete la maizena e quel pochino di latte che avevate lasciato da parte e continuate a mescolare. Quando il latte avrà raggiunto il punto di ebollizione, eliminate la scorzetta di limone e la bacca di vaniglia e unitelo al composto di uova. Mescolate il tutto, poi travasate il composto nel pentolino e fate cuocere a fiamma bassa, mescolando continuamente con un cucchiaio di legno, fino a quando la crema non si sarà addensata. Trasferitela in una ciotola e lasciatela raffreddare a temperatura ambiente in attesa che sia pronta la pasta frolla.

Sfornate la pasta frolla e capovolgetela su un piatto per dolci. Versate la crema pasticcera sulla pasta frolla e livellatela bene con l'aiuto di una spatola.

Decorate la torta con la frutta che più vi piace, posizionandola secondo i vostri gusti, dopodiché copritela con la gelatina e ponetela in frigorifero per almeno due o tre ore prima di gustarla.

Castagnaccio

6 porzioni

- 250 g di farina di castagne
- 30 g di pinoli
- 30 g di uvetta
- 45 g di zucchero di canna
- rosmarino
- 15 g di olio extravergine di oliva (tre cucchiai)
- 1 pizzico di sale
- 400 ml di acqua

Tostate brevemente i pinoli in una padella e mettete in ammollo per mezz'ora l'uvetta in una ciotola con acqua fredda. Preriscaldate il forno con funzione statica a 220 °C e iniziate a preparare il castagnaccio.

In un recipiente versate la farina di castagne setacciata, lo zucchero di canna e un pizzico di sale. Amalgamate bene gli ingredienti, quindi aggiungete l'uvetta ben scolata e strizzata, metà dei pinoli (l'altra metà la utilizzerete per la decorazione) e l'olio, quindi continuate a mescolare con una frusta finché l'impasto non sarà liscio e omogeneo.

A questo punto oliate una tortiera con l'aiuto di un pennello e versatevi il composto. Decorate la superficie con i restanti pinoli e un po' di rosmarino.

Cuocete a 220 °C per i primi dieci minuti e altri 55-60 minuti a 200 °C.

Lasciate raffreddare per almeno 20 minuti prima di servire.

Annotazioni

Croissant sfogliati

8 porzioni

Lievitino opzione 1:
- 25 g di lievito di birra fresco
- 125 g di farina manitoba
- 75 ml di acqua

Lievitino opzione 2:
- 10 g di lievito di birra disidratato
- 125 g di farina manitoba
- 70 ml di acqua

Lievitino opzione 3:
- 50 g di lievito madre disidratato
- 125 g di farina manitoba
- 90 ml di acqua

Impasto:
- 630 g di farina manitoba
- 250 ml di latte
- 125 g di zucchero
- 70 g di burro ammorbidito
- 2 uova
- 15 g di sale
- 5 g di vaniglia in polvere
- scorza di arancia

Per la sfogliatura:
- 350 g di burro freddo

Potete preparare il lievitino con il lievito che preferite seguendo le dosi indicate nelle tre opzioni: in un recipiente versate la farina, il lievito e l'acqua, amalgamate bene gli ingredienti, poi trasferite l'impasto su un tavolo da lavoro per lavorarlo meglio, dopodiché rimettetelo dentro il recipiente a lievitare per un paio d'ore nel forno spento, coprendolo con pellicola trasparente.

Passato il tempo di lievitazione, in una planetaria versate il lievitino con il latte, un uovo intero, un tuorlo d'uovo, lo zucchero, la vaniglia, la scorza d'arancia grattugiata, il sale e la farina, quindi avviate la macchina e iniziate a impastare. Nel frattempo ammorbidite il burro nel microonde e aggiungetelo all'impasto.

Quando il burro sarà completamente assorbito togliete l'impasto dalla planetaria e mettetelo su un tavolo da lavoro, sistematelo tra due fogli di carta oleata e iniziate a stenderlo con il mattarello all'incirca della grandezza della teglia. Poi adagiatelo sulla teglia e ponetelo in freezer per bloccare la lievitazione.

Ora preparate la sfogliatura: prendete il burro dal frigorifero, tagliatelo a fette e disponetelo tra due fogli di carta oleata, quindi con un mattarello stendetelo bene per formare una lastra che deve essere la metà della sfoglia già creata, dopodiché mettetelo a riposare nel frigorifero.

Il segreto di una buona riuscita del croissant è che il burro e l'impasto, quando si prepara la sfogliatura, devono avere la stessa temperatura.

Passata mezz'ora tirate fuori l'impasto dal freezer, ormai irrigidito, e adagiatevi il burro raffreddato. Ripiegate l'impasto su se stesso, dopodiché con l'ausilio di due strati di carta oleata, stendetelo delicatamente con il mattarello cercando di allargarlo bene. Ora eliminate la carta oleata e stendete l'impasto su un tavolo da lavoro e procedete con le pieghe: portate le due estremità di impasto a metà del rettangolo, poi ribaltatelo, ristendetelo e mettetelo a riposare di nuovo in freezer per 15 minuti.

Dopodiché procedete allo stesso modo, continuando a stendere il panetto e a piegare i lembi. Questo procedimento va ripetuto per almeno 3 volte.

All'ultimo passaggio di piegatura e ripiegatura dell'impasto, stendetelo il più possibile perché vi servirà per formare i croissant, poi mettetelo a riposare per altri 15 minuti in freezer.

Prendete l'impasto dal freezer per l'ultima volta, stendetelo sempre con un mattarello per ottenere un rettangolo di 40x60 cm e uno spessore di 3-5 mm, dopodiché iniziate a tagliarlo per ricavare dei triangoli. Si può decidere se lasciarli vuoti o farcirli, quindi arrotolateli su se stessi.

Quelli che vi serviranno per la colazione lasciateli lievitare in forno per tutta la notte, almeno 12 o 13 ore, gli altri li conserverete in freezer.

Passato il tempo di lievitazione, procedete con la cottura: sbattete l'albume dell'uovo insieme a un cucchiaino di zucchero e spennellate i croissant per formare una piccola glassa.

Preriscaldate il forno statico a 160-170 °C e fate cuocere i croissant per 15-20 minuti.

Ora che i croissant sono pronti, potete spolverizzarli con dello zucchero a velo e servirli.

Annotazioni

Panna cotta

6 porzioni

- 500 ml di panna fresca da montare
- 7,5 g di colla di pesce
- mezza bacca di vaniglia
- 85 g di zucchero

Per guarnire:
- sciroppo di amarene (o caramello, scaglie di cioccolato, sciroppo d'acero)

    Mettete in ammollo la colla di pesce in una ciotola con dell'acqua fredda per 10-15 minuti. Nel frattempo incidete la mezza bacca di vaniglia nel senso della lunghezza ed estraete i semini raschiando con la punta di un coltello, quindi mettete sia i semini che il baccello in una ciotola insieme alla panna.

    In un pentolino versate lo zucchero e la panna, ponete sul fuoco e a fiamma bassa, mescolando continuamente, portate quasi a bollore (dovrà raggiungere la temperatura di 85 °C).

    Ritirate il pentolino dal fuoco e immergetevi i fogli di colla di pesce ben strizzati. Mescolate bene per almeno tre minuti fino a quando la gelatina non si sarà sciolta completamente.

    Con un colino eliminate i semi di vaniglia e il baccello e mescolate ancora un po'.

    Preparate le coppette dove andrete a mettere la panna cotta, bagnatele in acqua fredda per impedire alla panna di attaccarsi alle pareti.

    Mettete dello sciroppo sul fondo di ogni coppetta e con un mestolo versate la panna cotta molto delicatamente.

    Una volta riempite le coppette lasciatele rassodare in frigorifero per almeno 4 ore coprendole con pellicola trasparente.

    La panna cotta si può servire direttamente nelle coppette o su un piatto da dessert e guarnire a piacere.

Torta di mele

8 porzioni

- 650 g di mele renette o golden
- scorza di limone
- 1 cucchiaino di cannella
- zucchero di canna
- 1 bustina di vanillina (o 1 cucchiaino di essenza di vaniglia)
- 200 g di burro
- 8 g di lievito per dolci
- 200 g di farina
- 240 g di latte
- 200 g di zucchero
- 2 uova
- 1/2 bicchierino di liquore (rum, vodka o il succo di 1 limone)
- zucchero a velo

Lavate e sbucciate le mele, dividetele in quattro parti, togliete il torsolo, poi tagliatene metà a dadini e l'altra metà a fettine (serviranno per guarnire la torta), quindi mettetele in due recipienti separati.

Spremete il succo di mezzo limone e mettetelo in una ciotolina con mezzo bicchierino di liquore, due cucchiai di zucchero (presi dai 200 g totali) e un cucchiaino di cannella, quindi amalgamate il tutto e versate lo sciroppo ottenuto sulle mele: metà dose sulle mele tagliate a cubetti e l'altra metà su quelle a fettine e mescolate con un cucchiaio.

Nel frattempo avrete fatto ammorbidire il burro a temperatura ambiente. Montate in una ciotola, o in una planetaria, il burro insieme allo zucchero e le uova fino a ottenere un composto spumoso (per la planetaria ho usato prima la foglia per amalgamare e poi l'ho sostituita con la frusta per montare gli ingredienti).

Grattugiate la scorza di un limone e unitela all'impasto. Aggiungete anche un terzo della farina che avete a disposizione e, sempre continuando a mescolare, anche un cucchiaino di essenza di vaniglia, il lievito e un altro terzo di farina.

Versate il latte a filo e, quando l'impasto inizierà a essere liquido, aggiungete l'ultimo terzo di farina, poco alla volta.

Scolate bene le mele tagliate a dadini dallo sciroppo e aggiungetele all'impasto (recuperate lo sciroppo aggiungendolo alle mele tagliate a fette). Imburrare e infarinare una tortiera, quindi versate l'impasto e livellate bene con una spatola o con un cucchiaio. Scolate dallo sciroppo anche le fettine di mele che avete preparato in precedenza e decorate la torta come più vi piace.

In una ciotola mettete 4 cucchiai di sciroppo avanzato, aggiungete una punta di cannella e 2-3 cucchiaini di zucchero di canna, quindi mescolate il tutto e irrorate la superficie della torta.

Preriscaldate il forno statico a 180 °C. Appoggiate la griglia da forno sulla teglia da forno in modo che il calore resti uniforme durante la cottura e infornate la torta. Cuocete per 60 minuti.

Dopo 40 minuti circa di cottura ponete un foglio di alluminio sulla torta in modo che non si bruci in superficie. Una volta cotta, lasciate la torta nel forno aperto per 10 minuti. Quindi ponete la torta su un piatto da portata e cospargetela di zucchero a velo. Lasciatela raffreddare per qualche ora prima di servirla.

Profiteroles

6 porzioni

- 20 bignè

Per la glassa:
- 250 ml di panna da montare
- 200 g di cioccolato fondente (o al latte)
- 20 g di burro
- 60 g di zucchero a velo

Per la crema chantilly:
- 1 l di panna
- 100 g di zucchero

Per realizzare la pasta per i bignè vedi la ricetta a p. 276.

Per realizzare la glassa al cioccolato per la copertura dei bignè, versate in un pentolino la panna, il burro e il cioccolato e fate scaldare a fuoco medio, mescolando con un cucchiaio di legno fino a quando tutti gli ingredienti non si saranno perfettamente sciolti e formeranno una crema omogenea e lucida. Dopodiché unite lo zucchero e amalgamate il tutto. Togliete dal fuoco e fate raffreddare.

Nel frattempo che la salsa si raffredda, preparate la crema chantilly per la farcitura: in una ciotola versate la panna ben fredda e iniziate a montarla con uno sbattitore elettrico e, quando inizierà a inspessirsi, aggiungete lo zucchero a velo continuando a sbattere fino a montarla completamente (per essere sicuri che la panna sia ben montata, potete capovolgere la ciotola senza che questa coli).

Ora potete comporre i profiteroles. Trasferite la crema chantilly in una sac à poche munita di bocchetta liscia e riempite i bignè, forandoli da sotto con la punta della bocchetta stessa.

Una volta farciti, poneteli in freezer per circa 20 minuti.

Trascorso questo tempo, immergete i bignè, uno alla volta, nella crema al cioccolato e con l'aiuto di un cucchiaio e di una forchetta, iniziate a disporli su un vassoio in modo da formare una piramide.

Infine, decorate con ciuffetti di crema chantilly avanzata fra un bignè e l'altro utilizzando la bocchetta a stella.

Dopodiché ponete nel congelatore per 30 minuti circa prima di servire.

Cantucci toscani

30 pezzi circa

- 450 g di farina 00
- 100 g di mandorle con la pelle
- 100 g di mandorle pelate
- 3 uova
- 1 tuorlo d'uovo

- 180 g di zucchero
- 1 cucchiaino di essenza di vaniglia
- la scorza di un limone
- 50 g di burro
- 1 bicchierino di liquore

- 3 g di lievito per dolci
- 1 cucchiaino di miele
- 1 pizzico di sale

In una padella iniziate a tostare le mandorle con la pelle per 2 o 3 minuti circa a fuoco medio, rimestandole con un cucchiaio di legno o saltandole, dopodiché aggiungete quelle pelate e continuate la tostatura a fuoco medio, il tempo totale è di 7-8 minuti, quindi lasciatele raffreddare a temperatura ambiente.

Con uno sbattitore elettrico o in una planetaria iniziate a mescolare le uova intere, il tuorlo e lo zucchero per 2-3 minuti fino a ottenere una crema chiara e omogenea. Dopodiché aggiungete il burro ammorbidito, un cucchiaio di miele, un pizzico di sale e continuate a impastare. Incorporate anche un terzo di farina, un cucchiaio alla volta, e il lievito. Impastate per pochi secondi fino a ottenere un impasto omogeneo, poi aggiungete le mandorle tostate e, sempre mescolando, versate un altro terzo di farina e profumate con un bicchierino di liquore, la vaniglia e la scorza grattugiata di un limone.

In ultimo unite la restante farina e impastate bene per amalgamare tutti gli ingredienti, poi trasferite l'impasto sopra un tavolo da lavoro infarinato, spolverizzatelo con un po' di farina e compattatelo in maniera omogenea formando un panetto.

Dopodiché allungatelo con le mani e ricavatene tre filoncini della lunghezza di una teglia da forno, quindi adagiateli sulla stessa teglia ricoperta di carta da forno e infornateli per la prima cottura in forno preriscaldato a 180 °C per 15 minuti, in modalità statica o ventilata.

Sfornateli e lasciateli intiepidire per un minuto, poi con un coltello ben affilato tagliateli a fette leggermente in diagonale a uno spessore di circa 1 cm e mezzo.

Disponete nuovamente i biscotti sulla teglia foderata di carta da forno e cuocete in forno a 150 °C per altri 15 minuti. Negli ultimi 2 minuti di cottura, tenete lo sportello del forno leggermente aperto in modo da fare uscire l'umidità residua.

Sfornate i biscotti e lasciateli raffreddare su una griglia per mezz'oretta. Ed ecco... i vostri cantucci sono pronti. Serviteli con un buon Vin Santo!

Crostata al cioccolato

6 porzioni

- 300 g di farina 00
- 150 g di burro
- 1 uovo
- 1 tuorlo d'uovo
- 100 g di zucchero
- 1 pizzico di sale
- la scorza di un limone
- 5 g di vaniglia in polvere

Per la farcitura:
- 150 g di cioccolato fondente
- 40 g di mandorle tritate

Per preparare la pasta frolla, versate tutti gli ingredienti in una ciotola: la farina, il burro, le uova, lo zucchero, un pizzico di sale, la scorza di limone grattugiata e la vaniglia. Iniziate a impastare con un cucchiaio di legno e quando il composto risulterà granuloso, continuate a impastare velocemente con le mani, prima nella ciotola e poi sopra un piano da lavoro, giusto il tempo di ottenere un panetto liscio e omogeneo. Avvolgete il panetto nella pellicola trasparente e lasciatelo riposare in frigorifero per due ore.

Trascorso questo tempo, mettete l'impasto tra due fogli di carta da forno e stendetelo bene con l'aiuto di un mattarello. Rovesciate il disco di frolla aiutandovi con la carta da forno su uno stampo per crostata e fatelo aderire sul fondo e ai bordi schiacciandolo con le mani.

Poi ponete sulla frolla un foglio di carta da forno e livellate la superficie, che poi sarà il fondo della crostata, con un barattolo o un bicchiere.

Cuocete in forno statico preriscaldato a 180 °C per circa 20 minuti. Terminata la cottura, capovolgete la frolla su un piatto da portata e, ancora calda, ricopritela con il cioccolato fondente che avrete fuso nel microonde per 15 secondi e con le mandorle tritate.

Lasciate raffreddare per circa 1 ora a temperatura ambiente prima di gustare. A piacere potete decorare con panna montata.

Panettone

1 panettone da 1 kg

Per il lievitino:
- farina tecnica per pandoro o panettone (o farina 00 con livello di proteine pari a 15% e una W390)
- lievito a scelta
- acqua

Per il primo impasto:
- 90 g di lievitino
- 220 g di farina tecnica per pandoro o panettone
- 75 g di zucchero
- 150 g di latte intero
- 40 g di burro
- 60 g di tuorli
- 5 g di malto liquido o in polvere

Per il secondo impasto:
- 150 g di farina tecnica per pandoro o panettone
- 75 g di zucchero
- 60 g di tuorli
- 2 cucchiaini di essenza di vaniglia
- 60 g di burro
- 15 g di scorza d'arancia candita
- 3 g di sale

Per il panettone classico:
- 75 g di uvetta
- 75 g di canditi

Per il panettone con cioccolato:
- 150 g di gocce di cioccolato fondente

Per la conservazione:
- alcol 96°

Lievitino con lievito di birra

Se volete realizzare il panettone con il lievito di birra avrete bisogno di 15 g di lievito di birra fresco (in alternativa 8 g di lievito di birra disidratato), 50 g di farina tecnica per panettoni e 25 g di acqua. Sciogliete dapprima il lievito di birra nell'acqua che deve essere a temperatura ambiente, quindi aggiungetelo alla farina e impastate bene con le mani per formare una pallina liscia e omogenea. Dopodiché mettetela a lievitare in una ciotola per circa un'ora o fino a quando avrà raddoppiato il proprio volume. Il lievitino con lievito di birra è pronto!

Lievitino con lievito madre disidratato

Se volete realizzare il lievitino con lievito madre disidratato, avrete bisogno di 15 g di farina tecnica per panettoni, 45 g di lievito madre disidratato e 30 g di acqua. Inserite tutti gli ingredienti in una ciotola, impastate fino a ottenere un panetto e fatelo lievitare in forno spento fino a quando non avrà raddoppiato il proprio volume.

Lievitino con lievito madre fresco

Se volete realizzare il lievitino con il lievito madre fresco, bisogna adattarlo innanzitutto alla farina tecnica e stabilizzare la sua forza, perché, se il lievito non raddoppia in 4 ore, il panettone per lievitare ci metterà molto più tempo del necessario rischiando di inacidirsi.

Procedete quindi in questo modo: togliete il lievito madre dal frigorifero e lasciatelo a temperatura ambiente per 2 ore, quindi prelevatene 50 g e a questi aggiungere 50 g di acqua e 100 g di farina tecnica per panettoni, impastate bene per ottenere un panetto, quindi mettetelo in un ciotola e lasciatelo a temperatura ambiente per 12 ore. Dopodiché prelevate da questo panetto 50 g, il resto lo buttate via, e a questi aggiungete 25 g di acqua e 50 g di farina tecnica.

Impastate bene, formate una pallina e lasciatela a temperatura ambiente per 4 ore fino a raddoppiare il proprio volume (se non dovesse raddoppiare ripetete questo passaggio). Quindi da questo panetto prelevate 90 g, che vi serviranno per realizzare la ricetta, e il resto eliminatelo.

Primo impasto
In una ciotola unite 4 tuorli con 1 uovo intero, sbattetele bene con una forchetta e pesate il composto. In totale dovranno pesare 120 g. Se il peso è superiore, eliminate l'eccedenza, se inferiore, aggiungete un po' di albume. Dopodiché dividete il composto in due ciotole separate del peso di 60 g cadauno. Una prima ciotola la utilizzerete subito per il primo impasto, mentre l'altra copritela con pellicola trasparente e conservarla in frigorifero per il secondo impasto.
Fate sciogliere il burro nel forno a microonde per 30 secondi, quindi fatelo raffreddare a temperatura ambiente.
Spezzettate il lievitino e inseritelo nella planetaria, quindi aggiungete lo zucchero, il latte e avviatela utilizzando la foglia per far sciogliere il lievito per circa 3-4 minuti. Dopodiché aggiungete il malto. Riavviate la macchina e aggiungete, un cucchiaio alla volta, anche tutta quanta la farina e continuate a impastare per 4-5 minuti fino a quando l'impasto non si staccherà dalle pareti e avrete ottenuto un composto omogeneo.
Sempre continuando a mescolare, inserite, poco alla volta, i 60 g di uovo sbattuto fino al completo assorbimento. Dopodiché continuate a impastare, prima a velocità 1 per 10 minuti, poi alla massima velocità per altri 4-5 minuti fino a quando l'impasto comincerà a filare e si staccherà dalle pareti. Quando l'impasto risulterà ben incordato, cambiate la foglia con il gancio e continuate a impastare a velocità bassa fino a quando l'impasto non risulti liscio e omogeneo.
Aggiungete il burro fuso e continuare a impastare fino a quando non sarà ben legato. A questo punto, con un tarocco o una spatola, smuovete l'impasto per ossigenarlo, poi copritelo con un canovaccio e lasciatelo riposare nel forno spento fino a quando non triplicherà il proprio volume (il tempo dipende dal tipo di lievito: con il lievito di birra 2 ore possono essere più che sufficienti, con il lievito madre ci vorranno 18-20 ore). La temperatura ideale all'interno del forno per una corretta lievitazione è di circa 25 °C.

Secondo impasto
Trascorso il tempo di lievitazione l'impasto avrà triplicato il proprio volume. Mettete i canditi all'interno di un macinino e frullateli per ottenere una pasta aromatica. Fate fondere il burro all'interno del forno a microonde per 30 secondi e fatelo raffreddare a temperatura ambiente.
All'interno del cestello, dove è contenuto il primo impasto, aggiungete gli altri 60 g di uovo freddo da frigorifero, lo zucchero, il sale, la farina, i canditi frullati e la vaniglia, quindi avviate la planetaria utilizzando il gancio e impastate a velocità bassa per 10 minuti. Poi aumentate la velocità al massimo e impastate per altri 4-5 minuti fino a quando l'impasto non si sarà staccato dalle pareti (se dopo 5 minuti, alla massima velocità, l'impasto non si stacca dalle pareti, spegnete la macchina e fatelo riposare per 5 minuti prima di riavviare la planetaria e magicamente si staccherà facilmente).
Quando l'impasto risulterà omogeneo e incordato, unite il burro fuso e impastate a velocità bassa fino al completo assorbimento. Spegnete la macchina e trasferite l'impasto

sopra un tavolo da lavoro, preferibilmente in marmo. Raccogliete tutto l'impasto con un tarocco o una spatola, poi ripiegatelo su se stesso per 5 o 6 volte fino a ottenere una palla (questa manovra serve per verificare la struttura dell'impasto, per fare abbassare la temperatura, dargli un po' di forza e soprattutto farlo rilassare). Quindi lasciatelo riposare per 15 minuti prima di rimetterlo in macchina.

Ora dovete decidere se fare il panettone classico oppure al cioccolato: rimettete l'impasto nella planetaria insieme ai canditi e l'uvetta o, in alternativa, alle gocce di cioccolato fredde di frigorifero, quindi avviate la planetaria e impastate a velocità bassa per 2-3 minuti. Terminate la lavorazione manualmente su un piano da lavoro rigirando l'impasto su se stesso per 5-6 volte. Formate quindi una palla, assicurandovi che la parte esterna dell'impasto sia bella tesa, e fate riposare a temperatura ambiente per 45 minuti coperto con un canovaccio.

Pirlatura

Imburratevi bene le mani con una noce di burro e passatele sulla superficie dell'impasto. Effettuate la pirlatura con le mani di taglio, schiacciate e girate contemporaneamente l'impasto fino a farlo staccare dal piano da lavoro e formare nuovamente una palla. Una volta formata la palla, lasciate quel che resta della noce di burro, con cui vi siete unti le mani, sopra la palla e pizzicate la base della palla con le mani per eliminare la bolla d'aria che si potrebbe sviluppare all'interno. Quindi inserite l'impasto all'interno del pirottino e fate lievitare all'interno del forno spento a una temperatura di 24 °C. La fase di lievitazione dipende dal tipo di lievito che avete utilizzato e può durare da 2-3 ore fino a 20. Quando l'impasto avrà raggiunto il bordo dello stampo, con un coltello formate una X sulla superficie del panettone, lasciando la noce di burro nel centro per far sì che la parte centrale rimanga morbida.

Cottura

Cuocete il panettone in forno statico preriscaldato a 170 °C, appoggiandolo su una griglia con sotto una teglia da forno, in modo che possa circolare l'aria durante la cottura e, soprattutto, per evitare che la base si bruci. Dopo circa 20 minuti di cottura inserite il termometro a sonda per verificare la temperatura interna e coprite con un foglio di alluminio per evitare che si colori troppo. Il panettone dovrà raggiungere al cuore la temperatura di 94 °C per essere perfettamente cotto!

Sfornate il panettone e infilzate delle pinze apposite, o due ferri da maglia, nella parte centrale del panettone, quindi disponetelo capovolto in una pentola e lasciatelo raffreddare a temperatura ambiente per 3-4 ore, coperto da un canovaccio per evitare di disperdere l'umidità.

Dopodiché tirate fuori dalla pentola il panettone, rigiratelo e togliete le pinze. Vaporizzate il panettone con dell'alcol alimentare a 96 °, quello che si utilizza per fare i liquori. Quindi inseritelo in un sacchetto per alimenti e spruzzate ancora un pochino di alcol all'interno, quindi chiudete e lasciate riposare per almeno 48 ore prima di consumarlo. Buone feste natalizie!

Pandoro

1 pandoro da 1 kg

Per il lievitino:
- farina tecnica per pandoro o panettone (o farina 00 con livello di proteine pari a 15 e una W380 o farina manitoba)
- lievito a scelta (di birra, lievito madre disidratato, lievito madre fresco, licoli)
- acqua

Per il primo impasto:
- 140 g di lievitino che avete creato con il lievito scelto
- 1 tuorlo
- 50 g di zucchero
- 120 ml di latte intero
- 50 g di farina tecnica per pandoro o panettone

Per il secondo impasto:
- 225 g di farina tecnica per pandoro o panettone
- 30 g di burro
- 50 g di zucchero
- 1 uovo
- 1 tuorlo

Per il mix aromatico:
- 40 g di cioccolato bianco
- 1 bustina di vanillina
- 1 cucchiaio di essenza di vaniglia
- 130 g di burro
- 1 cucchiaio di miele di acacia
- la scorza grattugiata di un'arancia
- 10 ml di rum bianco
- 1 pizzico di sale

Per il terzo impasto:
- mix aromatico
- 2 uova
- 15 ml di latte intero
- 225 g di farina tecnica per pandoro o panettone
- 130 g di zucchero a velo vanigliato

Per il burro fatto in casa:
- 1 l di panna fresca da montare non zuccherata

Per la decorazione e conservazione:
- alcol 96°
- zucchero a velo

Lievitino con lievito di birra
Se volete realizzare il lievitino con il lievito di birra, avrete bisogno di 15 g di lievito di birra fresco o 8 g di lievito di birra disidratato, 40 ml di acqua e 85 g di farina tecnica per pandoro o panettone. Sciogliete il lievito nell'acqua, aggiungetelo alla farina, impastate bene con le mani e formate una pallina; mettete in una ciotola e lasciate lievitare nel forno spento per circa un'ora.

Lievitino con lievito madre disidratato
Se volete realizzare il lievitino con il lievito madre disidratato avrete bisogno di 40 g di farina tecnica per pandoro o panettone, 40 g di lievito madre disidratato e 50 ml di acqua. Unite la farina e il lievito, quindi aggiungete l'acqua e mescolate bene fino a ottenere una pallina. Se il lievitino dovesse risultare un po' appiccicoso, unite ancora 5 g di farina tecnica. Mettetelo in una ciotola e fatelo lievitare per 4 ore all'interno del forno spento.

Lievitino con lievito madre fresco
Se volete realizzare il lievitino con il lievito madre fresco, prima di utilizzarlo dovrete fare tre rinfreschi. Estraete il lievito madre dal frigorifero e lasciatelo riposare a temperatura ambiente per 2 ore, poi prelevatene 50 g, aggiungete 30 ml di acqua e, una volta che avrà assunto la consistenza del latte, unite 60 g di farina tecnica per pandoro o panettone. Formate dunque una palla, mettetela in una ciotola e fatela lievitare per 4 ore all'interno del

forno spento. Dopo 4 ore, aggiungete al lievitino che avrete ottenuto altri 30 ml di acqua, fate sciogliere bene, quindi unite altri 60 g di farina tecnica, impastate, formate nuovamente una palla e fatela riposare all'interno del forno spento per altre 4 ore.

Procedete quindi all'ultimo rinfresco: al lievitino ottenuto, ormai di grandi dimensioni, aggiungete 30 ml di acqua, fate sciogliere bene, aggiungete 60 g di farina, impastate, formate una palla e fatela lievitare all'interno del forno spento per altre 4 ore; a questo punto il lievitino sarà pronto.

Per realizzare il pandoro non vi servirà tutto il lievito che avete rinfrescato: prelevatene 140 g e conservate in frigorifero la parte eccèdente per le prossime preparazioni.

Lievitino con licoli

Se volete realizzare il lievitino con il licoli (lievito in coltura liquida), prima di eseguire i vari rinfreschi dovrete portarlo a un'idratazione del 50%. Per farlo, pesatene 100 g, aggiungete 100 g di farina tecnica e 10 ml di acqua, e poi procedete a realizzare i tre rinfreschi con le stesse modalità indicate per la preparazione del lievitino con il lievito madre.

Preparazione del burro

Preparate ora il burro fatto in casa. Montate 1 litro di panna fresca non zuccherata finché questa non inizia a smontarsi e la parte grassa e compatta (il burro) non comincia a dividersi da quella liquida (il latticello, che potete usare nelle preparazioni dolci o salate in sostituzione del latte). Da questa quantità di panna fresca otterrete 350-400 g di burro; scolatelo bene, mettetelo in una ciotola e tenetelo da parte.

Primo impasto

Procedete ora al primo impasto. Inserite il lievitino nel cestello della planetaria. Unite lo zucchero al latte a temperatura ambiente e scioglietelo mescolando con una spatola, poi inseritelo nel cestello della planetaria e cominciate a impastare con il gancio per ammorbidire il lievito.

Quindi sostituite il gancio con la foglia per farlo sciogliere bene, fino a ottenere un composto liquido e cremoso.

A questo punto aggiungete la farina e, quando si sarà legata all'impasto, unite anche il tuorlo. Lavorate finché tutti gli ingredienti risulteranno amalgamati, poi coprite con un panno e fate lievitare all'interno del forno spento per circa un'ora se avete utilizzato il lievito di birra fresco o secco, o per circa 3 ore se avete utilizzato il lievito madre in tutte le sue forme.

Secondo impasto

Trascorso il tempo di riposo, procedete al secondo impasto. In questa fase il composto non sembra molto diverso da prima, ma in realtà a livello chimico è cambiato in modo sostanziale. Aggiungete all'impasto la farina, l'uovo intero e lo zucchero, avviate la planetaria utilizzando il gancio e impastate per 10 minuti o fino a quando tutti gli ingredienti non si saranno bene amalgamati.

Intanto sciogliete il burro nel microonde per circa 30 secondi e poi fatelo intiepidire a temperatura ambiente.

Una volta ottenuto un composto liscio e omogeneo, aggiungete un tuorlo e continuate a impastare, sempre con il gancio, per farlo legare bene all'impasto.

Se l'impasto fa fatica a incordarsi, cioè a diventare bello liscio, avete due opzioni: aumentare la velocità della planetaria (ma fate attenzione a non forzarla troppo perché potrebbe rompersi); oppure, per evitare che l'impasto si surriscaldi, spegnere la planetaria e mettere il cestello in frigorifero per 15 minuti, poi riposizionarlo nella planetaria e riavviarla: l'impasto si incorderà molto più facilmente.

A questo punto aggiungete il burro fuso: prima metà dose e, solo quando sarà stato assorbito dall'impasto, l'altra metà. Continuate a lavorare fino a quando l'impasto non avrà incorporato tutto il burro e risulterà lucido e perfettamente amalgamato.

Passate ora alle tre fasi di lievitazione: coprite l'impasto con un canovaccio, fatelo lievitare nel forno spento per 4 ore, poi trasferitelo nel frigorifero per 12 ore. Trascorso questo tempo, posizionatelo ancora all'interno del forno spento per altre 6 ore.

Preparazione del mix aromatico

Grattugiate il cioccolato bianco e la scorza dell'arancia prelevando solo la parte arancione, in quanto quella bianca risulta amarognola. Inserite quindi nel cestello della planetaria tutti gli ingredienti indicati per il mix aromatico e azionate per circa 5 minuti, fino a quando non otterrete un composto spumoso e cremoso.

Terzo impasto

Procedete ora alla lavorazione del terzo e ultimo impasto. Terminata la lievitazione, il composto avrà triplicato il proprio volume. Mettetelo nella planetaria, unite il latte e la farina e lavoratelo con il gancio. Inserite poi le uova, aspettando che ciascun uovo si incorpori bene prima di unire il successivo: ci vorranno 4-5 minuti. Solo quando le uova saranno perfettamente assorbite, aggiungete lo zucchero a velo, poco per volta, lavorando finché non sarà anch'esso perfettamente legato (ci vorranno circa 10 minuti).

Ora è indispensabile che l'impasto si incordi, quindi continuate a impastare finché l'impasto non tende a staccarsi dalle pareti del cestello; se dopo 20 minuti ciò non è ancora avvenuto, aumentate un po' la velocità della planetaria oppure spegnetela, fate riposare l'impasto per 15 minuti e poi riavviatela di nuovo.

Quando l'impasto risulterà ben incordato, soffice e spumoso, unite in due fasi il mix aromatico preparato in precedenza, aspettando che la prima dose si assorba bene all'impasto prima di inserire la seconda. Non allarmatevi se, aggiungendo il mix aromatico, l'impasto diventerà più liquido: è normale. Continuate a impastare per amalgamare bene il tutto per altri 15 minuti circa

Se avete impastato a lungo e non avete ancora raggiunto un risultato ottimale, con un termometro verificate che la temperatura dell'impasto non superi i 28-29 °C; in questo caso spegnete la macchina e fatelo riposare per circa 10-15 minuti prima di continuare a impastare.

Pirlatura

Una volta pronto, trasferite il composto sopra un tavolo da lavoro e iniziate una sorta di pirlatura: raccogliete l'impasto con una spatola ed effettuate delle pieghe rigirandolo su se stesso per 4-5 volte per dargli forza. Quindi formate una palla, copritela con un canovaccio e fatela riposare a temperatura ambiente per un'ora.

Trascorso questo tempo imburrate bene lo stampo per pandoro e i palmi delle vostre mani, e ricoprite la superficie dell'impasto con un leggero strato di burro; imburrate anche il piano di lavoro. Rigirate nuovamente l'impasto e pesatelo: per uno stampo da 1 kg vi serve esattamente 1 kg di impasto.

Formate nuovamente una palla e inseritela nello stampo; con l'eventuale eccedenza di impasto potete fate dei mini-pandoro (vi serviranno gli appositi stampini). Mettete lo stampo (o gli stampi) all'interno del forno spento e lasciate lievitare fino a quando il composto non avrà raggiunto il bordo dello stampo.

Cottura
Infornate il pandoro in forno preriscaldato a 200 °C con funzione statica e fatelo cuocere per circa 1 ora, abbassando la temperatura a 170 °C dopo i primi 10 minuti. Quando la superficie del pandoro avrà assunto un colore dorato, copritela con un foglio d'alluminio, quindi inserite il termometro all'interno del dolce: per essere perfettamente cotto dovrà raggiungere al cuore la temperatura di 94 °C.

Per verificare la temperatura è indispensabile disporre di un termometro: se il pandoro cuoce troppo risulterà asciutto e stopposo, se cuocete troppo poco risulterà crudo. Una volta cotto, sfornate il pandoro e lasciatelo riposare a temperatura ambiente per circa 2 ore coperto da un canovaccio.

Intanto cuocete i mini-pandoro a 200 °C per circa 10 minuti; quando la superficie avrà assunto un colore dorato, copriteli con un foglio di alluminio per evitare che si colorino troppo e verificate la temperatura interna con il termometro: saranno pronti quando avranno raggiunto la temperatura interna di 94 °C. Sfornateli e fateli raffreddare.

Trascorso il tempo di riposo, capovolgete lo stampo su un piatto da portata. Irrorate il pandoro con alcol alimentare a 96° servendovi di un flacone spray: farà legare lo zucchero a velo, formando la glassa tipica di questo dolce. Nebulizzate dunque la superficie con l'alcol e poi spolverizzate con zucchero a velo.

Infine mettete il pandoro all'interno di un sacchetto alimentare e prima di chiuderlo spruzzate dell'altro alcol in modo che rimanga fragrante più a lungo.

Chiudete il sacchetto e fate riposare il pandoro per almeno 12-24 ore prima di consumarlo. Nel frattempo potete gustare i mini-pandoro.

Torta mimosa all'ananas

12 porzioni

Per il pan di Spagna:
- 6 uova medie
- 180 g di zucchero semolato
- 100 g di farina 00
- 50 g di maizena (o fecola di patate)
- scorza grattugiata di 1 limone
- 1 pizzico di sale
- 1 cucchiaino di essenza di vaniglia (o 1 bustina di vanillina)
- 1/2 bicchierino di rum bianco

Per la panna montata:
- 300 ml di panna da montare
- 30 g di zucchero a velo vanigliato

Per la crema diplomatica:
- 350 g di crema pasticcera ben fredda
- 330 g di panna montata

Per la bagna e il ripieno:
- 400 g di ananas fresco
- 20 g di burro
- 60 g di zucchero
- 60 ml di maraschino
- zucchero a velo vanigliato

Preparate dapprima il pan di Spagna. Versate le uova, un pizzico di sale e lo zucchero nella ciotola di una planetaria e montate alla massima velocità con le fruste per 20 minuti fino a ottenere un composto chiaro e spumoso. Abbassate poi la velocità della planetaria e inserite delicatamente la scorza grattugiata del limone, il rum bianco e l'essenza di vaniglia, fino a ottenere un composto fluido e cremoso. Fermate la planetaria e ponete un colino direttamente sopra la ciotola. Incorporate poco per volta la farina e la fecola setacciate e mescolate con una spatola delicatamente, con movimenti dal basso verso l'alto per non smontare il composto, fino a ottenere una consistenza omogenea.

Imburrate e infarinate uno stampo del diametro di 26 cm, versatevi il composto e distribuitelo uniformemente. Preriscaldate il forno a 180 °C in modalità statica, infornate e abbassate la temperatura a 150 °C, quindi fate cuocere per 40 minuti. Verificate che il pan di Spagna sia cotto facendo la prova dello stecchino: se risulterà completamente asciutto, potete sfornarlo. Fatelo intiepidire a temperatura ambiente per 15 minuti prima di sformarlo, poi lasciatelo raffreddare completamente a temperatura ambiente, possibilmente coperto da un canovaccio.

Quando il pan di Spagna si sarà perfettamente raffreddato, eliminate la crosta superiore e con un coltello dividetelo in tre dischi, più o meno dello stesso spessore. Rifilate i bordi di ogni disco di pan di Spagna e teneteli da parte. Tagliate il disco centrale a strisciline della larghezza di mezzo centimetro e poi da ciascuna striscia ricavate dei cubetti di circa mezzo centimetro, che serviranno per la decorazione esterna della torta; metteteli da parte.

Preparate la panna montata. Versate la panna in una ciotola, preferibilmente di acciaio e molto fredda, e iniziate a montarla con uno sbattitore elettrico fino a quando comincerà ad addensarsi, poi unite lo zucchero a velo e continuate a montare per circa 5-6 minuti, finché la panna non sarà ben montata.

Preparate ora la crema diplomatica incorporando la panna montata alla crema pasticcera ben fredda (per la preparazione della crema pasticcera potete seguire la ricetta a p. 255). Unitene dapprima una sola cucchiaiata e mescolate energicamente, poi aggiungete la restante panna e mescolate delicatamente con una spatola dal basso verso l'alto, inclinando leggermente la ciotola, fino a quando le due creme non saranno perfettamente amalgamate.

Infine coprite la crema diplomatica con pellicola trasparente e fatela riposare in frigorifero per mezz'ora.

Tagliate l'ananas prima a fette dello spessore di mezzo centimetro e poi in piccoli cubetti.

Preparate la bagna e l'ananas caramellato. Fate sciogliere il burro in una padella, inserite i cubetti di ananas e mescolate con un cucchiaio di legno per circa 1 minuto a fuoco vivace, poi aggiungete lo zucchero. Continuate a mescolare per altri 2-3 minuti, poi aggiungete il maraschino e proseguite la cottura per altri 2-3 minuti, sempre mescolando, fino a quando la parte alcolica del liquore non sarà evaporata. Con un colino separate l'ananas caramellata dallo sciroppo, coprite entrambi con pellicola trasparente e fate riposare in frigorifero per almeno mezz'ora.

Assemblate ora la torta. Disponete su un piatto da portata il primo disco di pan di Spagna e bagnatelo con lo sciroppo d'ananas preparato precedentemente. Distribuitevi 1/4 della crema diplomatica, livellandola con una spatola, aggiungete i cubetti di ananas caramellati e qualche ritaglio di pan di Spagna che avete lasciato da parte e un po' di crema diplomatica, poi posizionate il secondo disco di pan di Spagna. Bagnate la cupola con lo sciroppo restante e, con l'aiuto di una spatola, ricoprite completamente la torta con la restante crema diplomatica.

Distribuite su tutta la superficie e sui lati i cubetti di pan di Spagna facendoli aderire delicatamente con le mani e in ultimo, con la lama di un coltello, compattatela ai lati per conferirle la forma di cupola.

Coprite la torta e fatela riposare in frigorifero per un paio d'ore. Prima di servirla, spolverizzatela con zucchero a velo vanigliato.

Castagnole di Carnevale

40 pezzi

- 150 g di farina 00
- 2 uova
- 40 g di burro
- 30 g di zucchero
- scorza grattugiata di 1 limone

- 3 g di lievito vanigliato
- 1 pizzico di sale
- 1 cucchiaino di essenza di vaniglia (o 1 bustina di vanillina o i semi di una bacca di vaniglia)

- 1/2 bicchierino di liquore all'anice (facoltativo, potete sostituirlo con Grand Marnier, rum o altro)
- olio di semi di arachidi per friggere

In una ciotola montate le uova con lo zucchero servendovi di uno sbattitore elettrico. Fate sciogliere il burro nel forno a microonde per circa 30 secondi, poi unitevi la scorza grattugiata di limone e l'essenza di vaniglia, mescolate e incorporatelo al composto principale. Aggiungete un pizzico di sale, il liquore a piacere, se lo usate, e continuate a mescolare per altri 3-4 minuti.

In una ciotola setacciate il lievito con la farina, aggiungetene un terzo all'impasto e mescolate bene fino a incorporarla completamente, prima di unire anche il resto della farina; continuate a mescolare delicatamente con la spatola dal basso verso l'alto, mantenendo la ciotola leggermente inclinata, fino a ottenere un composto liscio e omogeneo.

Versate l'olio di semi di arachidi in un tegame dai bordi alti e portatelo alla temperatura di 160-180 °C: sotto i 160 °C le castagnole assorbirebbero molto olio durante la cottura, sopra i 180 °C risulterebbero cotte fuori e crude dentro. Con un cucchiaino da tè prelevate un quantitativo d'impasto della grandezza di una noce e, aiutandovi con un altro cucchiaino, fatelo scivolare nell'olio caldo. Friggete una decina di castagnole alla volta, verificando con un termometro da cucina che la temperatura dell'olio rimanga costante durante la cottura. Girate spesso le castagnole con una schiumarola per favorire una cottura uniforme; saranno pronte in circa 2 minuti e mezzo-3 minuti. Quando le castagnole risulteranno dorate al punto giusto, scolatele bene e trasferitele su un foglio di carta assorbente per eliminare l'olio in eccesso.

Friggete in questo modo anche le altre castagnole e, una volta intiepidite, ponetele su un piatto da portata, spolveratele con dello zucchero a velo vanigliato e servitele.

Chi è intollerante al lattosio può sostituire il burro con burro chiarificato o con olio vegetale (olio di semi di soia, olio di semi di girasole, olio di semi di mais) nella stessa quantità. Se utilizzate l'olio vegetale, portatelo alla temperatura di 40-45 °C prima di aggiungere gli aromi (scorza di limone ed essenza di vaniglia).

Struffoli napoletani

8 porzioni

- 400 g di farina 00
- 60 g di strutto (o burro, margarina o olio di semi di girasole a temperatura ambiente)
- 40 g di zucchero
- 3 uova
- 1 tuorlo

- scorza di un limone o di un'arancia
- 1 pizzico di sale
- 15 ml di sambuca o altro liquore all'anice

Per la glassatura:
- 200 g di miele
- 60 g di cedro candito

- 1 bicchierino di limoncello
- codette colorate
- perline argentate

- olio di semi di arachidi per friggere

Potete lavorare l'impasto manualmente oppure con una planetaria. Nel primo caso, mettete la farina in un recipiente, fate un buco al centro, aggiungete tutti gli ingredienti e impastate per 10 minuti.

Se usate la planetaria la lavorazione è opposta: mettete tutti gli ingredienti nel cestello cominciando con le uova intere più il tuorlo, la scorza grattugiata di limone o arancia, lo strutto, lo zucchero, il liquore all'anice e infine la farina e il pizzico di sale, quindi cominciate a impastare con il gancio per circa 10 minuti fino a ottenere un composto liscio e omogeneo.

A questo punto trasferitelo su una spianatoia e continuate a impastarlo a mano per un paio di minuti, rigirandolo su se stesso. Quindi formate un panetto, avvolgetelo con pellicola trasparente, copritelo con un canovaccio pulito e fatelo riposare a temperatura ambiente per circa 1 ora.

Trascorso il tempo di riposo, riprendete il panetto, rimuovete la pellicola e, con un tarocco o un coltello, suddividetelo in 5 o 6 pezzi; quindi ricavate da ciascun pezzo dei filoncini del diametro di circa mezzo centimetro, allungandoli con un movimento delle mani dal centro verso le estremità. Ricavate dai filoncini dei pezzettini di circa mezzo centimetro, e disponeteli su un telo distanziandoli l'uno dall'altro, facendo attenzione a non sovrapporli.

Scaldate in una pentola abbondante olio di semi di arachidi, assicurandovi con un termometro da cucina che raggiunga la temperatura di 175 °C. Prima di cuocere gli struffoli metteteli in un colino e saltateli delicatamente per arrotondare le estremità.

Quando l'olio avrà raggiunto la giusta temperatura, immergetevi gli struffoli e mescolateli frequentemente con una schiumarola per ottenere una cottura uniforme.

Dopo circa 4 minuti, gli struffoli sono perfettamente cotti e dorati. Scolateli e trasferiteli in una teglia rivestita di carta assorbente per eliminare l'olio in eccesso, poi travasateli in un recipiente e fateli raffreddare.

Intanto preparate la glassatura. Versate il miele in una padella e aromatizzatelo con un bicchierino di limoncello (facoltativo) o con una scorzetta di arancia, mandarino o limone (facoltativo; se la usate, ricordatevi di eliminarla prima di aggiungere gli struffoli), quindi fatelo sciogliere a fuoco basso.

Quando il miele comincerà a schiumare, unite metà dei canditi e mescolate. Aggiungete anche gli struffoli e continuate la cottura, sempre a fuoco basso, per altri 4-5 minuti, saltandoli o mescolando delicatamente con un cucchiaio di legno per amalgamare il tutto.

Negli ultimi 30-40 secondi di cottura, aggiungete l'altra metà dei canditi e mescolate. Quando vi accorgete che sul fondo il miele tende a scomparire, spegnete il fuoco e lasciare intiepidire gli struffoli nella padella per 4-5 minuti.

Sistemateli poi su un piatto da portata, create una composizione secondo il vostro gusto (quella tradizionale è la piramide) e decorate a piacere con codette arlecchino, perline argentate o confettini colorati; fate riposare almeno per un paio d'ore prima di servire.

Gli struffoli si conservano per 10-15 giorni rimanendo buoni, croccanti e fragranti.

Annotazioni

Chiacchiere di Carnevale

8 porzioni

- 250 g di farina 00 con un livello di proteine inferiore a 10
- 25 g di burro
- 50 g di zucchero
- 1 tuorlo

- 1 uovo
- 1 cucchiaino di lievito vanigliato
- 1 cucchiaino di essenza di vaniglia (o 1 bustina di vanillina o la polpa di un baccello di vaniglia)

- 25 ml di limoncello (o altro liquore, oppure 50 ml di vino bianco)
- 1 pizzico di sale
- zucchero a velo vanigliato

Potete lavorare l'impasto con le fruste elettriche, con la planetaria oppure a mano.

Inserite in una ciotola o nel cestello della planetaria il burro, l'uovo intero più il tuorlo, lo zucchero, il limoncello e l'essenza di vaniglia. Mescolate per qualche istante e poi aggiungete un pizzico di sale.

Unite un cucchiaino di lievito vanigliato alla farina, passandolo al setaccio, e mescolate bene.

Unite all'impasto metà della farina e mescolate per 4-5 minuti, poi aggiungete la restante quantità di farina e continuate a lavorare per altri 4-5 minuti fino a ottenere un composto omogeneo, lucido, leggermente elastico e non appiccicoso.

Trasferite l'impasto su un piano da lavoro, aggiungendo un po' di farina, e maneggiatelo rapidamente per dargli una forma sferica. Avvolgete il panetto con pellicola trasparente, copritelo con un canovaccio e lasciatelo riposare per circa un'ora a temperatura ambiente (potete anche conservarlo in frigorifero e utilizzarlo il giorno dopo, ma in questo caso dovrete estrarlo dal frigorifero mezz'ora prima di stenderlo).

Trascorso questo tempo, ponete il panetto sopra un tavolo da lavoro e appiattitelo con il palmo della mano, poi infarinate leggermente sia il tavolo da sia l'impasto lavoro e stendete quest'ultimo con un matterello o con un tirapasta. Con una rotella per tagliare la pasta ricavate dei rettangoli e praticate su ognuno di essi due o tre tagli centrali paralleli al lato lungo.

Nel frattempo portate l'olio a 170 °C, immergetevi i rettangoli di sfoglia, 2 o 3 alla volta, e fateli friggere su ambo i lati.

Mettete il coperchio per permettere una cottura uniforme e verificate con un termometro da cucina la temperatura dell'olio, che non deve superare i 180 °C – le chiacchiere rischierebbero di bruciarsi, rilasciando un sapore sgradevole – e non deve essere inferiore ai 160 °C – le chiacchiere si inzupperebbero di olio.

Quando le chiacchiere risulteranno dorate, estraetele dall'olio e adagiatele su un foglio di carta assorbente. Una volta raffreddate, disponetele con delicatezza su un vassoio, cospargetele di zucchero a velo e servite.

Ciambelle di Carnevale con patate

8 porzioni

- 125 g di patate
- 130 g di latte intero
- 300 g di farina 0 + 30 g extra
- 12 g di miele
- 12 g di olio extravergine di oliva
- 12 g di lievito di birra fresco (o 4 g di lievito di birra disidratato)
- 1 pizzico di sale
- 1 uovo
- olio di semi di arachidi per friggere (non necessario in caso di cottura al forno)
- zucchero semolato

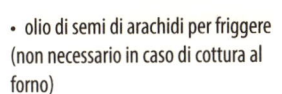

Sbucciate le patate, tagliatele a cubetti e mettetele in una ciotola con acqua fredda per evitare che anneriscano. In un pentolino scaldate il latte (in alternativa, se intolleranti, acqua o latte senza lattosio) e, quando avrà raggiunto la temperatura di 25-26 °C – ci vorranno 10-15 secondi – scioglietevi il lievito di birra.

Intanto cuocete i cubetti di patate a vapore per 10-15 minuti, o in alternativa fatele bollire intere con la buccia per circa 20 minuti, o fino a quando non risulteranno ben cotte. Lasciatele poi intiepidire in una ciotola per 4-5 minuti (dovranno essere calde ma non bollenti).

In un recipiente (o nel cestello della planetaria) versate la farina, un uovo, il miele, l'olio extravergine di oliva e il latte addizionato con il lievito di birra e mescolate bene con una spatola (o azionate la macchina) fino a ottenere un composto omogeneo. Aggiungete un pizzico di sale e mescolate ancora per far sì che si distribuisca uniformemente nell'impasto.

Unite anche la purea di patate ottenuta facendole passare in uno schiacciapatate o, più semplicemente, schiacciandole con una forchetta.

A questo punto potete mescolare l'impasto manualmente oppure nella planetaria. Nel primo caso, lavoratelo con una spatola per circa 10 minuti, in modo che tutti i pezzetti di patata si sciolgano. Se usate la planetaria, azionatela per 15 minuti fino a ottenere un impasto lucido, setoso, leggermente liquido e un po' appiccicoso (il tempo di lavorazione è importante per far sviluppare la maglia del glutine: non è sufficiente che gli ingredienti si leghino tra loro, occorre che avvenga il cambiamento della struttura della farina). Coprite l'impasto con un canovaccio e lasciatelo lievitare per circa un'ora o fino a quando non avrà raddoppiato il proprio volume.

A lievitazione avvenuta, trasferite l'impasto su un tavolo da lavoro, spolverizzatelo con della farina extra (30 g circa) in modo che raggiunga la giusta densità e non risulti più appiccicoso, e lavoratelo ancora un po' manualmente.

Dividete l'impasto in 8 parti uguali, coprite con un canovaccio e fate riposare per 30 minuti.

Trascorso questo tempo, prendete uno alla volta i pezzetti di pasta, formate dei cilindri di circa 25 cm di lunghezza e unite le due estremità. Appoggiate le ciambelline su un foglio di carta oleata, copritele con un canovaccio e lasciatele lievitare per un'altra ora prima di friggerle o di cuocerle al forno.

Se optate per la cottura al forno, preriscaldate il forno con funzione statica a 180 °C e fatevi cuocere le ciambelle per 15 minuti. Poi sfornatele e passatele immediatamente nello zucchero semolato.

Se preferite friggerle, riscaldate a 170 °C l'olio di semi di arachidi e immergetevi le ciambelle, poche alla volta, mettendo il coperchio per permettere una cottura uniforme; con un termometro da cucina tenete sotto controllo la temperatura dell'olio, che non deve superare i 180 °C – le ciambelle rischierebbero di bruciarsi, rilasciando un sapore sgradevole – e non deve essere inferiore ai 160 °C – le ciambelle si inzupperebbero di olio.
Quando le ciambelle risulteranno dorate, scolatele e mettetele su un foglio di carta assorbente per eliminare l'eccesso di olio, quindi passatele ancora calde nello zucchero semolato. Sistematele su un piatto per dolci e servitele calde.

Annotazioni

Frappe

12 porzioni

- 500 g di farina 00
- 1 uovo
- 2 tuorli
- 30 g di strutto
- 50 g di zucchero
- 1 g di sale
- 175 ml di vino bianco secco
- olio di semi di arachidi per friggere
- zucchero a velo vanigliato

Disponete la farina a fontana su una spianatoia, creando il classico buco al centro, quindi aggiungete l'uovo intero, i tuorli, lo zucchero, il sale e lo strutto. Con una forchetta incominciate ad amalgamare gli ingredienti partendo dal centro della fontana e raccogliendo pian piano la farina lungo i bordi. Versate poco per volta il vino bianco e amalgamate bene tutti gli ingredienti, sempre con una forchetta.

Continuate a impastare il composto con i polsi e le nocche delle mani, rigirandolo su se stesso per circa 10 minuti fino a quando sarà perfettamente liscio, omogeneo ed elastico. Infine formate una palla, copritela con un canovaccio e lasciatela riposare per circa 1 ora a temperatura ambiente (se volete realizzare l'impasto oggi e cuocere le frappe domani, copritelo con pellicola trasparente e lasciatelo riposare per un massimo di 24 ore in frigorifero. Oltre le 24 ore l'impasto tende a fermentare e inacidire).

Se volete preparare l'impasto con una planetaria, versate nel cestello della planetaria prima la farina, poi le uova, lo strutto, il sale e lo zucchero e cominciate a impastare fino a ottenere un composto abbastanza grumoso. Aggiungete a filo il vino bianco fino a quando l'impasto diventerà un corpo unico, quindi continuate a impastare ancora per 7-8 minuti fino ad avere un composto omogeneo.

Trasferite l'impasto su un piano da lavoro e lavoratelo rapidamente per dargli la forma di una palla, dopodiché coprite con un canovaccio e lasciate riposare a temperatura ambiente per circa 1 ora.

Trascorso questo tempo, riprendete il panetto e dividetelo in quattro parti, quindi stendete ogni singolo pezzo con il mattarello sul piano di lavoro leggermente infarinato fino a ottenere una sfoglia sottile, quasi trasparente (in alternativa potete passarlo nella macchina tirapasta). Con una rotella tagliapasta ritagliate tante strisce rettangolari, praticando su ognuna due tagli centrali paralleli al lato lungo.

Mettete a scaldare l'olio in un tegame portandolo a una temperatura di 170 °C. Non appena avrà raggiunto la giusta temperatura, immergetevi le frappe, 2 o 3 alla volta, e fatele cuocere per circa 1 minuto e mezzo, rigirandole su entrambi i lati fino a quando non saranno dorate.

Quando saranno cotte, scolatele con una pinza e trasferitele su un vassoio foderato con carta assorbente per eliminare l'eccesso di olio.

Servite le frappe ancora calde, cospargetele con abbondante zucchero a velo setacciato e gustatele insieme ai vostri amici.

Bugie ripiene alla nutella

12 bugie grandi

- 250 g di farina 00
- la punta di un cucchiaino (meno di 1 g) di lievito per dolci
- 25 g di burro
- 50 g di zucchero
- 1 uovo
- 1 tuorlo
- 1 bustina di vanillina
- la scorza grattugiata di un'arancia
- 40 ml di rum (o succo di arancia)
- 1 pizzico di sale
- nutella
- olio di semi di arachidi per friggere
- zucchero a velo

Mescolate in una ciotola la farina con il lievito. Mettete il burro in una terrina e fatelo sciogliere per 30 secondi all'interno del forno a microonde, dopodiché versatelo in una ciotola o nel cestello della planetaria, unite la scorza d'arancia, lo zucchero, la vaniglia e un pizzico di sale, quindi con la foglia cominciate a mescolare. Se fate la lavorazione manualmente utilizzate una frusta. Unite anche il tuorlo e l'uovo intero e continuate a lavorare il tutto per altri 30 secondi fino a ottenere un composto omogeneo. Unite, un cucchiaio alla volta, la farina (manualmente passate dalla frusta a una spatola), mescolate fino a ottenere un impasto granuloso, aggiungete anche il liquore, quindi impastate fino a quando il composto non si staccherà completamente dalle pareti del cestello della planetaria.

Trasferite l'impasto su un piano di lavoro e lavoratelo con le mani, rigirandolo su se stesso, per 4-5 minuti, dandogli la forma di una palla. Copritelo con pellicola trasparente e lasciatelo riposare a temperatura ambiente per circa 1 ora, coperto anche con un canovaccio (se volete preparare l'impasto il giorno prima, conservatelo in frigorifero e tiratelo fuori almeno un'ora prima di stenderlo).

Trascorso il tempo di riposo, spolverizzate l'impasto con una piccola quantità di farina e dividetelo in due pezzi, quindi passate più volte ogni singolo pezzo nella macchina tirapasta iniziando dalla misura più larga, ripiegandolo in due a ogni nuova passata, e continuando progressivamente fino a ridurre lo spessore della sfoglia a 2 mm. Aiutandovi con un cucchiaino disponete sulla striscia di pasta dei mucchietti di nutella, ben distanziati tra loro e a 1 cm dal bordo, poi ripiegate la sfoglia facendo un po' di pressione con le mani attorno al ripieno per fare fuoriuscire l'aria.

Con una rotella tagliapasta ritagliate la pasta in quadrati (dovranno risultare circa 12 quadrati grandi o 24 quadrati piccoli). Pareggiate tagliando i bordi; l'impasto che avanza andrà risteso e ritagliato. Ora potete procedere a friggerle o cuocerle in forno.

Cottura al forno: adagiate le bugie su una teglia rivestita con carta da forno, spennellate la superficie con olio di semi di arachidi e fatele cuocere in forno ventilato preriscaldato a 180 °C per 8-10 minuti.

Frittura: versate dell'olio di semi di arachidi in una pentola, lasciate che raggiunga la temperatura di 170 °C e friggete le bugie ripiene, poche alla volta, per 2 o 3 minuti, avendo cura di girarle su entrambi i lati. Quando saranno dorate scolatele con una schiumarola e disponetele su un vassoio rivestito di carta assorbente per eliminare l'olio in eccesso.

Adagiate le bugie ancora calde su un piatto da portata e cospargetele di zucchero a velo.

Migliaccio napoletano

10 porzioni

- 250 g di semolino o miglio decorticato
- 1 l di latte intero
- 50 g di burro
- 500 g di zucchero

- 1 bacca di vaniglia o 1 cucchiaino di essenza di vaniglia
- la scorza di un'arancia
- la scorza di mezzo limone
- 6 uova

- 250 g di ricotta
- 1 bicchierino di rum
- sale
- zucchero a velo per decorare

Se usate il miglio (come vuole la ricetta originale), riducetelo in farina della stessa consistenza del semolino utilizzando un macinino da caffè.

Con un pelapatate ricavate tutta la scorza da un'arancia e metà della scorza da un limone e mettetele entrambe in un pentolino con 1 litro di latte, un pizzico di sale, una bacca di vaniglia (o 1 cucchiaino di essenza di vaniglia), 100 g di zucchero (prelevati dai 500 g totali) e 50 g di burro. Coprite con un coperchio e portate a ebollizione.

Quando il latte comincerà a schiumare e avrà raggiunto il punto di ebollizione, spegnete immediatamente il fuoco e lasciate in infusione per 10 minuti, sempre con il coperchio. Trascorso questo tempo, eliminate le scorze. Rimettete il pentolino sul fuoco e portatelo nuovamente al punto di ebollizione.

Quindi aggiungete a pioggia il miglio (o il semolino) e mescolate velocemente con un cucchiaio di legno o una frusta per evitare la formazione dei grumi (ma non è un grosso problema se si formano in questa fase), poi fate cuocere a fuoco basso per 7-8 minuti fino a quando il composto non avrà raggiunto la densità del purè.

Continuate a rimestare il composto fuori dal fuoco per un paio di minuti per sciogliere eventuali grumi, poi trasferitelo in una ciotola abbastanza capiente e con una frusta continuate a mescolare, non solo per sciogliere i grumi, ma anche per abbassare la temperatura.

Aggiungete un bicchierino di rum e fatelo incorporare amalgamando con la frusta. Mettete da parte il composto e passate alla fase successiva.

Rompete le uova in un contenitore, aggiungete alle uova il restante zucchero e montate il composto con la frusta; quando lo zucchero risulterà totalmente sciolto, aggiungete la ricotta e amalgamate.

Unite quindi i due composti e mescolate dapprima con una spatola e poi con una frusta. Per questo dolce non è indispensabile mescolare dal basso verso l'alto: è sufficiente assicurarsi che il composto sia perfettamente amalgamato.

Imburrate una tortiera del diametro di 26 cm e versatevi il composto, quindi infornate per circa 60 minuti a 180 °C. Se verso fine cottura la torta dovesse colorarsi troppo in superficie, copritela con un foglio di alluminio.

A cottura ultimata, lasciate il dolce in forno con lo sportello semiaperto per circa 30 minuti per permettere l'evaporazione della parte eccessiva dei liquidi che contiene. Dopodiché sfornate la torta, ponetela su un piatto per dolci e fatela raffreddare a temperatura ambiente per almeno un paio d'ore prima di spolverizzarla con zucchero a velo e servire.

Zeppole di San Giuseppe

6 porzioni

Per la crema pasticcera:
- 300 ml di latte
- 3 tuorli
- 25 g di maizena
- 75 g di zucchero
- 1 scorzetta di limone
- 1 cucchiaino di essenza di vaniglia

Per la pasta choux:
- 100 g di farina 00
- 200 ml di acqua
- 1 scorzetta di limone
- 3 uova
- 50 g di burro
- 1 pizzico di sale

Per guarnire:
- amarene sciroppate
- zucchero a velo vanigliato

Per friggere:
- olio di semi di girasole

Preparate innanzitutto la crema pasticcera. Mettete in una ciotola 3 tuorli e lo zucchero e montate con una frusta o con uno sbattitore elettrico finché lo zucchero non sarà perfettamente sciolto; a questo punto unite la maizena e continuate a mescolare. Intanto scaldate il latte e incorporatelo poco alla volta nel composto, sempre continuando a mescolare. Quando tutto il latte sarà perfettamente incorporato, aggiungete la scorzetta di limone e un cucchiaino di essenza di vaniglia.

Trasferite il composto in un pentolino e fate cuocere a fuoco basso, mescolando spesso, fino a ottenere una crema liscia e densa. Spegnete il fuoco e trasferite la crema in una ciotola. Eliminate la scorzetta di limone, coprite con pellicola trasparente e fate raffreddare a temperatura ambiente prima di riporre in frigorifero.

Nel frattempo preparate la pasta choux. Inserite in un pentolino l'acqua, il sale, lo zucchero, la scorzetta di limone e il burro, mescolate e fate scaldare a fuoco basso. Quando il burro si sarà completamente sciolto e il composto inizierà a bollire eliminate la scorza, poi inserite in una volta tutta la farina (100 g) e mescolate velocemente con un cucchiaio di legno, sempre a fuoco basso, fino a quando il composto non si staccherà dalle pareti del pentolino.

Quindi spegnete il fuoco e trasferite il composto ancora bollente in una ciotola, lavorandolo con una spatola per abbattere la temperatura. Una volta leggermente intiepidito aggiungete le uova, una alla volta, e mescolate bene finché non saranno assorbite dall'impasto e questo risulterà liscio e morbido.

Trasferite ora il composto in una sac à poche con beccuccio a stella e formate le zeppole su un foglio di carta oleata, facendo due giri, uno sull'altro: una base rotonda del diametro di circa 6 cm, e un secondo strato sulla cornice, lasciando al centro una cavità che andrete poi a riempire di crema.

Ritagliate la carta oleata tutt'intorno a ogni zeppola.

Fate scaldare abbondante olio di semi di girasole in un pentolino e, quando raggiunge la temperatura di 175 °C, immergete le zeppole a testa in giù, poche alla volta, rimuovendo poi con una pinza la carta oleata.

Friggetele per circa 3 minuti per lato, girandole con una pinza o una schiumarola: saranno pronte quando avranno triplicato il proprio volume e avranno raggiunto il giusto colore (se avete un termometro da cucina, controllate la temperatura durante la cottura: l'olio non deve superare i 185 °C, altrimenti le zeppole si bruceranno senza gonfiarsi e senza cuocersi).

Scolate le zeppole con una schiumarola e ponetele su un vassoio ricoperto di carta assorbente. Procedete in questo modo fino a esaurimento delle zeppole.

Quando si saranno raffreddate a temperatura ambiente, farcitele con la crema pasticcera utilizzando una sac à poche con bocchetta a stella (la stessa usata per formare le zeppole). Guarnite infine con un'amarena sciroppata e spolverizzate con zucchero a velo vanigliato.

Annotazioni

Colomba con lievito madre

1 kg di colomba

Per il rinfresco del lievito madre:
- 50 g di lievito madre
- 20 g di acqua
- 50 g di farina manitoba

Per la pasta d'arancia:
- scorza grattugiata di un'arancia
- 2 cucchiaini di essenza di vaniglia (o i semini di un baccello)
- 20 g di arancia candita
- 8 g di miele

Per il primo impasto:
- 235 g di farina manitoba
- 100 ml di acqua
- 80 g di zucchero
- 65 g di burro
- 4 tuorli
- 1 g di sale

Per il secondo impasto:
- 85 g di farina manitoba
- 3 g di malto
- 20 ml di latte
- 10 g di latte in polvere
- 2 g di sale
- pasta d'arancia
- 96 g di burro
- 70 g di zucchero
- 4 tuorli
- 170 g di canditi o di gocce di cioccolato
- 15 g di farina manitoba

Per la glassa:
- 90 g di farina di mandorle
- 60 g di zucchero semolato
- 60 g di albume
- granella di zucchero
- mandorle
- zucchero a velo

Rinfresco del lievito madre

Innanzitutto rinfrescate il vostro lievito madre: estraetelo dal frigorifero e, dopo averlo lasciato un paio d'ore a temperatura ambiente, prelevatene 50 g. Mettetelo in una ciotola insieme a 20 g di acqua e cominciate ad addolcirlo mescolando con una spatola. Quando il composto avrà raggiunto la consistenza del latte, unitevi 50 g di farina manitoba. Lavoratelo bene, prima nella ciotola e poi sul piano di lavoro, fino a ottenere un impasto omogeneo e compatto. Quindi formate una pallina, fate un'incisione a X sulla superficie e ponetelo in un barattolo di vetro a lievitare per 4 ore, fino a quando avrà raddoppiato il proprio volume.

Primo impasto

A questo punto potete procedere con il primo impasto. In una ciotola unite l'acqua (100 ml) allo zucchero (80 g) e mescolate bene per formare uno sciroppo, quindi inseritelo nella planetaria insieme al lievito madre. Cominciate a impastare con la foglia per fare schiumare e sciogliere il lievito, dopodiché inserite tutta la farina (235 g) e continuate a impastare per altri 10 minuti.

Quando l'impasto sarà compatto, sostituite la foglia con il gancio e continuate a impastare per un paio di minuti; quindi, con la planetaria sempre in azione, aggiungete i 4 tuorli, uno alla volta, fino a che non si legheranno perfettamente all'impasto (ci vorranno circa 15 minuti).

Dopo aver inserito l'ultimo tuorlo, fate girare la planetaria a velocità sostenuta.

Quando l'impasto risulterà morbido ma non ancora incordato, sostituite il gancio con la foglia e mescolate ancora per qualche minuto, finché l'impasto comincerà a filare. A questo punto ammorbidite il burro a pomata e inseritelo nella planetaria, un cucchiaio per volta, fino a completo assorbimento.

Se l'impasto rimane troppo appiccicato alla foglia, sostituitela con il gancio e continuate a impastare fino a ottenere un composto perfettamente incordato e lucido. Per verificare se l'impasto è pronto, toglietelo dalla planetaria, manipolatelo e "schiaffeggiatelo": se non si appiccica alle mani è perfetto. Copritelo con della pellicola trasparente e ponetelo nel forno spento per 12 ore.

Pasta d'arancia

Preparate ora la pasta d'arancia. Mettete nel mixer tutti gli ingredienti: l'arancia candita (20 g), il miele (8 g), 2 cucchiaini di essenza di vaniglia o i semini di un baccello e la scorza grattugiata di un'arancia. Tritate per un paio di minuti, fino a ottenere una pasta compatta e omogenea, che trasferirete poi in una ciotola e metterete da parte.

Secondo impasto

Trascorse le 12 ore di lievitazione, dividete il burro in due ciotole: 28 g in una e 68 g nell'altra. Rimettete il composto nella planetaria per procedere al secondo impasto unendo la farina manitoba (85 g), il latte in polvere (10 g), il latte (20 ml) e il malto (3 g); azionate la macchina a velocità 2 per 10 minuti circa, fino a che tutti gli ingredienti non si saranno amalgamati bene. A questo punto verificate se l'impasto si è incordato in modo corretto facendo la "prova del velo", ovvero tirandolo con le mani verso l'esterno: se è velato e non si rompe è pronto, altrimenti continuate a impastare ancora per qualche minuto finché non avrete ottenuto questo risultato.

Mettete in una ciotola i 4 tuorli (il peso complessivo deve essere di 80 g; se è inferiore, integrate con dell'albume fino a raggiungere questo peso), quindi unite lo zucchero (70 g) e mescolate con la frusta. Incorporate metà di questo composto nella planetaria e avviatela per 3-4 minuti; quando gli ingredienti saranno perfettamente amalgamati, versate l'altra metà del composto e azionate per altri 3-4 minuti, fino a ottenere un impasto liscio, lucido e omogeneo.

A questo punto sostituite il gancio con la foglia, inserite nella planetaria la pasta d'arancia e azionate per altri 3-4 minuti, fino a che non si legherà perfettamente al composto. Adesso, con la planetaria in azione, aggiungete in due fasi i 68 g di burro ammorbidito, aspettando che la prima metà sia ben assorbita nell'impasto prima di inserire la seconda metà.

Ora fate sciogliere nel forno a microonde per 30 secondi gli altri 28 g di burro che avevate messo da parte e fatelo intiepidire. Sostituite la foglia con il gancio, aggiungete all'impasto il burro fuso, a filo e molto lentamente, e continuate a impastare finché non sarà completamente assorbito.

In una ciotola unite i 170 g di canditi o di gocce di cioccolato con 15 g di farina manitoba e mescolate velocemente con le mani, quindi aggiungeteli al composto nella planetaria e mescolate a velocità bassa per 30 secondi, poi unite anche il sale (2 g) e continuate a legare per altri 15-20 secondi. Togliete l'impasto dalla planetaria e fatelo riposare per 45 minuti in una ciotola capiente.

Pirlatura

Passato il tempo di riposo, eseguite la pirlatura: trasferite l'impasto su un tavolo da lavoro imburrato e, con le mani unte di burro, sbattetelo sul tavolo prendendolo dalle due estremità e ripiegandolo su se stesso per 3 o 4 volte, poi giratelo su se stesso per formare una palla e dividetelo a metà. Ricavate due salsicciotti (di cui uno un po' più lungo e più fine), arrotolateli e adagiateli uno sull'altro nell'apposito stampo a forma di colomba, lasciando sotto quello più corto (le ali della colomba). Mettete lo stampo nel forno spento e fate lievitare per 10-18 ore.

Preparazione della glassa

A lievitazione terminata preparate la glassa. In un recipiente montate a neve gli albumi (60 g) con un mixer, poi aggiungete lo zucchero semolato (60 g), sempre continuando a montare, infine unite la farina di mandorle (90 g) e mescolate con una spatola. Inserite la glassa in una sac à poche e distribuitela uniformemente sulla colomba lievitata, facendo attenzione a non coprire i bordi. Posizionate anche le mandorle intere, a piacere, e lo zucchero in granella, infine spolverizzate con lo zucchero a velo. Se volete, potete aggiungere un'amarena che rappresenta l'occhio della colomba.

Cottura

Infornate la colomba in forno statico per 45-50 minuti a 165-170 °C. Dopo circa 40 minuti, verificate con un termometro a sonda la temperatura interna al dolce (per una cottura perfetta dovrà essere di 95 °C) ed eseguite anche la prova dello stecchino. Una volta cotta, estraete la colomba dal forno, infilzatela con un forchettone e lasciatela riposare a testa in giù, appoggiata su due pentole, per almeno 3-4 ore. Una volta raffreddata, spolverizzate la superficie con dello zucchero a velo. Per prolungare la conservazione della colomba e per ridurre il rischio di formazione di muffe, nebulizzatela con alcol puro a 96° (quello che si usa per fare i liquori). Dopodiché chiudetela in un sacchetto e fate riposare 12-24 ore prima di consumarla.

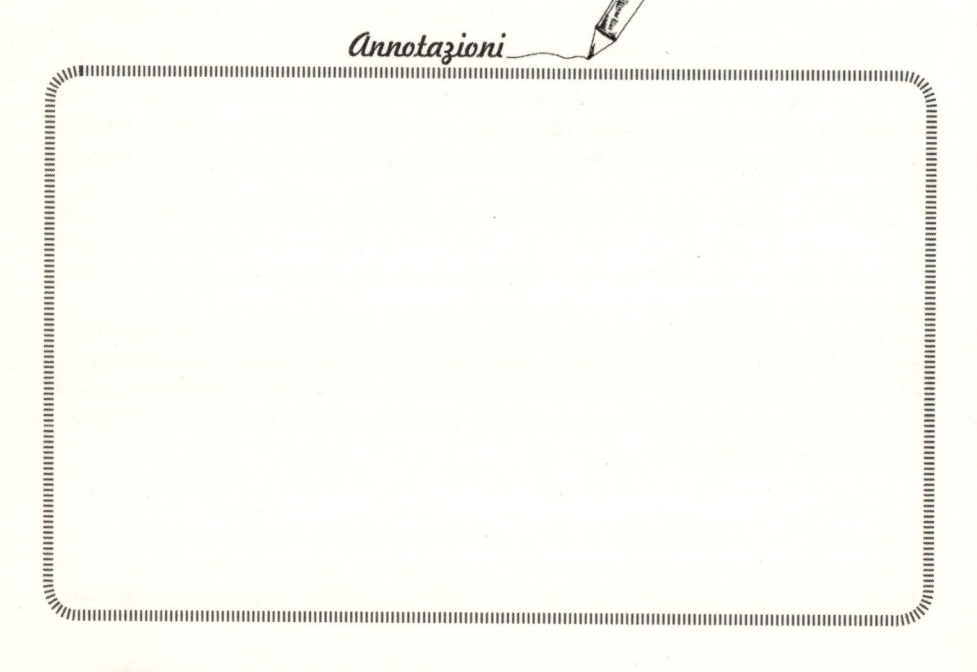

Annotazioni

Torta Saint Honoré

8 porzioni

- 1 pan di Spagna
- 1 rotolo di pasta sfoglia
- 8 bignè
- crema pasticcera
- crema chiboust
- crema diplomatica al cioccolato
- panna montata

Per la crema pasticcera:
- 500 ml di latte
- 5 tuorli
- 125 g di zucchero
- 1 pizzico di sale
- 10 g di gelatina in fogli
- 5 g di maizena o amido di mais
- 1 cucchiaino di essenza di vaniglia
- 1 scorzetta di limone

Per la meringa italiana:
- 80 g di zucchero
- 75 g di albume
- 20 ml di acqua

Per la crema chiboust:
- 300 g di crema pasticcera
- meringa italiana

Per la crema diplomatica al cioccolato:
- 125 g di crema pasticcera
- 50 g di cioccolato fondente
- 1 paio di cucchiaiate di panna montata (prelevate da quella che userete per guarnire)

Per la bagna:
- 50 ml di rum o maraschino
- 50 ml di acqua
- 25 g di zucchero

Per il caramello:
- 50 g di zucchero
- 20 ml di acqua

Per guarnire:
- 500 ml di panna fresca da montare
- 25 g di zucchero a velo vanigliato

Dopo aver preparato i bignè e il pan di Spagna (vedi le ricette a p. 276 e 289), srotolate il rotolo di pasta sfoglia e da questo ricavate un disco del diametro di 26 cm. Bucherellatene la superficie, spennellatela con un po' d'acqua, spolverizzatela con dello zucchero e cuocete in forno preriscaldato statico o ventilato a 180 °C per 15-20 minuti. Una volta cotta, sfornatela e fate raffreddare.

Preparazione della crema pasticcera

Preparate quindi la crema pasticcera, con le dosi degli ingredienti indicate sopra, che vi servirà anche come base per la crema chiboust e per la crema al cioccolato. Mettete i fogli di gelatina in ammollo in un recipiente con acqua fredda per almeno 10 minuti. Dividete i tuorli dagli albumi, tenendo da parte 75 g di questi ultimi, che vi serviranno per preparare la meringa italiana. Mettete i 5 tuorli in una ciotola con lo zucchero e un pizzico di sale, e con una frusta mescolate fino a quando il composto risulterà omogeneo e spumoso. Aggiungete la maizena e amalgamate bene; quindi, poco alla volta, unite anche il latte scaldato e continuate a mescolare con la frusta. Infine aggiungete l'essenza di vaniglia e la scorzetta di limone.

Versate la crema in un pentolino e fate cuocere a fuoco basso, sempre mescolando, fino a ottenere una crema liscia e densa.

Spegnete il fuoco ed eliminate la scorzetta di limone. Mentre la crema pasticcera è ancora calda, aggiungete i fogli di gelatina ben scolati e strizzati, e mescolate fino a completo scioglimento.

Trasferite la crema pasticciera in tre ciotole: nella prima mettetene 300 g, che serviranno per realizzare la crema chiboust; nella seconda 125 g, che serviranno per realizzare la crema al cioccolato; nella terza mettete la parte restante, che servirà per guarnire i bigne. Coprite le ciotole con della pellicola a contatto e fatele raffreddare a temperatura ambiente.

Preparazione della crema pasticciera al cioccolato

Preparate ora la crema al cioccolato. Fate sciogliere il cioccolato nel microonde o a bagnomaria, unitelo ai 125 g di crema pasticcera che avete messo da parte e amalgamate bene con una spatola, dopodiché coprite con della pellicola trasparente e fate raffreddare a temperatura ambiente.

Preparazione della crema chiboust

Preparate ora la meringa italiana. Iniziate a montare 75 g di albumi a neve fermissima nella planetaria; nel frattempo preparate lo sciroppo facendo scaldare in un pentolino lo zucchero e l'acqua, verificando la temperatura con un termometro da cucina: quando raggiungerà i 121 °C, lo sciroppo sarà pronto. A questo punto, inseritelo a filo nella planetaria mentre gli albumi continuano a montare, e continuate a montare finché gli albumi non si raffredderanno: la meringa italiana è pronta quando il composto avrà raggiunto la temperatura di 38 °C (ci vorranno circa 3-4 minuti).

La meringa italiana vi servirà per preparare la crema chiboust. Riprendete i 300 g di crema pasticcera messa da parte, ormai fredda, e unitevi la meringa italiana in due fasi: dapprima incorporate una cucchiaiata di meringa italiana calda e mescolate velocemente con una spatola, in modo che i due composti raggiungano la stessa temperatura.

Dopodiché aggiungete il resto della meringa e amalgamate delicatamente con una spatola dal basso verso l'alto, tenendo la ciotola leggermente inclinata.

Coprite la crema chiboust con la pellicola trasparente e lasciatela raffreddare a temperatura ambiente.

Preparazione della crema diplomatica al cioccolato

Montate ora la panna (500 g) versandola, ben fredda, nel cestello della planetaria; azionate e, quando risulterà semi densa, unite lo zucchero a velo vanigliato, quindi continuate a montare a neve fermissima. Tenete da parte.

Preparate ora la crema diplomatica al cioccolato. Riprendete la crema al cioccolato che avevate messo da parte e mescolatela, quindi incorporate una cucchiaiata di panna montata e mescolate velocemente per equilibrare la densità e le temperature; unite quindi un secondo cucchiaio di panna e amalgamate delicatamente dal basso verso l'alto con una spatola, mantenendo la ciotola leggermente inclinata. Dovete ottenere una crema spumosa.

Ora che tutte e quattro le creme sono pronte (pasticcera, chiboust, diplomatica al cioccolato, panna montata), copritele con pellicola trasparente e mettetele in frigorifero.

Preparazione del caramello e farcitura dei bignè

Intanto preparate il caramello per la copertura dei bignè. Inserite lo zucchero e l'acqua in un pentolino, mettete sul fuoco e portate a ebollizione senza mai mescolare. Quando il caramello avrà raggiunto un bel colore bruno, immergete il pentolino all'interno di un'altra pentola più grande con acqua tiepida e, facendo attenzione a non scottarvi le dita, intingete la calotta dei bignè nel caramello e poi capovolgeteli su un foglio di carta da forno; lasciateli raffreddare per circa 10 minuti.

Estraete dal frigorifero la crema pasticcera (quella della terza ciotola) mescolatela con una frusta, mettetela in una sac à poche e farcite i bignè.

Assemblaggio della torta

Procedete ora ad assemblare la torta. Eliminate la parte superiore del pan di Spagna e dividetelo in tre dischi: due vi serviranno per la torta, il terzo va invece sbriciolato tra le mani per ottenere una granaglia.

Preparate la bagna mescolando in una ciotola 50 ml di rum o maraschino, 50 ml di acqua e 25 g di zucchero (il maraschino può essere anche usato in purezza; in questo caso ve ne serviranno circa 100 ml).

Disponete il primo disco di pan di Spagna su un piatto da portata, inumiditelo con la bagna e distribuitevi sopra metà crema chiboust, poi ponetevi sopra il disco di pasta sfoglia e ricopritelo con la restante crema chiboust.

Posizionate infine il secondo strato di pan di Spagna e inumidite anch'esso con la bagna. Aiutandovi con una spatola, coprite completamente la torta con la panna montata, lasciandone un po' da parte per la decorazione finale, e rivestite interamente il bordo con le briciole di pan di Spagna.

Disponete i bignè sul bordo della torta distanziandoli equamente tra loro e con la sac à poche realizzate dei ciuffi di panna tra un bignè e l'altro.

Infine create delle strisce diagonali di panna sulla superficie del dolce, alternandole a strisce di crema diplomatica al cioccolato. Fate riposare la torta in frigorifero per almeno 12 ore prima di servire.

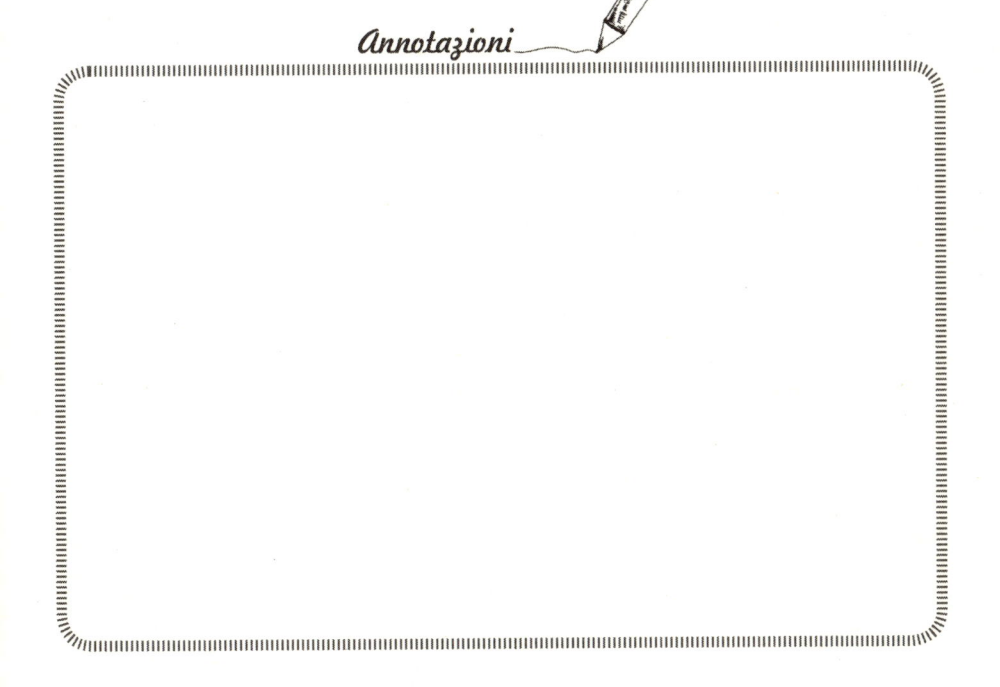

Annotazioni

Torta red velvet

8 porzioni

- 265 g di zucchero
- 250 g di latticello
- 2 cucchiaini di essenza di vaniglia (o polpa di 1 bacca di vaniglia oppure 1 bustina di vanillina)
- 2 uova
- 115 g di burro
- 5 g di sale
- 300 g di farina
- 10 g di cacao amaro in polvere
- 5 g di aceto di mele
- 5 g di bicarbonato

Per il burro e il latticello:
- 750 ml di panna fresca da montare non zuccherata
- 1 pizzico di sale

Per il colorante rosso naturale:
- 2 barbabietole (o 20 ml di colorante in gel rosso)
- 50 ml di aceto di mele
- 1 pizzico di sale

Per il frosting:
- 250 g di mascarpone
- 250 g di formaggio spalmabile tipo Philadelphia
- 100 g di burro
- 200 g di zucchero a velo
- 2 cucchiaini di essenza di vaniglia

Per la decorazione:
- frutti di bosco

Versate nella planetaria 750 ml di panna fresca da montare e un pizzico di sale (non utilizzate la panna vegetale perché il siero non si dividerebbe dalla parte grassa; evitate anche la panna da cucina a lunga conservazione) e montate fino a quando la parte grassa (il burro) non si sia compattata; ci vorranno circa 10 minuti.

Dapprima si formerà la classica panna montata ma, continuando a montare, questa "impazzirà" e inizierà a smontarsi e a dividersi: otterrete così sia un burro di altissima qualità, sia il latticello, un ingrediente difficilmente reperibile e fondamentale per questa preparazione. Mettete il burro in una ciotola e passate al setaccio il latticello.

Lavate bene le barbabietole e, senza sbucciarle, tagliatele in cubi di circa 2 cm e fatele cuocere a vapore per 10 minuti circa. Quando saranno cotte, mettetele in una ciotola e irroratele con circa 50 ml di aceto di mele. Aggiungete un pizzico di sale, mescolatele bene e lasciatele raffreddare a temperatura ambiente in modo che rilascino la loro tonalità (aceto e sale permetteranno l'estrazione di un colorante naturale dal sapore completamente neutro). Colate il liquido attraverso un colino e aggiungetelo al latticello; invece le barbabietole, condite con un filo d'olio extravergine d'oliva, costituiranno un contorno da abbinare a qualsiasi secondo piatto.

Versate nel cestello della planetaria il burro (115 g) ammorbidito a temperatura ambiente e lo zucchero (265 g) e cominciate a impastare utilizzando la foglia fino a quando non si sarà formata una crema. Aggiungete un uovo intero e, una volta assorbito dall'impasto, unite anche il secondo uovo. Quando avrete ottenuto un composto soffice e spumoso, aggiungete anche il sale.

Setacciate separatamente la farina e il cacao, uniteli mescolando bene con una frusta e tenete da parte.

Inserite nell'impasto 2 cucchiaini di essenza di vaniglia. Sempre continuando a impastare, unite anche il latticello (non preoccupatevi se vi sembrerà che l'impasto si stia smontando, è una reazione chimica naturale; il burro tenderà sempre a coagularsi). Aggiungete quindi la farina mescolata al cacao e impastate fino a quando non sarà incorporata nell'impasto. Quindi terminate la lavorazione manualmente mescolando con una spatola, solo per assicurarvi che tutta la farina si sia assorbita all'impasto (evitate di mescolare oltre, poiché se la farina rilascerà il glutine, renderà gommoso l'impasto).

In una ciotolina, unite il bicarbonato e l'aceto di mele (che fungeranno da lievito), mescolate e incorporate rapidamente la miscela all'impasto.

Imburrate e infarinate due tortiere del diametro di 20 cm e dividete il composto nei due stampi. Fate cuocere le due torte in forno statico preriscaldato a 170 °C per 35 minuti. A cottura ultimata fate la prova dello stecchino inserendolo nel centro della torta per assicurarvi che le torte siano ben cotte anche all'interno: se lo stecchino uscirà pulito, sono pronte. Quindi sfornate le torte, capovolgetele su una gratella e lasciatele raffreddare per almeno mezz'ora.

Nel frattempo preparate il frosting, ovvero la crema al formaggio. Versate nel cestello della planetaria tutti gli ingredienti (250 g di mascarpone, 250 g di formaggio spalmabile, 100 g di burro ammorbidito a temperatura ambiente, 200 g di zucchero a velo e 2 cucchiaini di essenza di vaniglia), avviate la macchina e fate montare per circa 5 minuti o fino a quando non avrete un composto morbido e spumoso.

Quando le torte si saranno raffreddate, con un coltello rifilatene le basi (le parti a forma di cupola) in modo da ottenere degli strati tutti uguali; tenete da parte i pezzi di torta eccedenti che, tagliati a pezzetti o sbriciolati, serviranno per la decorazione finale. Tagliate orizzontalmente ogni torta a metà, ottenendo così quattro strati.

Mettete un po' di frosting sulla base del piatto di portata e posizionate il primo strato di dolce, quindi proseguite alternando uno strato di crema e uno strato di torta.

Infine, ricoprite la superficie e i lati della torta con la crema e guarnite a piacere. Potete per esempio decorare i bordi con i pezzetti ricavati dalle cupole e guarnire la superficie con dei frutti di bosco.

Lasciate riposare la torta in frigorifero per almeno 2 ore prima di servirla.

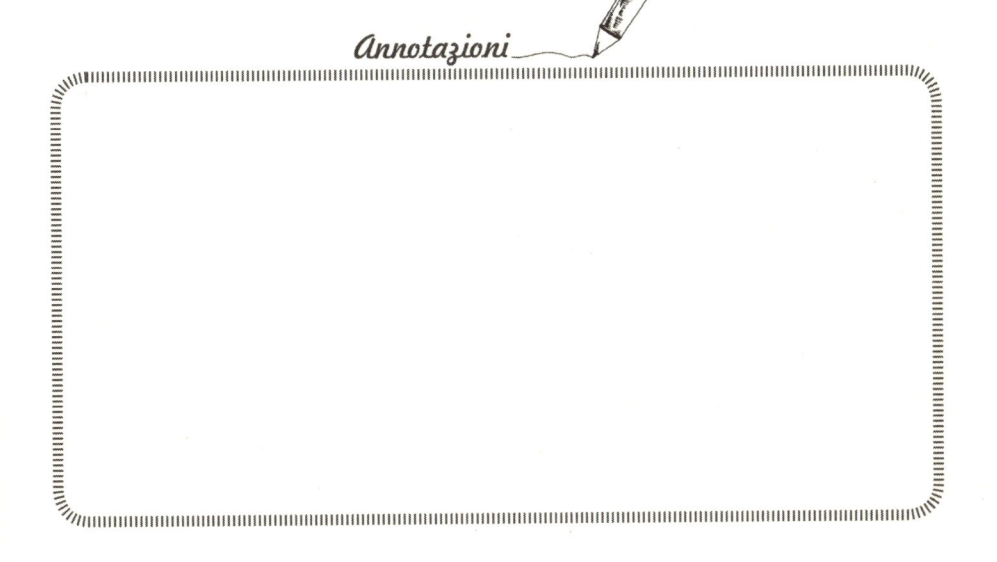

Annotazioni

Sorbetto al limone

4 porzioni

- 160 g di succo di limoni biologici
- scorza di limone
- 200 g di ghiaccio
- 200 g di acqua
- 150 g di zucchero
- 30 g di albume d'uovo (facoltativo)

Le dosi indicate sono per 500 g di sorbetto al limone. Per quanto riguarda gli albumi, se non siete sicuri della provenienza delle uova, consiglio di utilizzare quelli già pastorizzati per non correre dei rischi legati alle uova crude. In alternativa potete ometterli.

Lavate i limoni e sbucciateli con un pelapatate, poi spremeteli e ricavate 160 g di succo.

In un pentolino mettete le scorze dei limoni che avete utilizzato per ricavare il succo, lo zucchero e l'acqua, quindi portate sul fuoco e mescolate bene a fuoco lento fino a quando lo zucchero non si sarà perfettamente sciolto, dopodiché spegnete il fuoco, coprite e lasciate lo sciroppo in infusione per 10 minuti circa.

Trascorso il tempo di riposo, aggiungete allo sciroppo di zucchero i cubetti di ghiaccio per farlo raffreddare, mescolando velocemente con un cucchiaio di legno. Poi aggiungete il succo di limone filtrandolo attraverso un colino a maglie strette per assicurarvi che non ci siano residui di semini.

Montate gli albumi in un frullatore, poi unite lo sciroppo di limone, poco alla volta, filtrandolo sempre attraverso un colino per eliminare le scorze, e continuate a frullare per circa 2 minuti.

Versate il composto nella gelatiera e azionatela. Dopo circa 30-40 minuti, quando il sorbetto avrà raggiunto una consistenza cremosa, potete servire il vostro sorbetto al limone nei bicchieri, aiutandovi con una sac à poche, e decorandolo con dello zeste di limone e qualche fogliolina di menta.

Se non possedete la gelatiera, trasferite il composto in una vaschetta, ponetelo in freezer per almeno due ore, poi tiratelo fuori, mescolatelo con una frusta per rompere i cristalli di ghiaccio e ripetete l'operazione ogni due ore fino a ottenere la consistenza desiderata.

Sorbetto al caffè

4 porzioni

- 150 ml di caffè
- 150 g di zucchero
- 100 ml di panna fresca da montare
- 300 ml di acqua

Per guarnire:
- cacao amaro in polvere
- chicchi di caffè

Iniziate preparando il caffè con la moka e tenendolo da parte senza zuccherarlo.

In un pentolino mettete lo zucchero e l'acqua e portate a ebollizione. Fate bollire per un paio di minuti, mescolando regolarmente. Dopodiché unite il caffè e riportate nuovamente a ebollizione facendolo bollire per altri 2 minuti.

Togliete il pentolino dal fuoco e aggiungete la panna. Mescolate bene per amalgamare tutti gli ingredienti. Trasferite il composto in una ciotola di vetro e lasciatelo raffreddare a temperatura ambiente, quindi copritelo con pellicola trasparente e ponetelo in freezer per circa due ore.

Dopo questo tempo, togliete il composto dal freezer e mescolatelo bene con una frusta, quindi copritelo nuovamente con pellicola trasparente e mettetelo di nuovo in freezer. Ripetete questi passaggi 4 o 5 volte, ogni 40 minuti circa, per impedire che diventi completamente ghiacciato, fino a quando non avrà raggiunto la giusta densità (se dovesse risultare ancora troppo morbido, prolungate i tempi di raffreddamento).

Se, invece disponete di una gelatiera, dopo le prime due ore in freezer, versate il composto nella macchina e avviatela. Ci vorranno all'incirca 15-20 minuti per ottenere un sorbetto perfetto!

Potete conservare il sorbetto in freezer per 30 giorni, mescolandolo con una frusta per ammorbidirlo prima di servirlo.

Una volta pronto, versate il sorbetto al caffè nei bicchieri da dessert e decorate la superficie con una spolverata di cacao amaro in polvere e qualche granello di caffè.

Indice delle ricette

RICETTE BASE

Besciamella 24
Burro 36
Burro di arachidi 39
Gnocchi di patate 23
Latte d'avena 35
Latte di canapa 33
Latte di mandorle 34
Latte di nocciole 32
Lievito madre 12
Maionese 29
Mascarpone 38
Pane pugliese 19
Pane pugliese con lievito madre 20
Pasta fresca 22
Pasta sfoglia 10
Pesto alla genovese 28
Piadina e cassone romagnolo 18
Pizza con lievito di birra 17
Pizza con lievito madre 15
Ragù classico bolognese 26
Salsa cocktail 30
Salsa di pomodoro 31
Salsa tonnata 25
Yogurt senza yogurtiera 37

ANTIPASTI

Arancini di riso 57
Capesante afrodisiache 45
Capitone in carpione 44
Carpaccio di polpo 48
Cocktail di gamberi 50
Crocchette di patate e formaggio 64
Fiori di zucchine ripieni 65
Guazzetto di mare tiepido 42
Impepata di cozze 49
Insalata con funghi, tonno e ostriche ... 54
Insalata di baccalà con olive 53
Insalata di mare 51
Insalata di polpo 46
Polpo con patate 47
Salmone in crosta di sesamo e tartare ... 55
Sauté di cozze 43
Torta salata con funghi e patate 62
Torta salata con spinaci, salsiccia e mozzarella ... 59
Torta salata ricotta e spinaci 61
Vitello tonnato 56

PRIMI PIATTI

Bucatini all'amatriciana 116
Calamarata alla partenopea 80
Calamarata con pesce spada
e melanzane 73
Canederli di speck in brodo 113
Cappelletti in brodo 160
Carbonara di zucchine 128
Cicerchie alla pignata 165
Farinata di ceci 126
Gnocchi alla romana 141
Gnocchi con gorgonzola, noci
e zafferano 133
Gnocchi con 'nduja
e gorgonzola 107
Gnocchi di zucca 137
Gnocchi ricotta e spinaci 127
Insalata di pasta con verdure 131
Insalata di pasta fredda di mare 87
Insalata di pasta mediterranea 147
Lasagne alla bolognese 122
Lasagne al pesto 134
Linguine con le ostriche 91
Linguine risottate ai gamberi 68
Minestra polesana
con trippa, patate e verza 157
Orecchiette con broccoli
e salsiccia 112
Orecchiette con le cime di rapa 142
Paccheri al ragù di polpo 79
Paccheri con astice, vongole
e gamberi 92

Paella con pollo, pesce e verdure 96
Paella di pesce 98
Paella valenciana 99
Pappardelle al ragù di cinghiale 118
Pasta alla gricia 115
Pasta alla Norma 154
Pasta alla puttanesca arrabbiata 70
Pasta con lenticchie 164
Pasta con le sarde 106
Pasta e broccoli 129
Pasta e ceci 143
Pasta e fagioli 117
Pasta e fagioli con le cotiche 158
Pasta e patate 156
Penne all'arrabbiata 145
Penne al salmone 78
Penne con porcini, speck e brie 111
Pennette ai quattro formaggi 151
Pizzoccheri valtellinesi 139
Ragù napoletano 108
Reginette con salsiccia e funghi 114
Risotto alla crema di scampi 103
Risotto alla milanese
con ossibuchi 120
Risotto alla pescatora 89
Risotto alla zucca 130
Risotto alle capesante 76
Risotto alle fragole 150
Risotto allo zafferano 136
Risotto con asparagi
e capesante 100

Risotto con vongole e cozze 85

Riso venere con ostriche,
seppie e gamberoni...........................102

Spaghetti aglio, olio
e peperoncino 135

Spaghetti alla carbonara 119

Spaghetti alla carrettiera...................144

Spaghetti alla puttanesca 101

Spaghetti all'astice in bella vista........81

Spaghetti al limone, zafferano
e bottarga 104

Spaghetti al pomodoro fresco
e basilico 146

Spaghetti al ragù di moscardini........71

Spaghetti cacio e pepe 153

Spaghetti con canocchie 105

Spaghetti con cozze
e pomodorini 75

Spaghetti con cozze, vongole
e cime di rapa 83

Spaghetti con le vongole risottati 94

Spaghetti con tonno
e pomodorini 95

Spaghetti con trota salmonata 72

Spaghetti di zucchine
con gamberi e pistacchi 69

Spaghetti risottati agli scampi 74

Tagliatelle alla boscaiola 110

Tagliolini al tartufo 155

Tortelli di zucca..................................125

Trofie al pesto con patate
e fagiolini 148

Vellutata di carciofi............................152

Vellutata di funghi.............................123

Zuppa di castagne..............................159

Zuppa di ceci 162

Zuppa di cipolle gratinata 163

SECONDI PIATTI E CONTORNI

Abbacchio alla romana 196

Alici ripiene..182

Arrosto di vitello................................226

Baccalà al forno..................................179

Baccalà alla vicentina 172

Bollito di carne...................................224

Branzino al sale..................................186

Brasato al Barolo................................227

Caponata light....................................251

Cappone arrosto con patate 201

Cappone ripieno con prugne
e castagne..203

Cartoccio di pesce 185

Cassoeula..216

Cosciotto di maiale al forno
con patate..190

Cotechino con lenticchie...................200

Fagioli in padella................................237

Filetto al pepe verde 230

Filetto di branzino
in crosta di patate 180

Filetto in crosta alla Wellington.......220

Finocchi con acciughe
e pecorino 244

Frittata di cipolle................................233

Fritto misto di mare 183
Funghi porcini trifolati 243
Gamberoni al brandy 187
Gateau di patate 218
Grigliata di pesce imperiale 174
Insalata di pollo
con salsa allo yogurt 209
Lenticchie classiche 245
Lepre in salmì 212
Lumache alla ghiotta 210
Magatello di vitello
in crosta di prosciutto 198
Melanzane gratinate al forno 246
Oca alla contadina 215
Orata all'acqua pazza 170
Ossibuchi con funghi 207
Panzanella con petti di pollo 194
Parmigiana di melanzane 235
Patate al forno perfette 239
Patate alla siciliana
con olive e pecorino 238
Patate duchessa 240
Patatine chips 248
Patatine fritte perfette 250
Pesce spada alla ghiotta 184
Pesce spada alla griglia 168
Polenta classica e con fontina 249
Pollo al curry 189
Pollo al forno con carciofi
e patate 197
Pollo alla cacciatora con olive 214

Pollo alla diavola 219
Pollo al sale 188
Polpette di melanzane e carne 193
Polpettone ripieno 205
Polpo alla gallega 178
Polpo alla griglia con patate 173
Purè di patate 236
Roast beef al sale 222
Salmone al forno con patate 171
Scaloppine ai funghi 223
Scaloppine di pollo
al vino bianco 195
Sogliola alla mugnaia 169
Spezzatino con funghi 192
Spezzatino con patate e piselli 217
Spinaci con pinoli e uvetta 242
Stinco al forno con patate,
curcuma e brandy 231
Stracotto di manzo 191
Tacchino ripieno 228
Tagliata di manzo
con rucola e grana 221
Trippa alla romana 232
Uovo occhio di bue al tartufo 234
Verdure grigliate 241
Zuppa di pesce 176

DESSERT 253

Bignè 276
Bugie ripiene alla nutella 316
Cannoli siciliani 272

Cantucci toscani	298
Castagnaccio	292
Castagnole di Carnevale	309
Cheesecake con lamponi e mirtilli	264
Chiacchiere di Carnevale	312
Ciambelle di Carnevale con patate	313
Ciambellone con gocce di cioccolato	271
Colomba con lievito madre	320
Crema chantilly	257
Crema di nocciole	258
Crema pasticcera	255
Crema pasticcera al cioccolato	256
Croissant sfogliati	293
Crostata al cioccolato	299
Crostata di fragole	266
Crostata di frutta	291
Crostata di mele	259
Frappe	315
Graffe, cartocci e bomboloni	281
Maritozzi con la panna	279
Migliaccio napoletano	317
Muffin al cioccolato	260
Pan brioche con crema e gocce di cioccolato	269
Pan di Spagna	289
Pandoro	303
Panettone	300
Panini al latte con gocce di cioccolato	274
Panna cotta	295
Pasta génoise	263
Plumcake allo yogurt	268
Profiteroles	297
Salame al cioccolato senza glutine	261
Sbrisolona	262
Sorbetto al caffè	329
Sorbetto al limone	328
Strudel di mele	290
Struffoli napoletani	310
Tiramisù	277
Torta al cioccolato	288
Torta con carote, mandorle e arancia	265
Torta di mele	296
Torta di pane	278
Torta diplomatica	286
Torta millefoglie alle fragole	284
Torta mimosa all'ananas	307
Torta pere e cioccolato	283
Torta red velvet	326
Torta Saint Honoré	323
Zabaione	254
Zeppole di San Giuseppe	318